ulmer

Iris Ney

LEBENDIGE Gärten im WINTER

Winterliche Höhepunkte gestalten

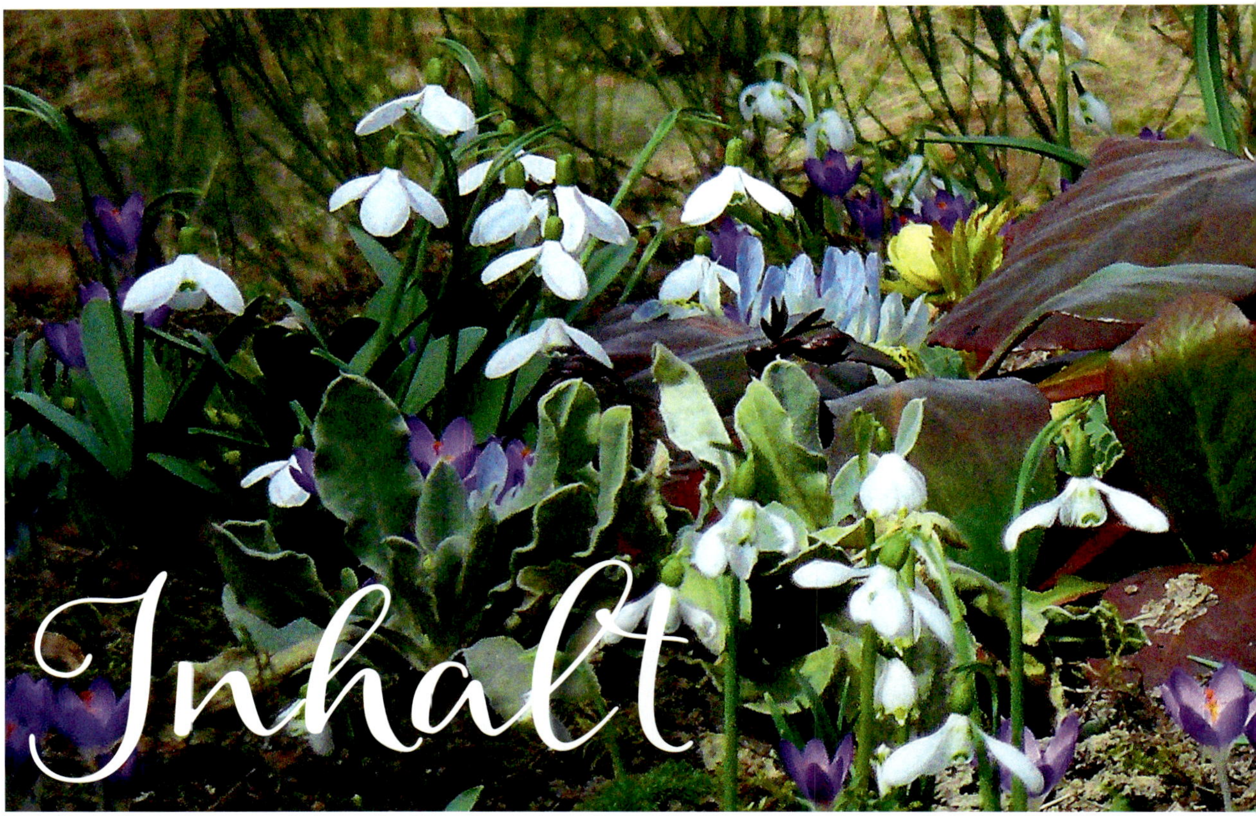

Inhalt

Eigenschaften von Pflanzen mit winterlichen Höhepunkten

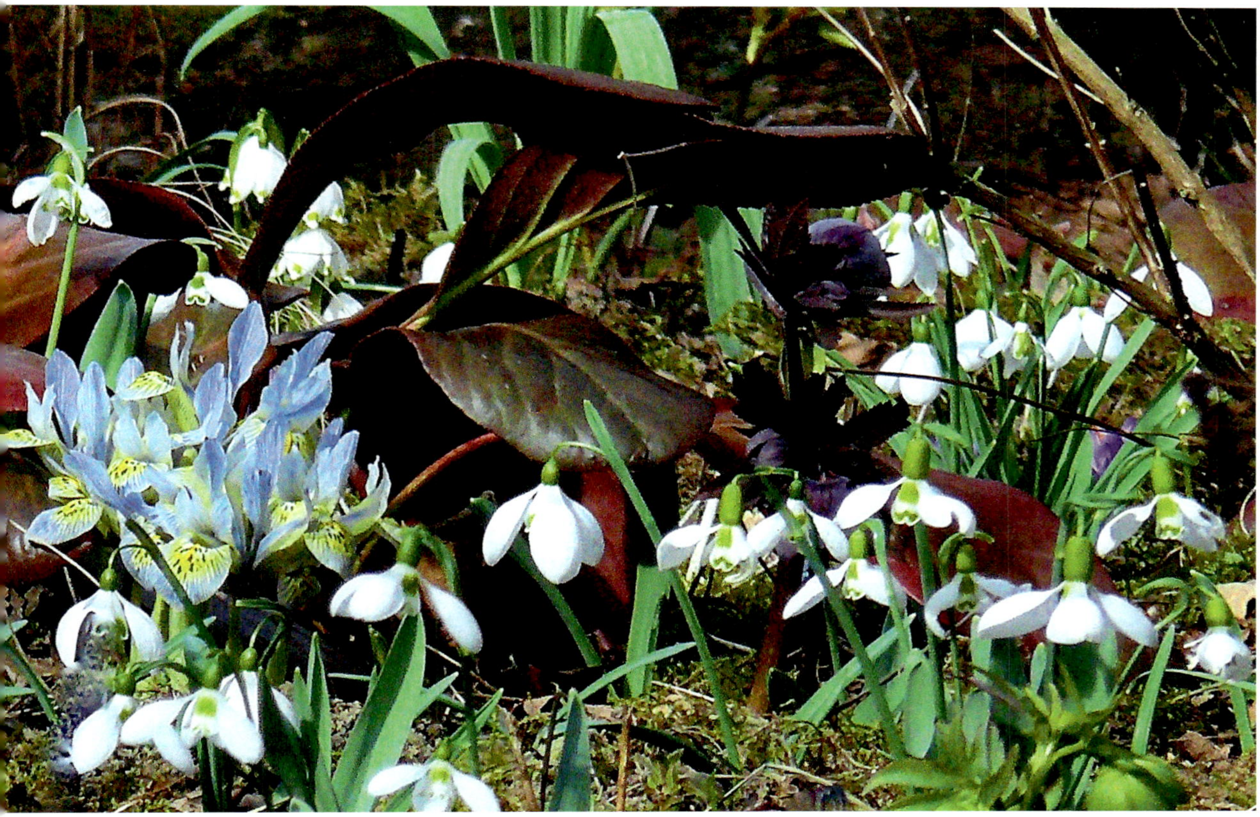

Service

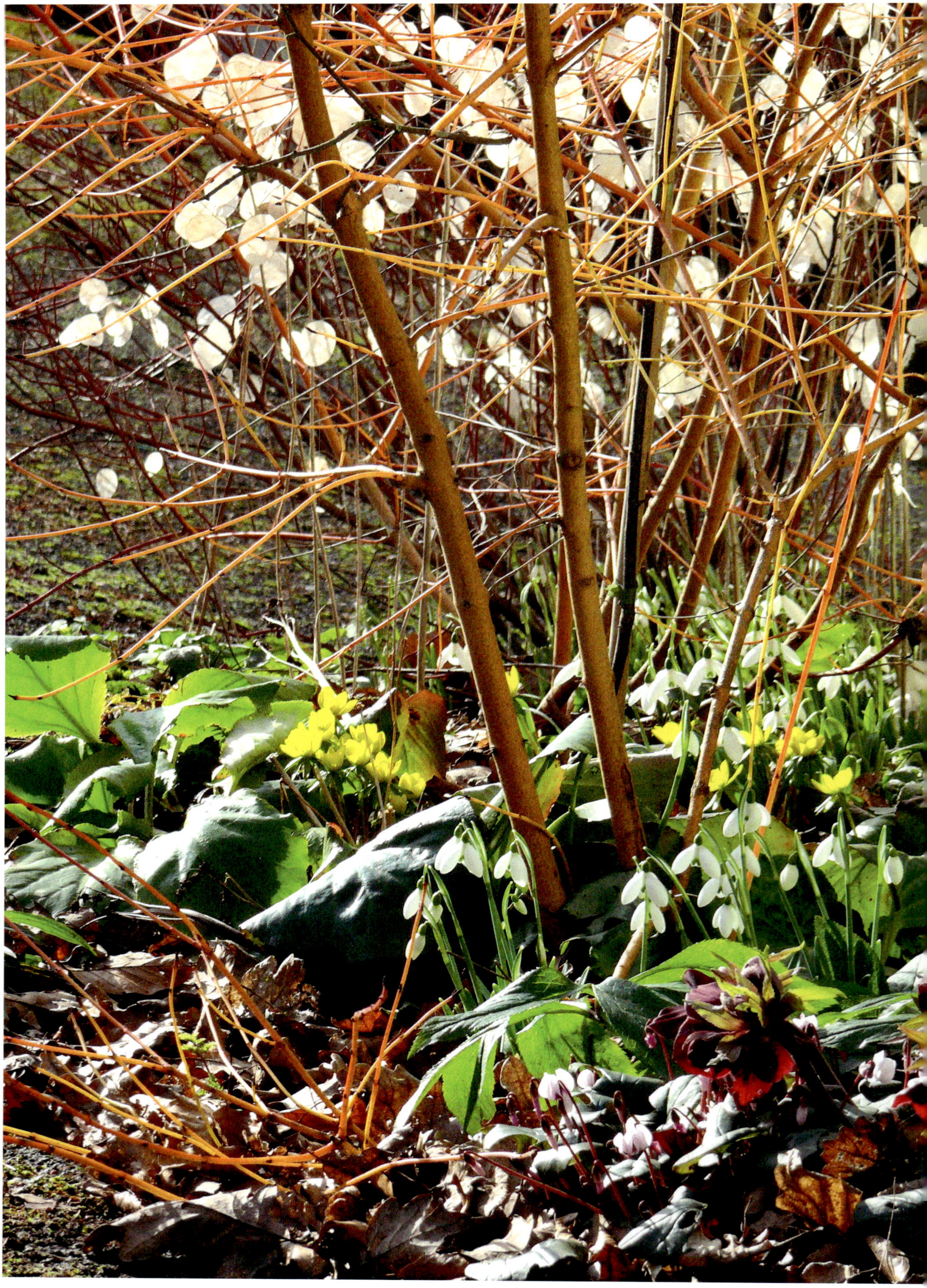

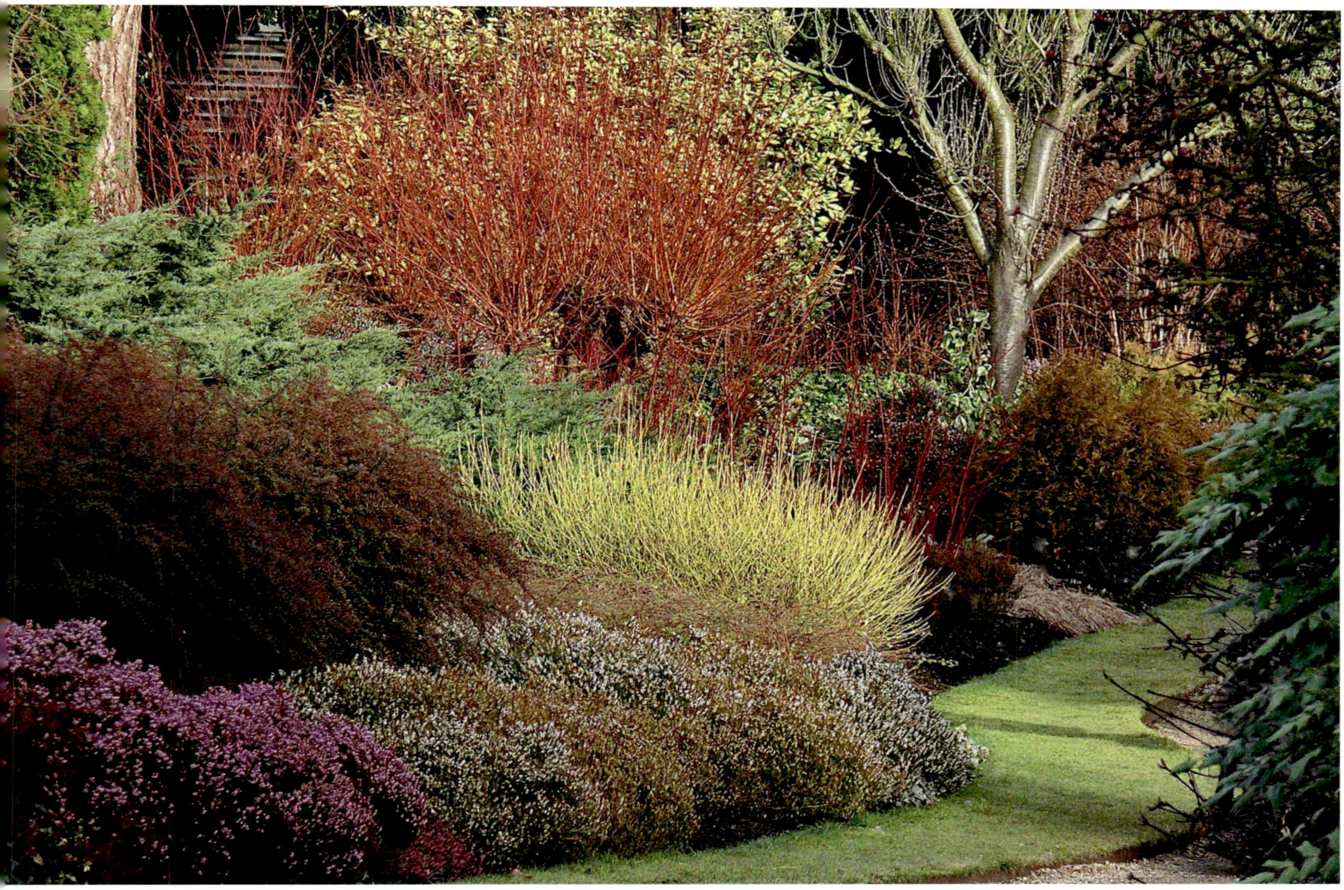

Cambridge University Botanic Garden im Februar.

GROSSARTIGE WINTERGÄRTEN

Seitdem ich mich mit Pflanzen beschäftige, haben mich vor allem Gehölze angesprochen, weil sie das ganze Jahr über das Landschafts- und Gartenbild prägen. Damals wusste ich noch nichts von Schlangenhaut-Ahornen, gold-, kupfer- und bronzerindigen Birken, duftenden Daphnen oder anderen Hartriegeln als den feuerroten *Cornus alba* 'Sibirica', die wie trotzige rote Plastikbesen in leergeräumten Vorgärten standen. Sie wirkten für mich in ihrem winterlich kargen Umfeld künstlich und deplatziert, sodass ich erstaunt war, wie schlicht und natürlich sie sich in der restlichen Jahreszeit verhielten.

Nie werde ich im Gegensatz vergessen, wie mich die Zaubernuss in der Nachbarschaft verzauberte, als ich sie im Kindesalter das erste Mal bewusst entdeckte und gleich zu Hause ihren Namen erfragte. Damals spürte ich ganz deutlich, dass so eine Pflanze etwas Besonderes ist; etwas, was zart, aber beständig durch kalte Zeiten geht, um als stiller Sonderling außerhalb der gängigen Gartengemeinschaft zu wirken. So wurden die „Jahreszeitenpioniere" Zaubernuss und auch das Schneeglöckchen meine regelrechten Vorbilder.

Dass winterschöne Pflanzen in meinem Garten nie fehlen sollten, beschloss ich also lange, bevor ich die Gartenplanung zu meinem Beruf machte. Und je mehr ich mich mit dem Thema Winter und Vorfrühling beschäftigte, desto mehr passende Pflanzen lernte ich kennen: hier eine offensichtlich winterharte Chinesische Korkeiche (*Quercus variabilis*) im Botanischen Garten Würzburg,

Dramaturgie durch eine gekonnte Wegeführung und Bepflanzung: Hinter jeder Kurve wartete ein neues, spannendes Gartenbild. Februar in Anglesey Abbey, England.

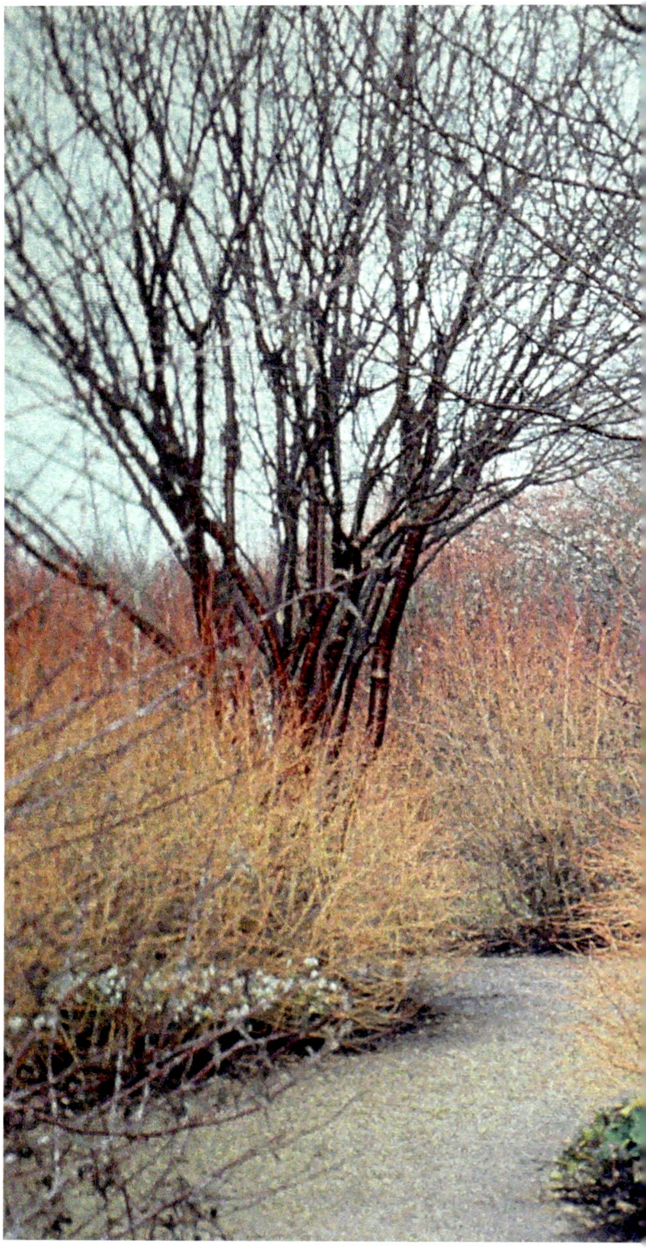

dort ein Amur-Korkbaum im Botanischen Garten Augsburg, die Camouflage einer *Stewartia pseudocamellia* im Forstbotanischen Garten Köln und natürlich winterblühende Christrosen in Blumenläden, später die Lenzrosenvielfalt in „echten“ Gärtnereien. Immer mehr Pflanzen für den Winter eroberten mein Herz, aber nie sah ich irgendwo eine gestaltete Winterpracht – bis ich 2008 in England den **„Wintergarten“** im **Cambridge University Botanic Garden** besuchte.

Ich war erschlagen von so viel Farbenpracht! Welch herrlicher Horror: Ein heller, etwas zu virtuos geschwungener Weg, gesäumt von grasgrünem Rasen, führte durch eine grellbunte Pflanzung mit allen erdenklichen Höhen und Tiefen, gestylt und bepflanzt von Kopf bis Fuß. Schon von Weitem drängte sich die bunte Winterpracht auf wie ein Bild aus einer anderen Zeit.

Dieser Garten hat mich spontan gleichermaßen abgestoßen und inspiriert. Fasziniert von der Dichte winterschöner Pflanzen begann ich, Szenen des „Wintergartens“ zu fotografieren: Pflanzengemeinschaften, die in vollendeter Harmonie miteinander durch den Winter zu gehen schienen. Und je kleiner die Ausschnitte waren, auf die ich mich fokussierte, desto mehr wurde ich mit dem Bild versöhnt, welches sich mir bot. Ich begann, in dem Gemenge Lieblingspflanzen ausfindig zu machen, dann Lieblingskombinationen und bald schon freute ich mich auf den nächsten Besuch in dieser unwirklichen Winterpracht. Dieser Garten wurde für mich zu einem Lieblingsbild, in dem ich immer wieder neue Pinselstriche entdeckte – mir bis dato unbekannte Pflanzen, die auf geniale Art und Weise mit alten Bekannten zu einem herrlichen Gesamtkunstwerk verschmolzen.

War der Wintergarten im Cambridge University Botanic Garden für mich ein Bild mit mehreren Szenen, so war der **Wintergarten von Anglesey Abbey** ein ganzes Schauspiel mit gekonnter Dramaturgie: Hinter jeder Ecke wartete eine neue Überraschung. Manchmal kündigte sie sich schon von Weitem an, wenn z. B. flammende rotorangefarbene Zweige über hohe Eibenhecken züngelten. Obwohl man den folgenden großartigen Anblick vorausahnen konnte, erhöhte das noch die Spannung bis zur Kurve und fast mit Herzklopfen erwartete man den nächsten Aufzug …

Der Winterwalk von Anglesey Abbey wurde für mich zum dramaturgischen Vorbild. Dabei wurde mir schnell klar, dass es unsinnig ist, so etwas zu kopieren: Es gelingt selten, wirklich Großes ausdrucksstark ins „Setzkastenformat“ zu bringen. Unsere Gärten eignen sich eben in der

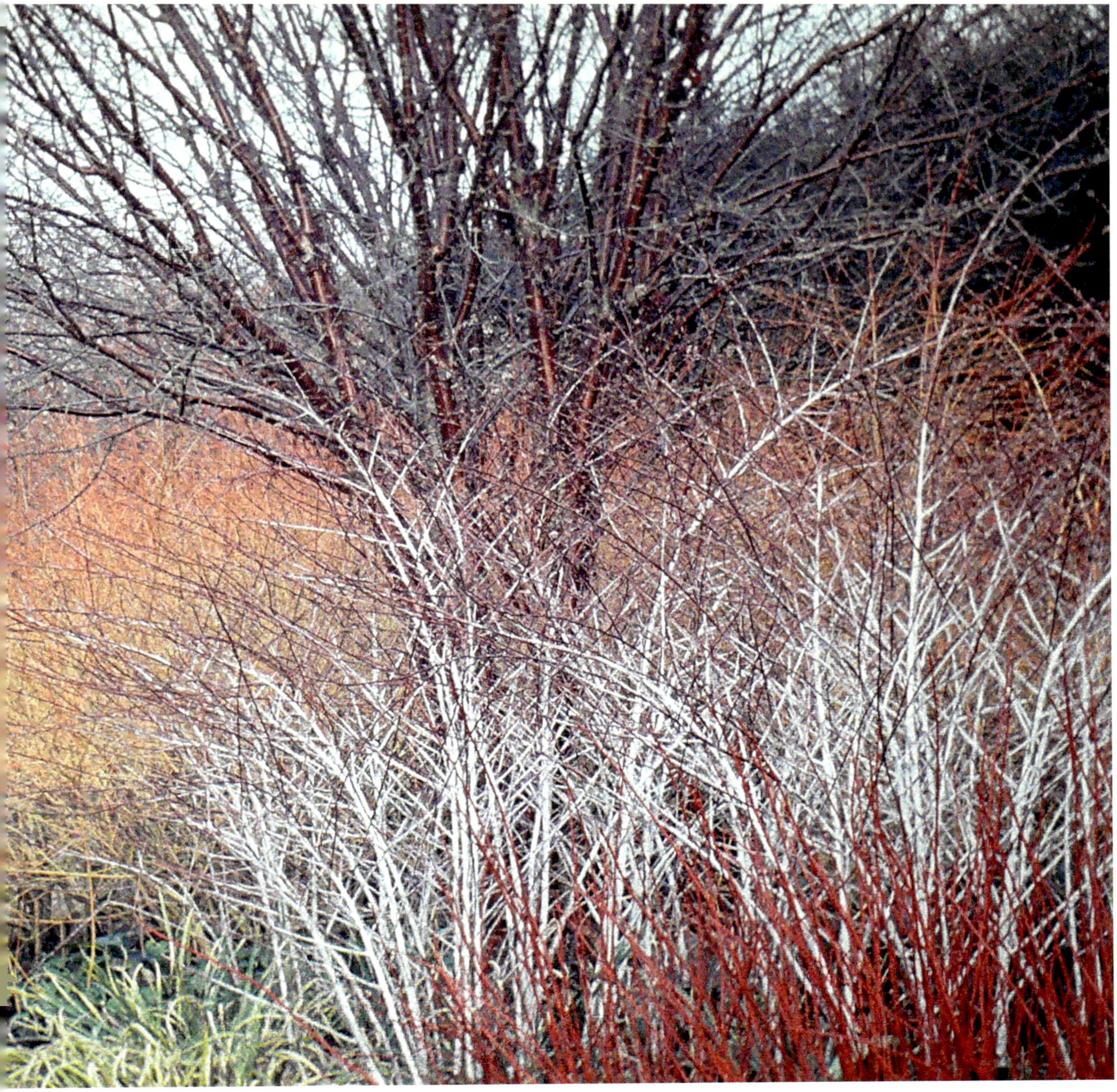

Regel besser für Kammerkonzerte als für Operndramatik. Für die artenreiche Gestaltung im beschaulicheren Gelände findet man in anderen Wintergärten, wie im Cambridge University Botanic Garden, mindestens ebenso viele Anregungen für gelungene Pflanzenkombinationen.

Aber der Eindruck der verschiedenen Winterschönheiten und die Idee, so einen Garten mehr als nur „zweidimensional“ zu gestalten, waren ab dem Zeitpunkt in mein Herz gepflanzt. Mit dem folgenden Buch möchte ich den Samen streuen, der bei mir vor vielen Jahren aufgegangen ist. Ich wünsche mir, dass immer mehr Menschen so inspiriert werden und freudvoll lebendige, winterliche Gärten erschaffen. Vielleicht kann ich hier ein paar Farben zu der schon bekannten Palette an winterschönen Pflanzen hinzufügen und etwas dazu beitragen, dass in unseren Gärten viele schöne, ganz verschiedene Winterbilder entstehen.

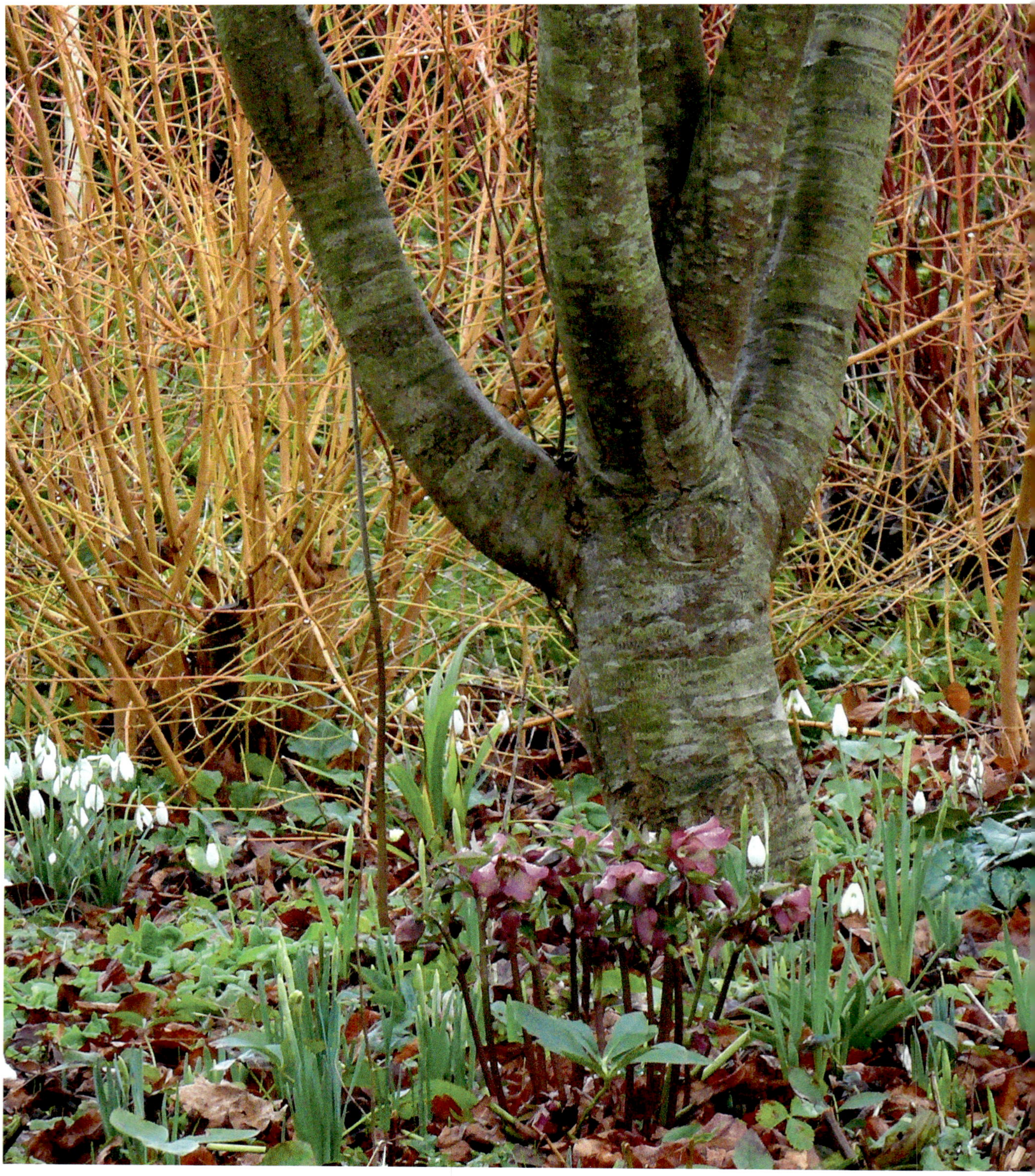

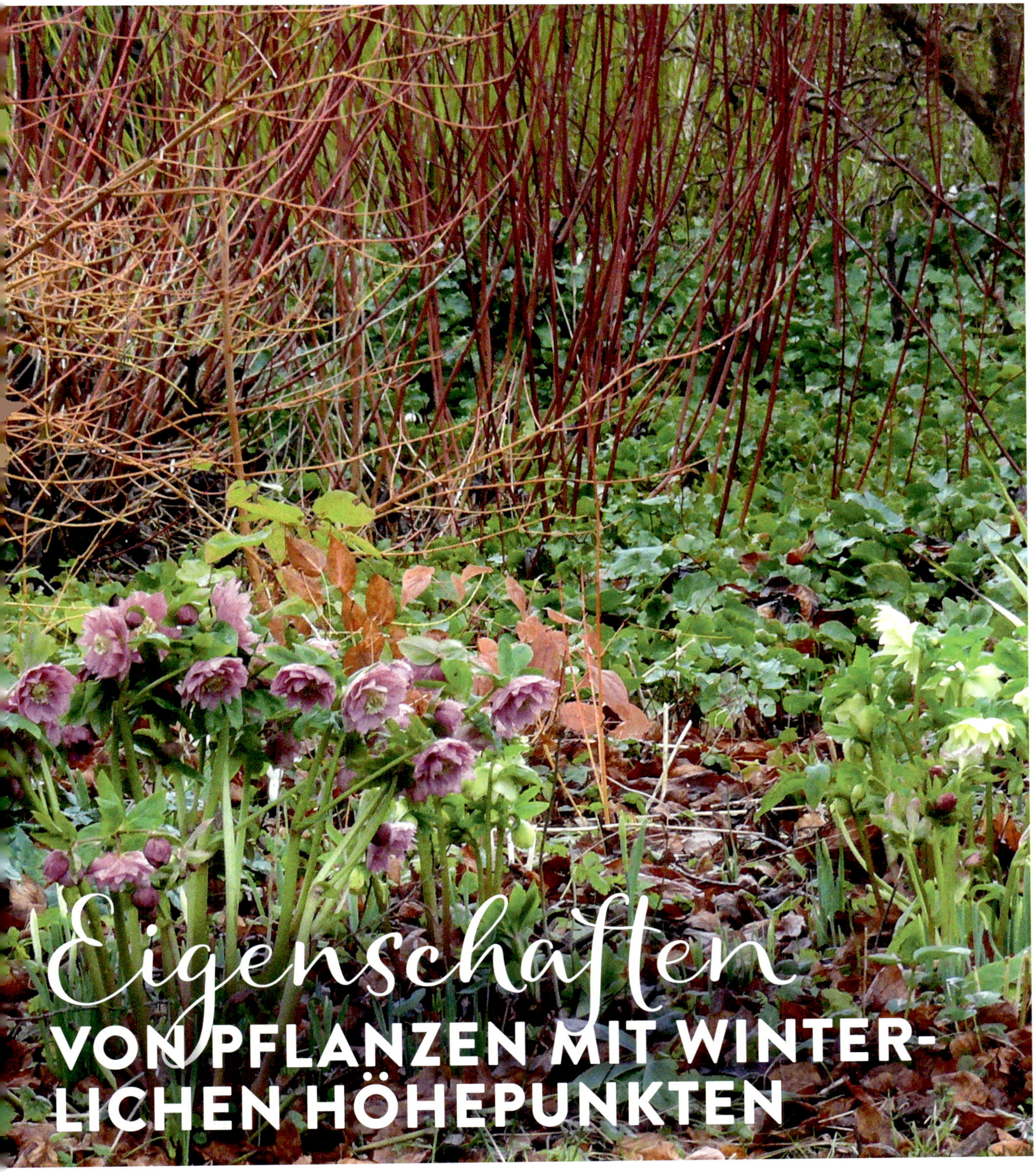

Eigenschaften VON PFLANZEN MIT WINTERLICHEN HÖHEPUNKTEN

Welche Pflanzen sind prädestiniert für winterlich schöne Gärten? Diese Frage lässt sich erst einmal mit einem Satz beantworten: Alle Pflanzen, die sich auch im Winter gut präsentieren! Aber das ist nur ein Teil der Wahrheit: Wie auch im übrigen Jahr ist der Verband der Pflanzen untereinander, also die Kombination der verschiedenen Pflanzen mit unterschiedlichen Eigenschaften, entscheidend für einen gelungenen winterlichen Garten.

STRUKTUREN DES GARTENS

Wenn man versierte Gärtner fragt, was genau für sie im winterlichen Garten am wichtigsten ist, so sind sich fast alle einig, es sei die Struktur des Gartens. Manchmal wird sogar von einem „Skelett" gesprochen. Damit wird oft eine gut konzipierte formale Anlage assoziiert, wie Alleen und Hecken großer Parks oder auch ein Knotengarten.

Viele Gartenliebhaber genießen die Kargheit im Winter: Der Garten schläft quasi und es wird nicht nur akzeptiert, sondern oft sogar besonders geschätzt, dass Blüten und Farben fehlen. Was für den einen nackt und trist ist, ist für den anderen angenehme Ruhe und Reduktion auf das Wesentliche. So ist ein Knotengarten – am besten in seiner mit Schnee überzuckerten Form – für viele Menschen der Prototyp eines winterschönen Gartens.

Dies zeigt einerseits, wie wichtig in der Tat das Gerüst des Gartens ist. Es zeigt mir andererseits aber auch, wie unterschätzt die übrigen Möglichkeiten während der vierten Jahreszeit sind! Denn ein winterlicher Garten muss nicht durch Formen allein wirken. Und er muss auch überhaupt nicht reduziert aussehen.

Bei der Gartenplanung fange aber auch ich erst einmal mit den Strukturbildnern an, die das Rückgrat des Gartens bilden und für mich daher tatsächlich unentbehrlich sind – und zwar das gesamte Jahr hindurch. Denn die Struktur eines Gartens gibt diesem seine Dreidimensionalität. Strukturgebend für den Garten – und nur um die Struktur des Gartens geht es im folgenden Kapitel – sind also an erster Stelle Pflanzen, die sich über unseren zweidimensionalen Grundbesitz hinaus in die vertikale (dritte) Achse erheben. Bildlich gesprochen liegt die Struktur also auf dem Weg zum Himmel.

Kunstvoller Knotengarten im Winter. Februar in Cerney House Gardens, England.

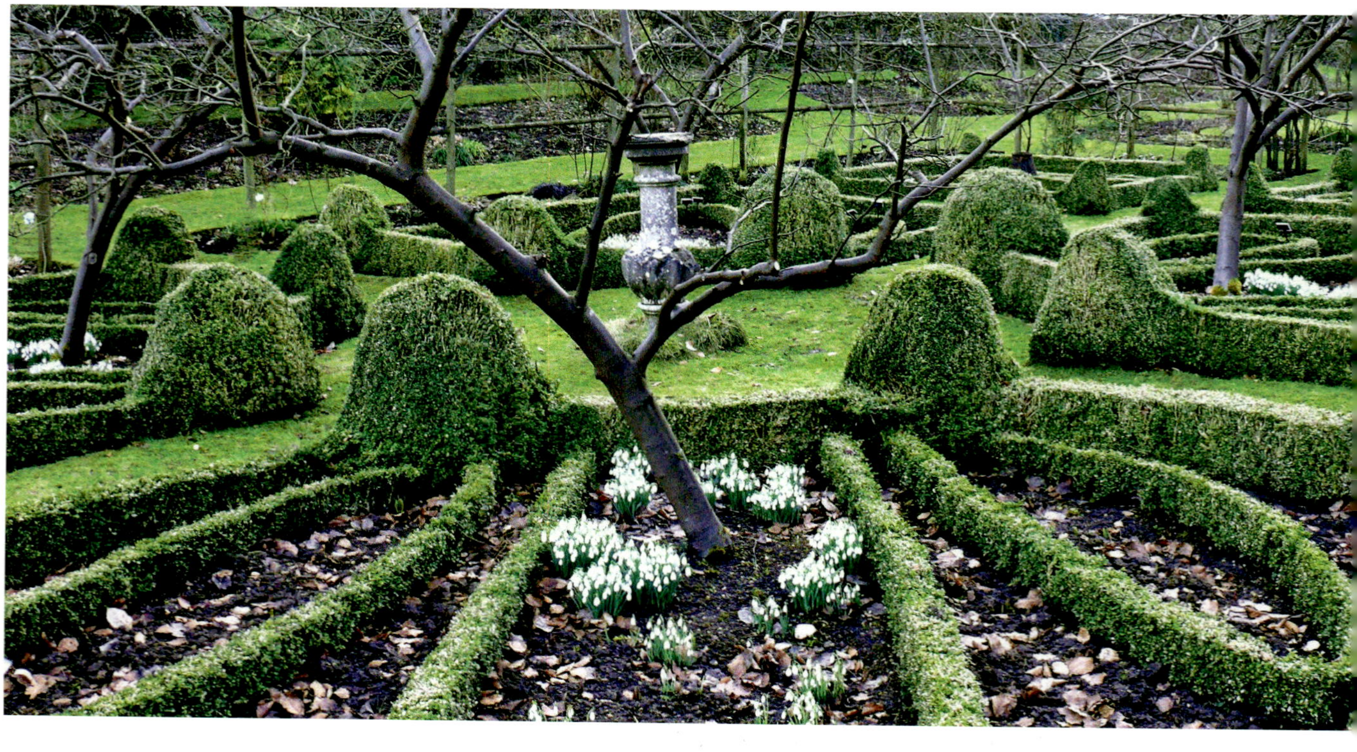

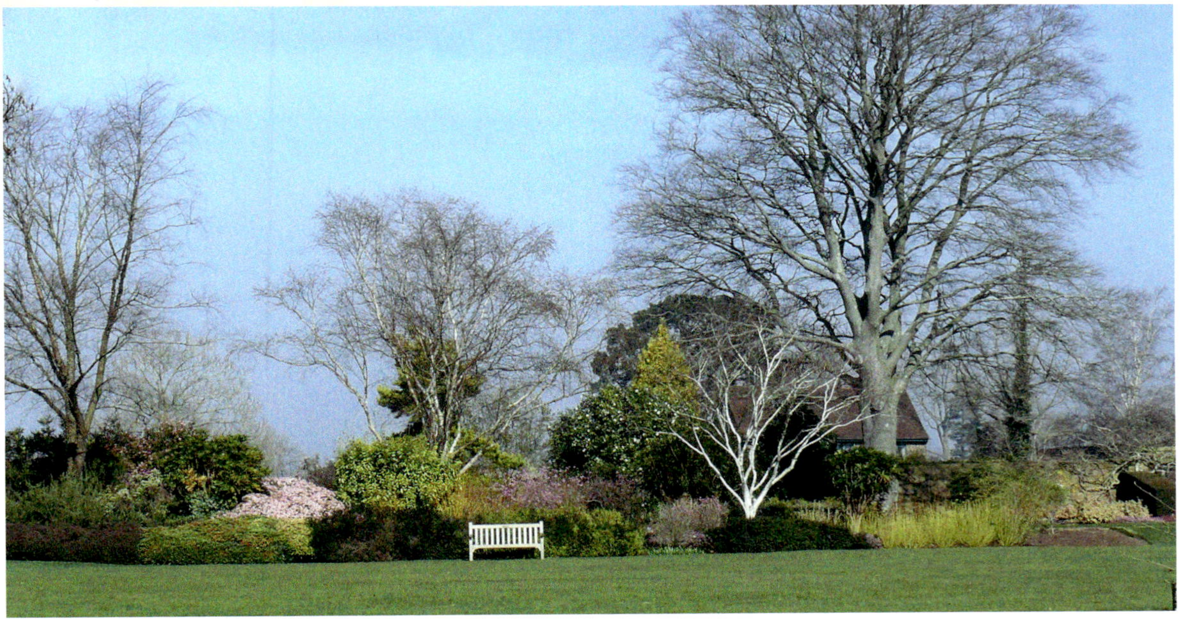

Gelungene Höhenstaffelung einer Gartensituation, die durch verschiedene Farben verstärkt wird. März in Wakehurst Place, England.

SOLITÄRGEHÖLZE

Beim Sehen vergleichen wir die betrachteten Objekte mit der Umgebung in unserem Blickfeld und relativieren sie damit: So wirkt eine kleine Parzelle immer größer, wenn sie von weiteren, noch kleineren Parzellen umgeben ist, und kleiner, wenn hinter ihr eine große, weite Fläche liegt. Verschwimmen jedoch die Grenzen, so profitiert die kleine Fläche von der großen Umgebung – man spricht von „geborgter Landschaft".

Die Wirkung von Dreidimensionalität ist neben der tatsächlichen Höhe der unterschiedlichen Objekte auch vom Abstand des Betrachters abhängig. Somit sollten bei der Planung nicht nur die Standortansprüche und das Wuchsverhalten der Gehölze berücksichtigt werden, sondern auch die Gartengröße selbst sowie die Blicke in die oder aus der umliegenden Landschaft von wichtigen Standpunkten (oder aus Fenstern im Haus).

Eine abwechslungsreiche Höhenstaffelung schafft dann häufig wie von selbst eine gute Tiefenwirkung und lässt den Gartenraum größer erscheinen. Das gelingt aber nur dann, wenn der Blick „in die Tiefe" nicht vollständig blockiert wird durch die Pflanzen, welche die Tiefenwirkung ursprünglich erzeugen sollten. Das klingt zwar banal, ist aber ein wichtiger Punkt, der nicht nur bei der Planung, sondern während der gesamten späteren Jahre bei der Entwicklungspflege berücksichtigt werden muss. Ein hochstämmiger, großer Baum kann in einem kleinen Garten also möglicherweise dauerhafter erfreuen (weil man ohnehin unter der Krone durchsieht – egal, ob sie 10 oder 20 Meter hoch ist) als z. B. eine wüchsige Zwergform, die nach einigen Jahren dann doch auf Augenhöhe ankommt. Für einen Rückschnitt ist es jetzt oft zu spät. Wenn Auslichten auch nichts verbessern kann, so hilft es, sich nach der langjährigen, glücklichen Koexistenz ohne Groll von dem zu dominanten Gefährten zu trennen.

Viel zu oft vergessen wir, die Größe eines Baumes ins Verhältnis zu seinem Lebensalter zu setzen. Nur weil wir mit 16 Jahren ausgewachsen sind, ist es ein Baum noch lange nicht. Auf den Bildetiketten der Baumschulen und Gartencenter wird in der Regel eine Höhe angegeben, die der Baum in 10 Jahren erreicht. Man kann grob davon ausgehen, dass ein Baum umso länger weiterwächst, je langlebiger er ist.

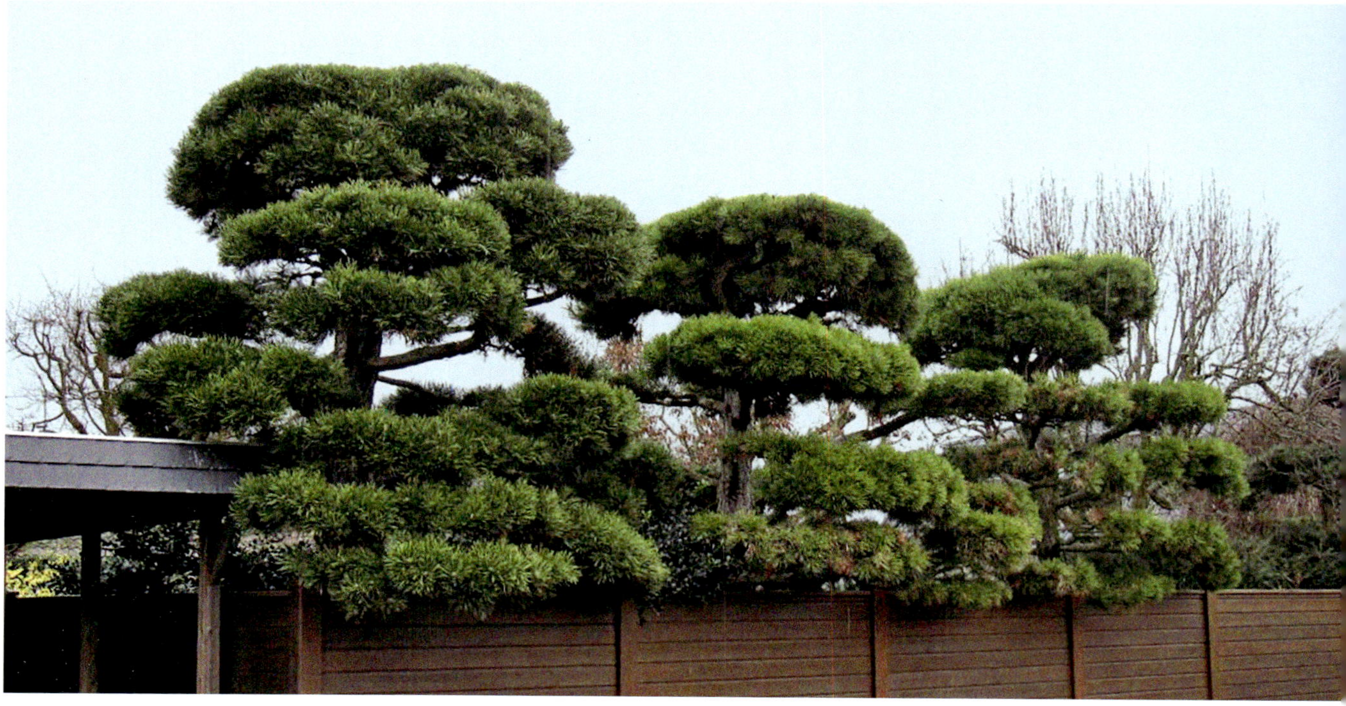

Pinus nigra als hoher Formschnitt. Januar in einem Vorgarten in Hessen.

Im Garten meines Elternhauses hatten wir direkt an der Terrasse eine kleine Muschelzypresse (*Chamaecyparis obtusa* 'Nana Gracilis'). Weil sie extrem langsam wuchs und ihr Laub so interessant war – und vermutlich auch, weil der Baumschüler das meiner Mutter so gesagt hatte – wurde sie nie geschnitten. Umso erstaunter war ich, als ich irgendwann als Studentin bei einem Besuch zu Hause bemerkte, dass nun sie größer war als ich. So groß, dass sie wie ein Ungeheuer über einen grazilen, leicht abschüssigen Reihenhausgarten wachte. Um endlich von der Terrasse aus wieder mehr Blick in den Garten zu bekommen, wurde sie ausgeschnitten und zu einer Art japanischem Formschnittgehölz gemacht. Aber die echten, kunstvollen Formschnittgehölze werden eben über Jahrzehnte gelenkt und geschnitten und sind daher ungleichmäßig bizarr gewachsene, imposante Solitäre. Unsere sah einfach unpassend aus und wurde dann entfernt. Es war eine große Erleichterung und große Trauer zugleich. Das Gehölz war zu dem Zeitpunkt unbezahlbar wertvoll und hätte an einem anderen Gartenplatz oder mit einem rechtzeitigen, wohlüberlegten Schnitt noch weitere Jahrzehnte Freude machen können.

Da Sie mit den Gehölzen in Ihrem Garten hoffentlich einen Bund fürs Leben schließen, sollten Sie deren Auswahl mit Bedacht und möglichst viel Sachverstand treffen.

Am wenigsten Überraschungen bezüglich ihres Wuchsverhaltens bringt der Umgang mit solchen Gehölzen, die durch Schnitt von vornherein über Jahre in genau der gleichen Gestalt gehalten werden können – und dann auch müssen. Durch beständigen Fleiß werden die Silhouetten solcher Gartendarsteller häufig mehrfach im Jahr zurück in ihre Schranken gewiesen.

Durch verschiedene Buchskrankheiten wird Buchs nicht mehr gerne im großen Stil verwendet. Es gibt zahlreiche sogenannte „Buchsersatzpflanzen", die häufig leider lange nicht die großartige Standortamplitude gepaart mit langsamem Wachstum, hoher Schnittverträglichkeit und dem feinen, gleichmäßigen Erscheinungsbild von Buchs aufweisen. Aus diesem Grund möchte ich hier nicht pauschal Ersatz für Buchs nennen. Ich würde die Wahl einer Ersatzpflanze von deren Standortansprüchen und anderen Parametern abhängig machen.

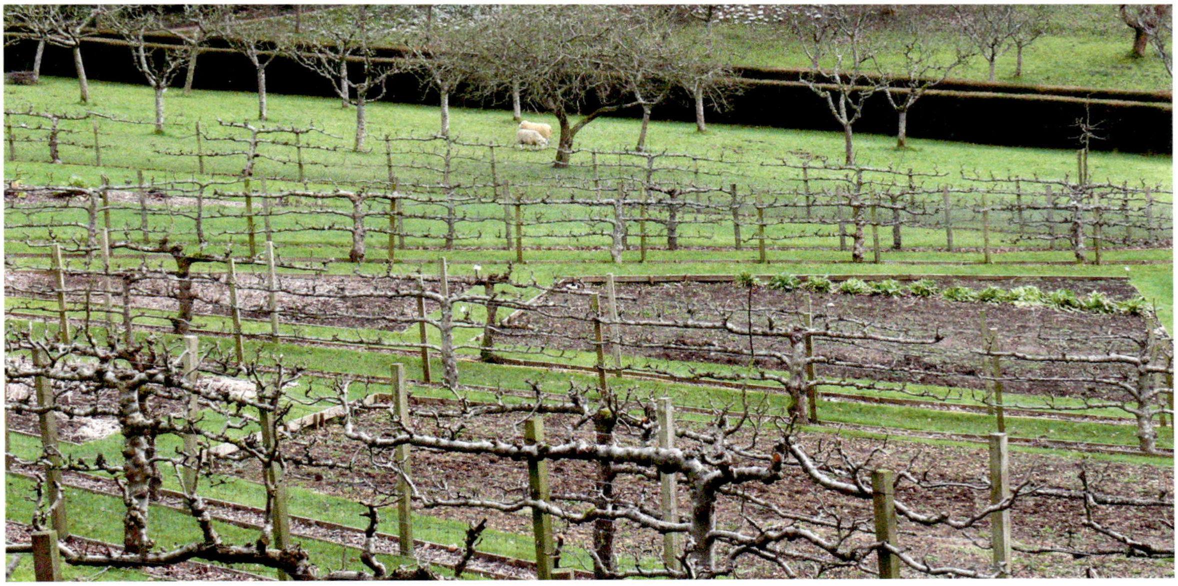

Obstspaliere im Februar in Painswick Rococo Garden, England.

HECKEN, FORMSCHNITTGEHÖLZE UND SPALIERE

Hecken und Formen werden vor allem aus denjenigen Gehölzen geschnitten, die sich nach einem Rückschnitt gut wieder regenerieren. In vielen Gärten bilden diese formalen Strukturen das Gerüst des winterlichen Gartens. Neben niedrigen Beeteinfassungen, die wohl wegen diverser Buchsanfälligkeiten immer häufiger aus kurzlebigeren Kleingehölzen wie z. B. *Lavandula*, *Santolina* oder *Teucrium* bestehen, findet man hohe Heckenelemente als Hintergrund von Pflanzungen, zur Abtrennung unterschiedlicher Bereiche oder zur Schaffung verschiedener sogenannter Gartenzimmer.

Man verwendet hierfür gerne *Taxus* und etwas eingeschränkter auch *Buxus* – und besonders robuste Gärtner integrieren selbst durch Blattdornen piksende *Ilex*, *Berberis* und heimtückisch bedornte *Pyracantha*. Aber auch aus wüchsigeren Gehölzen wie *Carpinus betulus*, *Fagus sylvatica*, *Photinia*, *Acer campestre* und (für die Lederhandschuhträger) sogar *Crataegus* entstehen gerade oder ineinanderlaufende Linien, Torbögen, Kugelhochstämmchen und wolkige Gebilde bis hin zu verschlungenen Knotengärten.

Besonders weich wirken Wolken aus kleinwüchsigen Kiefern wie *Pinus mugo* oder auch aus langsamwachsenden Sorten von *P. sylvestris*, *Cedrus* oder *Tsuga*, die direkt während des Austriebs geschnitten werden können, ebenso wie *Picea*. Einfach im Frühjahr mit einer Garten- oder Heckenschere den weichen Neutrieb zur Hälfte bis zwei Drittel einkürzen: Der Austrieb wächst weiter und entwickelt im Spätsommer seine Winterknospen, als wäre nichts geschehen – nur etwas niedriger und dichter.

Wie wäre es, in geschützten, nicht zu lufttrockenen Lagen als Beeteinfassung auch einmal niedrige, vielleicht sogar im Winter ihr Laub umfärbende Sicheltannen (*Cryptomeria japonica*), Steineiben (*Podocarpus*) oder in trockeneren Lagen auch einmal die Orangenblume (*Choisya* × *dewitteana*) oder ihre goldlaubige Sorte 'Aztec Gold' zu verwenden, die allesamt ebenfalls sehr regenerationsfreudig sind?

Die gekonnte Kombination aus Schnitt und Führung schafft Heckenblöcke auf Hochstamm, Dächer aus Platanen und Linden oder **Spaliere** – uns allen bekannt von alten Obstbäumen, die flach an Hauswänden gezogen werden. Nach einigen Jahren Geduld und Know-how ergeben sich daraus horizontale oder gar fächerförmige Strukturen. Ganz ohne Rückwand können diese Zäune ersetzen und stehen förmlich Spalier, wenn man an ihnen entlang zu entfernteren Gartenarealen schreitet.

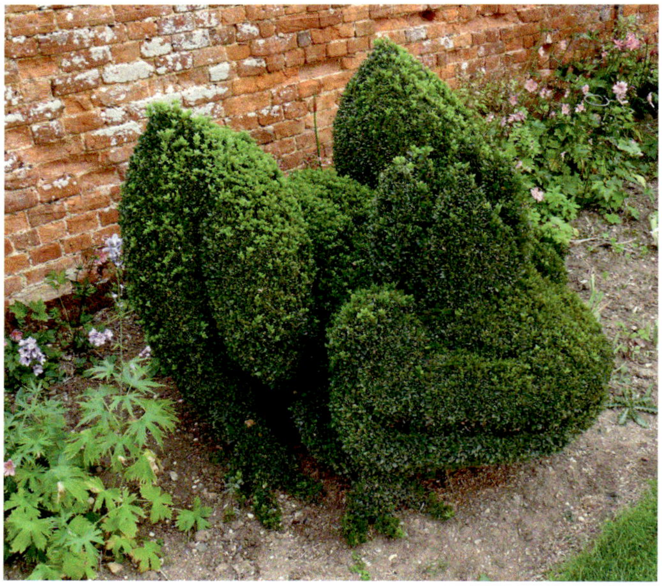

Frosch aus *Buxus* im Oktober in Helmingham Hall, England.

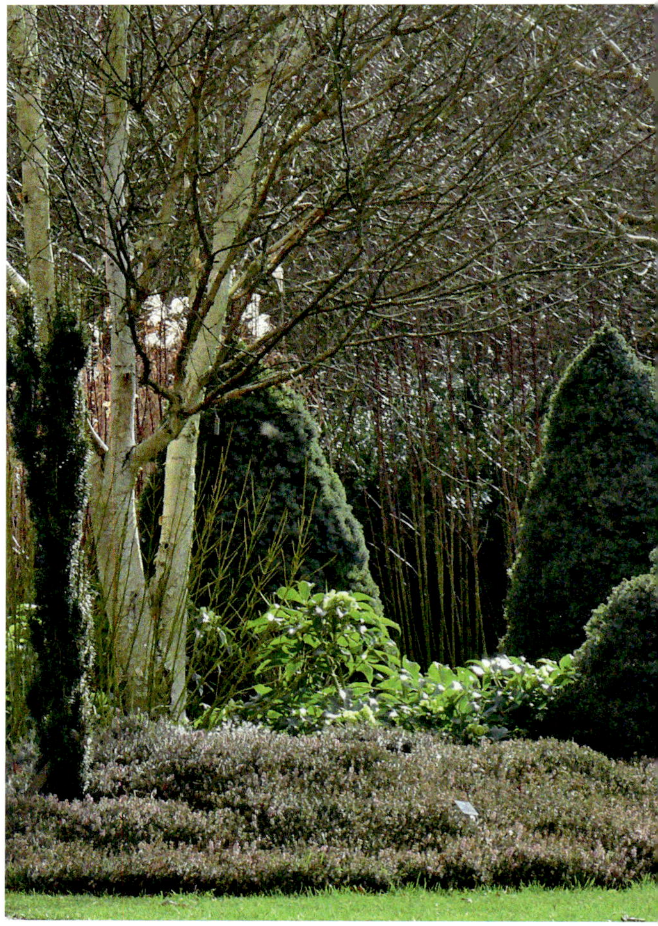

Kunstvollere Formen lassen sich aus langsam wachsenden Immergrünen ins Leben rufen: Mit etwas Glück trifft man beim Besuch eines freudvoll angelegten Gartens auf eine Gesellschaft lustiger Gestalten aus scheinbar mit der Nagelschere geschnittenen Eiben oder Buchsen.

Immer häufiger findet man auch die „buchsblättrigen" *Ilex crenata* und *Ilex maximowicziana* var. *kanehirae* oder die immergrüne Heckenkirsche (*Lonicera nitida*) zu Fabelwesen oder zauberhaften Figuren gestutzt. Diese sehen allerdings bei nachlassender gärtnerischer Leidenschaft stets etwas verzottelt aus, denn um einen sauberen Umriss zu bewahren, müssen sie häufiger nachgeschnitten werden.

Wer Formen und Schneiden liebt, dem rate ich dazu, auch noch mit vielen anderen als den genannten Gehölzen zu experimentieren.

SILHOUETTEN: GEHÖLZE MIT GEOMETRISCHEN WUCHSFORMEN

Wesentlich pflegeleichter, wenn auch möglicherweise nicht immer ganz so akkurat und kleinteilig, sind Gehölze, die von sich aus eine gleichmäßige, geometrische Wuchsform (Silhouette) ausbilden und deutlich langsamer wachsen als ihre Artgenossen.

Je langsamer Gehölze wachsen, desto länger kann man sie ohne großen Pflegeaufwand im gewünschten Gartenkonzept mitwirken lassen, aber desto teurer ist in der Regel auch ihre Anschaffung in einer wirkungsvollen Größe. Und sie sind nicht immer leicht zu bekommen. Unter Umständen müssen sie irgendwann doch geschnitten werden – nur natürlich nicht so häufig und oft auch auf einer für den Gärtner angenehmeren Höhe.

Die meist klein- oder schmalwüchsigen Gehölze können durch Schnitt korrigiert werden, sollten sie im Laufe vieler Jahre doch etwas „aus den Fugen" geraten. Dies kann aber auch immer wieder mit kleinen Korrekturschnitten geschehen, ähnlich wie bei den Formschnittgehölzen.

Zu den wunderbaren, kompakt **konisch** wachsenden Gärtnerfreunden gehört auch die leider – vermutlich gemeinsam mit ihrem Schutzpatron, dem Gartenzwerg – total aus der Mode gekommene Zuckerhutfichte (*Picea glauca* var. *albertiana* 'Conica'). Nur selten findet man in Deutschland stattliche, erwachsene Exemplare, die in den 80er- und 90er-Jahren nicht nur der Henkersaxt entgangen

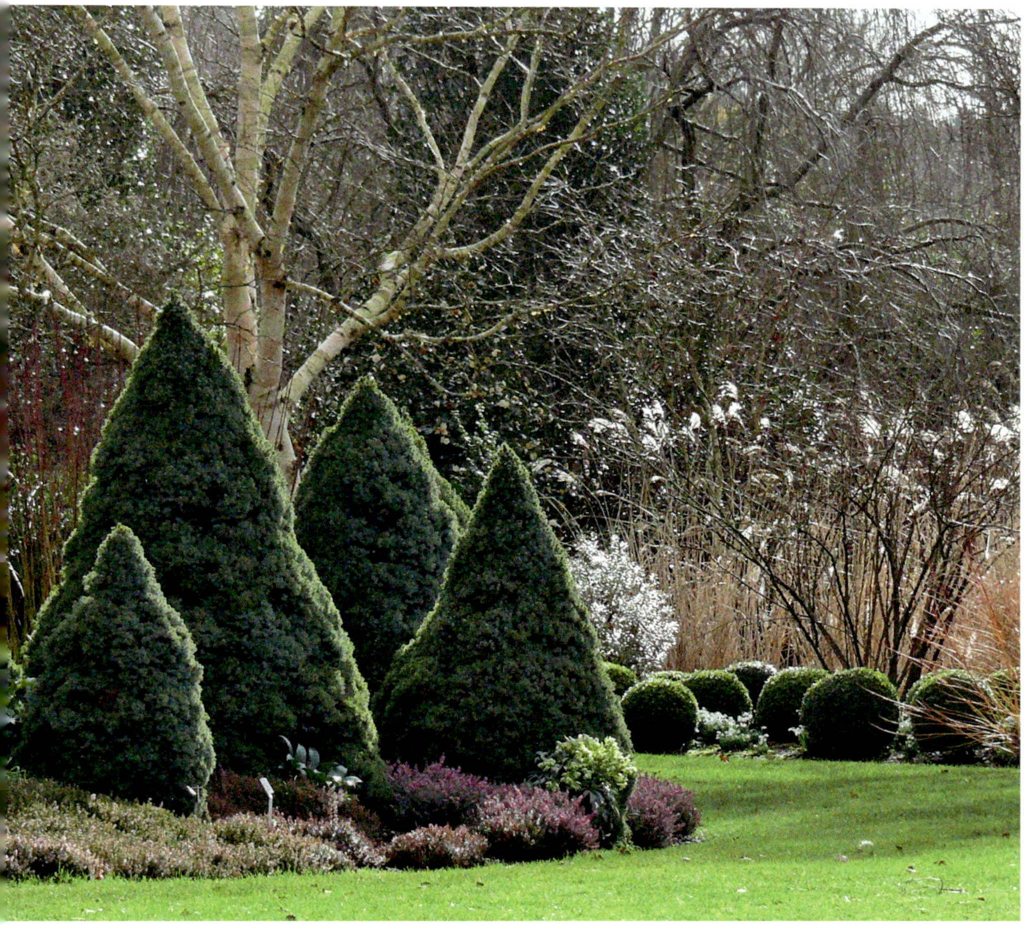

Zuckerhutfichten im Februar: Zwergenaufstand in Sir Harold Hillier Gardens, England.

sind, sondern auch von den ab und an auftretenden Rückschlägen liebevoll freigehalten wurden. Oje, wie traurig, dass diese freundliche Erscheinung derart verkannt wird! Es existieren auch eher **kugelförmig** wachsende Sorten von Gehölzen, die meistens aus Hexenbesen entstanden sind. Einer der Klassiker in dieser Gruppe ist die nicht ganz so zwergige „Zwergkiefer" *Pinus mugo* 'Mops', aber auch *Liquidambar styraciflua* 'Gumball', *Ginkgo biloba* 'Mariken' oder die wesentlich größeren „Vorgartenkugelbäume", auf die ich nicht näher eingehen möchte. Kugelformen findet man meistens als (Hoch-)Stammveredelung. Es gibt sie prinzipiell aber auch ganz ohne Stamm, sodass sie tatsächlich auf dem Boden herumkugeln können.

Ganz zeitlos sind verschiedene **Säulenformen** von Eiben, Wacholder und anderen Koniferen. Je nach Charakter des zu gestaltenden Gartenbereiches können in wärmeren Gegenden Deutschlands z. B. besonders schlanke Mittelmeerzypressen wie *Cupressus sempervirens* 'Totem' der Pflanzung mediterranen Flair einhauchen und Tiefe geben. Durch deren extrem schlanke Säulenform wird das Beet nicht verschattet, sodass über Jahrzehnte ohne Schnitt das gewünschte Bild erhalten bleibt.

Bei vielen kleinwüchsigen Sorten, die aus Zweigmutationen entstanden sind, können plötzlich neue Zweigpartien mit dem ursprünglichen kräftigeren Wuchsverhalten auftreten. Man spricht dann vom „Rückschlagen" oder „Zurückschlagen" der Sorte in die Art. Wenn man den kompakten Wuchs der Sorte erhalten möchte, so sollte man diese rückgeschlagenen Zweige möglichst bald komplett herausschneiden, denn diese würden sonst durch ihren stärkeren Wuchs die kleinere Sorte überwuchern. Gleiches gilt für rein grüne Triebe bei buntlaubigen Sorten.

Hexenbesen sind zwergwüchsige Zweigmutationen, die in der Regel durch Veredelung oder Stecklinge vermehrt und so als Sorte gehandelt werden können. In großen Laubbäumen erkennt man Hexenbesen am besten im Winter; sie sehen aus wie Krähennester oder so, als hätte die Hexe dort ihren Besen verloren.

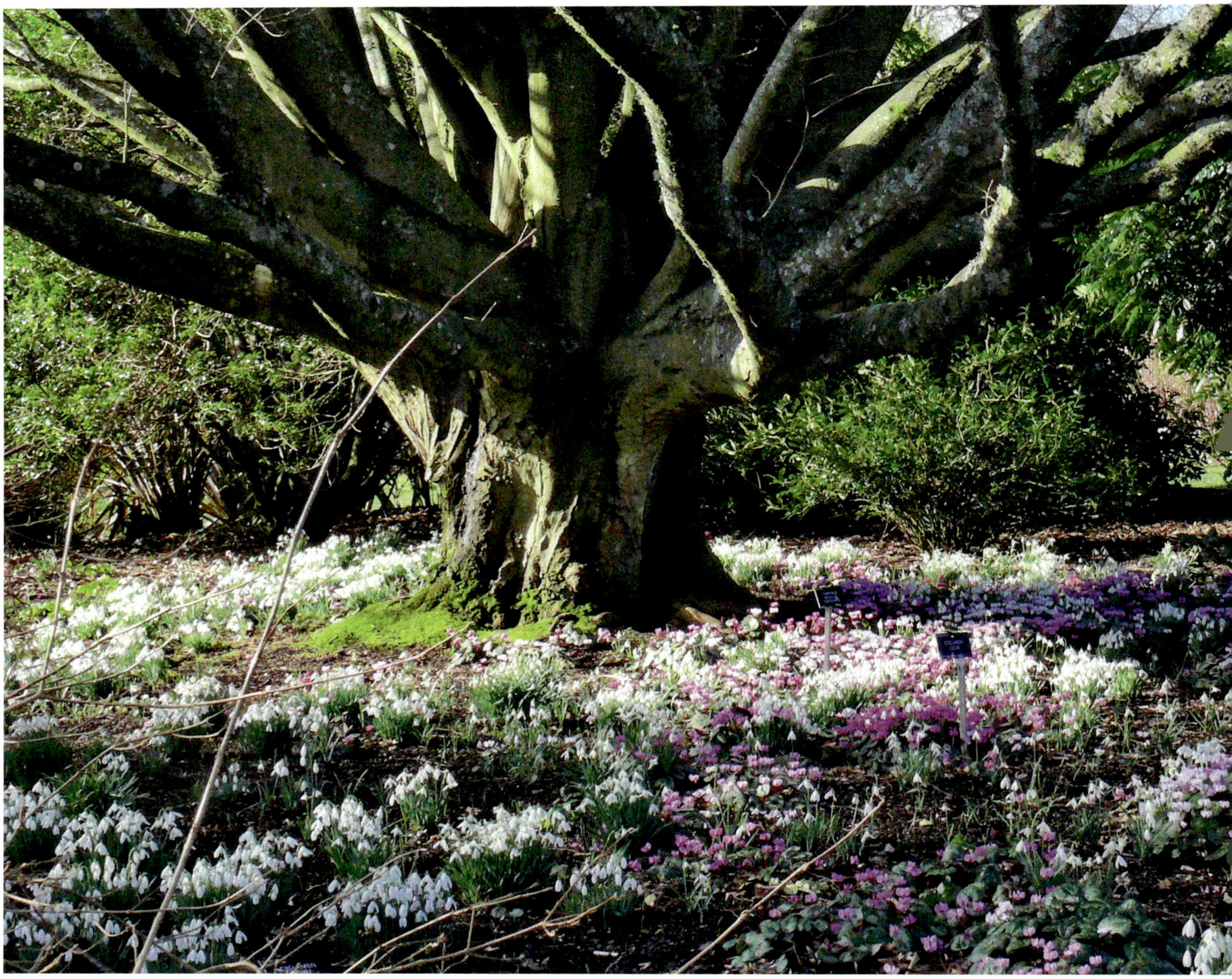

Unterpflanzung einer *Carpinus betulus* 'Fastigiata', einer alten „Säulenhainbuche", in Sir Harold Hillier Gardens.

Laub abwerfende Säulen aus Buche, Hainbuche, Eiche etc. gehen im Alter häufig in die Breite und müssen daher weitsichtiger geplant werden.

Eine der wenigen „dauerschlanken" Ausnahmen ist der Amberbaum *Liquidambar styraciflua* 'Slender Silhouette'; er bleibt über Jahrzehnte eine schmale Silhouette. Leider hat diese Sorte zwar eine traumhafte Herbstfärbung, aber nicht gerade die besten Korkleisten – was in einem Buch über winterliche Gärten natürlich nicht verschwiegen werden darf.

Als Kontrast zu den Säulen zaubert der virtuose Planer durch etagenwüchsige Gehölze zusätzlich horizontale Ebenen auf hohem Niveau in die Luft: Hierzu geeignet sind allen voran die beiden Pagodenhartriegel *Cornus controversa* und *Cornus alternifolia*, ihre beliebten, kleiner bleibenden weißbunten Sorten *C. controversa* 'Variegata' und *C. alternifolia* 'Agentea', der Etagenschneeball *Viburnum plicatum* var. *tomentosum* und seine Sorten oder auch die immergrüne Koreatanne (*Abies koreana*).

KLEINGEHÖLZE, BODENDECKER, STAUDEN, GRÄSER UND FARNE

Für eine gute Struktur im Garten sind in erster Linie Bäume und Sträucher verantwortlich. Lediglich besonders hohe Stauden und vor allem Gräser können einzeln gepflanzt ähnliche Akzente setzen wie kleine säulenförmige Gehölze. Durch ihre mehr oder weniger rhythmische Wiederholung wird eine höhere Ordnung des Gartens erreicht.

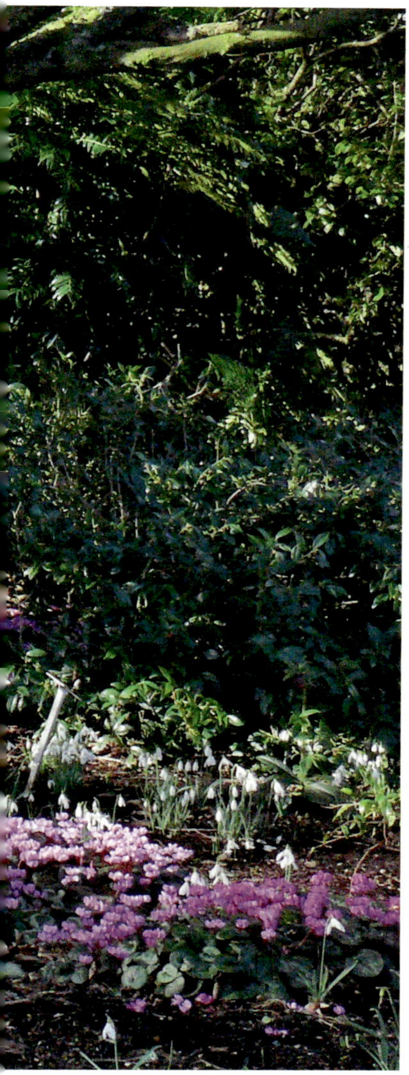

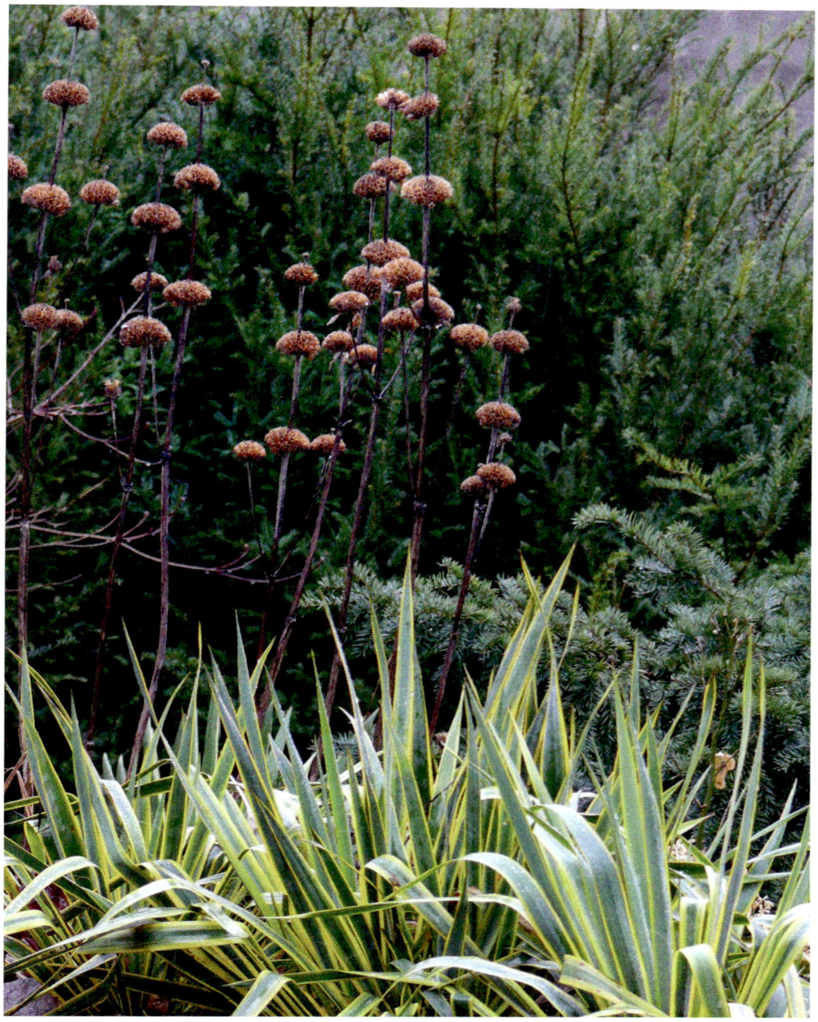

Samenstände von *Phlomis russeliana* mit *Yucca flaccida* 'Diamant'.

Für die genannten Aufgaben eignen sich alle Pflanzen, die im Winter sichtbar sind – sei es auch nur in Form von verdorrten Blüten- oder Samenständen.

Ein schönes Beispiel hierfür sind die trockenen braunen Blütenstiele von *Phlomis russeliana*, die mit ihren mehrstöckigen, quirlförmigen Kugeln so architektonisch wirken und so viel Formwiederholung bieten, dass sie unbedingt als strukturelle Bereicherung des Beetes angesehen werden müssen.

Um vor allem größere Anlagen in verschiedene Flächen zu gliedern, sind Kleingehölze, Bodendecker, Stauden, Gräser oder Farne dann von struktureller Bedeutung, wenn sie in Massen gepflanzt werden. Sie können auch als Bänder durch den Garten „wandern", um ihn, ähnlich wie dies bei Hecken der Fall ist, zu unterteilen und zu ordnen.

Natürlich spielt das Thema Farbe hier ebenfalls eine große Rolle, denn verschiedene Farben der unterschiedlich bepflanzten Bereiche verstärken den Effekt einer Aufteilung in Parzellen oder natürliche Flächen. Daher finden sich diesbezüglich passende Pflanzen vor allem im Kapitel zu dauerhaften Farbakzenten (siehe S. 30).

Zumindest in größeren Gärten ergibt sich kein struktureller Gewinn aus vereinzelt eingebrachten niedrigeren Kleingehölzen, Bodendeckern, Stauden, Gräsern und Farnen. Ihre Wirkung relativiert sich an der Gesamtgröße des Geländes und bleibt daher eher an der (Erd-) Oberfläche. Folglich bringen sie in allen nicht oben genannten Fällen ausschließlich Abwechslung und Ausdruck in einzelne Beete und beeinflussen dadurch die Textur des Areals.

TEXTUREN IM GARTEN

Unterschiedliche Texturen im Garten verleihen diesem Abwechslung und Individualität. Sie sprechen uns auf einer sinnlichen Ebene an und verführen uns, in den Garten hineinzugehen, statt ihn wie ein Gemälde zu bewundern. Die Texturen gehören unmittelbar zu den Pflanzen und sind für mich daher das, was dem Garten Leben einhaucht.

Im vorausgegangenen Kapitel habe ich mit dem Begriff „Struktur" die Struktur bezeichnet, die eine Pflanze im Garten erzeugt – nicht die Struktur innerhalb einer Pflanze, z. B. ihres Zweigwerks.

Die Struktur im Sinn des letzten Kapitels ist die Platzierung, Form und Ausrichtung von Pflanzen im Gartenraum, die wir mit dem ersten Blick erfassen – am besten durch halb zusammengekniffene Augen. Das kann beispielsweise die Silhouette einer schlanke Säuleneibe oder die einer runden Eichkrone sein.

Textur bedeutet in diesem Kapitel das, was wir auf den zweiten Blick wahrnehmen – aber nun mit ganz geöffneten Augen. Jetzt erkennt man die Beschaffenheit oder die „interne Struktur" der beiden Gehölze: Die Säuleneibe ist gleichmäßig matt dunkelgrün und man sieht das Astwerk nicht. Die Eiche hingegen hat innerhalb der wohlgeformt ausladenden Krone besonders malerische Äste, die einen dreidimensionalen Effekt erzeugen, den Blick im Winter teilweise hindurch lassen und der „Oberfläche" durch das Zweiggewirr eine sehr lebendige Ausstrahlung verleihen.

Spätestens bei den Trauerformen findet sich der im wahrsten Wortsinn fließende Übergang zwischen Struktur und Textur, denn durch die Textur der Krone mit herabhängenden Zweigen verändert sich auch die Silhouette und gibt dem Garten eine andere Struktur. Obwohl das nicht unerheblich ist, habe ich die Trauerformen zu den Texturen eingereiht: Die große Ansichtsfläche der Zweige bei Trauerformen scheint mir noch mehr ins Gewicht zu fallen als ihre buschartige Silhouette.

Unterschiedliche Texturen von geschnittenen Immergrünen.

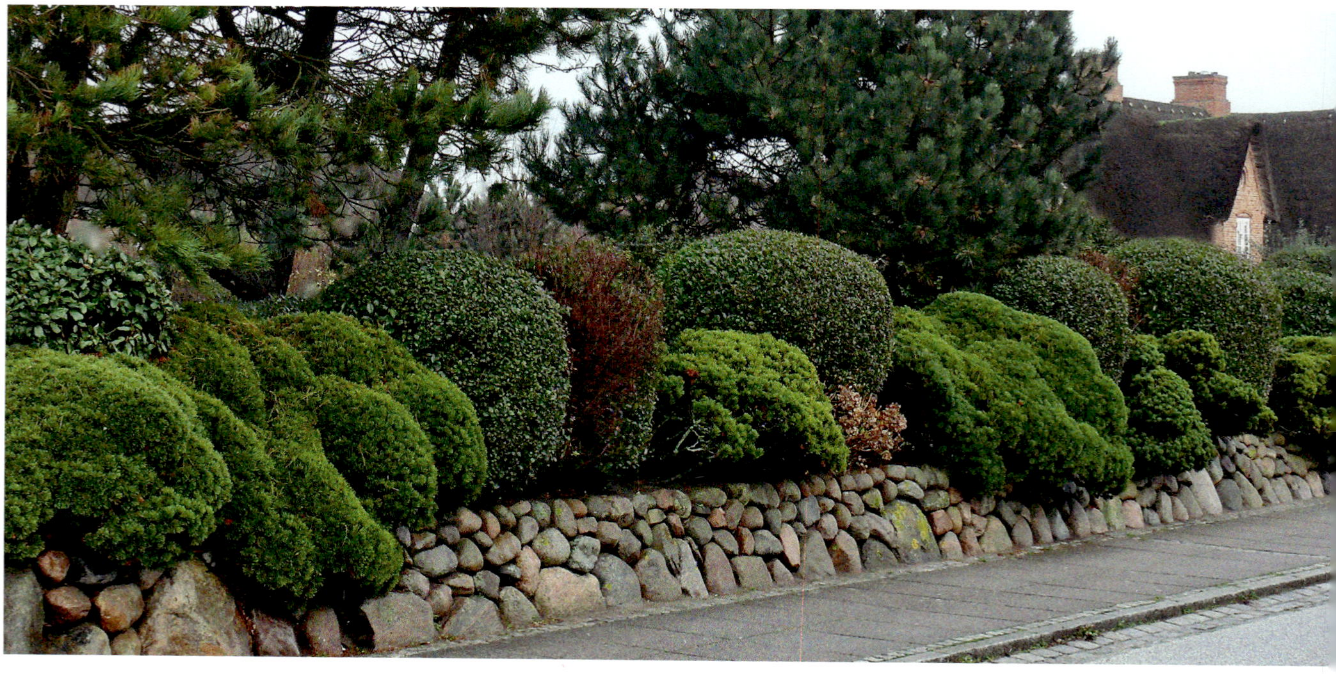

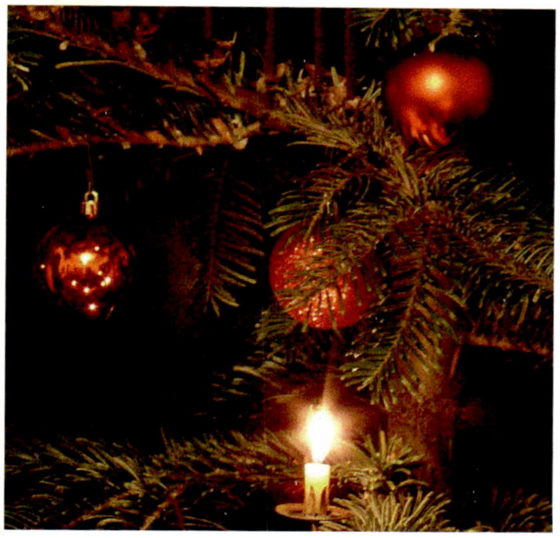

Christbaumkugeln mit unterschiedlicher Textur: Wenn der Christbaum mit dem Garten gleichgesetzt wird, so ist seine Struktur durch die Anordnung und Größe der Kugeln (Gehölze oder einheitlich bepflanzte Flächen) beeinflusst, während die spiegelnde, seidenmatte oder kristalline Oberfläche der Kugeln trotz der genau gleichen Farbe eine besondere Texturwirkung erzeugt – hervorgerufen durch verschiedene Oberflächenstrukturen der Kugeln (Gehölze oder Flächen).

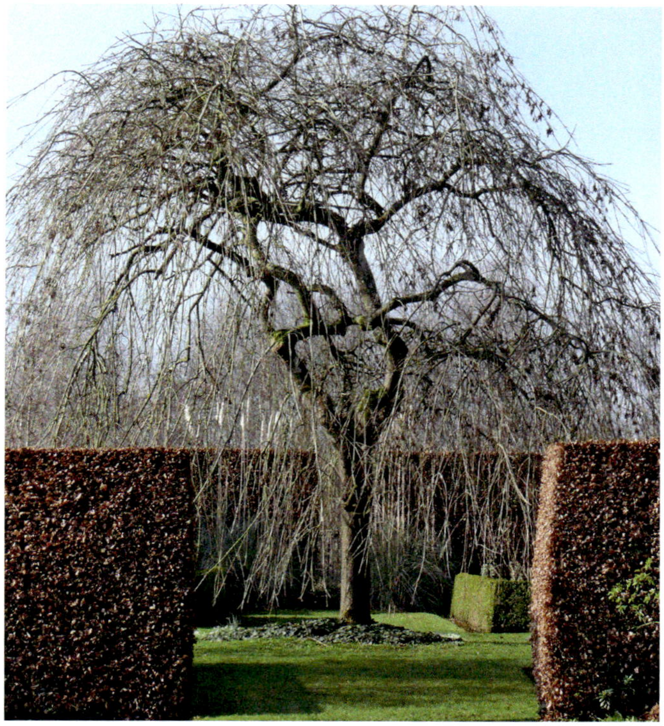

Fraxinus excelsior 'Pendula' im Februar-Garten Covertside von John und Lyn Sales, England.

GEHÖLZE, KLEINGEHÖLZE UND BODENDECKER

Von größter Bedeutung für die „Oberflächenwirkung" – also die Textur – der Gehölze ist der strukturelle Aufbau der sichtbaren Pflanzenteile: d. h. Geäst und Stamm, bei Immergrünen auch Blätter bzw. Nadeln.

Texturwirkung durch stark strukturiertes Laub- oder Astwerk

Es gibt Gehölze, bei denen durch besonders strukturiertes Laub- oder Astwerk die Oberflächentextur der gesamten Krone bzw. der gesamten pflanzlichen „Ansichtsfläche" verändert ist. So macht die im unbelaubten Zustand imposante Zweigstellung eines älteren *Gymnocladus dioicus* seinem deutschen Namen „Geweihbaum" alle Ehre. Ältere Säuleneichen und -buchen wirken oft wie Flammen aus lauter züngelnden Ästen – ein Eindruck, der zusätzlich zum Säulenwuchs getrennt seine eigene Wirkung entfaltet.

Trauerformen (Hängeformen) erreichen durch ihre hängenden Zweige eine völlig andere Qualität von vertikal strukturierter Wirkung als Säulenformen. Hier ist durch die Zweigvariation auch die Wuchsform verändert, denn die pendelnden Zweige verdecken den Stamm, sodass die Silhouette bis auf den Boden gezogen wird. Bei Immergrünen könnte man eine Trauerform von Weitem für einen Busch halten, bei Laubabwerfenden ist selbst aus der Ferne in der Regel die Senkrechtstruktur der Zweige stark sichtbar. Dieser dünne Vorhang ist oft bewegter, während Immergrüne (z. B. Koniferen wie die Hänge-Atlaszeder) eher wie ein geschlossener Vorhang als farbige Fläche wirken, wenn sie nicht ausgelichtet werden.

Eigentlich gibt es Hängeformen von jeder beliebigen Baumart – wenn Sie im Handel von einer Baumart keine finden, dann muss sie „nur noch" entdeckt werden. **Korkenzieherformen,** wie bei Korkenzieherhasel und -weide, toppen ein derart lebendiges Zweigwerk noch. Deren Äste winden sich wie orientierungslose Schillerlocken. Leider geht dies bei der Korkenzieherhasel bis ins Laub, das entsprechend „krumpelig" aussieht – zum Glück aber nicht im Winter! Wer das breite, verkrüppelte Laub

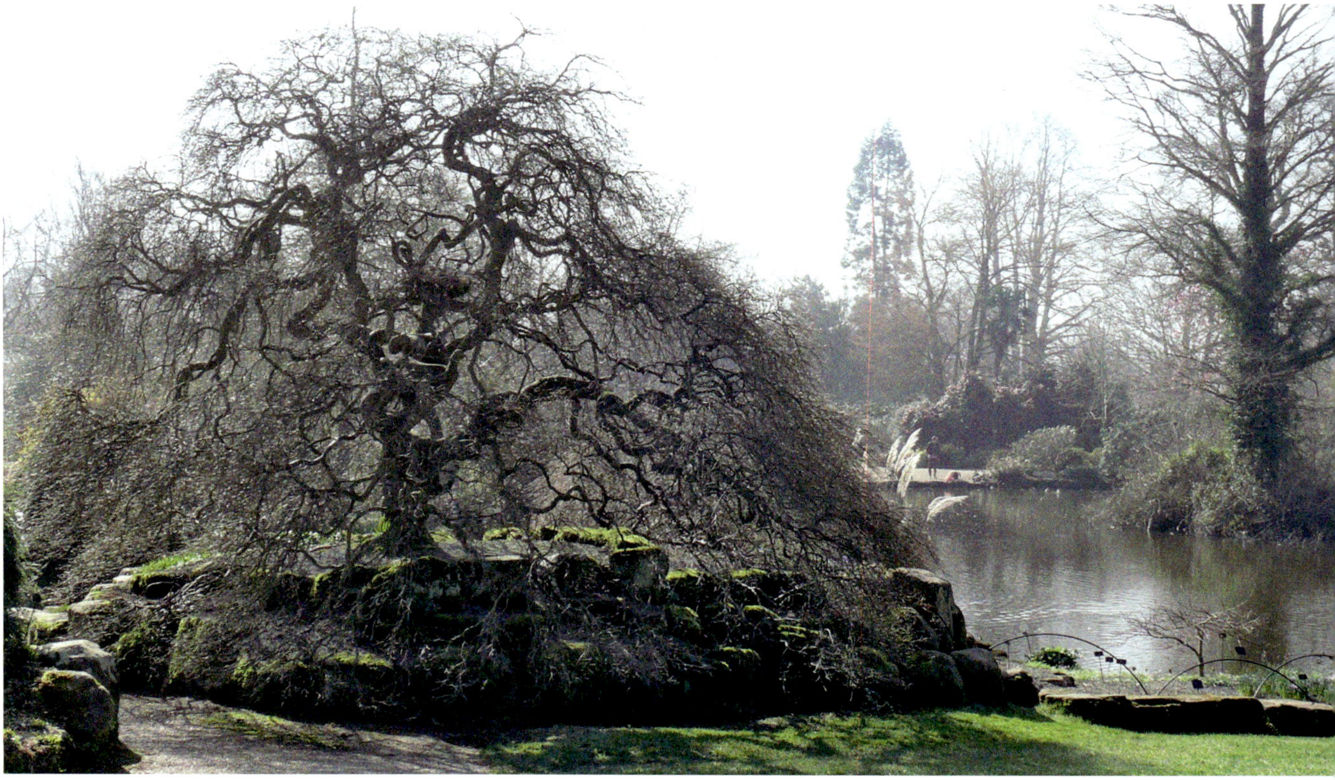

Süntelbuche *Fagus sylvatica* var. *suentelensis* in Wakehurst Place, England.

vermeiden und dennoch unbelaubte Korkenzieherzweige genießen möchte, der wird sich vielleicht für eine der gedrehten Lärchen entscheiden, die zudem noch mit bronze- und kupferfarbener Herbstfärbung glänzen, oder für *Robinia pseudoacacia* 'Twisted Baby' – auch als 'Lace Lady' im Handel. Bei letzterer ist das Laub entlang der Hauptachse eingerollt, was jedoch keinen verkrüppelten Eindruck hinterlässt, sondern den Effekt von Schillerlocken noch verstärkt. Denn die Blattunterseite ist etwas heller und die Drehung wird dadurch gleichmäßig betont. Beide haben einen eher hängenden Habitus, der sich nicht zu 100 Prozent mit der populären Hasel vergleichen lässt.

Fischgrätenstrukturen sind um so vieles aufgeräumter! Hier ist der wohl beste Künstler *Cotoneaster horizontalis*, der an eine Mauer gespreizt diese in großzügigen Links- und Rechtsschwüngen erklimmt. Es folgen *Nothofagus antarctica* als hierzulande eher kleiner bis mittelgroßer Baum und verschiedene Ulmen.

Keine besondere Zweigstruktur, dafür aber eine sehr starke **Struktur der Laubanordnung** weisen die höheren, strauchartig wachsenden Mahonien wie *Mahonia japonica*, *Mahonia bealei* und *Mahonia × media* auf. Durch die häufig waagerechte Präsentation der kreisförmig um die senkrechten Triebe angeordneten, farnwedelartigen Fiederblätter bringen sie starke Textureffekte in den Garten.

Aber auch bei kleinen Gehölzen finden sich sehr gleichmäßig symmetrisch angeordnete Blätter, die diesem eine starke Struktur geben. Ein klassischer Künstler in diesem Sinne ist *Viburnum davidii*, der mit der deutlichen Aderung und gleichmäßig gegenständigen Anordnung seines immergrünen, glänzenden Laubes texturellen Ausdruck in den Garten bringt.

Auch Heben sind ganz große Ordnungskünstler, von denen es einige mehr oder weniger winterharte Polsterbildner mit recht attraktivem, immergrünem Laub gibt. Bei *Hebe albicans* sind die vier direkt aus gleicher Zweighöhe entspringenden Blättchen genau über dem älteren Blattquartett angeordnet, was dem gesamten Zweig eine extrem architektonische Wirkung verleiht.

Ein kleines Kuriosum im Kreis der „Texturgehölze" ist *Euonymus fortunei* 'Minimus', eine Kriechspindel mit winzigem Laub und silbriger Mittelrippe. Wenn der eifrige Bodendecker die umliegende Fläche erobert hat und Triebe zweier Pflanzen an der „Grenze" aufeinander treffen, dann drücken diese sich gegenseitig wie betende Hände nach oben. Was daraus entsteht, ist ein lebendiges Kunstwerk aus Wellen. In seiner besten Ausprägung formiert er sogar eine ganze Armada von Zipfelmützen, die fast schon an den Liebreiz unserer Zuckerhutfichtenfamilie herankommt (s. Bild Seite 15).

Das strukturierte Laub von *Viburnum davidii* zeigt eine stark geaderte, glänzende Oberflächentextur. Bei (zu) sonnigem Stand kann der kleine Busch im Winter bronzefarbene Tönungen annehmen, die schön mit *Cornus stolonifera* 'Kelsey' harmonieren.

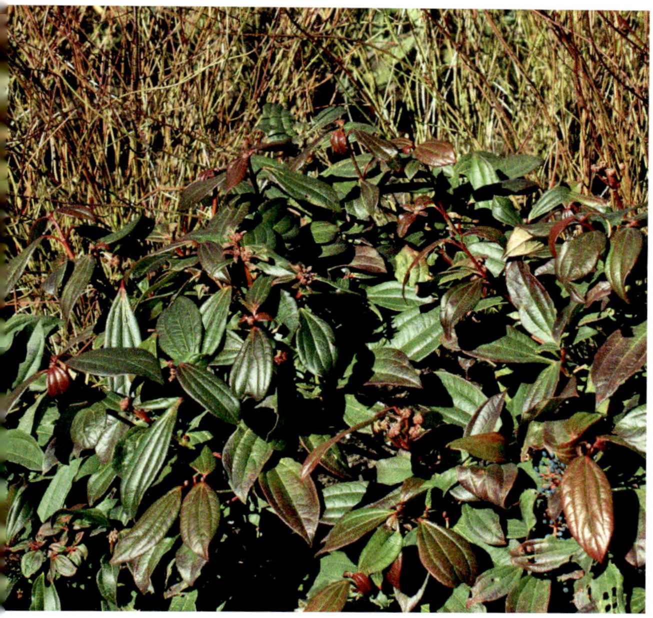

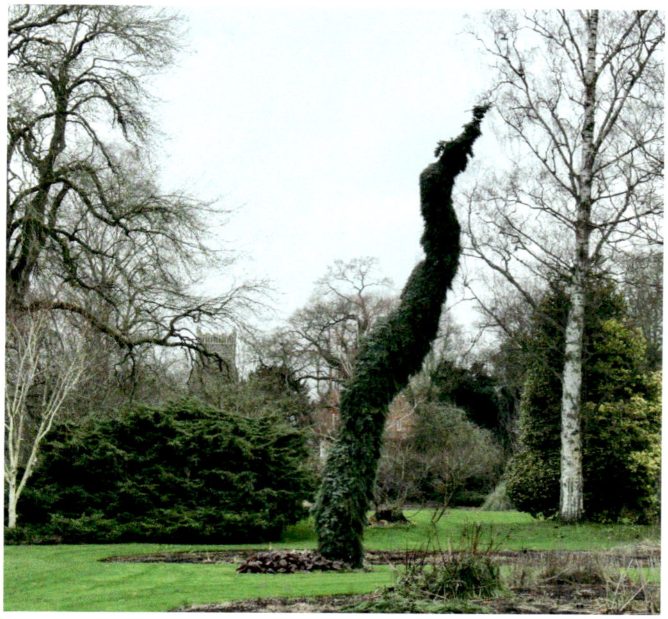

Picea omorika 'Pendula Bruns' wirkt hier wie ein am Ufer erstarrter, lauernder Reiher. Hängeformen wachsen meist individuell und bringen daher – anders als die in der Regel gleichförmig wachsende reine Art – Dynamik und willkommene Abwechslung in den winterlichen Garten.

Natürlich gibt es von den genannten Aststrukturen sämtliche **Zwischenformen**, bei denen man verschiedene Merkmale charakteristisch vereint sieht, wie bei der Adlerschwingeneibe mit flachem, weit ausgebreitetem Wuchs und herabhängenden Zweigspitzen.

In der Tierwelt angekommen gelangen wir auf Adlerschwingen zu den Fabelwesen ... Denn bei den genetisch bedingten Absonderlichkeiten weiß man nie, zu was genau sie sich entwickeln. In der Regel ist ihr Gartendasein „tragischer" als alles selbst Erdachte: So scheint der Hängemammutbaum (*Sequoiadendron giganteum* 'Pendulum') mit den Armen zu wringen vor Schmerz, dass er kein Riese werden kann wie seine Artverwandten. Die trauernde Serbische Fichte (*Picea omorika* 'Pendula Bruns') lauert steif wie ein Reiher, während die Mähnenfichte (*Picea breweriana*) typischerweise eher plump daherkommt wie ein aus dem Sumpf entstiegenes Ungeheuer mit tropfenden, weit abgespreizten (Fang-)Armen. Wer diese Dramatik liebt, der wird zu ihren Füßen ein ängstlich weglaufendes Entenküken aus Buchs formieren: Doch während unsere Verwunschenen bei Sturm verzweifelt mit den Armen rudern, wird jede von Menschenhand geformte Buchsgestalt erstarrt bleiben. Das ist wie immer der Unterschied zwischen echten, beseelten Fabelwesen und denen, die wir Menschen erschaffen.

Verwendung und Pflege

Es ist naheliegend und richtig, dass Gehölze mit absonderlichen und individuellen Wuchsformen nur äußerst sensibel durch Schnitt korrigiert werden sollten. Ein kompletter „Rundumschnitt" und das Einkürzen von Zweigen würden den Charakter der Individuen zerstören.

Hängeformen – vor allem die von höheren Bäumen abstammenden – bilden oft nach einigen Jahren an der Spitze noch höher aufstrebende senkrechte Zweige, die erst einmal wie Geisterarme über die manchmal schön gleichmäßig runde Kuppel herausragen. Diese sollten bei allen höheren Formen wie *Prunus subhirtella* 'Pendula' stehen bleiben, da sich der Baum damit in eine andere, höher gelegene Kronenebene bewegt. Bei mittleren Hängefor-

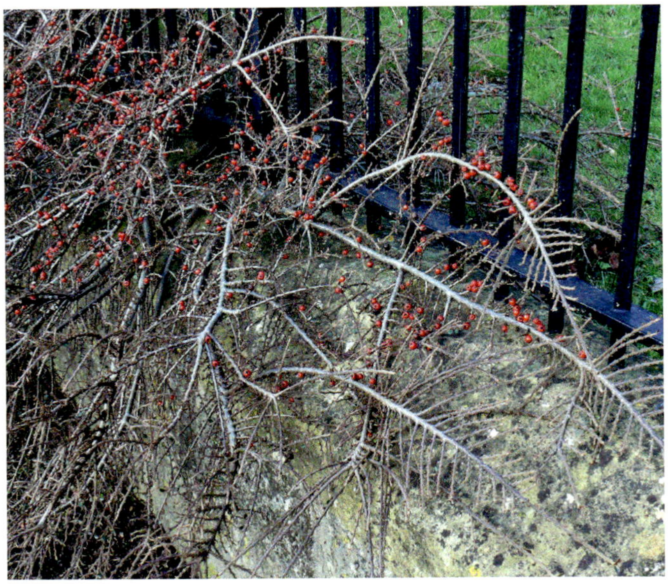

Fischgrätenzweige von *Cotoneaster horizontalis* mit roten Beeren im Februar.

men wie der Hängebirke 'Youngii' hat man die Wahl: Durch Entfernen stärkerer Steiltriebe kann es passieren, dass noch mehr neue Senkrechttriebe gebildet werden, weil die Pflanze eben doch ein bisschen in die Höhe kommen „will" und sonst wenig Möglichkeiten hat, sich zu verjüngen. Ein Herausnehmen tieferer, schon komplett „überkronter" Zweige stellt in der Regel kein Problem für die individuelle Wuchsform des Gehölzes dar. Doch wird es dadurch immer mehr in die Höhe gelenkt, sodass es unter Umständen an einem bestimmten Platz den Blick ungewünscht versperrt.

Gerade bei baumförmigen Hängeformen kann es sinnvoll sein, diese so auszulichten, dass man später darunter durchlaufen, sie unter Umständen sogar als Laube nutzen kann. Sitzt man unter so einer Hängelaube, ist man sonnen- und blickgeschützt, kann aber selbst durch die Zweiglücken lugen.

Korkenzieherformen wirken am besten, wenn die Zweige nicht zu dicht stehen und auch die Hauptstämme kurvig und gedreht sind. Es ist daher eine gute Idee, diese Gehölze individuell zu betrachten und nicht über Faustregeln zu schneiden. Vor allem Korkenzieherformen mit „schwierigem Laub" (wie die Korkenzieherhasel) sind malerischer, wenn auch im belaubten Zustand der Blick auf den später recht dicken, bizarr gewundenen Hauptstamm möglich ist. Statt Zweige einzukürzen, nimmt man lieber gezielt ganze Äste aus der Krone. Diese wird dadurch stellenweise lichter, sodass selbst bei Exemplaren mit hängenden Korkenzieherästen der Blick auf den Stamm und ins malerische Astwerk fallen kann.

Natürlich dürfen und sollen alle „zurückgeschlagenen" Zweige direkt an ihrem Entstehungsort entfernt werden (s. Kasten Seite 15). Dies gilt auch für Triebe, die unterhalb der Veredelungsstelle austreiben und nicht die sortentypischen Eigenschaften in sich tragen.

Fischgrätenstruktur ausbildende Gehölze sollten so ausgelichtet werden, dass möglichst große Zweige mit gleichmäßigen „Schwüngen" zurückbleiben. Gerade *Cotoneaster horizontalis* an einer Mauer gezogen profitiert sehr davon, wenn man einige Hauptäste und gut geschwungene Nebenäste definiert und freistellt, indem man umliegende überflüssige oder sogar kreuzende Zweige entfernt.

Gehölze mit einer besonders gleichmäßig strukturierten **Laubanordnung**, wie asiatische Mahonien und *Viburnum davidii*, können durch kleinere Korrekturschnitte gut in der gewünschten Wuchsform gehalten werden. Am schönsten wirken die höheren Mahonien aufrecht mit einzelnen, wenig verzweigten Trieben, die auch die Altersrinde gut zur Geltung bringen und bei denen die Triebspitzen mit der Blattanordnung einzeln wirken können. Bei *Virurnum davidii* und Heben wirkt die Blattstruktur am besten, wenn sie als gleichförmig halbrunde Büsche gehalten werden.

Oberflächen-Texturen: Laub, Zweige, Stamm oder Knospen

Oft erst beim Näherkommen erkennt der Betrachter auch feinere Texturen z. B. der Rinde, der Zweige oder des Laubes und der Nadeln. Es sind die Texturen, die uns unmittelbar dazu verleiten, anzufassen und zu streicheln – eher zu spüren, als zu sehen – und die uns dadurch fast magisch in den Garten hineinziehen.

Dennoch können diese wesentlich subtileren Texturen einen großen optischen Effekt haben. Diesen Effekt kennt man gut, wenn man z. B. eine Gartenszene mit der Kamera einfangen möchte. Plötzlich ist es ganz entscheidend, ob die dunkelgrüne Hecke im Hintergrund aus geschnittener Eibe oder *Ilex* bzw. Efeu besteht. Denn was das Auge noch wohlwollend ausgleicht, das sieht man auf einem Foto eindeutig: Die Lichtreflexe der glatten **Lauboberflächen** von *Ilex* oder Efeu lenken bei Sonnenschein deutlich vom vor ihnen stattfindenden Geschehen ab. Eine solche Hecke „glänzt sich in den Vordergrund", obwohl die gleiche, ruhige dunkelgrüne Farbe vorherrscht wie bei der Eibe.

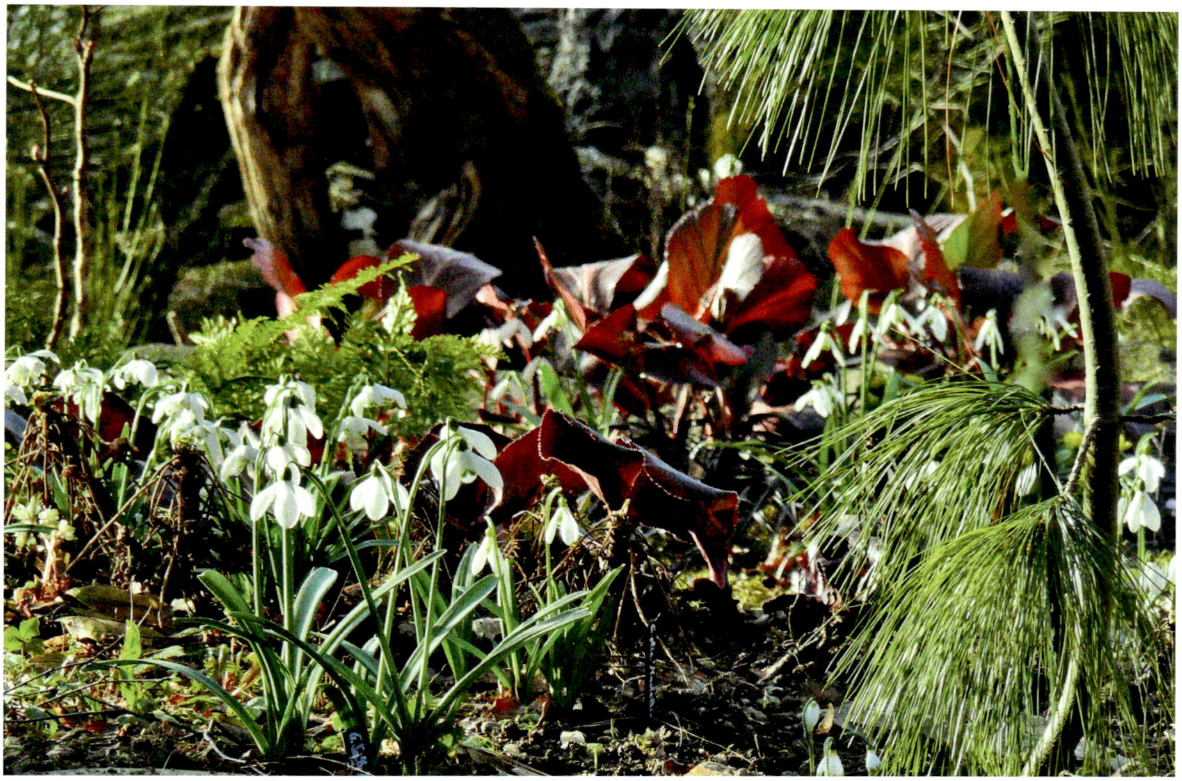

Textur von *Pinus*-Nadeln und Bergenien-Laub.

Natürlich kann man diese Wirkung positiv gestalterisch einsetzen, wenn man z. B. in einem schattigen Innenhof *Fatsia japonica*, mit großem, glänzendem Laub, pflanzt und damit eine regenwaldartige Atmosphäre schafft, selbst wenn der Pflanzplatz eher trocken ist. Denn das Laub der Zimmeraralie wirkt immer luxuriös glänzend und bringt Licht und Lebendigkeit in eher trübe Ecken.

Wenn man an den Mauern dann Moos wachsen lässt, vielleicht auch Bubikopf (*Soleirolia soleirolii*), der in milderen Gegenden durchaus über Jahre funktioniert, dann erhält man mit dem Moos eine sanfte, seidig schimmernde Textur hinzu, während der Bubikopf hellgrün glänzende Matten bildet. Diese sind wegen des klitzekleinen Laubes aber nicht wirklich „blitzend", sondern eher „funkelnd". Der Star ist und bleibt in dieser Szene die immergrüne Aralie.

Einen ähnlichen texturellen Gegensatz findet man beispielsweise im glänzend fleischigen Bergenienlaub und den seidig herabhängen Nadeln von *Pinus wallichiana* 'Zebrina', die ähnlich wie feine Haare Licht streuen und sich so mit einem weichen Schimmer umgeben.

Viele Koniferen mit besonders feinen, teils auch sehr langen Nadeln, wie einige (meist fünfnadelige) Kiefern *Pinus*, Zedern (vor allem *Cedrus deodara*) oder Sicheltannen (*Cryptomeria*), wirken weich und oft seidig glänzend. Cryptomerien sind übrigens die „Texturvirtuosen" schlechthin: Neben piksigen, fast wacholderähnlichen Zweigen haben sie häufig hahnenkammähnliche (cristate) Zweigenden oder auch gedrehte Ästchen wie Schillerlocken, bei denen zusätzlich noch die Nadeln um den Ast herum gebogen sein können.

Andere Koniferen verändern durch gedrehte Nadeln ihre Oberflächen- und manchmal auch die Farbwirkung. Dies ist meistens dann der Fall, wenn durch die Drehung der Nadeln eine anders getönte Unterseite in Erscheinung tritt.

Ein schönes Beispiel hierfür sind *Abies koreana* 'Silberlocke' und die zahlreichen aus ihr entstandenen Sorten, die durch die „gelockten" Nadeln die silberne Farbe der Nadelunterseiten nach oben drehen. Von Weitem wirken diese Tannen heller als andere, von Nahem sieht man die bewegten „Locken" und die beiden weißen Stomalinien auf der Nadelunterseite.

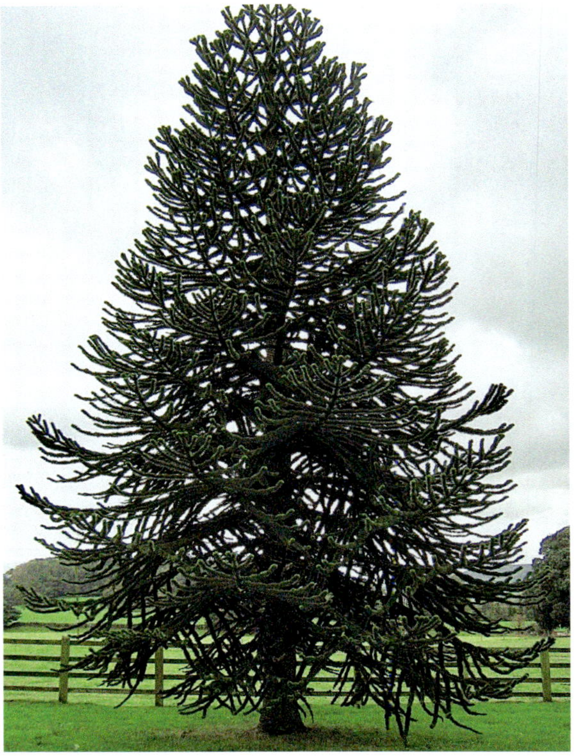

Das Texturgehölz *Araucaria araucana* mit gleichförmigem, gut strukturiertem Wuchs und Zweiganordnung sowie wegen der intensiven Oberflächentextur des Laubes fast künstlich, plastikartig wirkendem Zweigwerk.

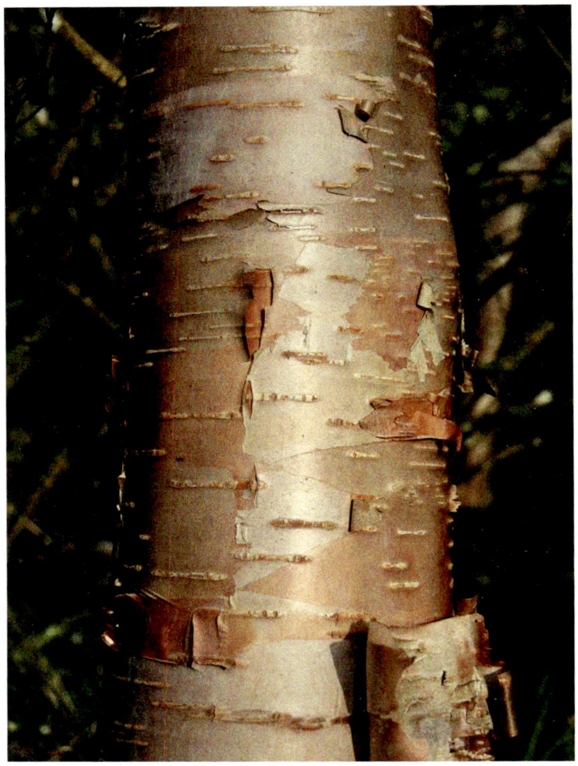

Glatte und farbige Rinde von *Betula utilis* subsp. *utilis* im Februar in Stone Lane Gardens, England.

Im Gegensatz zu deren Strukturwirkung wird die Textur unserer Pflanzen in ihrer Bedeutung unterschätzt. Vielleicht, weil man sie oft erst auf den zweiten Blick oder mit den Händen wahrnimmt. Doch möchte ich Mut machen, sich mit diesem Thema näher zu beschäftigen. Denn häufig bauen wir eher über die Texturen eine emotionale Bindung zu den Pflanzen – und damit auch zum Garten – auf als über die Strukturen!

Ich kenne zahlreiche Menschen, die die chilenische *Araucaria araucana* in einem deutschen (Vor-)Garten als völlig deplatziert empfinden. Ich selbst gehörte auch dazu. Wer dann aber deren schuppige, künstlich wirkende **Zweige** zaghaft angefasst hat, sie in Richtung zu den Enden hin vorsichtig befühlt, am Ende den Ast in leichtes Wippen versetzt und plötzlich die Anstrengung nachempfunden hat, solche absurd ausladenden Astschleppen weit von sich zu spreizen und bei Wind und Wetter eben genau so zu tragen – der spürt, wie paradox es ist zu glauben, man „wisse", wo dieses Urviech hingehört. Der begreift im wahrsten Wortsinn, dass es Wesen gibt, die überall oder nirgendwo hingehören, weil sie einfach aus einer Zeit stammen, als die Erde noch ganz anders aussah als heute und sich unabhängig von Ländergrenzen und menschlichen Bewertungen entwickelt hat.

Neben den Blättern und Zweigen spielt der **Stamm** mit seiner Textur der Rinde eine große Rolle. Rinden dienen in erster Linie der Abwehr vor schädlichen Umwelteinflüssen. Sie schützen das Gehölz vor den Bedingungen seiner Heimat, z. B. starker Wintersonne bei Schnee (Birken), starker Hitze bis hin zu Waldbränden oder Vulkanausbrüchen (Mammutbäume, Araukarien), vor dem Verbiss durch Tiere (Dornen, wie bei Robinien, Weißdorn, Feuerdorn) und vor dem Eindringen von Mikroorganismen und kleinen Schädlingen (bei allen Gehölzen). Die Rinde darf dabei kein starrer Panzer sein, dick und undurchdringlich. Denn der Baum wächst ja

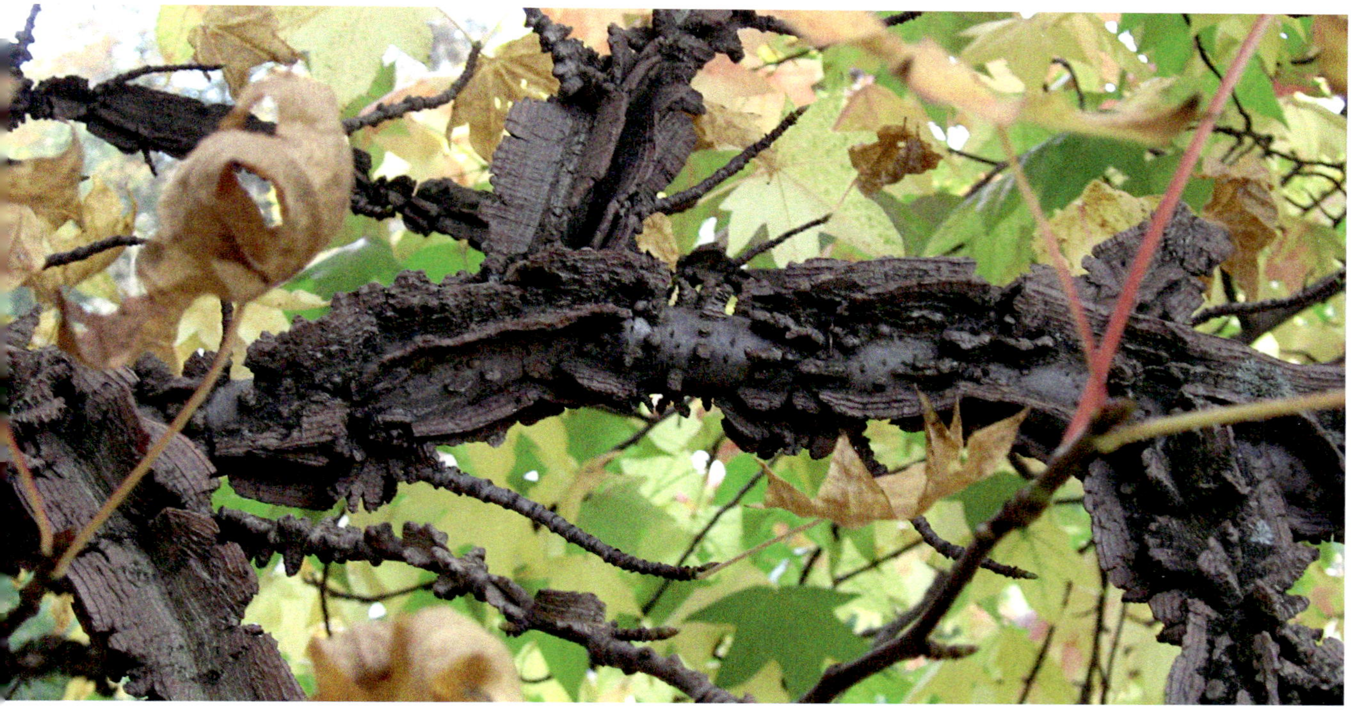

Liquidambar styraciflua – ein außergewöhnliches Exemplar mit besonders auffälligen Korkleisten im Palmengarten Frankfurt am Main.

auch in die Breite – sekundäres Dickenwachstum genannt. Da muss so eine Rinde schon flexibel sein! Wenn sie das nicht ist, dann platzt sie eben einfach auf oder ab. Gut, wenn das von vornherein von der Natur so einkalkuliert war. Und gut für uns, denn so entstehen mit die schönsten Rindentexturen – eine Freude für Auge und Hand.

Es ist schwierig, sich bei dem reichen Fundus an herrlichen Rinden auf eine Auswahl zu beschränken. Da es bei den Texturen aber nicht um Farben geht, möchte ich hier ein paar Vertreter für bestimmte „Rindentypen" nach rein haptischen Gesichtspunkten vorstellen:

Glatte, häufig auch **glänzende Rinden** kommen bei verschiedenen Birken, Kirschen, dem Zimt-Ahorn (*Acer griseum*) oder auch der Südbuche (*Nothofagus antarctica*) vor. Sie fühlt sich glatt und kühl an und man würde am liebsten etwas mit der Handfläche „nachpolieren".

Bei glattrindigen Gehölzen schält sich die Rinde in der Regel, teilweise pergamentartig wie bei der bekannten schneeweißen Himalayabirke (*Betula utilis* subsp. *jaquemontii*), der Goldbirke (*Betula ermanii*), der Kupferbirke (*Betula albosinensis*), dem Zimt-Ahorn oder den beliebtesten Kirschen mit imposanter Rinde: der Mahagonikirsche (*Prunus serrula*) und der Amur-Traubenkirsche (*Prunus maackii*) mit bronzefarbener Rinde. Hier möchte man am liebsten mithelfen bei der Häutung und das ist bis zu einem gewissen Grad auch erlaubt. Ein gewaltsames Abziehen beispielsweise von Birkenrinden kann allerdings zu einer Art „Vernarbung" der glatten Borke führen, die dadurch deutlich an Eleganz verliert.

Außer beim Zimt-Ahorn durchkreuzen bei den genannten Gehölzen korkige Partien den glatten Stamm und sorgen für ein zusätzliches Muster und eine andere Haptik. Diese korkigen Lentizellen lassen sich wie Korkleisten vorsichtig mit dem Fingernagel eindrücken und „prüfen".

Zur „Fingernagelprobe" verleiten auch die **Korkrinden**, die wir klassisch bei der Korkeiche (*Quercus suber*), ihren Hybriden wie *Q.* × *hispanica* und Gattungsgeschwistern wie *Quercus variabilis* finden, aber auch bei der Araukarie, dem Amur-Korkbaum (*Phellodendron amurense*), dem Amberbaum (*Liquidambar styraciflua*), dem Feldahorn (*Acer campestre*), diversen Ulmen – darunter die Feldulme (*Ulmus minor*) und die Geflügelte Ulme (*Ulmus alata*) – sowie bei verschiedenen kleineren Gehölzen wie dem Korkflügelstrauch (*Euonymus alatus*). Von vielen der genannten Korkrindengehölze gibt es benannte Auslesen mit besonders imposanten Korkleisten.

Sehr weich, aber viel zu dick für die „Fingernagelprobe" ist die Rinde des Bergmammutbaumes (*Sequoiadendron giganteum*). Sie wird am besten untersucht, indem man mit der ungeschützten Faust auf den Stamm haut. Was für eine beeindruckende Materialeigenschaft! Die Optik der irgendwie faserig anmutenden Rinde

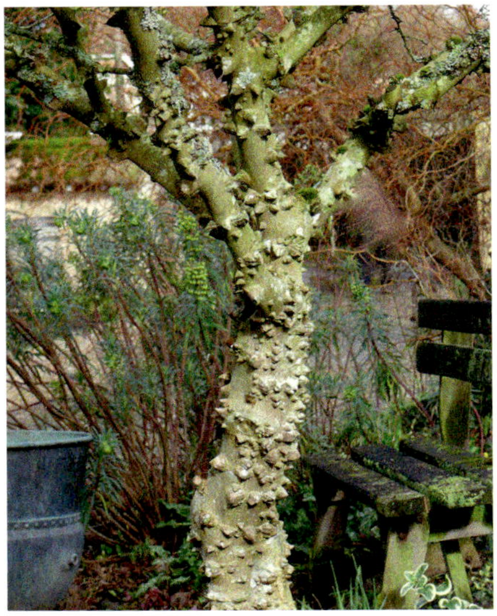

Rinde von *Zanthoxylum piperitum*.

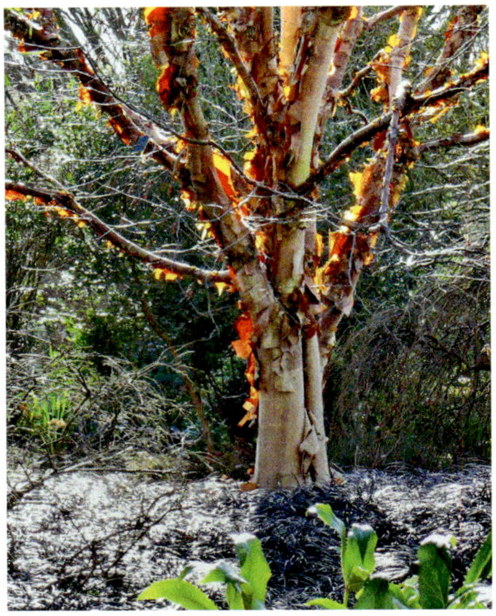

Durchlicht bei *Betula albosinensis* 'Bowling Green' in glänzend schwarzem, das Licht reflektierendem Schlangenbart.

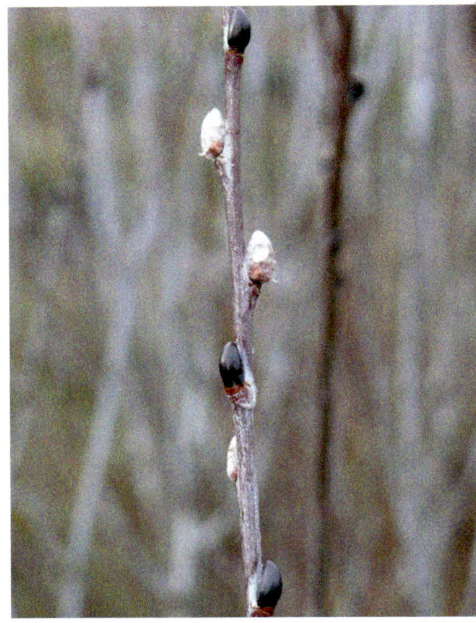

Salix irrorata zeigt nicht nur den Schwarz-Weiß-Kontrast, sondern kann auch mit sehr unterschiedlichen Texturen dienen. Der Austrieb der silbernen, seidenweichen Kätzchen aus glatten, schwarzen Knospen allein ist ein ästhetisches Gesamtkunstwerk.

täuscht nicht: Sie ist dick, weich, nachgiebig und doch äußerst zäh.

Kein vernünftiger Mensch würde diese „Faustprobe" bei einem Gehölz machen, dessen **bedornte Rinde** auf Fraßabwehr ausgerichtet ist. Die Dornen bewehrter Robinien (meistens wird leider die „harmlose" Form *inermis* gepflanzt) oder die morgensternähnlichen Kegel an den Stämmen von Szechuan-Pfeffer (*Zanthoxylum*) und Baumaralie (*Kalopanax*) werden erst respektvoll betrachtet, bevor sich ihnen die Fingerspitze vorsichtig nähert.

Dazwischen gibt es noch viele weitere herrliche Borken. Einige ähneln politischen Karten, wie bei der Platane, alten Quittenbäumen oder ausgewachsenen Chinesischen Blumen-Hartriegeln (*Cornus kousa*). Wenn deren Stamm wächst, dann wird das ein oder andere Land einfach „abgestoßen". Die Rinden unserer heimischen Kiefern (*Pinus sylvestris* und *Pinus nigra*) scheinen hingegen aus lauter Kontinentalplatten zu bestehen, umgeben von Kratern, sodass man die verschiedenen Erdschichten sehen kann.

Andere, wie die Birken *Betula nigra* und *B. dahurica*, sind regelrecht zottelig – so zottelig, dass man sie in der Regel auch gar nicht mehr bei der Häutung unterstützt. Aber auch viele Sträucher wie die Eichblatthortensien (*Hydrangea quercifolia*), die meisten Samthortensien oder der wohlbekannte Perlmuttstrauch (*Kolkwitzia amabilis*) zeigen herrlich abblätternde „Zottelrinden". Ein Lieblingsgehölz ist für mich der Sieben-Söhne-des-Himmels-Strauch (*Heptacodium miconioides*), der nicht nur eine wunderschöne, elegante Wuchsform hat sowie eine späte, leicht duftende und lang anhaltende Blüte mit darauf folgendem Schmuck durch rötliche Kelchblätter, sondern noch dazu eine hell abschilfernde Rinde, die vor einem dunklen Hintergrund betont zur Geltung kommt.

Die Subtilsten unter den verschiedenen Texturen bemerken wir erst, wenn wir darauf hingeleitet werden oder ein weiterer Faktor hinzukommt, wie eine Lichtquelle aus einer bestimmten Richtung. Denn zur Textur gehört auch die Dicke bzw. Lichtdurchlässigkeit des Laubes oder der (abblätternden) Rinde, sodass bei **Durchlicht** spektakuläre Farbeffekte entstehen können. Diese sind bei allen „sich schälenden" dunkleren Birken, Zimt-Ahorn und – etwas geringer – auch bei den glattrindigen Kirschen besonders imposant.

Auch an Konturen gebeugtes Licht kann traumhaft wirken: So umspielen weiche, helle Lichtränder die Zweigspitzen des bekannten Essigbaumes (*Rhus typhina*), wenn die Sonne flach hinter ihm steht. Dieser diffuse Effekt kommt durch zahlreiche feine Härchen zustande, die ähnlich dem Bast eines Hirschgeweihes an den jungen Zweigen sitzen und einfallendes Licht streuen.

Samtig silbern und je nach Sonnenstand durchaus auffällig schimmern die schon im Vorjahr angelegten, fast pelzigen **Knospen** verschiedener Magnolien, vor allem der Sternmagnolie (*Magnolia stellata*). Und wie auch beim Japanischen Papierbusch (*Edgeworthia chrysantha*) kann das Bild der silber-pelzigen „Knospenumpuschelung" schon lange vor der Blüte eine traumhafte Fernwirkung haben.

Ganz genau den gleichen Effekt haben Weidenkätzchen. Schon als kleines Kind musste ich die weichen silbernen **Blüten** einfach streicheln!

Eine große Freundin von texturellen Gegensätzen ist *Salix irrorata*, die ihre silbrig bepuschelten Blüten aus lackschwarzen, glänzenden Knospen enthüllt. Doch nicht nur die unterschiedlichen Knospen und Blüten am gleichen Stiel sind ein großartiges Ensemble – auch die matt kalkweiß bereiften Zweige bieten richtig inszeniert den ganzen Winter über ein geisterhaft schönes Bild.

GRÄSER, STAUDEN UND FARNE

Feine **Härchen** sind die Lichtfänger par exellence. Somit ist klar, dass **Gräser** die Aufgabe, Licht zu binden und wieder zu streuen, am besten wahrnehmen können. Denn sie bestehen häufig aus Halmen mit zahlreichen Haaren und dünnen, oft wiederum behaarten Grannen. Nur sollte man bei der Auswahl für den Wintergarten darauf achten, dass zu dieser Jahreszeit die Halme noch vorhanden sind – wenn auch in getrocknetem Zustand. Und nur Gräser, die so frei und hoch stehen, dass Sonnenstrahlen ungehindert durch sie hindurchfallen können, sind in der Lage, diese überhaupt einzufangen.

Ein solches in der Regel über den ganzen Winter hindurch standfestes hohes Gras ist der Klassiker *Calamagros-*

Frostige *Nasella tenuissima* in der Morgensonne.

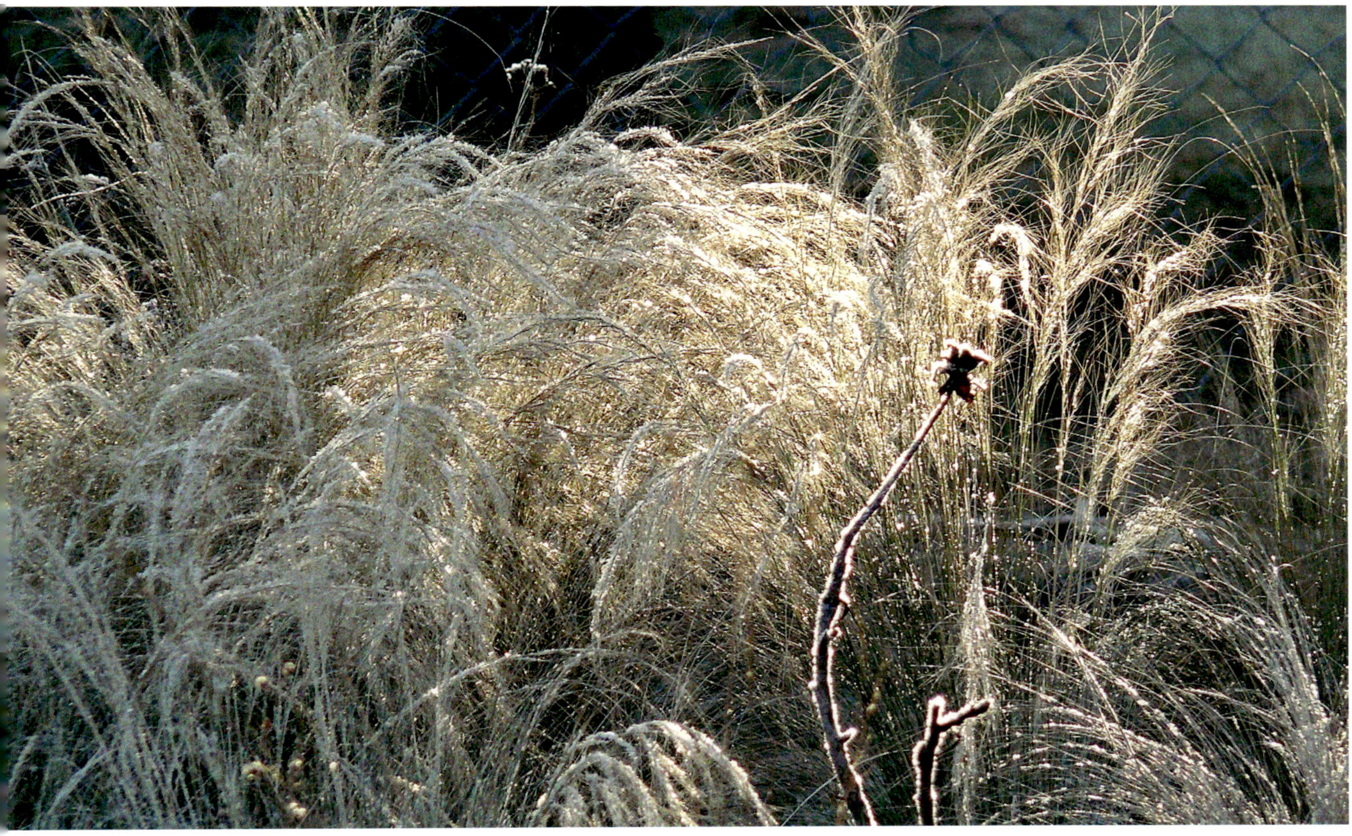

tis × acutiflora 'Karl Foerster'. Dieses sterile Reitgras wird gerne verwendet, da es nicht nur Licht in den Garten bringt, sondern durch seinen straff aufrechten Wuchs von bis zu etwa 1,5 Metern auch eine gute Struktur – vor allem, wenn es an verschiedenen Stellen wiederholt wird oder als große Fläche einen weitläufigen Garten gliedert oder optisch verbindet.

Gleiches – aber mit etwas weniger streng vertikaler Form und mehr Bewegung in den weicheren Konturen – leisten zahlreiche schöne Sorten des Chinaschilfes (*Miscanthus sinensis*) und viele andere Gräser.

Das mit zartem **Flaum** bedeckte, silbergraue Laub von *Lychnis coronaria* wirkt durch die feinen Härchen samtig und seidenmatt. Wegen der hellsilbrigen Farbe sind die kleinen überdauernden Rosetten im winterlichen Garten zudem auffällig und attraktiv. Auch das Laub einiger immergrüner Euphorbien, wie der nicht überall winterharten *Euphorbia characias* und ihrer subsp. *wulfenii*, wirkt seidenmatt durch die fein behaarte Oberfläche.

Doch auch fleischig **glatte Oberflächen**, z. B. von Bergenien, bringen nicht nur durch die immergrüne oder purpurrote Winterfarbe, sondern durch ihren Glanz auch Lebendigkeit in den Garten. Einige von ihnen, die weniger flach am Boden liegen, können tolle Durchlichteffekte erzielen.

Ähnlich frisch – und durch die oft hellsmaragdgrüne Farbe besonders frühlingshaft – wirken glänzende Farne wie diverse *Asplenium scolopendrium (Phyllitis scolopendrium)*, der immergrüne Mond-Sichelfarn (*Cyrtomium falcatum*) oder der Tüpfelfarn (*Polypodium*), von dem es neben dem bekannten *P. vulgare* auch bezaubernde hellwintergrüne *Polypodium-cambricum*-Sorten gibt, die an

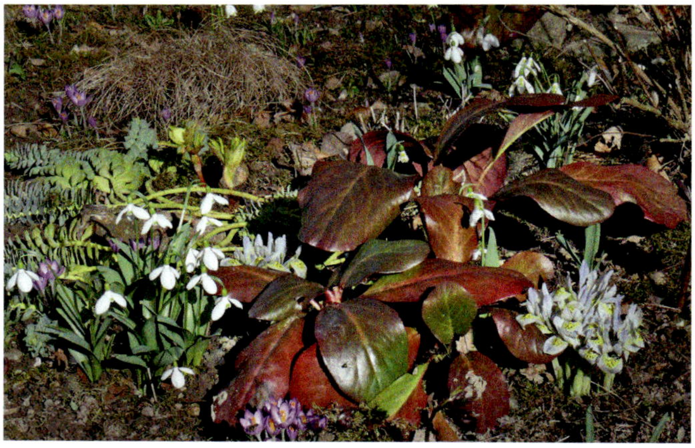

Links: *Galanthus × allenii*, *Bergenia* 'Beethoven', *Iris* 'Katherine Hodgkin', *Crocus tommasinianus*.

Unten: Blattstruktur von *Polystichum setiferum* 'Pulcherrimum Bevis'.

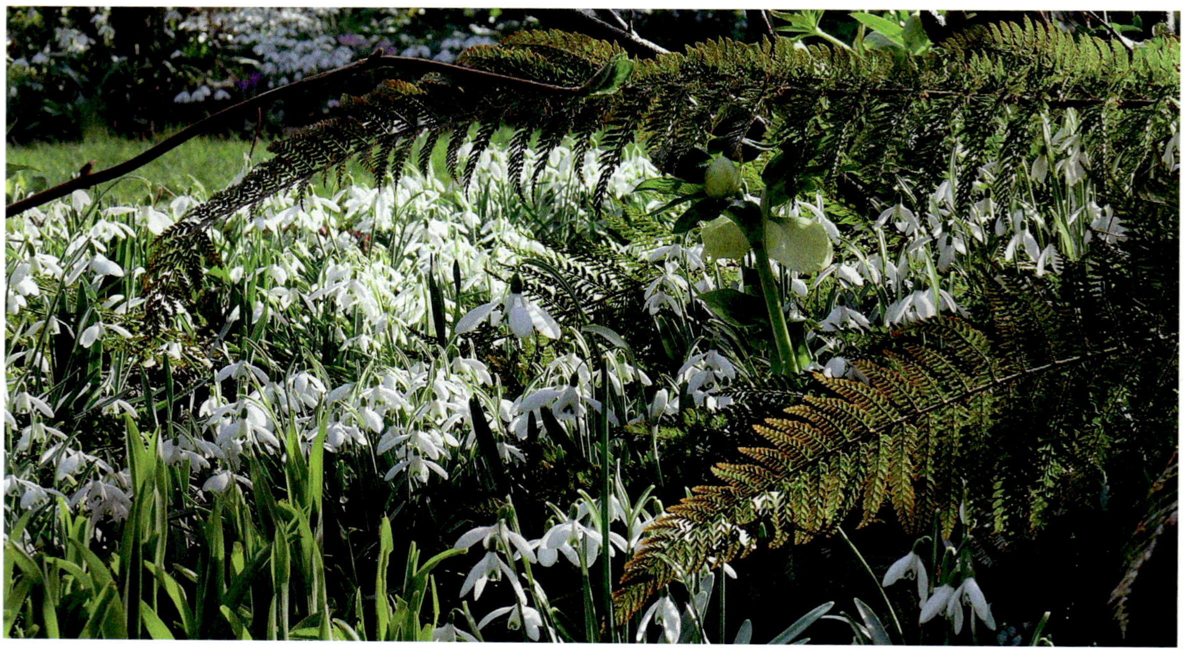

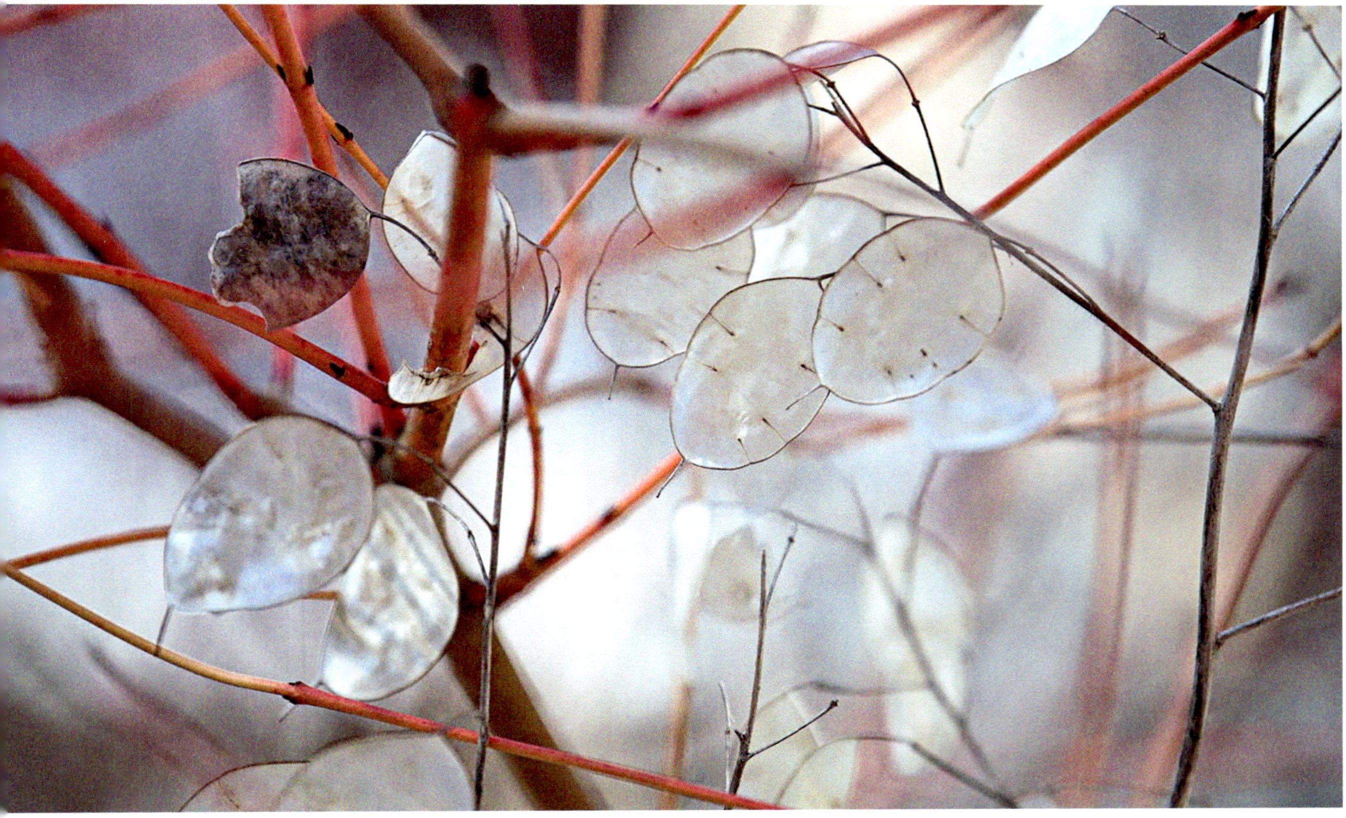

Samenstände von *Lunaria annua* mit *Cornus* 'Anny's Winter Orange'.

geschützten und ziemlich trockenen Standorten langsam und kontinuierlich kleine Flächen bedecken können.

Neben dieser Oberflächentextur des Laubes ist gerade bei Farnen natürlich die **Texturwirkung der gesamten Pflanze** durch die stark strukturierten Wedel erwähnenswert. Sie sind quasi das Pendant zu den hohen Mahonien, allen voran *Mahonia oiwakensis* subsp. *lomariifolia*, die ja sogar ihren Namen dem Rippenfarn (*Blechnum;* ehemals *Lomaria*) verdankt. Somit gehören der Rippenfarn (*Blechnum spicant*) und der wunderschöne kleine, oft bronzekupfrig überlaufene Feuerland-Farn (*B. penna-marina;* leider erst ab Zone 8 winterhart) ebenfalls in diese Gruppe, aber auch der schon genannte Sichelfarn mit seiner gleichmäßigen Laubstruktur.

Noch imposanter sind allerdings der akkurate *Polystichum setiferum* 'Pulcherrimum Bevis' sowie das ebenfalls sterile Geschwisterchen 'Green Lace', die sich auch wegen ihrer Höhe deutlich vor den meisten anderen hervorheben. Beide Farne wachsen mit trichterförmig aufrecht gestellten großen Wedeln, die meistens trotz Schnee, Wind und Regen zum großen Teil bis zum Neuaustrieb im Frühjahr ein toller und standhafter Hingucker im Beet bleiben. Mit flachen Schwüngen drücken sich die Wedel von *Polystichum setiferum* 'Herrenhausen' an den Boden. Er ist unbestritten das krautige Pendant zum „Fischgräten-Kotoneaster" (*Cotoneaster horizontalis*).

Die Walzenwolfsmilch (*Euphorbia myrsinitis*) walzt mit ebenfalls einzigartig gepflegter Blattstruktur durch das sonnige, eher trockene Beet. Auch sie hat bei den Verholzenden einen Seelengefährten: das größere „Pflanzenreptil" *Araucaria araucana*.

Dachwurzen (*Sempervivum tectorum*) können in kleinen, trockenen Gartenbereichen in Sonne oder Halbschatten Strukturen wie zahlreiche schwimmende Rosenblüten auf den Boden bringen und auch verschiedene höhere Fetthennen (*Sedum*) zeigen diesen gleichmäßigen Aufbau bei ihrem kompakten Nest aus Winterknospen oder jungen Austrieben.

Aber es gibt auch Samenstände, die ihre Hauptwirkung einer besonderen Textur verdanken. Bei dem zweijährigen Judassilberling (*Lunaria annua*) und der verwandten staudigen Mondviole *Lunaria rediviva* werden die Samen von perlmuttenem Pergament umschlossen. Es ist nicht nur die silbrige Farbe, die diese Samenstände so auffällig macht, sondern das zerbrechliche, mondene Schimmern der Oberfläche.

DAUERHAFTE FARBAKZENTE

Wenn der Herbst mit seinem großen Finale der Laubfärbungen verklungen ist, werden in vielen Gärten die Beete auf- bis leergeräumt. Es dauert nicht lange und frühwinterlicher Nebel, Regen und bestenfalls Schnee oder Raureif sorgen für zahlreiche feine Abstufungen von strahlendem Weiß über Grau nach fast Schwarz und Braun.

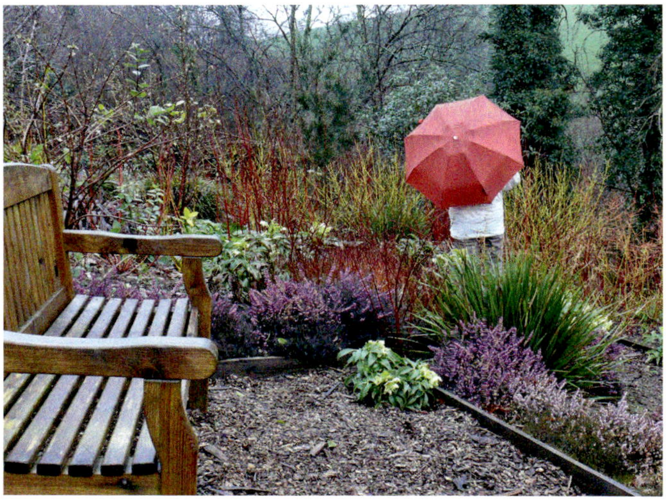

Vorgärten, in denen man vergessen hat, die in den 70er-Jahren gepflanzten Koniferen modegerecht wieder zu entfernen, profitieren noch von deren frischeren Grüntönen, manchmal sogar von hellem Gelbgrün, welches frühlingshaftes Licht in die dunkle Jahreszeit bringt. Für mich ist die klare Kargheit des Winters wie eine Art

Leuchtend farbige Zweige von Weiden und rindenfärbenden Hartriegeln, warme Töne durch Gräser und trockene Blütenstände sowie kontrastreiche Akzente durch immergrüne Stauden und Gehölze oder Farbtupfer durch blühende Winterheide – zwei gelungene winterliche Privatgärten.

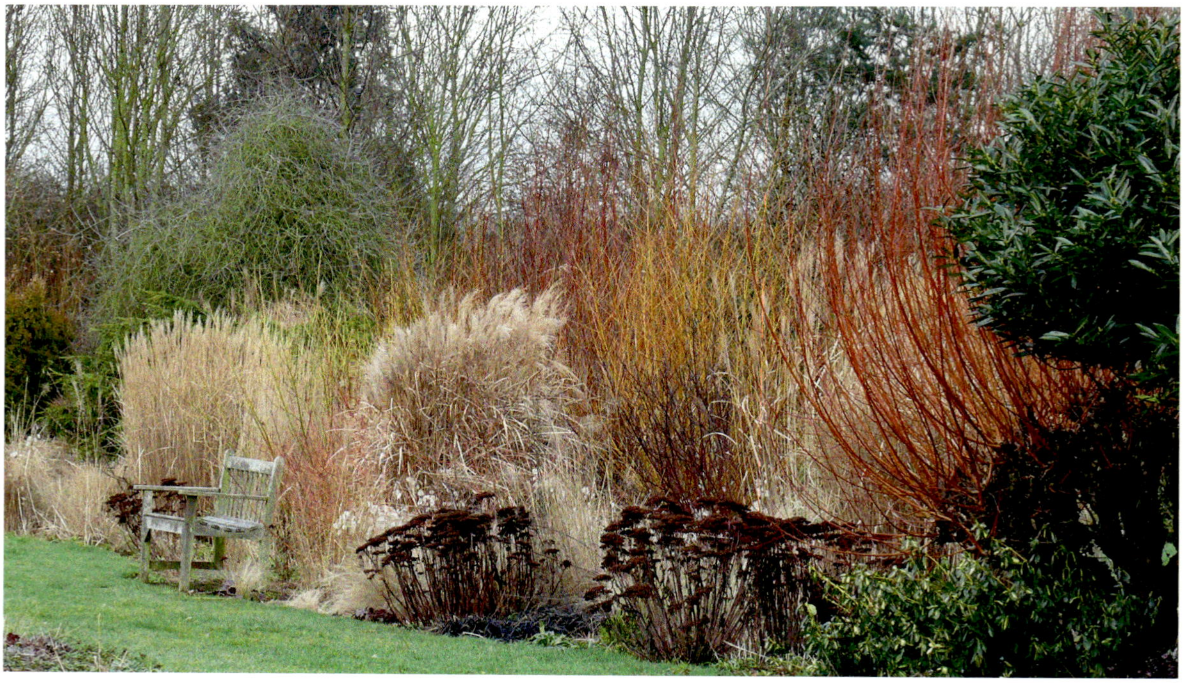

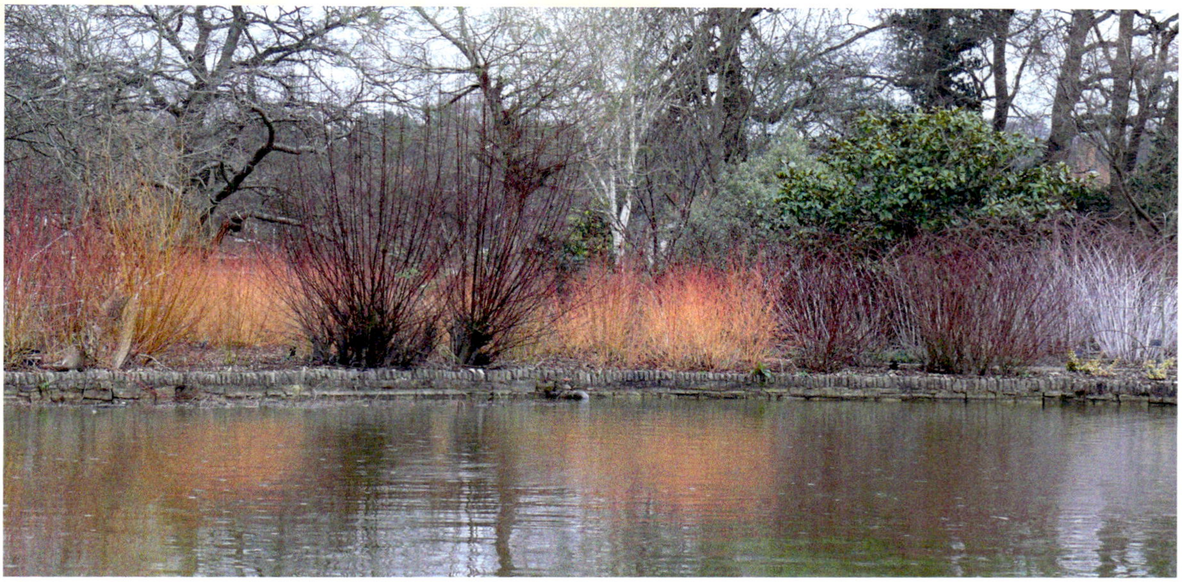

Rindenfärber an einem trüben Februartag in Wisley, England.

Abklingbecken nach dem herbstlichen Farbenrausch und ich genieße die Reduktion „auf das Wesentliche" – in den ersten ein bis zwei Wochen. Leider dauert der Winter bei uns viel länger und meistens schmückt er sich auch nur noch für kurze Zeiten mit zierendem Schnee oder Raureif. Wie wertvoll sind spätestens dann immergrüne und rindenfärbende Gehölze, die mit leuchtenden Farben den Winterblues wieder vertreiben können.

Der Winter kann im Garten mindestens so farbig werden wie der Sommer. Hierfür gibt es eine Armee von Spezialisten mit flammenden bunten Ästen oder subtilen Rindenfärbungen, die durch die tiefer stehende, manchmal nur diffuse Sonne gestreift oder durchleuchtet werden. Es ist die Zeit der geduldig wartenden immergrünen Statisten, die plötzlich eine Hauptrolle angeboten bekommen und sich in dieser Feuerprobe bestens bewähren.

FARBIGE ZWEIGE UND RINDEN

CORNUSSE mit farbigen Rinden sind die wohl Lautesten unter den Farbenfrohen. Von den strauchigen Hartriegeln gibt es zum Glück inzwischen immer mehr schöne Sorten auch in Deutschland. Früher kannte man die roten Zweige von *Cornus alba*, innovative Gärtner noch die schöne weißgrünlaubige Sorte 'Elegantissima', *Cornus stolonifera* 'Flaviramea' mit lindgrünen Zweigen oder den fast mahagonibraunen 'Kesselringii', der häufig an der Basis noch etwas rötlicher ist. Erst etwa 1980 wurde die leuchtend orangefarbene Variation unseres einheimischen *Cornus sanguinea* gefunden, die seitdem langsam die Gärtnerherzen erobert hat. Paradoxerweise findet sich diese in Deutschland entdeckte Sorte schon wesentlich länger und ganz selbstverständlich als 'Midwinter Fire' in englischen Gärten. Und der Name ist Programm, denn die fein verzweigten Seitenäste bringen einen wesentlich „züngelnderen" Effekt als die eher straffen Triebe der beiden anderen Arten *C. alba* und *C. stolonifera*.

Der flammende Eindruck wird dadurch verstärkt, dass diese Sorte ab der Basis von Orangegelb über Orange zu den Spitzen hin zu einem immer dunkleren Karminrot, manchmal auf den letzten Zentimetern sogar fast zu Dunkelrot wird. Man wundert sich, dass einem das nicht schon im Sommer aufgefallen ist – aber das konnte es gar nicht! Es ist tatsächlich erst die Wintersonne auf den unbelaubten Zweigen, die diese lebendigen Farben hervorruft: Sie dienen dazu, die bisher vom Laub beschatteten jungen, jetzt im Winter völlig freigestellten Zweige vor Verbrennungen zu schützen. Inzwischen gibt es zahlreiche weitere gute Sorten, von denen einige den Bedürfnissen der Gartenbesitzer nach niedrigeren Wuchsformen, weni-

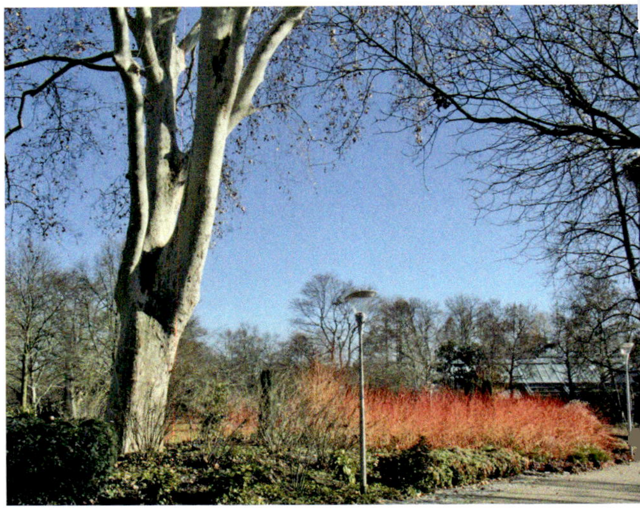

Schon von Weitem locken die flackernden Flammen von *Cornus sanguinea* 'Anny's Winter Orange' im Winter die zahlreichen Besucher zur Pflanzung des ersten öffentlichen Wintergartens in Deutschland; Planung: Anne Repnow und Iris Ney.

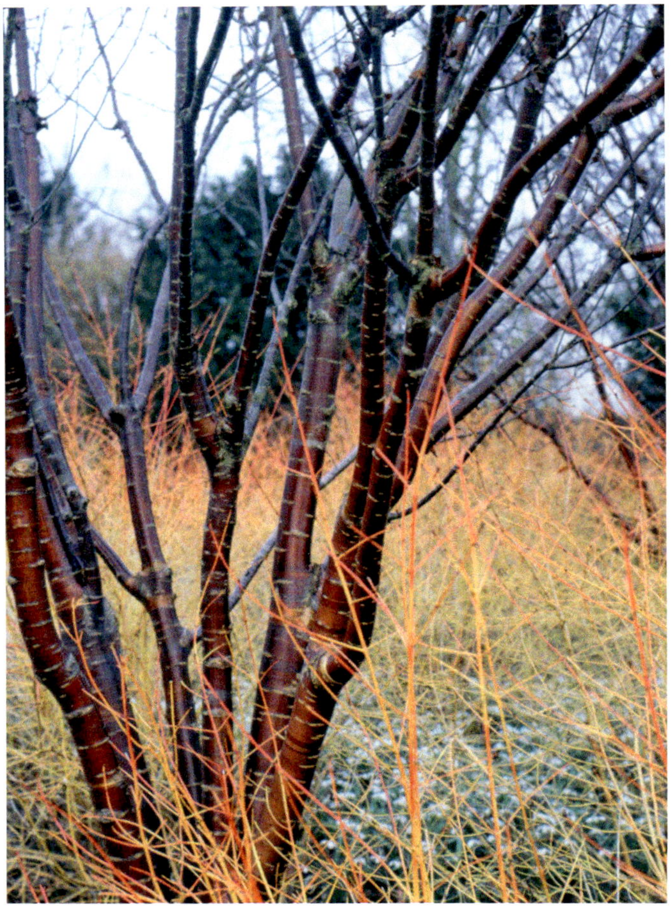

Prunus serrula und *Cornus sanguinea* 'Midwinter Fire' in Anglesey Abbey, England.

Am wüchsigsten ist *Cornus stolonifera* mit seinen Sorten. Er bildet seinem Namen entsprechend intensiv Ausläufer und kann in kleineren Gärten dadurch schnell lästig werden. *Cornus sanguinea* wächst ebenfalls mit Ausläufern, jedoch nicht ganz so raumgreifend und seine Sorten sehen meistens auch etwas zarter aus. *Cornus alba* wächst mehr oder weniger horstig – zumindest ist er nicht so wanderlustig wie seine beiden Gattungsgenossen.

ger Ausbreitungsdrang und attraktiverem Erscheinungsbild im Sommer nachkommen. Zu den etwas niedrigeren zählen der leuchtend rotzweigige *Cornus alba* BATON ROUGE™ (= 'Minibat') und der weithin leuchtende *Cornus sanguinea* 'Anny's Winter Orange'.

Verwendung und Pflege rindenfärbender Hartriegel: Um die Farbigkeit der Sträucher möglichst intensiv zu erhalten, ist ein regelmäßiger, starker Schnitt im zeitigen Frühjahr sinnvoll – sei es durch das jährliche Herausnehmen der älteren Triebe oder durch das Erziehen von Fuß- oder Kopfformen wie bei Weiden, die zur Korbflechterei verwendet werden. Die besenförmigen Jungtriebe bieten zwar keine natürliche Wuchsform mehr, zeigen sich dafür jedoch von ihrer buntesten Seite. *Cornus sanguinea* sollte etwas moderater geschnitten werden und braucht in der Regel eine etwas längere Eingewöhnungszeit nach der Pflanzung.

ACER PALMATUM hat einige Sorten hervorgebracht, die einen ähnlich farbenprächtigen Paukenschlag verursachen können – allen voran die japanischen „Klassiker": der feuerrote *Acer palmatum* 'Sangokaku' sowie die etwas kleineren Sorten 'Bi Hoo' in Maisgelb bis Gelborange und der dunkelrote 'Eddisbury'. Bei diesen Ahornen sind analog den beschriebenen Hartriegeln die jungen Zweige im Winter farblich aufgewertet, wobei sich insgesamt ein Farbverlauf

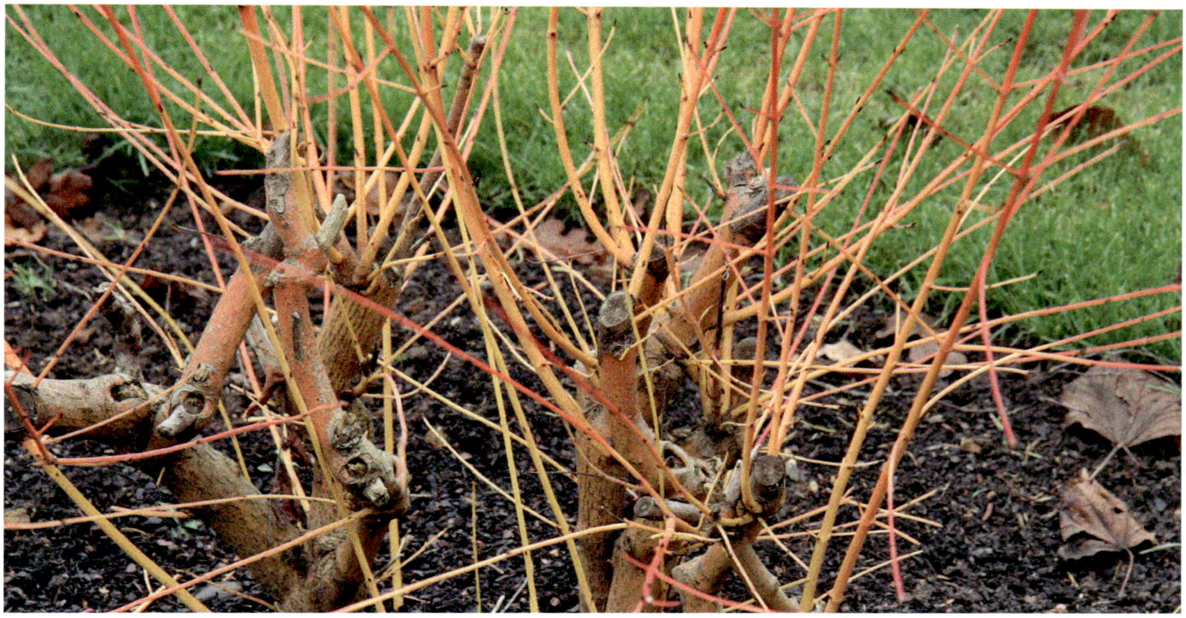

Schnitt zur Fußform von *Cornus sanguinea* 'Midwinter Fire'.

ergibt, der vom Kroneninneren bis zum Umriss hin seinen leuchtenden Höhepunkt erreicht. Doch sollte man hier in keinem Fall wie bei den Hartriegeln einkürzen, um die Farbigkeit zu fördern oder auf Sichtebene zu halten. Die empfindlichen *Acer palmatum* gehören zu den edelsten Gehölzen für kleine Gärten und sollten frei und luftig wachsen können. Nur so bieten sie im gesamten Jahresverlauf und über mehrere Jahrzehnte den herrlichen Anblick eines solitären Kleingehölzes, das weit mehr zu bieten hat als ausschließlich ein herrliches Rindenbild im Winter.

SCHLANGENHAUT-AHORNE wachsen etwas schneller und werden meistens auch höher als die rindenfärbenden japanischen Ahorne. Sie bilden häufig eine schirmförmige Krone aus, die später einen Sitzplatz beschatten kann. Der deutsche Sammelbegriff umfasst zahlreiche verschiedene Ahornarten, denen ein interessantes Rindenmuster von Stamm und Hauptästen zu eigen ist, das an die Haut von Schlangen erinnert und unbedingt auch aus der Nähe betrachtet werden sollte.

Bei *Acer tegmentosum* und *A. rufinerve* mit besonders viel Weißanteil, bei *A. davidii*, *A. capillipes* und *A. grosseri* eher mit grüner bis orangener Grundfarbe, bei *A. × conspicuum* ('Phoenix'), *A. pensylvanicum* ('Erythrocladum') und *A. pectinatum* in leuchtendem Orange bis Rot finden sich Borkenkunstwerke, die vor einem dunklen Hintergrund teilweise schon von Weitem locken und bei näherer Betrachtung besonders erfreuen. Dabei fallen Sorten auch mal aus der klassischen Farbpalette der Art heraus. Die Ausprägung der Rindenfarbe ist neben der Genetik auch vom Standort und Alter der Rinde abhängig. Denn wie bei den anderen rindenfärbenden Bäumen, so bildet sich auch bei den Schlangenhaut-Ahornen ab einem gewissen Stammdurchmesser eine dicke, graue Borke, die das Schlangenhautmuster komplett überdeckt.

Schlangenhaut-Ahorne machen wie die japanischen Ahorne herrliche Herbstfärbungen zwischen leuchtendem Gelb, Orange und Rottönen, wobei *Acer capillipes* hier besonders erfreut. Zudem gibt es einige Kultivare, die panaschiertes Laub haben, um auch im Sommer etwas mehr Lebendigkeit in den Garten zu bringen. Hier sind *Acer × conspicuum* 'Silver Cardinal' mit orange-gelblicher Herbstfärbung und der stärker hängende 'Red Flamingo' mit pinkfarbenem Austrieb und orangeroter Herbstfärbung erwähnenswert. Beide haben silbergrünes Laub mit pinkfarbenen Anteilen (bei 'Red Flamingo' mehr als bei 'Silver Cardinal') und ganzjährig rosarote junge Zweige sowie winterlich korallrote Rinde mit weißen Streifen.

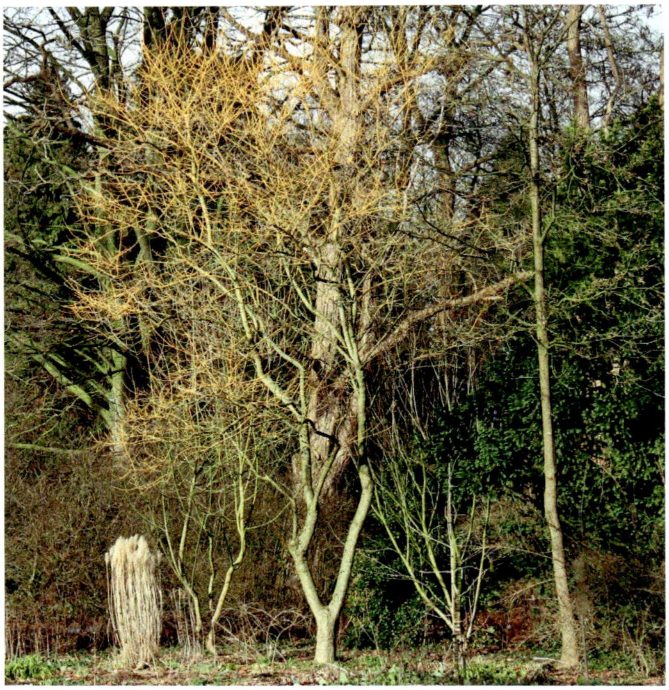

Styphnolobium japonicum 'Golden Standard' kann in kälteren Wintern seine maisgelbe Zweigfarbe zu einem kräftigen Orange intensivieren. Februar im Arboretum Kalmthout, Belgien.

Es gibt zahlreiche Großsträucher, die bei nahem Hinsehen ebenfalls eine schöne, schlangenhautähnliche Rinde haben, wenn sie auch nie so auffällig ist wie die der Schlangenhaut-Ahorne. Zu diesen empfehlenswerten, insgesamt das ganze Jahr über interessanten Gehölzen zählen *Euonymus bungeanus* mit seiner herrlich herbstfärbenden Sorte 'Fireflame', der nicht minder spektakuläre *Euonymus hamiltonianus* und seine Varietät *sieboldianus* sowie die meisten Arten der Pimpernuss (*Staphylea*), die wegen ihres schönen vasenförmigen Wuchses und der zahlreichen weißen Glockenblüten bei Kennern hoch geschätzt ist.

Wesentlich robuster, kalk- und schnittverträglicher als die Schlangenhaut-Ahorne ist der Eschenahorn (*Acer negundo*). Bei ihm finden sich farblich auffälligere Rinden in der maisgelb-zweigigen 'Winter Lightning' und der weiß-violetten Varietät *A. negundo* var. *violaceum* – ebenso wie bei der Esche selber, deren Sorte *Fraxinus excelsior* 'Jaspidea' im Winter weithin leuchtende, fahl gelborangene Zweige zeigt, ähnlich der etwas kräftiger gefärbten, wertvollen *Styphnolobium japonicum* 'Golden Standard' (ehemals *Sophora japonica* zugeordnet).

Acer × conspicuum 'Phoenix' lockt mit der hummerroten Rinde schon von Weitem. Erst aus der Nähe erkennt man die subtile Streifung von Stamm und Ästen, die an Schlangenhaut erinnert; Februar in Bressingham Gardens, England.

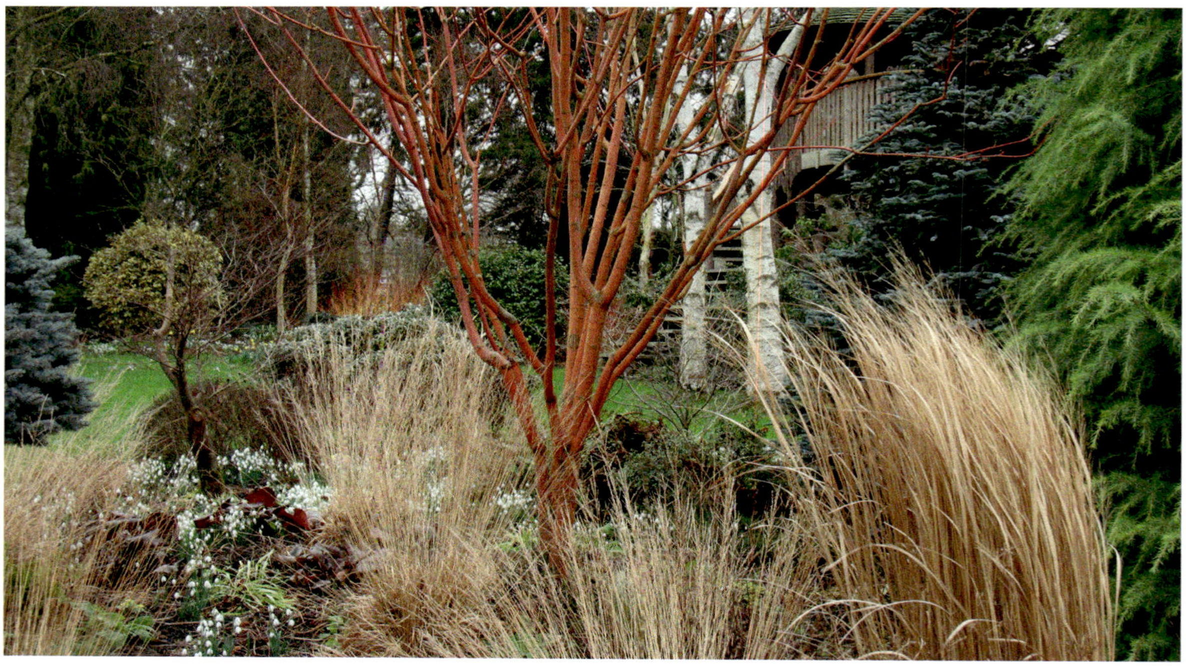

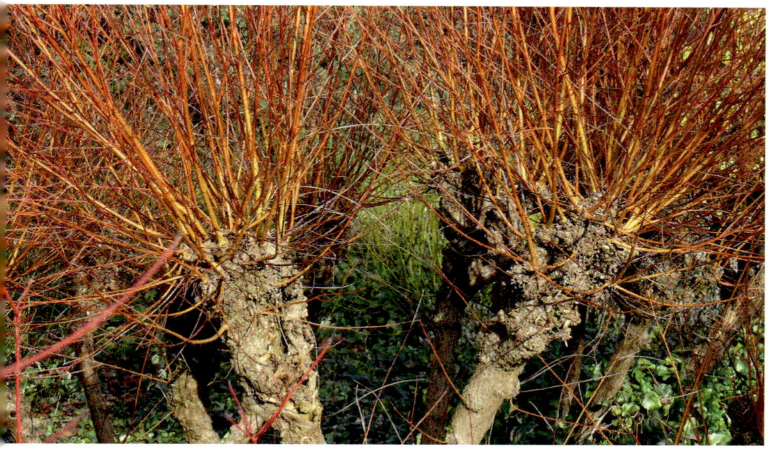

Salix alba var. *vitellina* 'Britzensis' gehört – vor allem regelmäßig zurückgeschnitten wie hier – zu den leuchtendsten Erscheinungen unter den Weiden.

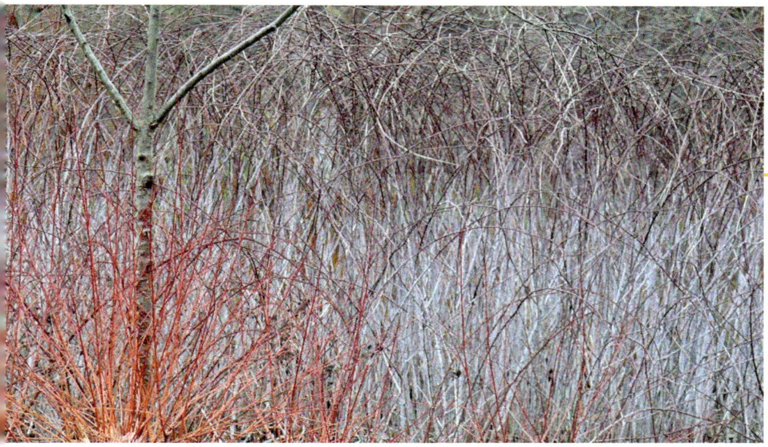

Cornus sanguinea 'Anny's Winter Orange' und *Acer davidii* VIPER® 'Mindavi' vor *Rubus phoenicolasius* und *Rubus cockburnianus*.

Weiden sind zweihäusig, das heißt eine Sorte ist entweder männlich (m) oder weiblich (w). Männliche Weiden haben in der Regel schönere Kätzchen, die während ihrer langen Blütezeit von bis zu zwei Monaten einen aufregenden Wandel vollführen: Sie entspringen als silbrige, seidige Knospen aus glatten, oft glänzenden Knospenschuppen, färben dann durch die aus ihnen erwachsenden Pollenschläuche orange, pink, rötlich, fast violett oder sogar schwärzlich, um nach dem Aufplatzen durch den goldgelben Pollen frühlingshaft zu leuchten. Weibliche Weiden blühen meistens hellgrünlich und später – versteckt im gleichfarbigen Laubaustrieb.

Hohe Sichtschutzhecken mit winterfarbiger Ansichtsfläche können gut über die orange-zweigige *Tilia cordata* 'Winter Orange' und die im wahrsten Wortsinn lindgrün-gezweigte *Tilia platyphyllos* 'Aurea' realisiert werden – immerhin sind Linden schon seit mehreren Jahrhunderten die klassischen Bäume für solche Aufgaben.

SALIX kennt man mit schönen dunkelrotbraunen Trieben aus der Korbflechterei. Doch können Weiden darüber hinaus im Winter fast so intensiv bunt werden wie die rindenfärbenden Hartriegel. Ihre jungen Zweige nehmen art- und sortenspezifisch fröhlich leuchtende Variationen an: Gelb bei *Salix purpurea* 'Goldstones' (m), Apfelgrün bei *S. purpurea* 'Green Dicks' (m) oder Hellgelbgrün bis Olivgrün bei der baumartigen *S. alba* var. *caerulea* (m/w), Bronzeorange bei der beliebten *S. alba* var. *vitellina* (m/w), ihrer Auslese 'Brizensis' (m) sowie der in Deutschland bekannteren, nicht ganz so leuchtkräftigen *S.* × *fragilis* 'Chermesina' (m) und bei *S. matsudana* 'Swizzle Sticks' mit lustig gezackten Zweigen, Braunrot bei *S. eriocephala* 'Russelliana' (w), Kupferrot bei der beliebten dreifarbigen *S. integra* 'Hakuro Nishiki' (w), Dunkelmahagonirot bis Purpurviolett bei der in England beliebten *S. daphnoides* 'Continental Purple' (m), Dunkelpurpurschwarz bei *S. discolor* (m/w) oder glänzend schwarz wie Ebenholz bei *S. myrsinifolia* 'Blackskin' (w), der dunkeltriebigsten aller Weiden.

Salix irrorata (m/w) jedoch erscheint durch kreidebleiche Äste geisterhaft – vor allem, wenn sich diese an trüben Tagen nur undeutlich von der Landschaft abheben. **RUBUS** können ähnlich unwirklich wirken, wenn man die verschiedenen „kreiderindigen" Brombeeren vor Augen hat, die im englischen Sprachraum als „Geisterbrombeeren" bezeichnet werden.

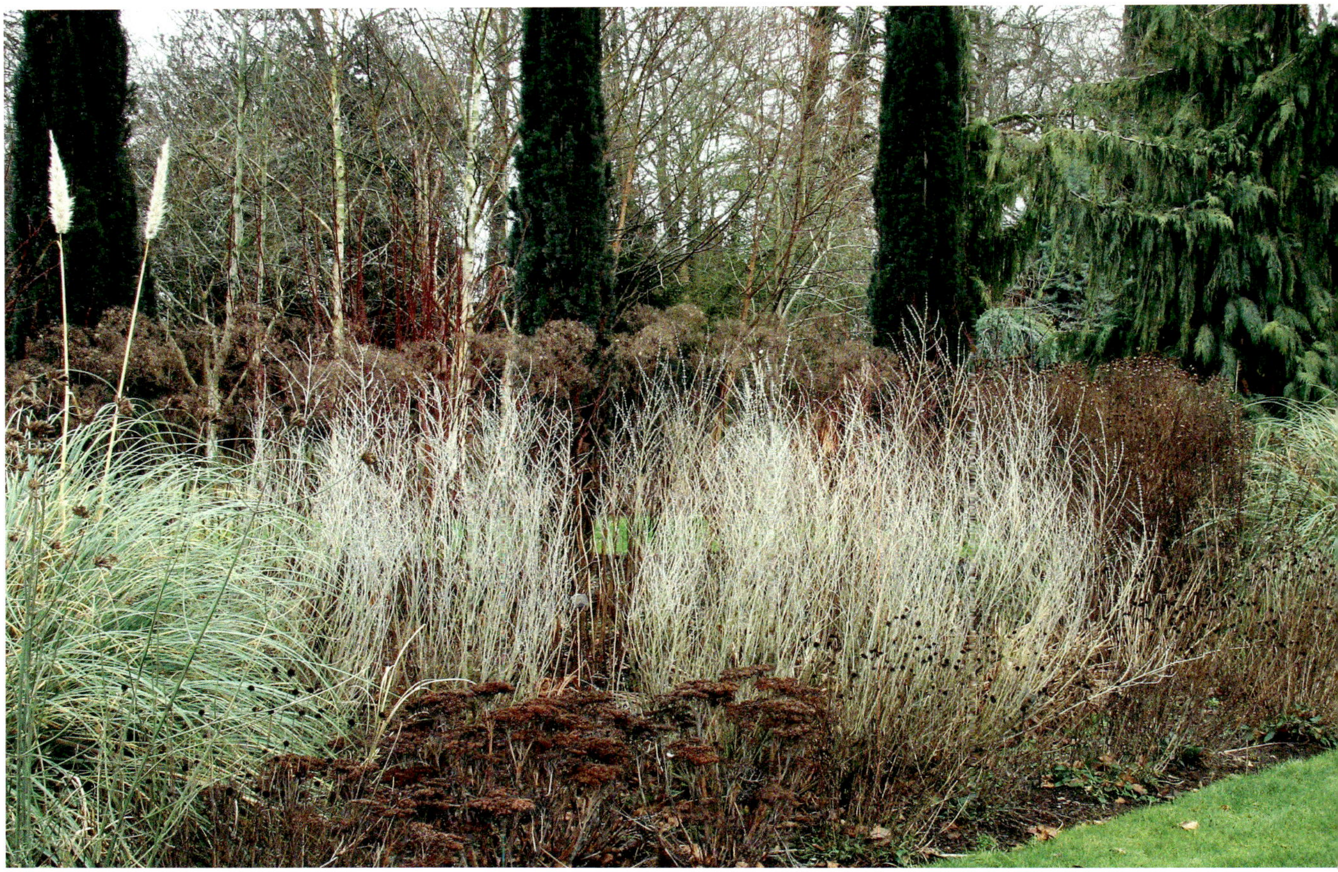

Ruten von *Perovskia* zwischen warmbraunen Samenständen von *Sedum* in Bressingham Gardens, England.

Allen voran erobern *Rubus biflorus*, *Rubus thibetanus* und *Rubus lasiostylus* in schwungvollen Bögen den Boden. *Rubus cockburnianus* gehört ebenfalls zu der bleichen Gruppe, wenngleich bei ihr die Zweige zu den jüngeren Spitzen hin eine rosarote Färbung annehmen und so eine schöne Überleitung zum analog blühenden *Viburnum bodnantense* oder ähnlichem einleitet. Ihre beliebte goldlaubige Sorte 'Goldenvale' soll weniger invasiv sein.

Rubus niveus, von der man aufgrund ihres Namens direkt weiße Äste erwarten würde, bietet hingegen schöne mahagonirote Triebe. Und auch die Weinbeere *Rubus phoenicolasius* bringt mit ihren rosarötlichen Ästen warme Farbe und durch die rost- und weinroten Härchen zudem noch weiches Streiflichtleuchten in den Garten.

Die unterschiedlichen Stacheln der ornamentalen Him- und Brombeeren wirken zurückhaltend bis unauffällig, sind aber sicher in der Lage, Frost und Raureif, Schnee und manchmal sogar Regentropfen für eine Weile festzuhalten. All die genannten Geister geistern leider recht intensiv im Garten herum und zeigen nicht nur das brombeertypische Einwurzeln überhängender Zweige, das sich durch geschickte Pflanzung und rechtzeitige Pflege mit wenig Aufwand verhindern ließe, sondern zudem das für die verwandten Himbeeren typische unterirdische Ausläuferwachstum. Dies ist vor allem in kleineren Gärten und bei einer intensiven Unterpflanzung lästig. *Rubus niveus* gilt als invasive Art und richtet auf den Galapagosinseln ökologischen und ökonomischen Schaden an.

BERBERIS DICTOPHYLLA ist eine dornige, doch horstige Alternative mit toller Herbstfärbung und rotem Fruchtschmuck. Leider selten.

PEROVSKIA erzielt in sonniger, trockener Lage und ohne Sorge um deren Ausbreitung einen vergleichbaren Effekt. Man lässt ihre fahlweißen Stiele im Winter buschig stehen und kürzt sie erst im wärmeren Frühjahr ein.

BETULA ist natürlich mit seinen Himalayabirken (*Betula utilis* var. *jacquemontii*) und deren Sorten der Star unter den leuchtend weißen Rinden. Doch gibt es auch andere *Betula ermanii* und einige Selektionen zeigen Töne von Silber, Champagner, Gold, manchmal auch Apricot oder Bronze, *Betula utilis* subsp. *albosinensis* und Selektionen wandern zwischen zartem Apricot, Rosa, kräftigem Orange, Kupfer und Kastanienbraun, teils mit dem für *B. albosinensis* typischen weißen Betulinschleier, der die

Die kreidebleiche *Betula utilis* subsp. *jacquemontii* und *Betula utilis* 'Parkwood' mit mehrfarbiger, glatt texturierter Rinde während der Häutung; Stone Lane Gardens, England.

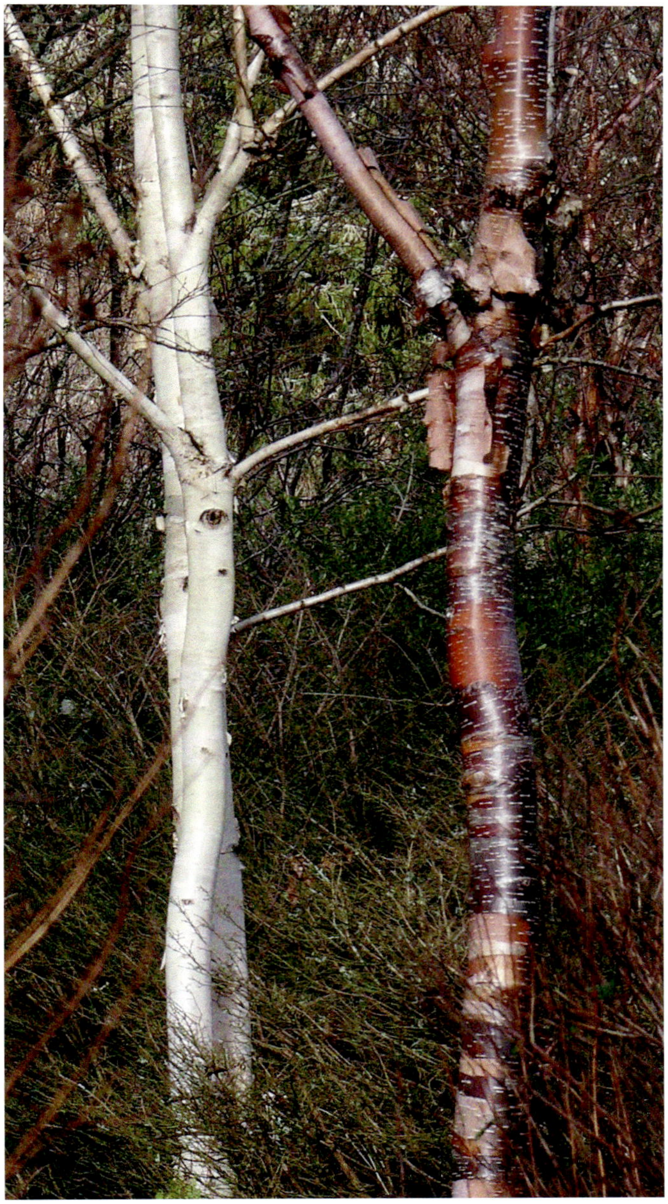

Rinde vor Wintersonne schützen soll. Ungeschützter sind diesbezüglich die ganz Dunklen mit Kupfer- bis Schokoladentönen, meistens aus *B. utilis* subsp. *utilis* und artverwandten Sorten, die analog zu ihrem heimatlichen Vorkommen in Wäldern nicht in die volle Sonne gepflanzt werden sollten. Einen Rindenfarbenrausch in Kupfer, Violett und sogar etwas leuchtendem Orange kann man mit *Betula ermanii* 'Mt. Zao Purple' erleben.

Einige **PRUNUS**-Arten mit glatter Rinde kann man im Winter oft nur durch ihre Knospen von dunkelrindigen Birken unterscheiden. Vornehmlich die Tibetanische Berg-Kirsche (*Prunus serrula*) und die Amur-Traubenkirsche (*Prunus maackii*) bekommen glatte, tief schimmernde, dunkelrotbraune Rinden, *P. maackii* 'Amber Beauty' gemäß dem Namen eine bernsteingoldene. Aber auch fast schwarze Schattierungen bei *Prunus rufa* und *Prunus himalaica* sind möglich – wie bei den Birken stets mit mehr oder weniger zahlreichen Lentizellen durchzogen. Die glatten Partien der Mahagonikirsche bieten einen Schimmer, den keine andere Gattung (auch nicht Birken oder Zimt-Ahorn) aufweisen kann. Es ist ein seidiger Glanz, der von innen zu kommen scheint (siehe Foto Seite 133). Dieser Glanz ist vor allem im Auflicht sichtbar, während viele andere Baumschönheiten mit abblätternden Rinden oft ausschließlich im tiefstehenden Streif- oder Durchlicht zum Erglühen gebracht werden. Trotz dieser einzigartigen Rinde kann ich *Prunus serrula* für kleinere Gärten nicht uneingeschränkt empfehlen, da sie während der übrigen Jahreszeit zusätzlich relativ wenig zu bieten hat: Sie macht leider lange nicht so eine hervorragende leuchtend orangene Herbstfärbung wie andere (Wild-)Kirschen oder japanische Zierkirschen (*Prunus serrulata*), mit denen sie unter Umständen wegen der Namensähnlichkeit verwechselt werden könnte. Auch ihre kleinen, weißen Blüten sind unscheinbar und werden zwischen dem schon austreibenden Laub leicht übersehen.

ACER GRISEUM zeigt sich über das gesamte Jahr abwechslungsreicher. Er macht seinem deutschen Namen Zimt-Ahorn alle Ehre – wenn auch kein essbarer Zimt aus ihm gewonnen wird. Durch die Textur seiner Borke, die sich zu bestimmten Jahreszeiten verstärkt häutet; abplatzt und in dünnen, pergamentartigen Streifen oder Rollen ähnlich Zimtstangen am Stamm haftet, entstehen gerade im Streif- oder Durchlicht leuchtende Lichtreflexe, die dem rein farblichen Gestaltungseinsatz seiner Rinde eine zusätzliche, tiefere Dimension hinzufügen. Im Herbst fährt der kleine, etwas steife, aber wohlgeformte chinesische Ahornbaum

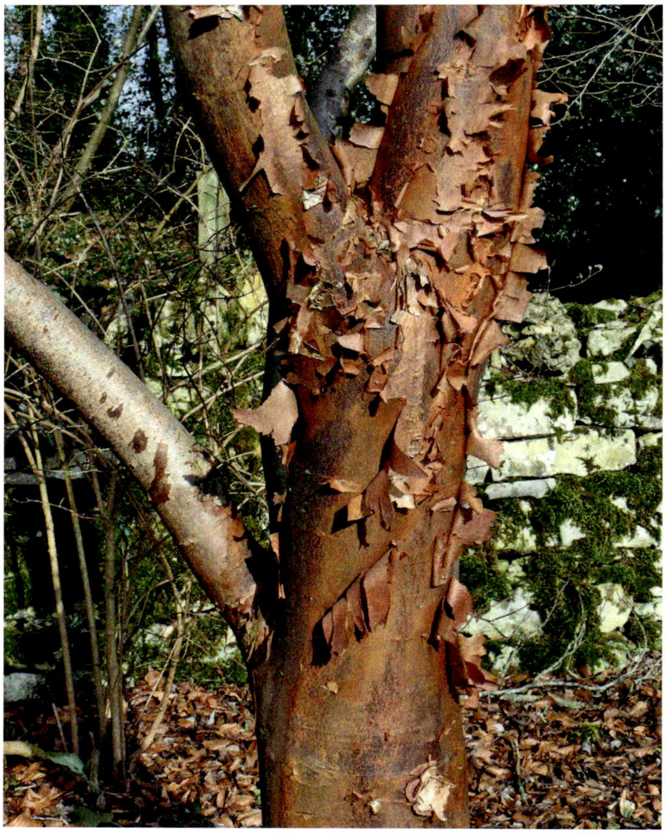

Die warmtönige Rinde von *Acer griseum* macht seinem Namen Zimt-Ahorn alle Ehre. Im Februar-Garten Covertside von John und Lyn Sales, England.

eine erwartungsgemäß spektakuläre, feuerrote Herbstfärbung auf, die lange anhält und weithin leuchtet.

HYDRANGEA *quercifolia*, die Eichblatthortensie, die Kletterhortensie *H. petiolaris* sowie die Samthortensien *H. aspera* und *H. sargentiana* bekommen ebenfalls „zimtige“ Rinden, die bei älteren Exemplaren sehr imposant sind. **HYDRANGEA MACROPHYLLA** ist als Bauernhortensie für üppige Blütenpracht bekannt, doch nur wenige Gärtner wissen, dass auch einige *Macrophylla*-Sorten durch ihre Zweige einen Beitrag zum winterlichen Garten leisten können. Denn so, wie besonders helle Rinden im winterlichen Garten Aufsehen erregen können, so können es besonders dunkle im passenden Umfeld auch. Schon um 1870 beschäftigten sich Experten mit der schwarzstieligen *Hydrangea macrophylla* 'Nigra', die damals noch als eigene Art angesehen wurde. Weitere schwarzstielige ältere Sorten sind die tellerblütigen 'Zorro', 'Black Lace' und die Ballhortensien 'Oregon Pride'. Auch heute wird in Kreuzungen versucht, die imposante lackschwarze Färbung in moderne, blütenbetontere Züchtungen zu integrieren. Es resultiert eine gute Auswahl dieser Typen, die in der Regel unter Sortenschutz stehen, wie die als BLACK-STEEL®-Serie geschützten Ballhortensien in verschiedenen Blütenfarben.

Natürlich ist auch der verwelkte Blütenstand eine warmtönige Winterfreude und sollte erst im Frühjahr ausgeschnitten werden.

Auch verschiedene **Bambusse** bieten mit gelben, orangegelben, leuchtend grünen oder schwarzen, teils gemusterten Sprossen wirkungsvolle vertikale Strukturen. Besonders gut kommen sie zur Geltung, wenn sie nicht einfach „vor sich hinwachsen“ dürfen, sondern stark ausgedünnt und bis auf Sichthöhe von Blättern befreit werden. Verwenden Sie unbedingt eine fachgerechte Rhizomsperre.

Kombinationen

Dunkelstielige Gehölze wie diese Hortensien oder auch *Cornus alba* 'Kesselringii' sind am auffälligsten aus der Nähe und vor einem hellen Hintergrund oder Bodendeckern, wie der Wald-Hainsimse (*Luzula sylvatica*) oder ihrer gelben Sorte 'Aurea', den wüchsigen, bodendeckenden Fiederblättern (*Cotula [Leptinella] dioica, C. squalida*) und – etwas weniger kontrastreich – *C. potentillina*. Es könnte auch interessant sein, sie mit *Vaccinum myrtillus*, unserer heimischen Heidelbeere, zu kombinieren. Diese würde mit ihren zackigen, grünen Stielen einen interessanten niedrigen Partner zur glatt schwarzen *Hydrangea*-Rinde abgeben und macht zudem noch eine schöne rote Herbstfärbung. Aber es gibt noch zahlreiche andere schöne Möglichkeiten, die man nicht alle ausschöpfen können wird.

Mehrfarbige Rinden

Jetzt bliebe kein Wunsch offen – alle Rindenfarben sind möglich. Und doch gibt es Künstler, die mit mehrfarbigen Rinden erfreuen, meistens in einer **Camouflage**-Optik, die den Stamm von Weitem unauffällig macht, aus der Nähe aber umso imposanter ist. Neben der bekannten **PLATANUS** gibt es einige solcher getarnten Schönheiten, die auch für kleine Gärten geeignet sind: **CYDONIA OBLONGA**

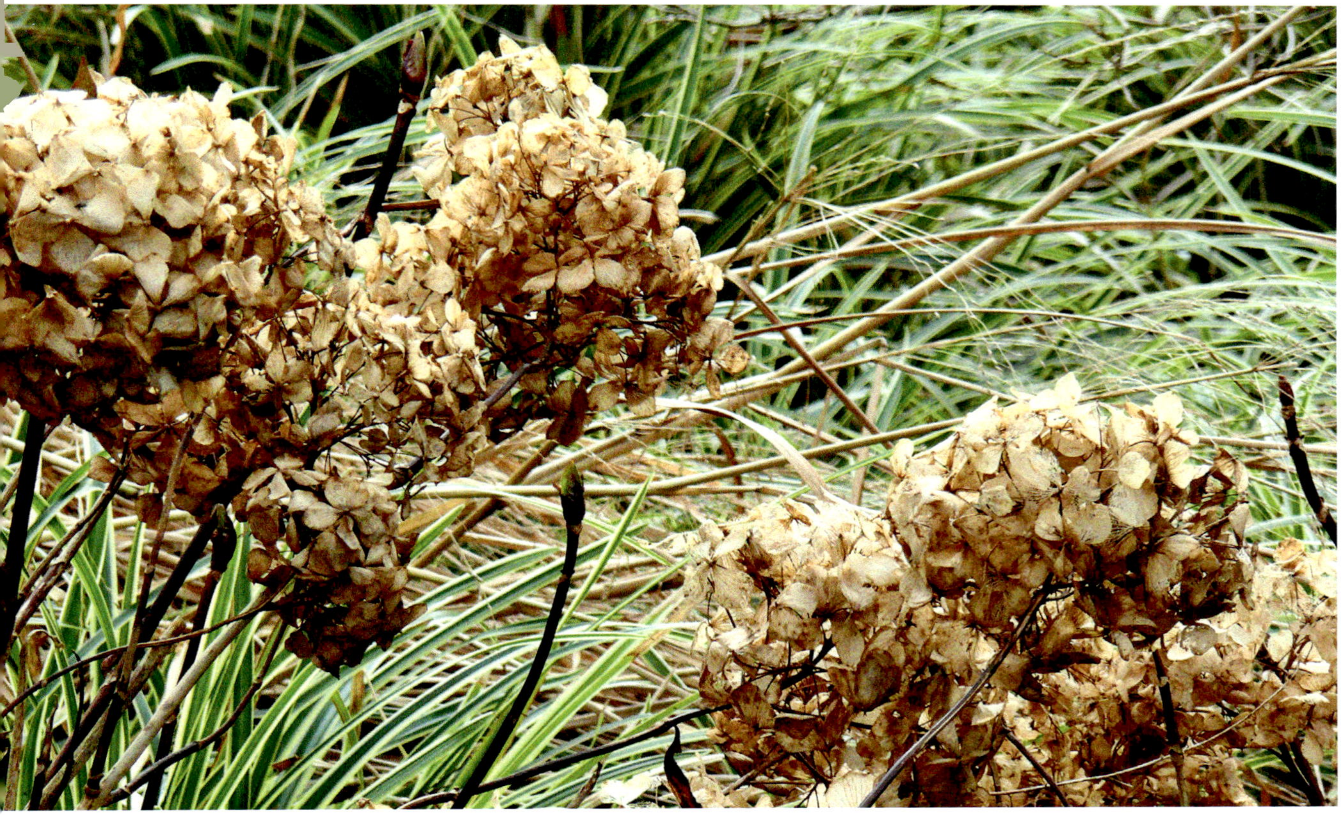

Schwarzstielige *Hydrangea macrophylla* mit welken Ballhortensienblüten.

bringt nicht nur nach einer herrlichen zartrosafarbenen Blüte duftende, essbare Quitten, sondern bekommt im Alter eine eben solche Rinde mit Ocker, Olivgrün und Rotorange – je nach Jahreszeit und Stammumfang in unterschiedlichen Zusammensetzungen. Noch farbintensiver ist die Rinde der Chinesischen Quitte (**PSEUDOCYDONIA SINENSIS**). Mit **CORNUS KOUSA** gibt es eines der schönsten Ziergehölze für kleinere Gärten: Neben der lang anhaltenden, auffälligen Brakteenblüte in Weiß, Rosa oder gedecktem Rosarot und der sehr guten roten Herbstfärbung bekommen ältere Exemplare des asiatischen Blumen-Hartriegels mehr oder weniger interessante mehrfarbige Rinden mit Grau, Grün, (Rot-)Braun und – während der Erneuerungsphase – Hellocker, Apricot oder Lindgrün. Auf gleicher Ebene muss man die Scheinkamelien (**STEWARTIA**) nennen, deren bekannte Arten neben den traumhaften weißen, ungefüllten Kamelien-Blüten und einer in der Regel leuchtend orangenen Herbstfärbung allesamt schöne, orangerötliche Rinden machen – Camouflage zeigen allerdings vornehmlich S. *pseudocamellia*, deren Varietät S. *p.* var. *koreana* und S. *sinensis*. Für saure Böden ist **CLETHRA BARVINERVIS** sehr wertvoll. Die Japanische Zimterle ist ebenfalls ein schönes, langsam wachsendes Blütengehölz mit lang geschwungenen, duftenden Rispen aus zahlreichen kleinen, weißen Einzelblüten, ihre Rinde silbergrau und orangebraun. In wärmeren Regionen Deutschlands werden verschiedene Kreppmyrthen (**LAGERSTROEMIA**) nicht nur eine üppige, späte Blüte zeigen, sondern roströtliche Rinde, häufig auch als Camouflage.

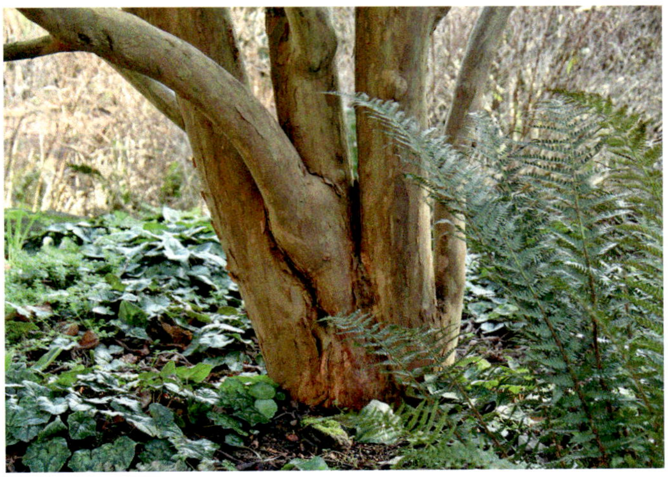

Camouflage-Rinde von *Clethra barvinervis*, die hier schon ein erhebliches Alter und eine sehr schöne Wuchsform erreicht hat. Direkt nach der „Häutung“ ist der Stamm bunter.

Der Erdbeerbaum (*Arbutus unedo*) bekommt zwar nicht die typische „Plattenrinde", erneuert im Alter seine Rinde jedoch durch Abschilfern und bringt dann, ähnlich einigen Birken, unter den abgestoßenen Rindenstreifen neue Farben zum Vorschein. Er ist nur in wärmeren Gegenden Deutschlands winterhart, sollte geschützt gepflanzt werden und zeigt das interessante Rindenbild nur, wenn er wirklich kräftig wächst. Bis dahin ist seine Rinde unauffällig, aber hübsch dunkelbraun.

Verwendung und Pflege

Für die Verwendung und weitere Pflege im Garten ist es wichtig zu wissen, dass nicht nur die strauchartigen Hartriegel, sondern auch Weiden, Linden, Eschen und Eschenahorne so schnittverträglich sind, dass sie entsprechend ihrer Wuchsgenetik zu unterschiedlich hohen Heckenelementen, Fuß- oder Kopfformen gestaltet werden können, aber nicht müssen. Durch regelmäßigen Schnitt werden sie zu winterfarbigen Abtrennungen oder Sichtschutzelementen.

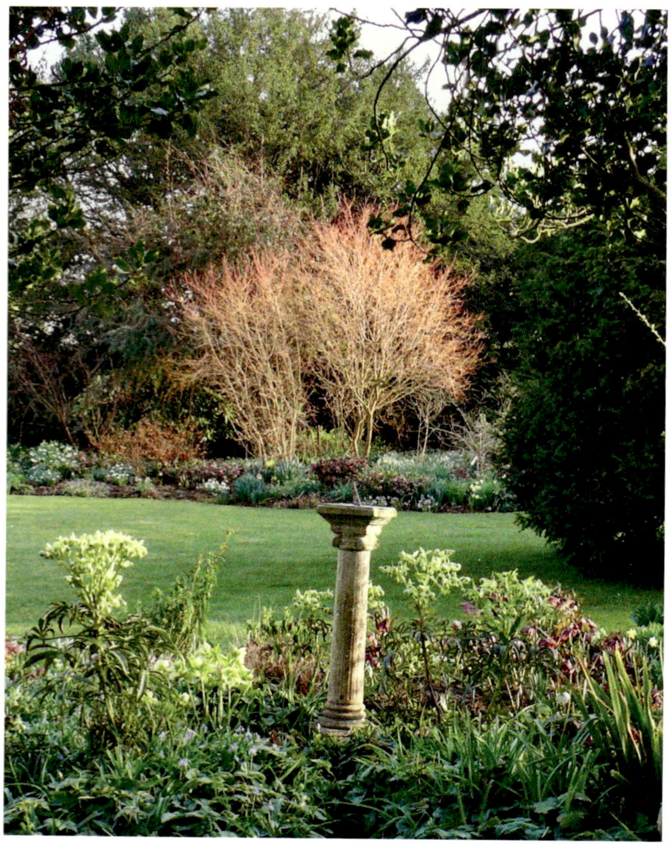

Die übrigen genannten Bäume oder Großsträucher, vor allem japanische Ahorne, Schlangenhaut-Ahorne und Birken, sollten weitgehend ungeschnitten als Solitäre verbleiben. Bei ersteren bildet sich im Laufe der Zeit eine Krone aus, deren Außenbereich mit den jüngsten Zweigenden stärker gefärbt wird als die Kronenmitte oder der Stamm. Dieser Farbverlauf kann auch bei den Schnittverträglichen beobachtet werden, wenn sie nicht geschnitten werden. Besonders hübsch ist das z. B. bei Hartriegeln, deren einjährige Triebe keine gleichmäßige Farbe, sondern einen Farbverlauf von der Basis zur Spitze zeigen, wie *Cornus sanguinea* 'Midwinter Fire'.

Auch die Gehölze mit Carmouflage-Rinden werden nicht geschnitten. Bei den Sträuchern sollten – wenn überhaupt – eher die jungen Triebe ausgedünnt werden, um schnell die rindenschöne Altersform zu erreichen.

Alle genannten Bäume und Großsträucher sind bedingt **unterpflanzbar**, in jedem Fall mit robusten Frühlingsgeophyten, die deren laubfreie Ruhezeit nutzen – wie *Cyclamen*, *Crocus* (besonders schön der frühe, sich versamende Elfenkrokus *Crocus tommasinianus*), *Galanthus, Eranthis, Scilla, Chionodoxa, Arum italicum* und *Anemone nemorosa*, an sonnigeren Standorten z. B. unter höheren Birken auch mit *Galanthus gracilis, Anemone blanda* und Wildtulpen.

Vor allem unter älteren Birken und Japanischen Ahornen können sich von den Stauden nur besonders robuste, trockenheitsverträgliche Arten längerfristig bewähren – optimal eignen sich früh einziehende (frühlingsblühende), wie die Frühlingsplatterbse (*Lathyrus vernus*), Maiglöckchen (*Convallaria majalis*) oder auch höhere Stauden mit Sommerruhe, wie der Kriechende Gämswurz (*Doronicum pardalianches*). Diverse trockenheitsverträgliche Gräser und Stauden, wie *Sedum*, einige *Epimedium*, *Helleborus foetidus Helleborus argutifolius, Geranium macrorhizum, Lunaria rediviva* und die zweijährige *L. annua, Campanula trachelium* (versamt sich stark), *Calamagrostis varia*, bedingt *Bergenia*, oder – im Kontrast – feinlaubiger *Asparagus tenuifolius*, können im eingewachsenen Zustand selbst unter diesen Gehölzen Freude bereiten. Unter den übrigen

Cornus sanguinea 'Midwinter Fire': Farbverlauf und Fernwirkung der kleinen Krone. Englischer Privatgarten im März.

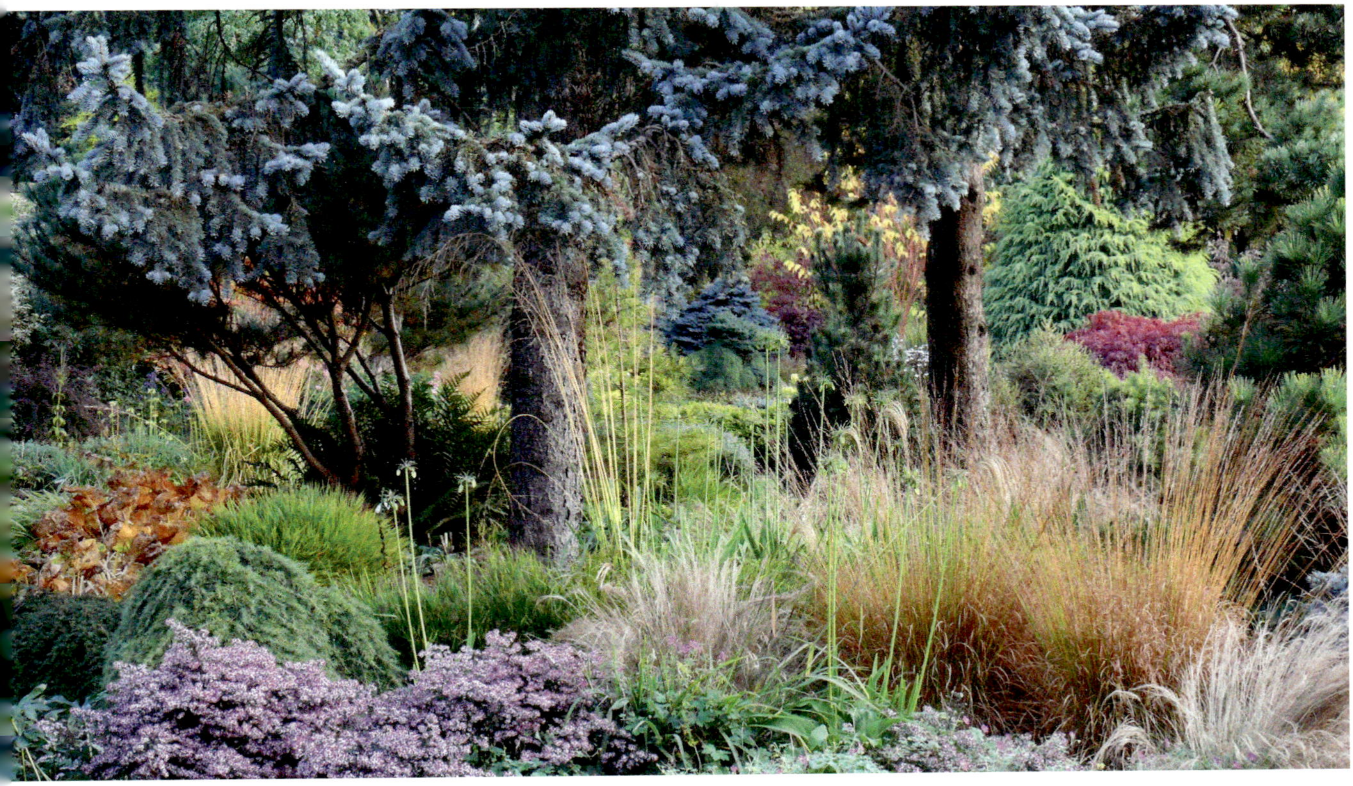

Intensive Unterpflanzung zweier großer Blautannen (*Abies procera* 'Glauca') in Bressingham Gardens Anfang November. Aufgeastete Blaufichten (*Picea pungens*) ließen sich nicht derart mit Schmuckstauden und Kleingehölzen unterpflanzen.

Gehölzen sind neben den schon genannten zahlreiche wildhafte Stauden vielversprechend.

Bei den kleineren Gehölzen wie *Cornus* oder Fußformen von Weiden oder Eschen-Ahorn bietet sich lediglich eine Unterpflanzung mit Frühlingsgeophyten, niedrigen Bodendeckern oder Gräsern an.

FARBIGE NADELN

Es ist eine bekannte Weisheit, dass ein „guter Garten" einen deutlichen Anteil an Immergrünen enthält, die im Winter für Farbe sorgen oder auch einen schönen, gleichmäßigen Wirkungshintergrund abgeben. Gleichzeitig war es in letzter Zeit bei vielen Gärtnern verpönt, Koniferen zu verwenden. Die Vorstellung, sie würden das ganze Jahr über das ewig gleiche, unveränderte Bild abgeben, ist jedoch ein Vorurteil. Viele Koniferen verändern die Farbe ihres Nadelkleides im Laufe des Jahres – wenn auch selten so pompös wie wirklich gute Herbstfärber. Die Immergrünen umfassen also nicht nur Pflanzen, die im Winter den Garten mit verschiedenen Grünvariationen bereichern. Bronze- und Kupfertöne, helles Gelb, Goldgelb und fast Orange, sowie purpur überlaufenes, blaues oder mehrfarbiges Laub- bzw. Nadelwerk können für mehr Abwechslung und Licht im Garten sorgen. Aus der riesigen Palette schöner Koniferen stelle ich im Folgenden eine vielseitige, aber persönliche Auswahl vor.

Zur Auswahl und Pflege

Für die Auswahl passender Koniferen im Garten ist deren Unterpflanzbarkeit von großer Bedeutung. Von Fichten kennen wir einen dichten Wurzelfilz, der ein Aufkommen von Unkraut verhindert, leider aber auch kaum eine Unterpflanzung mit ornamentalen Stauden oder Zwiebelpflanzen, in der Regel noch nicht einmal mit den robustesten unter ihnen, zulässt. Auch Scheinzypressen (*Chamaecyparis*), die Lebensbäume (*Thuja* und *Platycladus*) und die Schirmtanne (*Sciadopitis*) lassen sich kaum unterpflanzen. Entsprechend robustere Arten z. B. von *Epimedium*, *Erica*, *Euphorbia* oder *Geranium* sowie verschiedene robuste Frühlingszwiebeln wachsen unter oder bis an Eiben (*Taxus*), Flusszedern (*Calocedrus*), Wacholder (*Juniperus*) und Japanische Sicheltannen (*Cryptomeria*). Hemlocktannen (*Tsuga*) schicken eine tiefe Hauptwurzel ins Erdreich und sind in jungen Jahren gut unterpflanzbar. Später bilden sich oberflächennahe Wurzeln, die Unterwuchs unterdrücken.

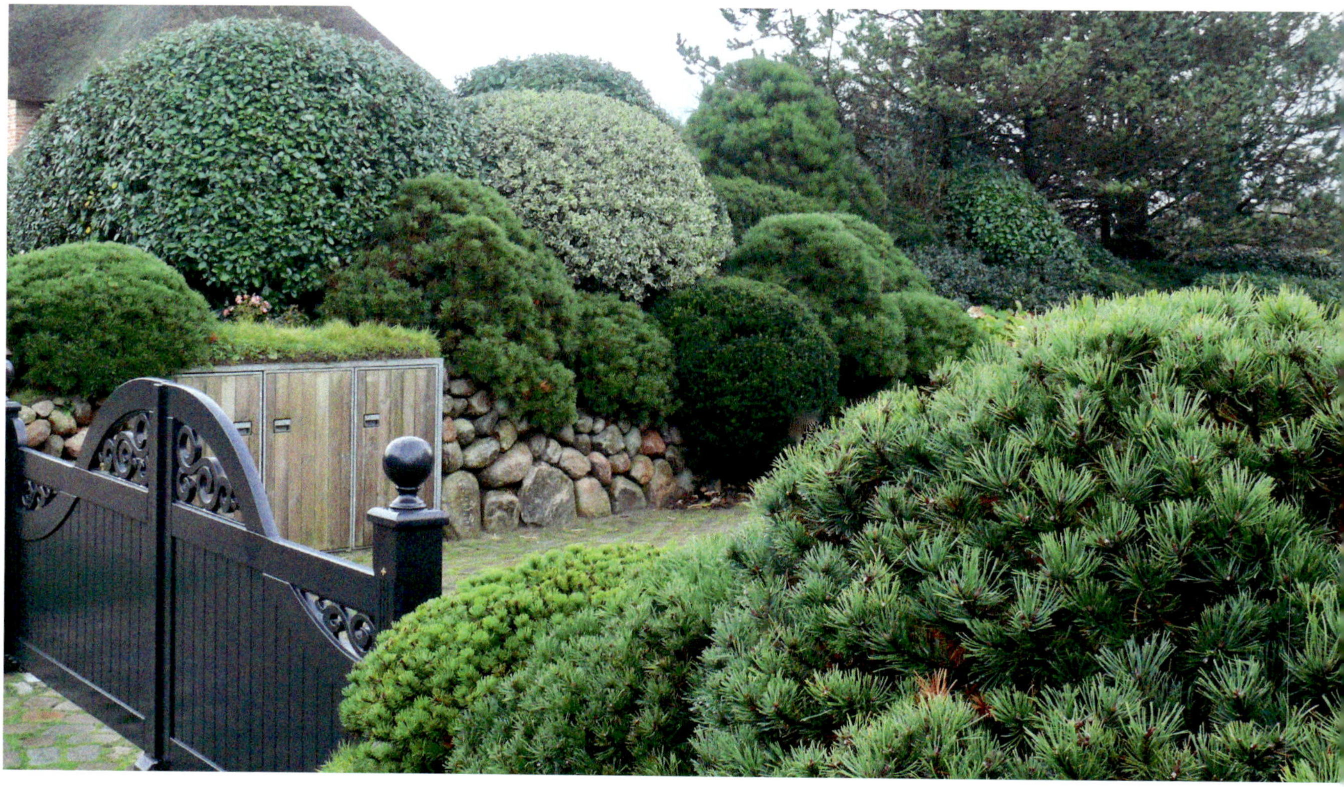

Kunstvoll geschnittene Kiefern: ein Spiel mit Textur, Form und Farbe, das sich in diesem Sylter Vorgarten auch auf die Steinarbeiten ausweitet.

Durch tiefgehende Wurzeln gut unterpflanzbar sind die meisten Tannen (*Abies*), Zedern (*Cedrus*) und Kiefern (*Pinus*). Sie sind daher für Pflanzenliebhaber, die im wahrsten Wortsinn umfassend gärtnern möchten, große Schätze – vor allem in kleinen Gärten, wo jeder Zentimeter ausgenutzt werden will.

Eine schöne Mischung aus Koniferen und Laubgehölzen ist besonders wirkungsvoll mit guten Herbstfärbern, die durch den oft dunklen, grünen Hintergrund der Immergrünen so richtig zum Leuchten gebracht werden. Doch sollte später das Herbstlaub von den Zweigen niedriger Koniferen heruntergeschüttelt werden. Denn wenn es dort bis zum Frühjahr verbleibt, kann es zu vereinzeltem Abfaulen kleiner Knospen kommen. Viele Nadelgehölze (allen voran *Pinus*, *Juniperus* und *Cedrus*) sind sehr lichthungrig und vor allem die ansonsten pflegeleichten Zwergsorten leiden unter Beschattung oder komplettem Lichtentzug.

Der Einsatz von Solitären

Koniferen, deren Wuchs (im Alter) individuell ist oder deren Nadelkleid aufregende Farben aufweist, kommen im Freistand, eventuell vor einem gleichmäßigen Wirkhintergrund mit genügend Abstand, am besten zur Geltung. Zu den Solitären zähle ich Zedern, große Kiefern und mehr oder weniger bizarre Hängeformen. Besonders gleichmäßige Wuchsformen können natürlich ebenfalls als Solitär verwendet werden, lassen sich aber besser auch in dichten Gruppen, als Windschutzriegel oder als Hintergrund für den entsprechend individuell wachsenden Solitär verwenden.

Manchmal entscheidet man sich bewusst dafür, Regeln zu brechen. So ist es bei manchen Arten möglich, auf ihren malerischen Solitärwuchs zu verzichten und sie in eine bestimmte Form zu schneiden. Auch das kann zu äußerst kunstfertigen Gärten führen. Mehr zur „Formenvielfalt aus Menschenhand" findet sich im Kapitel „Hecken, Formschnittgehölze und Spaliere" (siehe S. 13).

Es ist wichtig, sich vor der Wahl der Gehölze zu überlegen, ob man an bestimmten Stellen nur **farbliche** Akzente setzen möchte oder **architektonische** Akzente, z. B. durch immergrüne Kegel, Flammen oder schlanke Säulen, die sich dann meistens mehr oder weniger rhythmisch im Gartenbereich wiederholen, oder ob man an prominenter Stelle einen **Soloauftritt** wünscht.

In letztem Fall stehen die „Statisten" Spalier, um den Blick auf den sich am Ende der Achse befindlichen Solisten zu führen oder sich im Hintergrund zusammenzuziehen, um für ihn einen gleichmäßigen Wirkungshintergrund zu formieren.

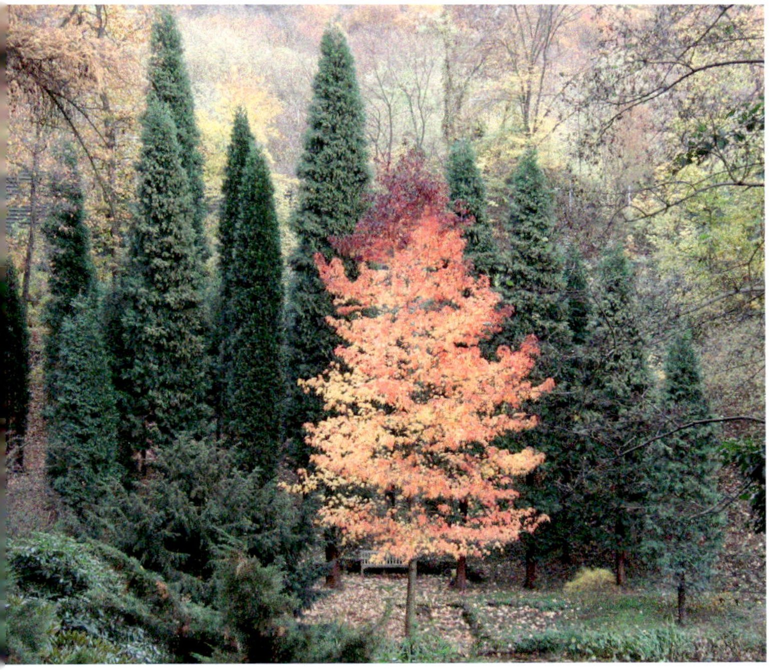

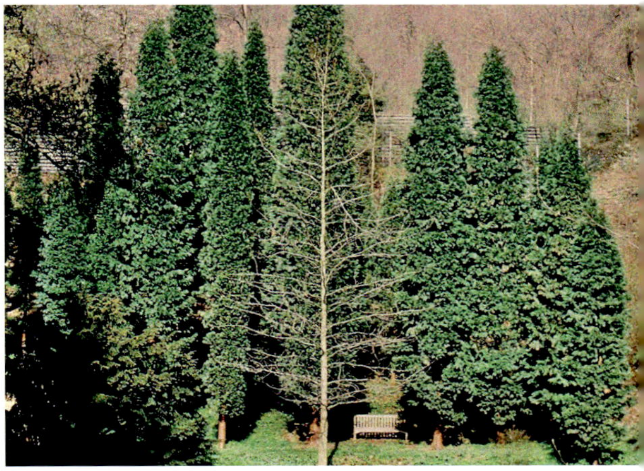

Vor Jahrzehnten schuf Maria Härle dieses Bild, als sie eine große Gruppe dunkel smaragdgrüner Flusszedern als dramatischen Hintergrund für den sich später davor herbstfärbenden Amberbaum wählte. November (links) und Dezember (rechts) im Arboretum Park Härle, Bonn.

Das oben abgebildete Beispiel befindet sich in einem Bereich am Ende des Park Härle, den man aktiv besuchen muss. Wenn man den ganzen Winter über, z. B. vom Arbeitszimmer aus, die dunkle Garde der Flusszedern vor sich sähe, so gäben diese allein ein düsteres Bild ab. Für Licht und mehr Bewegung in der Szene wäre ein goldnadeliger Solitär der Gattungen *Cedrus*, *Pinus* oder *Tsuga* geeignet (aber natürlich auch herbstfärbende Laubgehölze mit auffallend hellen Stämmen, wie *Betula ermanii* oder *Styphnolobium japonicum* 'Golden Standard'). Doch auch eine Gruppe andersartiger Koniferen ohne eigene Solitärwirkung können den perfekten Blickpunkt einer Achse abgeben (vgl. Foto rechts).

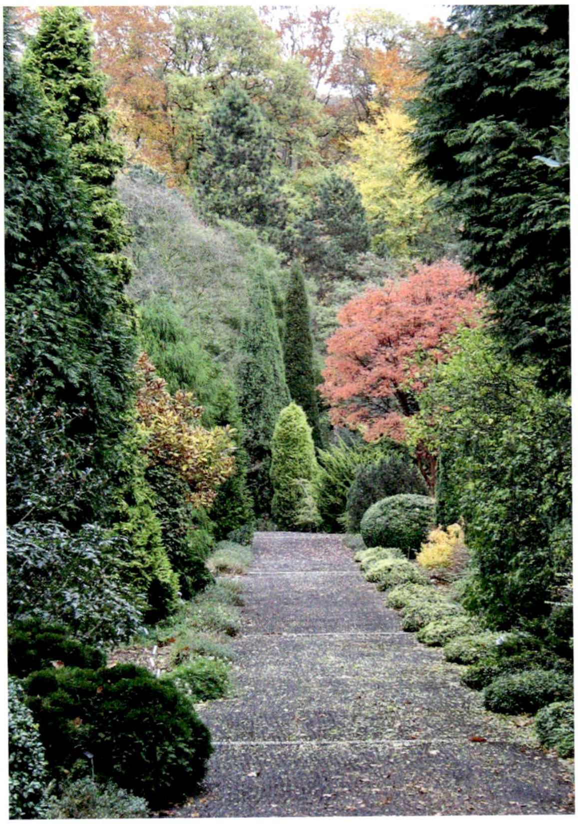

Blickachse des „Gelben Weges", November im Arboretum Park Härle, Bonn.

Bronze-, Kupfer- und Violetttöne

Von manchen Koniferen, wie dem Berg-Mammutbaum oder einigen Morgenländischen Lebensbäumen, weiß man, dass sie im Winter wie angelaufene Bronze, kupfrig oder fast violett werden. Die Art und Ausprägung der Färbung ist bei Sämlingen einer Art jedoch individuell unterschiedlich und zudem von verschiedenen Standortfaktoren abhängig.

CRYPTOMERIA JAPONICA gehört zu diesen Koniferen, bei denen sich keine genaue Farbaussage treffen lässt, da sich die Töne ständig verändern und meistens

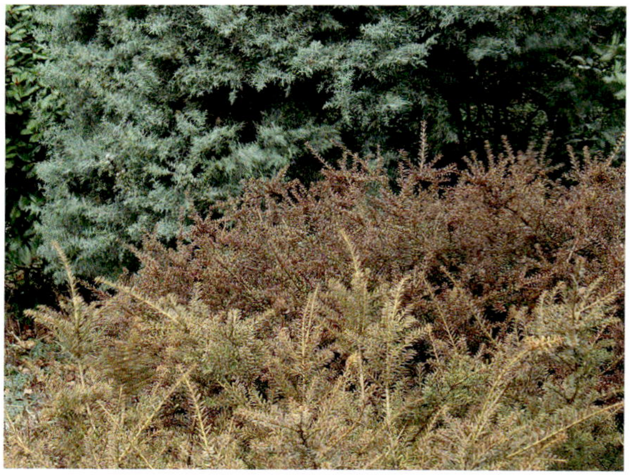

Verschiedene winterliche *Podocarpus* im Februar in Bressingham Gardens, England.

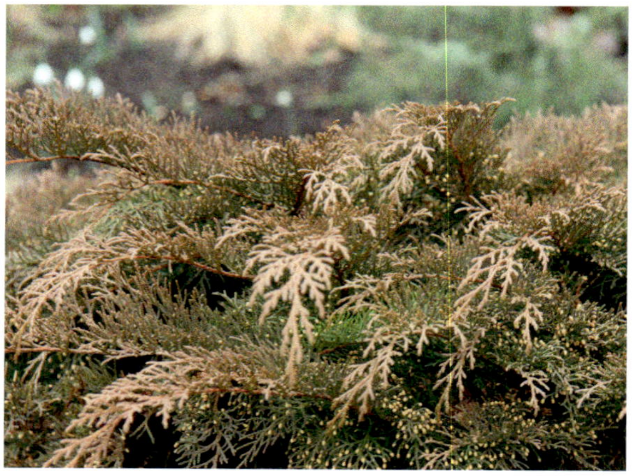

Microbiota decussata in herrlich bronzefarbenem Winterkleid.

auch überlagern. Bei den Sorten 'Elegans', 'Elegans Compacta', 'Vilmoriana', 'Mushroom', 'Pygmaea', 'Birodo', 'Yoshino' überlagert sich bereiftes Pflaumenviolett mit Kupfer- und Bronzetönen. Wärmere, rostrote Bronzetöne finden sich bei 'Hino', 'Knaptonensis', 'Compressa' und 'Spiralis', mit zusätzlich interessanter Laub- und Zweigtextur. Ältere Cryptomerien blühen im Februar mit hellbraunen kleinen Blüten an den Zweigenden, womit die Pflanzen dann Farbtöne von trockenen Gräsern oder (Hain-)Buchenlaub aufgreifen. Zudem bieten solche alten Exemplare eine schöne rotbraune Rinde, wenn sie baumförmig wachsen.

PODOCARPUS jedoch ist ein noch größeres Chamäleon unter den Koniferen. Die Steineibe scheint bei jedem Wetterumschwung die Gelegenheit wahrzunehmen, ihre Farbe zu wechseln und bietet eine großzügige Palette von rostigem Orange bei 'Orangeade' und 'Autumn Shades' über Purpurrot bei 'Country Park Fire', Schokoladenbraun bei 'Chocolate Box' bis Weißbunt mit Bronze bei 'Chameleon'.

Sie ist in einigen Teilen Deutschlands an der Grenze ihrer Winterhärte und sollte daher geschützt gepflanzt werden. Allerdings macht sie die herrlichsten Farbspiele nur, wenn sie auch das unangenehme Wetter zu spüren bekommt. So entwickelt sich die Steineibe – wie auch wir Menschen – am schönsten, wenn sie in einem liebevollen Umfeld ordentlich gefordert wird.

MICROBIOTA DECUSSATA ist eine bei den meisten Gärtnern relativ unbekannte Schönheit. Ihrem etwas an flächendeckenden Wacholder erinnernden Wuchs verdankt sie den Namen „Fächerwacholder", doch ist sie wesentlich niedriger und edler als die bekannten *Juniperus* × *pfitzeriana* und hat ein äußerst attraktives, farnähnliches Laub von schöner Textur.

Aber auch einige „echte" Wacholder (**JUNIPERUS**) mischen in der winterlichen Palette der Bronze- und Violetttöne mit.

SCIADOPITIS VERTICILLATA bringt mit ihrer Sorte 'Kupferschirm' im Winter kupfrige Farben auf den Schirm.

Auch bei den unterschiedlichsten Scheinzypressen (**CHAMAECYPARIS**), dem Morgenländischen Lebensbaum (**PLATYCLADUS ORIENTALIS**), sowie dem Abendländischen Lebensbaum (**THUJA OCCIDENTALIS**), aber auch dem sogenannten Riesen-Lebensbaum (**THUJA PLICATA**) gibt es gartentaugliche Sorten mit winterlichen Bronze-, Kupfer- und Violetttönen.

Verwendung: An die Schönheit der Koniferen aus der oben genannten winterlichen Farbpalette muss man sich häufig erst gewöhnen. Vor allem das eher bräunliche (bronze- und kupferfarbene) Nadelkleid wird leicht als Mangelerscheinung interpretiert, sodass sich in der Regel eher der reifere und kenntnisreichere Gärtner dafür erwärmen kann. Im unsensiblen Umfeld leuchtend grüner Farben wirken sie schnell fahl oder tot. Doch gerade das wird den virtuosen Gärtner reizen und er wird sie besonders rücksichtsvoll kombinieren und inszenieren.

Schön passen *Hamamelis*, bei denen sich in der Blütenmitte fast immer auch kupfrige Tönungen finden. Die

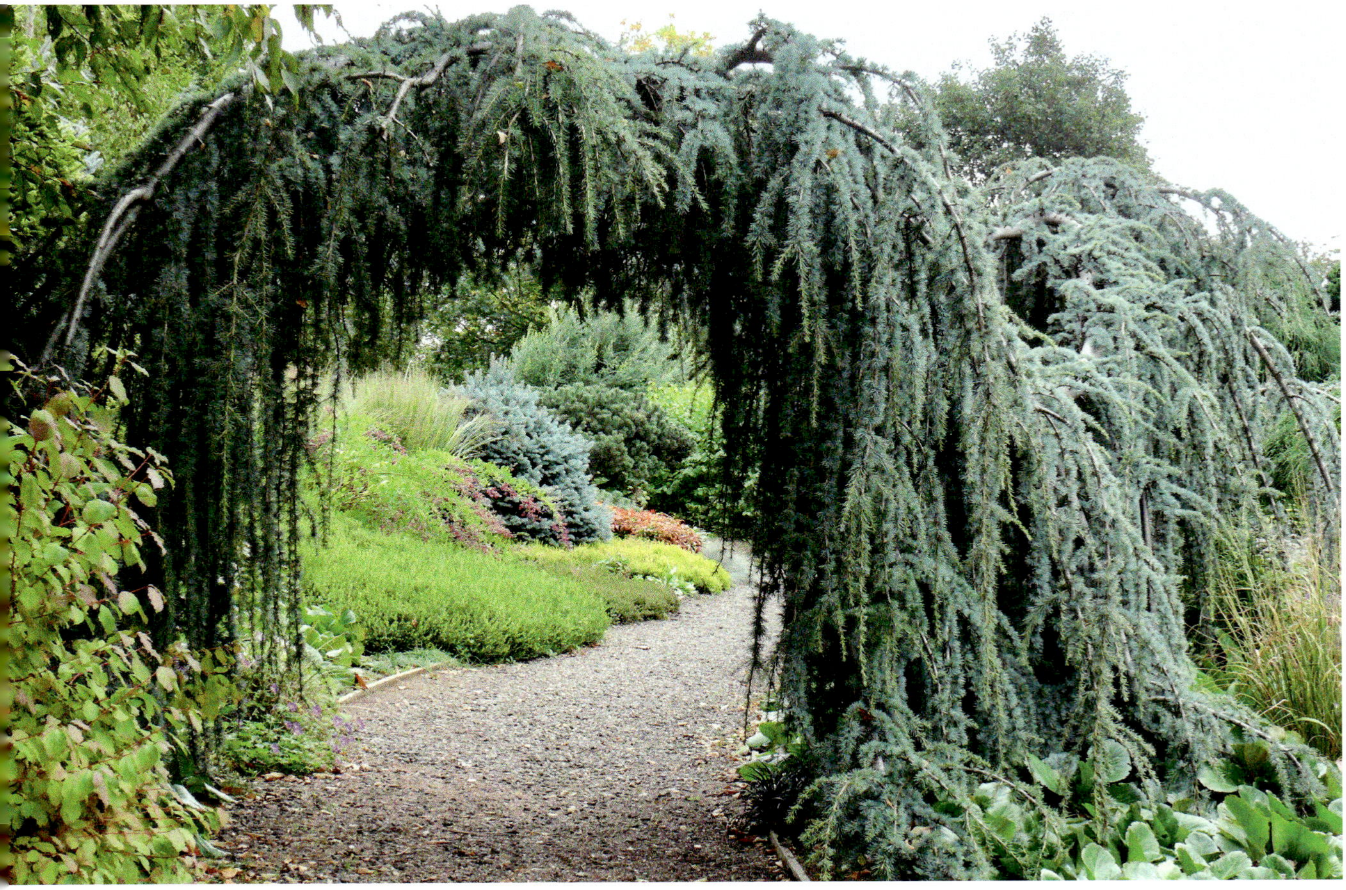

Cedrus atlantica 'Glauca Pendula' als Torbogen zwischen verschiedenen Gartenbereichen im Oktober in Bressingham Gardens.

bunten Zweige diverser japanischer Ahorne heben sich vor den bronzefarbenen Koniferen gut ab, sodass sich mit einer solchen Kombination überzeugend ein winterwirksamer Japangarten gestalten lässt.

Die Chamäleons mit Anteilen von Blau und Violett im winterlichen Nadelkleid sind großartige Diplomaten, die zwischen unterschiedlichen Farbtönen und -temperaturen vermitteln können. Entsprechend gut eignen sie sich für Übergänge zwischen verschiedenen Gartenbereichen.

Blau- und Silbertöne

In zahlreichen Nadelgehölzen finden sich eher kühle Blau- und Silbertöne. Wie frostige Jünger der kalten Jahreszeit erscheinen die blauen Vertreter von *Juniperus, Picea, Abies, Sequoiadendron giganteum, Cedrus*, diverse *Pinus* sowie die in manchen Gegenden Deutschlands nur unzureichend winterharten *Cupressus* und *Sequoia sempervirens*.

CEDRUS ATLANTICA 'Glauca', die stattliche Blaue Atlaszeder, sowie ihre Hängeform *C. atlantica* 'Glauca Pendula' zählen zu den populärsten silbrigen Nadelgehölzen. Während man bei der Blauen Atlaszeder während seiner Lebenszeit oft nicht mehr die erhabene Altersform mit waagerecht ausgebreiteten Ästen und horizontaler Krone erlebt, lässt sich ein schirmförmiger Wuchs bei der Hängeform wesentlich rascher erziehen.

Aber deren Form erinnert bald durch die geringere Höhe und die dichten, vorhangähnlich herabhängenden Zweige an eine Höhle oder einen Hügel. Natürlich ist dadurch die Blauwirkung auch eine ganz andere: die große hell graublaue Ansichtsfläche auf Augenhöhe fällt wesentlich stärker ins Auge als bei der riesigen Atlaszeder und kann in natürlicher Umgebung leicht deplatziert wirken. Im richtigen Zusammenhang bringt sie jedoch Ausdruck und Abwechslung, manchmal sogar Witz in den Garten.

Gerne wird sie für kleinere Gärten angepriesen. Absurd, denn ein Bäumchen, das eher in die Breite als in die Höhe wächst, will gerade in kleineren Gärten mit Bedacht untergebracht werden. Ohne kenntnisreiches Formieren wirkt sie trotz geringer Höhe monumental, kann aber gut zum Abdecken unschöner Gebäude oder Ecken auf Augenhöhe verwendet werden. Dies könnte die wahllose und unkreative Verwendung von „Heckenkoniferen" reduzieren.

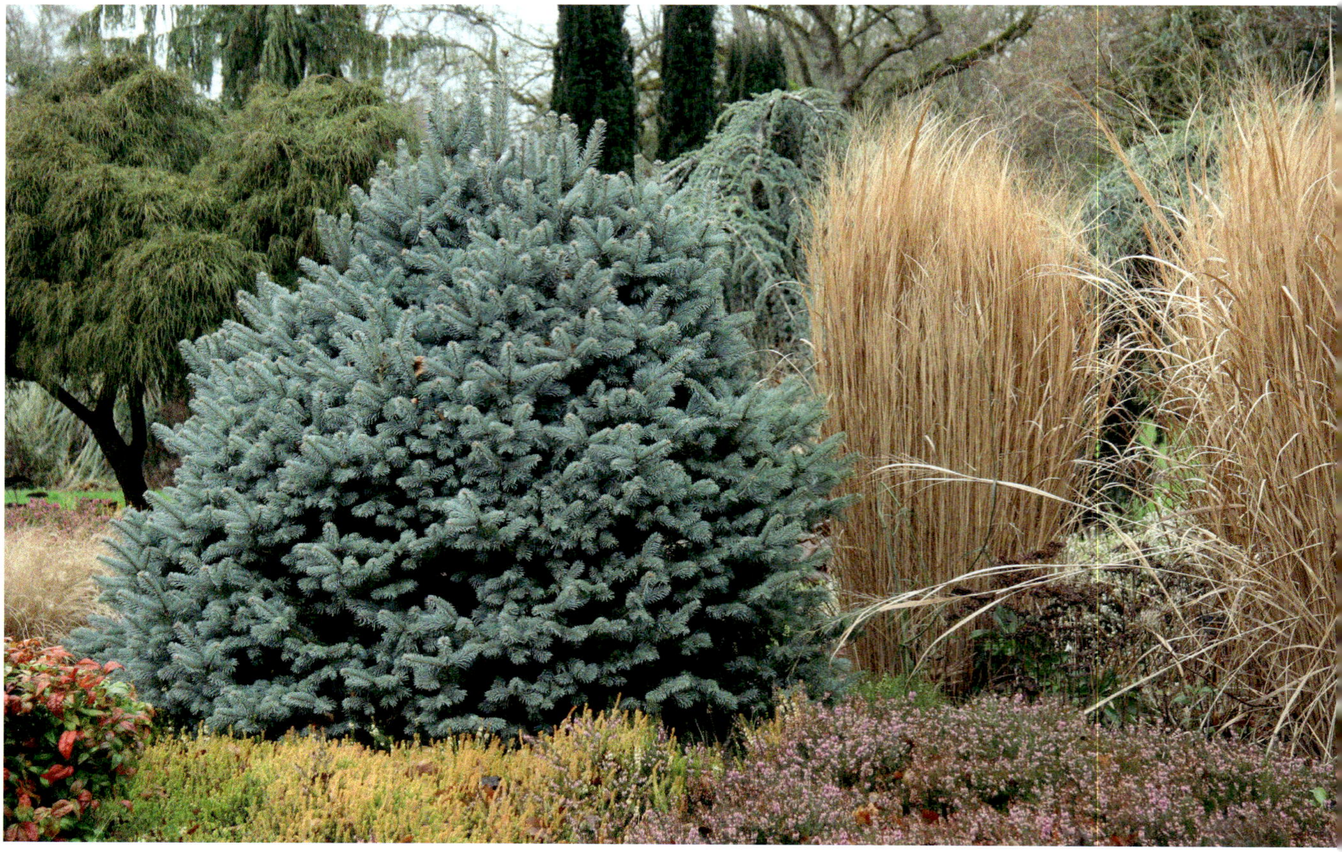

Abies lasiocarpa var. *arizonica* 'Compacta', *Nandina domestica* 'Firepower' *(ganz links unten im Bild)*, *Panicum virgatum* 'Northwind', *Erica carnea* 'Foxhollow'; Bressingham Gardens im Februar.

Wesentlich lieber noch als *Cedrus atlantica* mag ich persönlich *C. deodara* mit ihren längeren, weicheren Nadeln und den oft schon in der Jugend grazil herabhängenden Zweigen. Leider ist sie nicht in allen Teilen Deutschlands völlig winterhart. In wärmeren Gebieten ist sie jedoch einen Versuch wert, denn man kann davon ausgehen, dass ältere Bäume nicht geschützt werden müssen. Für Klimazone 6 gibt es zum Glück einige sehr winterharte Selektionen, die u. a. von Günter Horstmann aus Sämlingen ausgelesen und von Karl Fuchs aus den Höhenlagen von Paktia, Afghanistan, mitgebracht wurden und entsprechend häufig als „Paktia-Gruppe" bezeichnet werden. Hierzu gehören Sorten wie die gewitterblaue 'Karl Fuchs', die blaugraue 'Eiswinter' und die etwas hellere und schlankere 'Eisregen'.

TSUGA hat zwar keine seidige Nadeltextur, aber doch einen ähnlichen Habitus wie die Zedern und ist mir, als Liebhaberin der typischen „Zedernwuchsform", daher ans Herz gewachsen. Für mich drücken solche waagerecht abstehenden primären Äste eine stolze, aber offene Haltung aus, ohne dabei steif oder überheblich zu wirken – denn die Spitzen der Zweige zeigen sanft zu Boden.

Einige besonders blaue Zwergformen der Hemlocktanne wachsen erst als Kissen, schaffen es nach etwa 10 Jahren dann aber doch, den guten Willen zum Wachstum nach oben zu zeigen – wenn sie nicht vorher von einem Scherenfetischisten zurück in ihre hügelige Jugendform geschnitten werden. Besonders blau sind *Tsuga mertensiana* 'Glauca' und die langsamwüchsigen *T. m.* 'Blue Star' und 'Bump's Blue'. Auffällige Silbertöne bringen *Tsuga canadensis* 'Gentsch White' und 'Dwarf Whitetip'.
Eine künstliche Verjüngung zerstört eine der schönen Stärken dieser Hemlocktannen: Locker und ungeschnitten wachsend malen die fast reinweißen, nach Jahren endlich lässig ausgestreckten Astspitzen der weiß panaschierten *Tsuga-canadensis*-Kultivare ihre herrliche Zweigstruktur in den Garten. Zudem integrieren sie sich etwas dezenter. Dennoch sind Hemlocktannen gut schnittverträglich; langsamwüchsige Sorten können auf Wunsch sogar formiert werden.

ABIES schafft bei einigen Arten mit besonders ordentlich angeordneten Nadeln einen nicht nur optischen Genuss; bei der Spanischen Tanne (*Abies pinsapo*) – von der es auch kleinere, gartentaugliche Sorten gibt – sind die hellsilberblauen, leicht gekrümmten, sehr festen Nadeln äußerst ebenmäßig um den kompletten Ast herum angeordnet. Steht eine größere 'Horstmann' am Wegesrand, hat sie unter Garantie zahlreichen Besuchern die Freude gemacht, sich geduldig von ihnen betasten zu lassen.

Abies koreana hat mehrere Sorten mit silbrig lockigen Nadeln hervorgebracht. Das Nadelwerk dieser „Lockenkopf-Familie", bestehend aus 'Silberlocke', 'Schillerlocke' & Co., ist von ähnlicher Kunstfertigkeit wie das der Spanischen Tanne und begeistert Texturliebhaber und Freunde haptisch-taktiler Wahrnehmungen gleichermaßen. **PICEA**-*pungens*-Nadeln verhalten sich dagegen gemein und unnachgiebig und brachten ihr daher den Namen „Stech-Fichte" ein. Wer sie jemals als Weihnachtsbaum gekauft hat, der weiß, wovon ich spreche! Schön blau ist sie. Und so wird der tapfere Gärtner sich nicht abhalten lassen, die ein oder andere Sorte zu pflanzen, z. B. die bekannte 'Hoopsii', die etwas langnadeligeren 'Thomsen' oder 'Bakeri', die kleinere 'Edith' oder sogar eine bläuliche „Zapfenfichte" mit im Frühjahr kleinen, auffällig rot leuchtenden jungen Zapfen: *P. pungens* 'Hermann Naue', die noch langsamer wachsende 'Early Cones' oder den Zwerg 'Ruby Teardrops'.

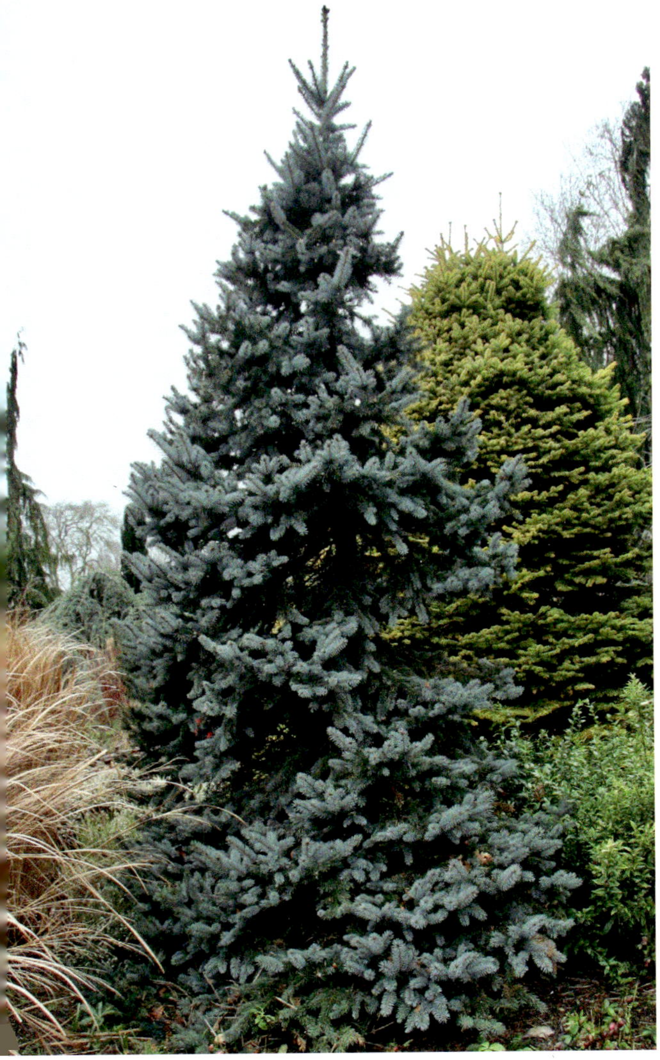

Oder er wählt (mindestens) eine Zuckerhutfichte, die es als *P. glauca* var. *albertiana* 'Alberta Blue' natürlich auch in Blau gibt, aber auch in Blau und Grün; *P. glauca* 'Arneson's Blue Variegata' ist eine hin und wieder grünspitzige blaue Zuckerhutfichte, mit der das ordentliche Bild der rein grünen oder rein blauen Form gestört wird. Denn die „Grünmelierte" wächst erwartungsgemäß an den grünen Auswüchsen etwas stärker, sodass sich ohne Korrekturschnitt aus der sonst ebenmäßig konischen Form sonderbare kleine grüne Hügel erheben.

Verwendung von ABIES und PICEA: Obwohl der Laie meistens nicht zwischen Tanne *Abies* und Fichte *Picea* unterscheidet (zumal die Gemeine Fichte auch noch *Picea abies* heißt) sollte der versierte Gärtner differenzieren. Denn die Tanne wurzelt tief und ermöglicht daher noch gut eine Unterpflanzung, während die meisten Fichten einen weitstreichenden, dichten Wurzelteppich bilden, der unter ihnen nur wenig Wachstum zulässt. Wer also auch langfristig seinen Garten „von Kopf bis Fuß" bepflanzen möchte, der wählt als hohe Koniferen eher Tannen und verwendet Fichten, z. B. Zuckerhutfichten, nur in der unteren Ebene, unter der ohnehin nichts wachsen soll.

Picea pungens 'Edith': eine der vielen besonders blauen Sorten der Stech-Fichte, jedoch mit wesentlich verlangsamtem Wuchs und daher für Privatgärten empfehlenswert.

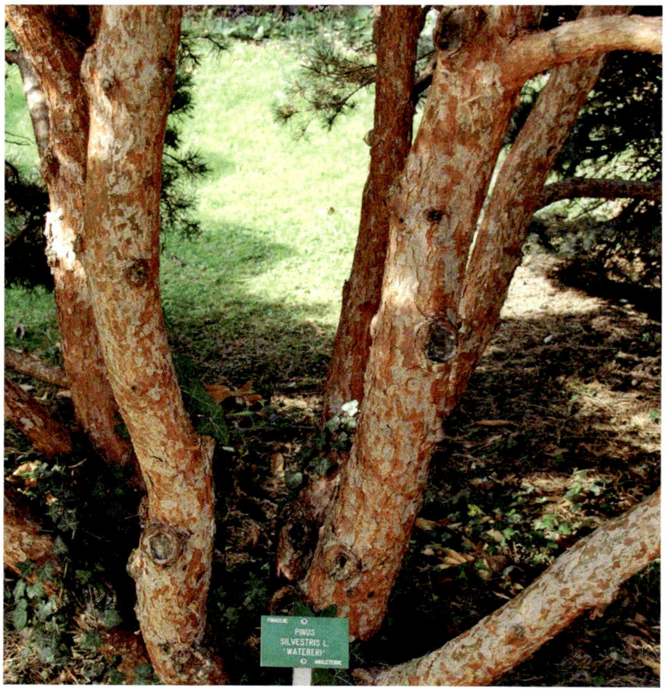

Herrlich orangefarbenes Rindenbild der aufgeasteten Zwerg-Waldkiefer *Pinus sylvestris* 'Watereri'.

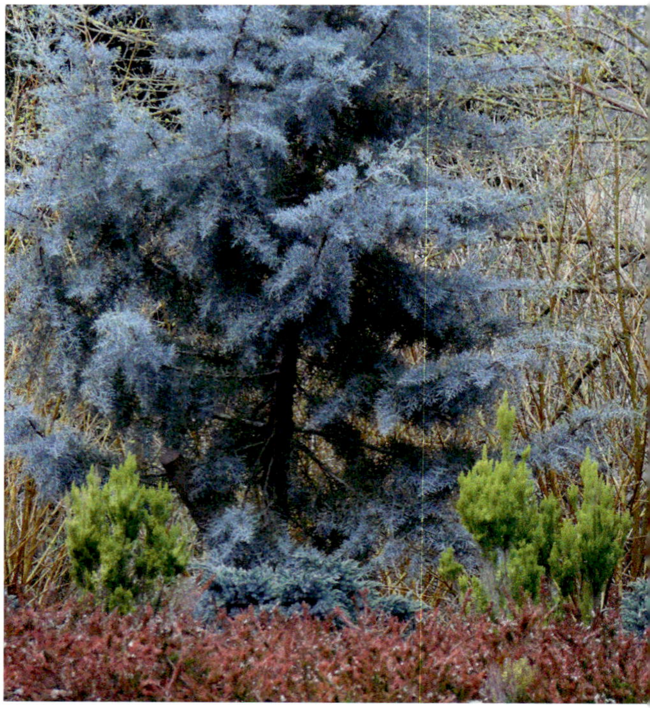

Cupressus arizonica var. *glabra* 'Blue Ice' mit *Erica arborea* 'Albert's Gold', *Calluna vulgaris* 'Wickwar Flame' und *Acer davidii* VIPER® 'Mindavi'.

PINUS sind ebenfalls gut unterpflanzbare, in Gestalt und Einsatz sehr vielfältige Koniferen. *P. sylvestris* gehört mit ihrer unvergleichlich warm orangenen Rinde zu meinen Lieblingen. Wem es wie mir geht, der wird auch ihre kleineren Sorten wie *P. sylvestris* 'Watereri' mögen. Durch den kompakteren Wuchs dieser Kultivare wird die schöne Rinde auf Augenhöhe präsentiert – dies allerdings nur, wenn die häufig recht buschigen Exemplare nach und nach unten etwas ausgelichtet werden, sodass sich insgesamt das Bild eines kleinen Bäumchens ergibt.

Aber das ist nicht die einzige Stärke von Kiefern. Viele Arten machen lange, weiche Nadeln, die eine großartige Texturwirkung haben: Sie streuen Sonnenlicht, sodass sie selber zu strahlen scheinen – ähnlich wie es Gräser tun.

JUNIPERUS kann so etwas zwar nicht, doch kann Wacholder sonst so ziemlich alles. Es gibt *J. scopulorum* 'Blue Arrow' oder die ältere 'Skyrocket' als Säule, *J. horizontalis* 'Glauca' und 'Glacier' oder den beliebten *J. squamata* 'Blue Star' als flach kriechenden Bodendecker, *J. horizontalis* 'Grey Owl' als breit ausladenden Strauch, der letztendlich auch wie ein Bodendecker verwendet wird, nach Jahrzehnten aber aufgeastet werden kann, oder auch *J. scopulorum* 'Blue Moon', 'Gray Gleam' und 'Wichita Blue' als Busch mit breit aufrechter Wuchsform. Und das alles in Blau – oder zumindest Grau. Denn für die intensivsten Blautöne bei Koniferen gibt es trotz der genannten guten blauen Wacholdersorten noch andere Spezialisten:

CUPRESSUS ARIZONICA var. **GLABRA** *(C. glabra)* zum Beispiel. Die Glatte Arizona-Zypresse schmückt sich mit einem der verblüffendsten Blautöne. In den wärmsten Regionen Deutschlands ab Zone 7 steht einem Versuch mit der kühlen Schönheit nichts im Weg. Da ihre namensgebende Rinde im Alter zwar glatt, aber alles andere als eintönig ist – camouflageartig mit dunkelbraun-orangenen, manchmal sogar granatroten kleinen Segmenten – lohnt sich ein Versuch auf jeden Fall.

PODOCARPUS ALPINUS 'Blue Gem', eine kleine, als Kissen wachsende blaue Steineibe, könnte an einem ebenfalls geschützten Platz diese Farbe mit anderer, interessanter Textur wieder aufnehmen.

SEQUOIA SEMPERVIRENS mit seiner blauen Sorte 'Winterblue' benötigt zumindest in seiner Kindheit ebenfalls

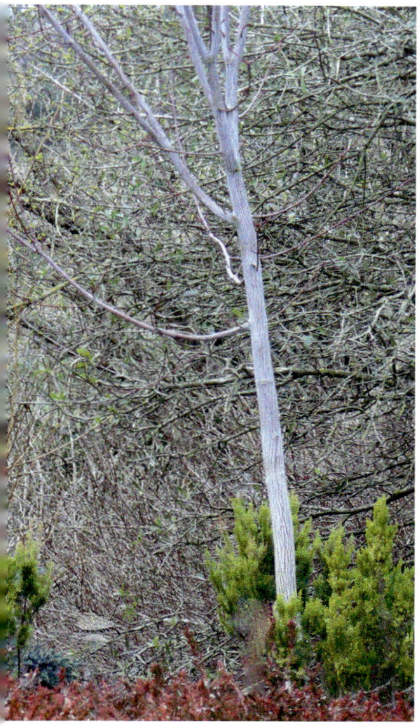

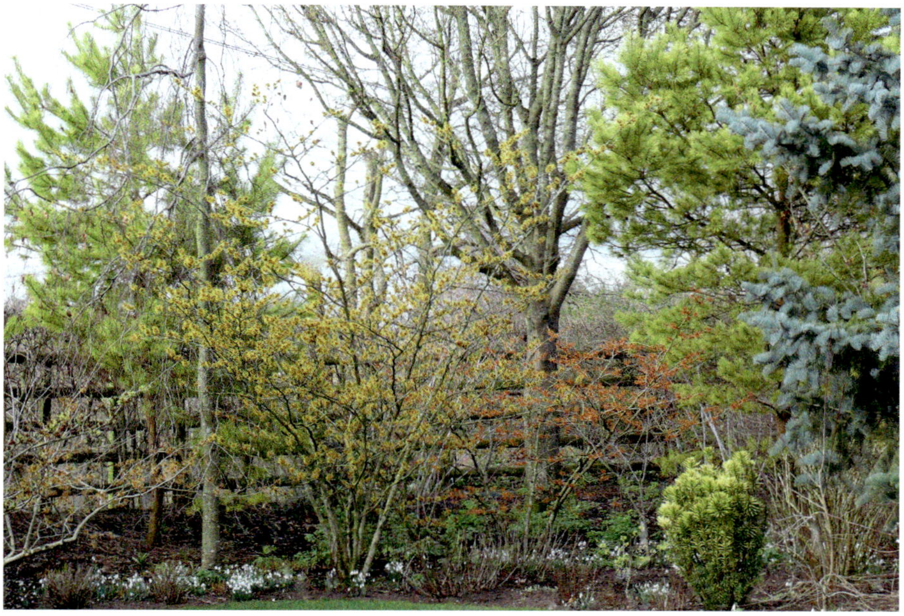

Wohl abgestimmte Koniferenpflanzung im Privatgarten von John Massey (Ashwood Nursery). Von links nach rechts: *Pinus sylvestris* 'Gold Medal', *Hamamelis × intermedia* 'Barmsted Gold', *Hamamelis × intermedia* 'Robert', *Pinus sylvestris* 'Gold Coin', *Cephalotaxus harringtonii* 'Aurea' und die blaunadelige Kolorado-Tanne (*Abies concolor*), England im Februar.

einen geschützten Standort. Der Küstenmammutbaum heißt nicht umsonst auf Englisch „Redwood": Sein imposanter und äußerst standfester Stammanlauf geht in einen orangerot gefärbten, faserigen Stamm über, der mit den bläulich grünen Zweigen ein gelungenes Ensemble bildet.

SEQUOIADENDRON GIGANTEUM und seine blauen Sorten 'Glaucum', die schnellwüchsige 'Hazel Smith' sowie die kleinere, auffallend blaue 'Powder Blue' gedeihen in unserem Klima wesentlich einfacher. Der Bergmammutbaum wächst in Deutschland schneller und entwickelt früher seinen typisch rötlichbraunen Stamm als sein wärmeliebender Kollege.

Verwendung: Die blaunadeligen Koniferen können in Kombination mit den „Rostigen" unwirkliche Gartenbilder entstehen lassen, während sie mit „Goldenen" den klassischen, eher farbkräftigen bis schrillen „Gelb-Blau-Zweiklang" ergeben. Wer Blau und Gelb dezenter kombinieren möchte, der lässt die flächigen warmgelben bis orangefarbenen Töne für andere Stellen im Garten und greift stattdessen auf die Schwefelgelben zurück, die nicht selten aus blaunadeligen Gehölzen entstanden sind.

Weißgold, Gelbgold, Altgold und Schwefelgelb

CEDRUS bringt mit ihren goldnadelingen Sorten *C. atlantica* 'Aurea Robusta', *C. deodara* 'Aurea' und der hängenden 'Golden Horizon' Farbschattierungen in den Garten, die dezent und kühl genug sind, um sie als Solitär vor Blau und Grün hervorzuheben, dabei aber noch die Verbindung zu den kühlen Tönen zu halten. Wichtig: *C. deodora* ist (mit Ausnahme der leider nur blaunadeligen Paktia-Gruppe) weniger winterhart als die Atlaszeder *C. atlantica*, hat aber durch längere, seidige Nadeln eine wesentlich schönere Texturwirkung und ist daher unbedingt einen Versuch wert.

TSUGA CANADENSIS bietet mit 'Vermeulen's Wintergold', der kleinen 'Livingston' und der noch kleineren 'Aurea Compacta' ('Everitt Golden') ebenfalls die frostigen Gelbtöne, die sich gut mit Blau kombinieren lassen.

ABIES *concolor* 'Wintergold' wirkt auch erst einmal so, als würde sich die gelbe Winterfarbe nur locker über das vorhandene blaue Nadelkleid legen, sodass die kühle, schwefelige Frische erhalten bleibt. Doch sobald es kalt und wirklich Winter wird, entschließt sich die Wintergol-

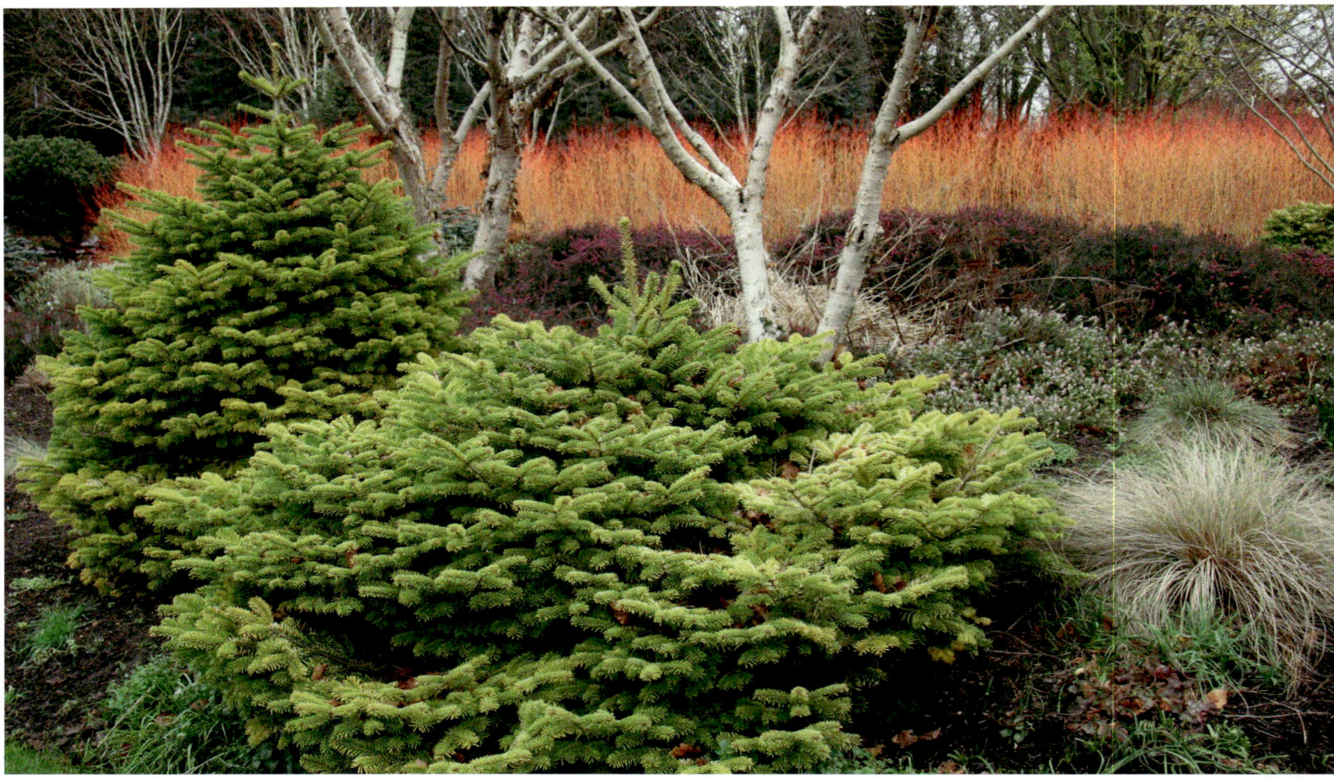

Zwei *Abies nordmanniana* 'Golden Spreader' vor *Betula albosinensis* 'Mount Apoi' in *Erica carnea* 'Vivellii' und einem Flammenmeer von *Cornus sanguinea* 'Midwinter Fire' in einem der aufregendsten Wintergärten Englands, Bressingham Gardens, im Februar.

dene, ihrem Namen alle Ehre zu machen und ihr Nadelkleid zu einem warm glühenden Goldgelb zu entwickeln. Die niedrige *A. nordmanniana* 'Golden Spreader' bietet neben der schönen goldenen Farbe einen flachen, kriechenden Wuchs, aus dem sie sich ab einem gewissen Alter zu befreien versucht. Es entstehen interessante Gartengestalten, wenn man Platz hat – ansonsten kann man *Abies* regelmäßig schneiden.

PICEA *abies* 'Gold Drift' gehört für mich zu den schönsten goldnadeligen Solisten. Denn nicht alle Kultivare von *Picea abies* haben die typische Haltung eines „Tannenbaums". Wie elegant und grazil erscheint die langsam wachsende, hängende Sorte, wenn sie zu einer höheren Form mit Leittrieb gestäbt wurde. Dann fließen die Zweige weich an ihr herab, als wären sie mit flüssigem Gold übergossen und nun zu schwer für eine ausladendere Haltung. Völlig ungestäbt jedoch wird aus der „Goldmarie" eine rein hängende, goldene „Pechmarie" – vorne übergebeugt und mit hängendem Kopf. Manchmal hängt Glück oder Pech wohl allein von der richtigen Haltung im Leben ab.

Aber es gibt auch immer Kandidaten, die keinen eindeutigen Weg einschlagen, sondern zweigleisig und damit auch gut „fahren". *Picea abies* 'Gold Dust' gehört wieder zu den kühlen Gelben, die im Winter zwar Licht, jedoch keine Wärme in den Garten bringen. Doch sieht man erst von Nahem, was ihre ungewöhnliche Farbe ausmacht: Wenn sie austreibt, hat die Triebbasis ein helles Zitronengelb, während die Triebspitze Graublau bevorzugt. Da die Pflanze diesen Konflikt nicht lösen will, wächst sie einfach immer erst gelb und dann blau. Ein wunderschöner Kompromiss, der von Weitem diese kühle, leuchtend gelbe Farbe ergibt, die salomonisch zwischen anderen Tönen vermittelt.

Ein ebenso schönes – diesmal jahreszeitliches – Wechselspiel bietet *P. pungens* 'Walnut Glen': Ihr leuchtend buttergelber Frühjahrsaustrieb verblasst im Sommer langsam, bleibt aber auch im Winter noch als schwefelgelber Hauch über den jungen Trieben und verleiht damit dem eher gedrungenen, dichten Baum eine gewisse Noblesse.

PINUS *contorta* var. *latifolia* 'Chief Joseph' gehört wie einige Gattungsgenossinnen zu den besten wintergoldenen Koniferen. Diese Drehkiefer ist besonders auffällig: Während sie im Sommer frisch gelblich grün „tiefstapelt", überrascht sie im Winter mit einem weithin leuchtenden, warm altgoldenen Aspekt. Durch ihren moderaten Wuchs ist sie auch für kleinere Gärten gut geeignet.

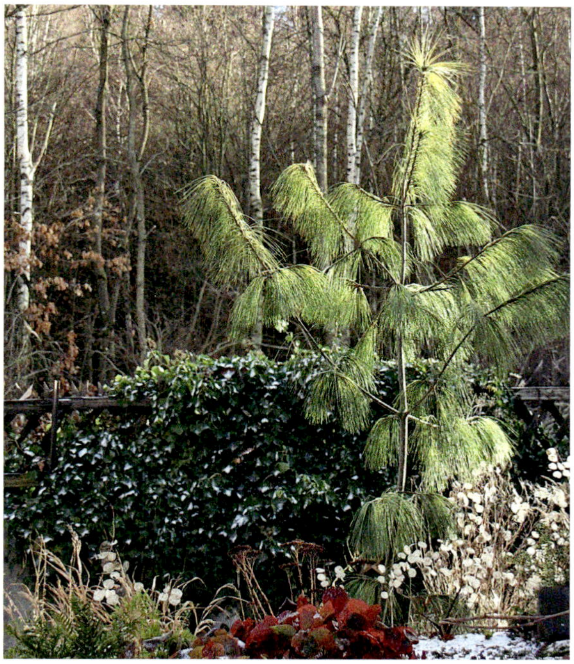

Pinus wallichiana 'Zebrina' im Streiflicht. Das glänzende Wechselspiel dieser Kiefer lässt sich nicht durch ein Foto allein darstellen. Sie scheint wie ein „Lichtseismograf" jede leiseste Himmelslaune zu reflektieren.

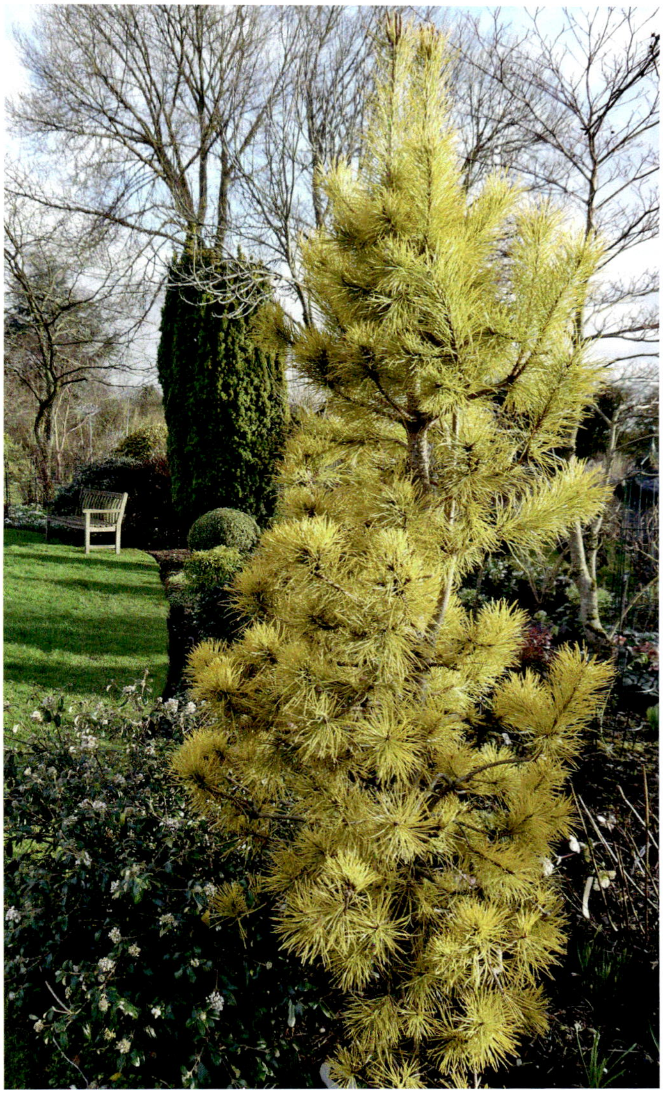

Pinus contorta var. *latifolia* 'Chief Joseph' in seinem weithin leuchtenden Winterkleid.

Bei *Pinus sylvestris* ergibt die **orangefarbene Rinde** in Kombination mit altgoldener Nadelfärbung ein besonders warmes, glühendes Winterbild. Zum Glück gibt es mit 'Gold Medal' und der langsam wachsenden 'Gold Coin' auch eine Auswahl guter goldener Sorten unserer Waldkiefer.

Doch auch die Virginische Waldkiefer gehört mit ihrer Sorte *P. virginiana* 'Wate's Golden' zu einer der schönsten winterlich gelbgoldenen – noch dazu äußerst robusten – Kiefern. Wie ihre Artgenossinnen bekommt sie eine rostorangefarbene Borke.

Manchmal kann eine **goldene Panaschierung** noch lebendiger wirken als reines Gold. Bei der Gattung *Pinus* gibt es einige hervorragende goldgemusterte Sorten. Vor allem diejenigen mit langen, dünnen Nadeln und somit einer starken Texturwirkung bringen Bewegung in den Garten. Denn beim leisesten Windhauch wirkt *Pinus wallichiana* 'Zebrina', als würde mit dem Wind die Sonne durch ihre Nadeln streichen; ein Flirren durch die sich bewegenden goldenen Nadelabschnitte.

Ähnliche Nadelzeichnungen wie bei 'Zebrina' kennt man schon lange bei asiatischen Kiefern, die entsprechend der traditionellen japanischen Vorliebe für panaschierte Pflanzen mit aussagekräftigen Namen geschmückt wurden. Eine ganze Serie von quer mit Gold gestreiften Nadeln heißt im Japanischen 'Ogon Janome', was sich eigentlich mit „Goldenes Schlangenauge" übersetzen lassen müsste. Doch die frühen Pflanzenjäger haben die Situation etwas dramatisiert, indem sie diese Gruppe **'Oculus-draconis'** – also „Drachenauge" – nannten.

Jedenfalls tragen diese Kiefernsorten der Arten *P. parviflora*, *P. densiflora*, *P. thunbergiana* und *P. koreana* ihren Namen deshalb, weil bei ihnen die gelbe Panaschierung über die gesamten Nadeln eines Austriebs im gleichen

Abstand zur Nadelspitze bzw. Nadelbasis liegt. Von der Zweigspitze in Richtung Stamm gesehen ergeben sich dann – anders als bei 'Zebrina' – teilweise mehrere gleichmäßige Ringe, die an die Augen von einigen Schlangen, z. B. der Ringelnatter, erinnern.

Dem Auge des unbedarften Betrachters bieten sich jedoch eigentlich nur fröhliche, helle Lichtreflexe; denn wer schaut schon von der Spitze über die Astlänge. Alle 'Oculus-draconis'-Typen der japanischen *P. densiflora* und *P. parviflora* färben am besten in kalten Klimaten bei sonnigem Standort. Die eher subtilen Schwefel- und Zitronengelbtöne werden dann warm goldgelb.

Es gibt noch zahlreiche herrlich langnadelige goldene, aber auch fast neonartig gelbgrüne Kiefern. Doch wird man bei unseren typischen Gartengrößen davon nicht so viele pflanzen können wie von den beliebten kleinen Bergkiefern (*Pinus mugo*), die sich ja sogar als niedrige Hecke einsetzen lassen. In einem solchen Fall wird es schön und interessant sein, die Hecke mit verschiedenen Sorten zu bestücken, um so einen Höhen- und Farbverlauf zu gestalten, der dem Garten einen winterschönen Rahmen gibt. Wer erst einmal den Dreh raus hat und die im Frühjahr lang geschobenen Kerzen stark einkürzt, der wird an einer solchen Hecke über Jahrzehnte Freude haben – an den Farben, Formen und der optisch weichen Textur der Kiefernnadeln.

SCIADOPITIS hat ohnehin schon eine – teilweise etwas unglückliche – Neigung zum Gelbwerden. Umso wichtiger ist es, von der Schirmtanne eine gelbe Sorte zu pflanzen, die gesund gelb aussieht. Wer der Gefahr eines chlorotisch wirkenden Aussehens vorbeugen möchte, der wählt am besten gleich zweifarbige Sorten, die Gold und Grün enthalten und somit ein abwechslungsreicheres, teilweise sehr akkurates Bild ergeben. Bei *S. verticillata* 'Goldammer' ähnelt die Gelbfärbung den schon beschriebenen 'Oculus-draconis'-Kiefern: Die Knospe bleibt direkt am Zweig grünlich, sodass sich ein goldener Ring um ein grünes Auge ergibt. Dies ist deutlich sichtbar, weil die schirmchenartigen Triebe gleichmäßig wie die Speichen eines Regenschirmes um den Trieb angeordnet sind. Daraus ergibt sich ein dreidimensionaler Effekt: Die „Schirmchen" scheinen wie Wunderkerzen von der Pflanze weg zu sprühen. Selbst wenn man kein großer Freund von Schirmtannen ist, so ist dieser Anblick ganz und gar überzeugend.

CHAMAECYPARIS ist da wesentlich unaufgeregter – doch nur auf den ersten Blick. Immerhin bietet die riesige Gattung der manchmal auch viel zu intensiv verwendeten Scheinzypressen einige der interessantesten Gartengestalten. Diverse gelbe Nutka-Zypressen oder auch einige der Hinoki-Zypressen (*Chamaecyparis obtusa*) können/sollten als Solitäre gepflanzt und nicht bedrängt werden. Mit meist hellen, eher kühlen Tönen harmonieren sie mit der

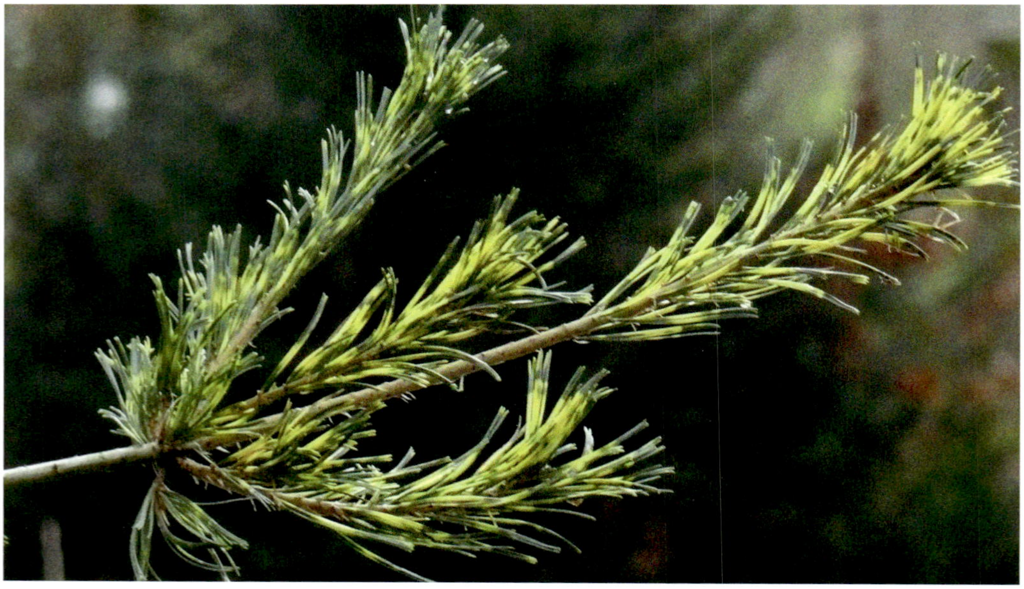

Zweig von *Pinus parviflora* 'Oculus-draconis'.

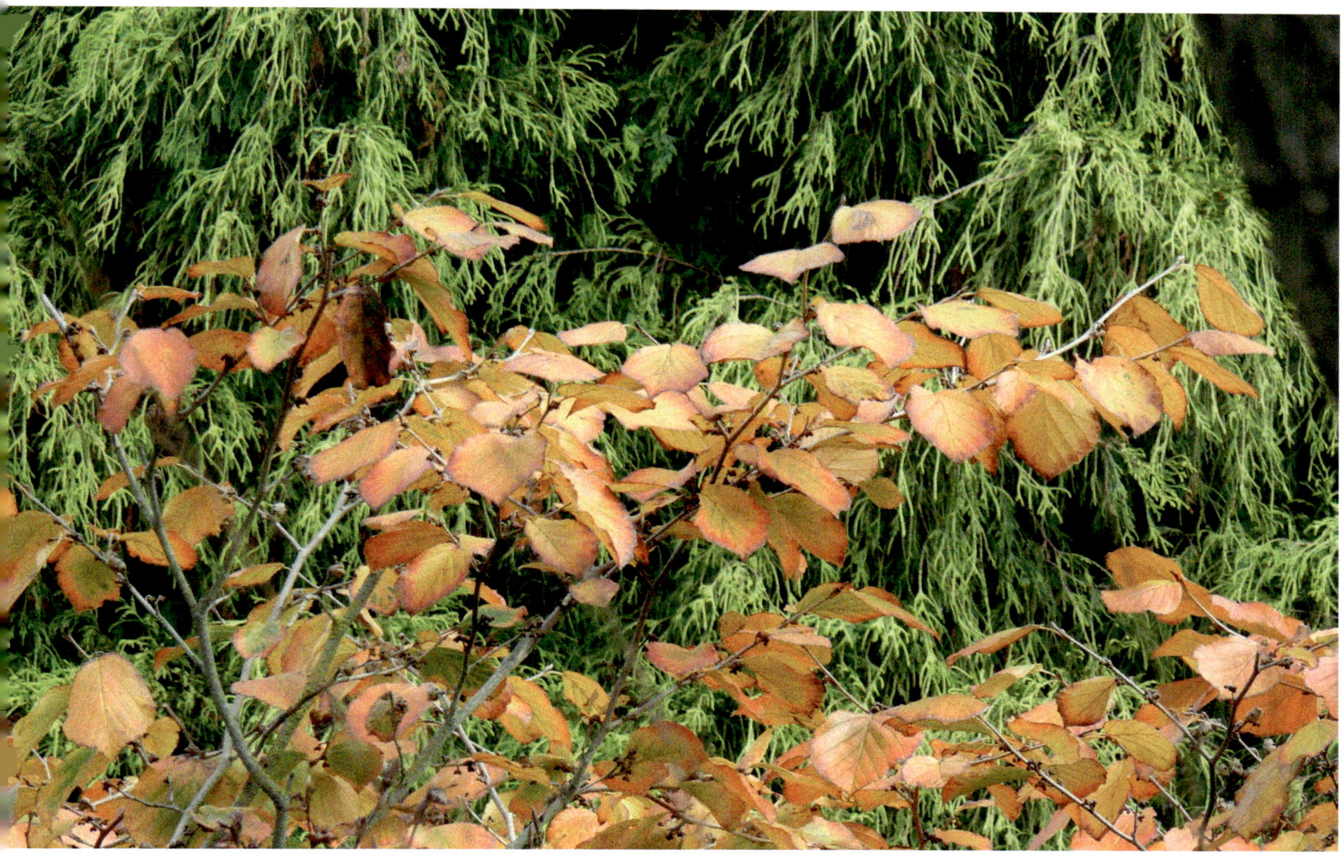

Bei der goldenen *Chamaecyparis pisifera* 'Filfera Aurea' kann man gut die fadige Struktur der Zweige erkennen. Im Vordergrund eine herbstfärbende *Hamamelis*. Ende Oktober in Bressingham Gardens, England.

ganzen Palette farbiger Koniferen. Einige machen auch interessante jahreszeitliche Farbspiele und spannende Wuchsformen: *Chamaecyparis obtusa* 'Confucious' (den ursprünglichen Namensfehler hat der Handel zu 'Confucius' bereinigt) ist eine etwas konfus wachsende Persönlichkeit. Denn immer wieder scheint diese Hinoki-Zypresse sich aus der ursprünglichen Richtung wegzudrehen und sich hier und da mit einem Zweig mal in eine andere Richtung vorzutasten. Es entsteht eine relativ kompakte, breit pyramidale Form mit interessanten seitlichen Auswüchsen. Ihr Laub hingegen ist typisch ordentlich aufgebaut und die jungen Triebe können zudem mit einem gleichmäßigen Verlauf aus der Mitte heraus von Hellcremefarben nach Dunkelzitronengelbgrün aufwarten. Das ältere Laub im Pflanzeninneren bleibt in einem dunkleren Grün, sodass sich die Triebe gut abheben. Die allgemeine Gartenwirkung ist frisch im Frühling und Sommer, im Winter werden die Blätter orangegolden, manchmal auch bronzefarben übertüncht. Mit ihrem recht langsamen Wachstum kann sie auch in kleinen Gärten verwendet werden.

Chamaecyparis pisifera der 'Filifera'-Gruppe bauen sich mit fisseligem, fadigem Laub zu breiten Haufen auf. Es

Bei vielen panaschierten Gehölzen ist der Grad der Panaschierung sehr variabel und neben anderen Faktoren, wie vor allem Licht, auch davon abhängig, welcher Zweig der Mutterpflanze zur Veredelung verwendet wurde. Daher ist es sinnvoll, die Pflanzen von einer vertrauenswürdigen Quelle zu beziehen oder – noch besser – selber auszuwählen.

Zum Ausfärben brauchen auch die Sorten von *Chamaecyparis* genügend Sonne: Bei vollsonnigem Standort schützt sich das junge Laub mit einem Bronzeschleier, bei zu schattigem Standort wird es gelbgrün. Der Übergang zwischen dunklem Altgold und Bronze, manchmal auch zwischen Cremegelb über Karamell zu Bronze ist fließend, abhängig von Standort und Temperaturverlauf.

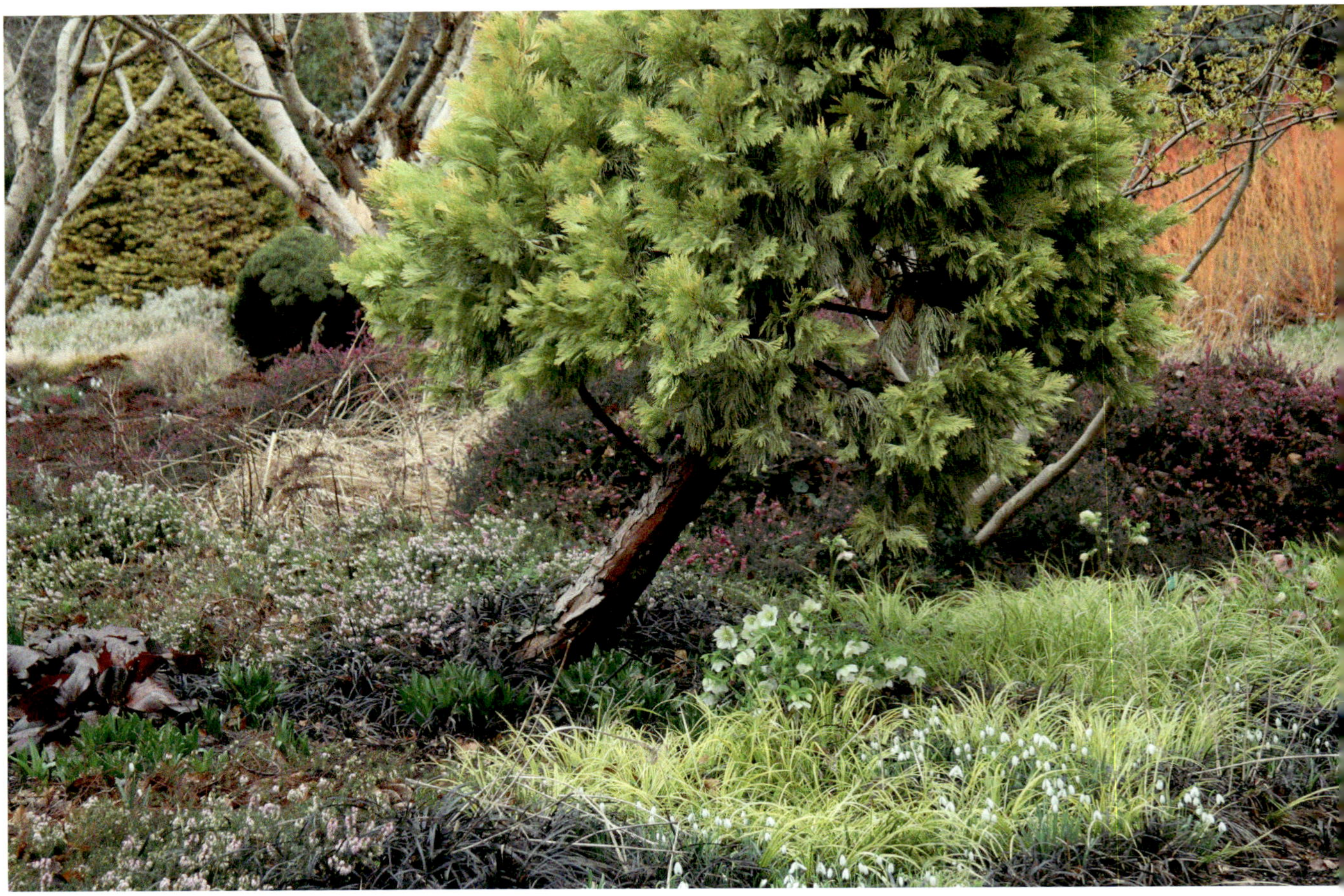

Schon der Stamm einer relativ kleinen *Calocedrus* kann große Freude machen – vor allem, wenn er in einem so schönen Umfeld inszeniert wird wie diese *C. decurrens* 'Berrima Gold' im Februar-Wintergarten von Bressingham Gardens, England.

entstehen zottelige Gestalten freundlich goldener Natur oder fadige Goldberge, die daran zweifeln lassen, ob die Geschichte vom Rumpelstilzchen wirklich ein Märchen ist.

CALOCEDRUS, oder Weihrauchzedern, gibt es auch in goldener Ausführung. Jedoch ist das Gold bei ihnen nicht – wie bei *Chamaecyparis pisifera* 'Filifera Aurea' – aus einem Strohhaufen ersponnen, sondern in die grünen Laubzweige der Weihrauchzeder mit eingesponnen. *Calocedrus* wachsen in jungen Jahren sehr langsam, aber ausdauernd und überraschen als erwachsene Bäume mit ungeahnter Höhe. Im Alter sollte der schöne braunrote, abblätternde Stamm unbedingt freigestellt werden.

THUJA hat ebenfalls einiges an Gold zu bieten, vor allem beim Abendländischen Lebensbaum (*Thuja occidentalis*) und dem Riesenlebensbaum (*Thuja plicata*), von dem es auch relativ moderate Ausführungen gibt. Gleiches gilt für den nahe verwandten, früher der Gattung *Thuja* zugeschlagenen Morgenländischen Lebensbaum (**PLATYCLADUS ORIENTALIS**), der seine vertikalen Äste oft in breiten Fächern belaubt, sodass deren Textur passend zum kerzenförmigen Wuchs eine aufrechte Bewegung erzeugt.

TAXUS sollte als der langlebige, schnittverträgliche Alleskönner natürlich auch für gelbe Töne in Erwägung gezogen werden, auch wenn sie nicht zu den leuchtenden Stars der Koniferenszene gehören. Besonders nützlich sind die Klassiker *Taxus baccata* 'Standishii' sowie 'Semperaurea', die ihre goldene Farbe im Winter noch besser hält.

CRYPTOMERIA JAPONICA 'Golden Promise' ist frisch zitronengelb bis cremefarben. Der langsam wachsende, kompakte kleine Busch ist durch die vielen helleren Triebe komplett gesprenkelt. Die feinen, piksigen Nadeln ähneln einem Wacholder und haben eine schöne Texturwirkung. Vielleicht auch ein Kandidat für Beeteinfassungen?

Verwendung: Goldene Töne sehen im Winter besonders freundlich und hell aus und nehmen mit ihrer farblichen Wärme den Frühling vorweg. Doch muss man sich vergegenwärtigen, dass gerade gelbe *Koniferen* über ihre häufig sehr dichte Ansichtsfläche extrem grell wirken können – viel stärker, als wenn „nur" eine Rinde gelb ist oder eine offen gewachsene Krone (z. B. von einer gelben Kie-

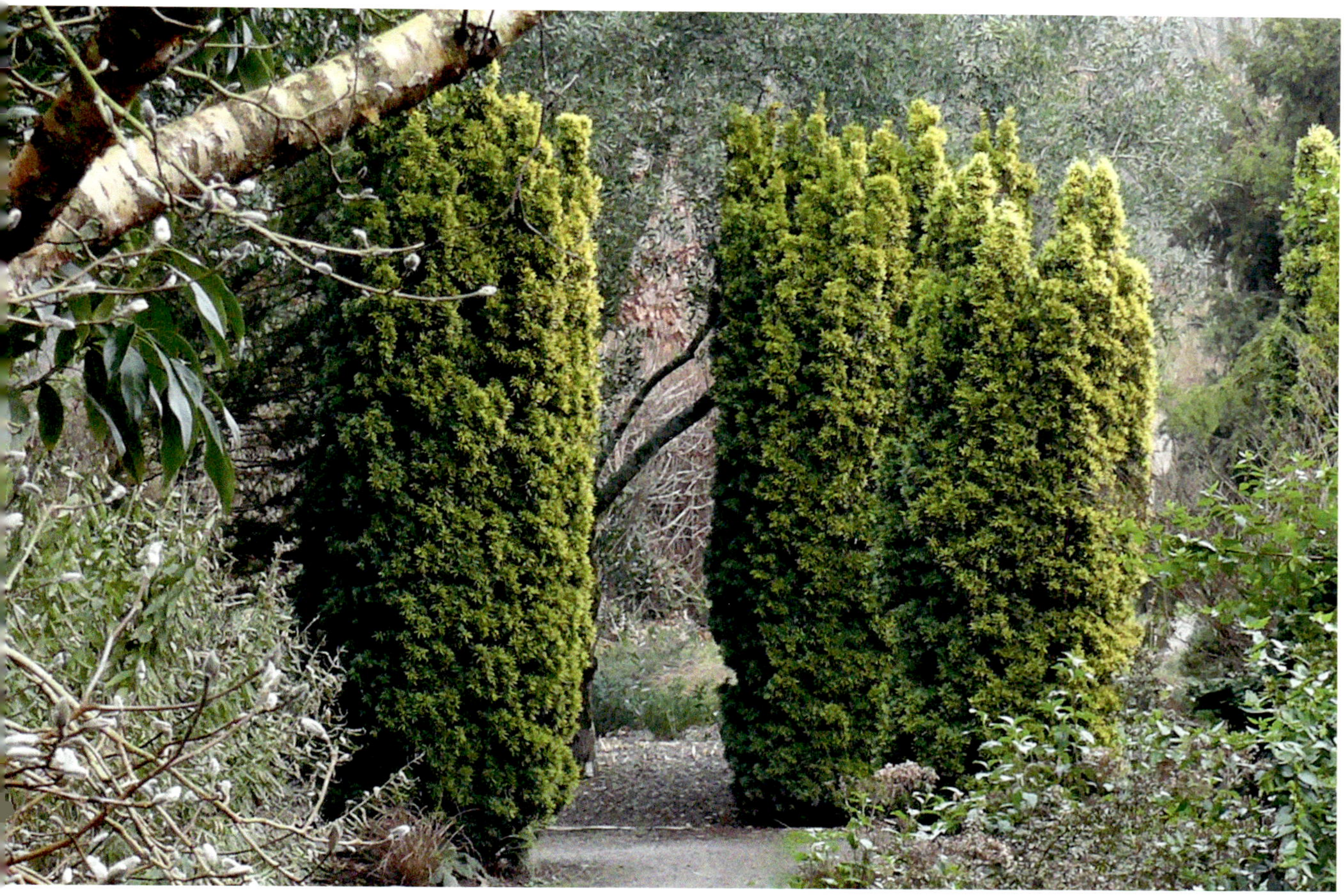

Wie stattliche Türme umlagert eine imposante Gruppe *Taxus baccata* 'Standishii' im RHS Garden Rosemoor den Weg. Februar, England.

fer). Das heißt: Je kompakter und dichter der Wuchs ist, desto schneller kann die geballte Farbwirkung zu viel werden und als Paukenschlag die leisen Tönen im Garten überlärmen. Also Vorsicht: Zusammengepferchte Koniferen, in verschiedenen, intensiven Farben durcheinandergewürfelt, erzeugen oft weniger Wirkung als wohl platzierte Solitäre, Gruppen oder auch mal ganze Flächen in großen Arealen. Ich empfehle, die Gelben wohl zu platzieren und sie am besten entfernter vom Betrachter zu positionieren, sodass sie locken statt zu schocken.

Natürlich ist es immer möglich, solche Regeln zu brechen. Wie wäre eine große goldene Fläche mit dunkelrindigen Gehölzen im Vordergrund? Das sähe dann aus wie ein Scherenschnitt. Der goldene Hintergrund würde den Eindruck einer tiefstehenden Sonne erwecken. Ob die Sonne nun auf- oder untergeht, das bestimmt das Wetter. Denn bei winterlichen Laubumfärbungen – gerade bei den Goldtönigen – ist es schwierig, die von Wetter und Standort abhängige genaue Farbentwicklung vorherzusehen. So hat bei der Gestaltung auch der Himmel immer noch ein Mitspracherecht.

Grüntöne

In der bisherigen Auswahl habe ich mich bewusst auf Pflanzen aus dem „nicht grünen" Sortiment beschränkt. Dabei sind gerade smaragdgrüne Töne zur trüben Jahreszeit eine Wohltat für die Augen, können gut verschiedene Farben kunstfertig miteinander verbinden und Übergänge, aber auch Kontrast schaffen. Grün ist unverzichtbar – das ganze Jahr über!

PINUS *leucodermis* bietet in diesem Sinne besonders schön tiefgrüne und im Wuchs hausgartentaugliche Exemplare. Zudem ist die Schlangenhautkiefer – deren Rinde mit vielen kleinen Segmenten allerdings eher an Krokodilpanzer erinnert – gesund, robust und gleichmäßig buschig im Wuchs.

Es gibt noch zahlreiche weitere Kiefern mit besonders tiefgrünem Laub, darunter viele (auch kleinwüchsigere) Sorten der einheimischen *P. sylvestris* und *P. nigra*. Die besonders langnadeligen Kiefern wie *P. wallichiana*, *P. × schwerinii* und *P. densiflora*, haben zudem noch eine herrliche Texturwirkung.

Stämme und Äste der Japanischen Rotkiefer (*P. densiflora*) und deren Sorten gehören zusätzlich in die Gruppe der warm-orangenen Rinden. Bei uns wächst sie in geschützten Lagen mehrstämmig als breiter Schirm, eher wie ein Großstrauch, sodass die Rinde besonders gut zur Geltung kommt.

Selbst die Pinie (*P. pinea)* kann in den etwas wärmeren Gegenden Deutschlands prächtig gedeihen. So prächtig, dass sie mit ihrer smaragdenen Krone innerhalb von 10–15 Jahren die Gartengestaltung komplett dominieren kann. An günstigen, sonnigen Standorten haben sie einen Jahreszuwachs von 40–100 Zentimetern

CEDRUS ist dagegen ein Waisenknabe. Gute grüne, kleinere Sorten kann man bei Zedern (vor allem *C. deodara* mit ihren seidigen Nadeln), diversen **PICEA** (*orientalis, omorika*), **THUJA** (z. B. die bekannte Sorte 'Smaragd'), aber auch mehr oder weniger bei allen anderen Koniferen finden. Sogar vom meistens als blau assoziierten **JUNIPERUS** gibt es schöne, rein grüne Töne. Einer meiner Wacholder-Favoriten ist *Juniperus chinensis* 'Kaizuka', der mit seinen vielen, flammenartig geschwungenen, aufstrebenden Seitenästen einen bewegten, frischgrünen Solitär abgibt und durch auffallend kontrastierende, hellblaue Früchte hervorragend zu Silbertönen überleiten kann.

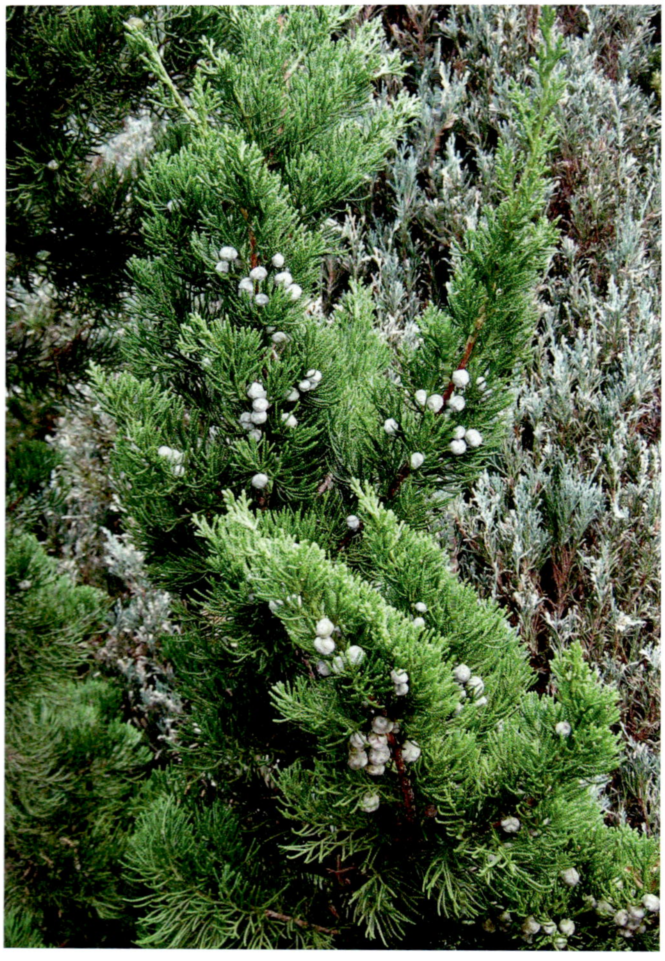

Ähnlich bewegt ist der Derwisch unter den Muschelzypressen: **CHAMAECYPARIS** *obtusa* 'Spiralis Aurea', noch dazu mit einer selbst für Muschelzypressen besonders schönen Oberflächentextur.

Verwendung: Aber nicht zu viel Unruhe durch Sammeln von Charakter-Solitären! Denn für einen guten Garten muss es unbedingt auch Nebendarsteller geben. Für diese Rolle ist es sinnvoll, Koniferen mit gleichmäßigeren Wuchsformen oder ruhigeren Zweigstrukturen zu verwenden. Besonders viel Freude machen solche, die im Winter zwar zurückhaltend grün, zur übrigen Jahreszeit aber abwechslungsreicher sind, sodass sich die Gartendarsteller übers Jahr hin die Bälle zuspielen. In diesem Sinne prädestinierte Spielpartner treiben im Frühjahr auffällig aus, bilden interessante Früchte/Zapfen oder eine besonders schöne Rinde – oder alles zusammen.

Unter solch Frühlingsschönen ist **PINUS** *contorta* 'Taylor's Sunburst', die mit 'Chief Joseph' eine harmonische Beziehung eingeht: Wenn der Häuptling im Winter seine aufregend tiefgoldene Farbe zeigt, tritt 'Taylor's Sunburst' mit elegantem Grün in den Hintergrund und umgekehrt im Frühjahr. Für smaragdgrüne, weich texturierte Akzente empfehle ich *Pinus heldreichii*, von der fast jede Sorte gartentauglich ist, besonders aber die extrem langsam wachsende *P. heldreichii* 'Smidtii', die kleine, glänzend grüne, weich wirkende Hügel in den Garten bringt.

Es spricht auch nichts dagegen, eine Zwergengruppe aus Zuckerhutfichten mit der silberweiß austreibenden **PICEA** *glauca* 'J. W. Daisy's White'® zu bereichern oder sogar komplett aus ihr zu bestücken: Wenn bei uns im Winter leider schon immer seltener Schnee fällt, dann hat man ihn wenigstens im Frühjahr auf ihren Zuckerhüten. Wer zugunsten der Gartendynamik auch mit einem kurzen Höhepunkt Vorlieb nehmen kann, für den ist sicher eine

Juniperus chinensis 'Kaizuka'.

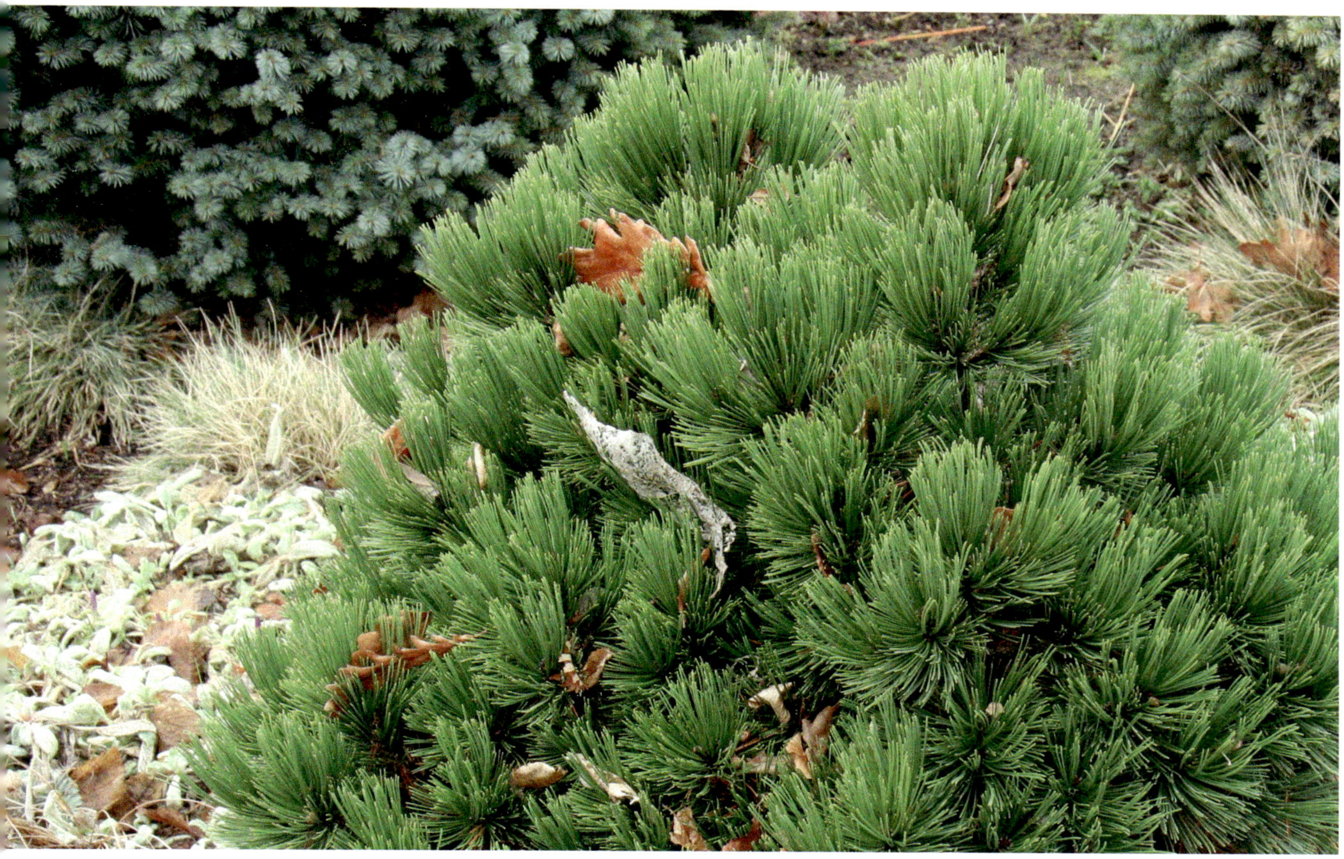

Pinus heldreichii 'Smidtii', eine pflegeleichte Zwergform der Bosnischen Kiefer mit herrlich frischer Ausstrahlung. Februar in Bressingham Gardens, England.

der auffallend rot austreibenden *Picea* interessant – aber denken Sie an das filzige, weit um sich greifende Wurzelsystem. In manch größerem Garten ist es unter Umständen kein Nachteil, wenn an bestimmten Stellen nicht so viel wachsen kann. In solchen Geländen habe ich überzeugende, regelmäßig geschnittene Fichtenhecken gesehen und ich stelle mir so etwas mit *Picea abies* 'Rubra Spicata' im Frühjahr wesentlich spannender vor als mit der reinen Art, zumal die Anzahl und Dichte der roten Austriebe durch den Heckenschnitt extrem erhöht wird.

Zapfen an Kiefern, Fichten oder anderen Koniferen sind eine zusätzliche Zierde – sowohl am Baum als auch in Gestecken oder einfach so. Daher kann auch über dieses Kriterium die Auswahl eingegrenzt werden. Interessante Zapfenpersönlichkeiten sind die Tränenkiefern **PINUS** *strobus, P. wallichiana* und deren Hybride *Pinus × schwerinii* mit besonders schlanken, hellocker- bis mintgrünen jungen Zapfen, die allesamt lang herabhängen und meistens sehr harzig, oft tropfend sind.

Pinus leucodermis 'Indigo Eyes' ist aufgrund der intensiv blauen Farbe ihrer Zapfen benannt worden – dabei ist das eigentlich die Domäne von **ABIES** *koreana*, eine der Koniferen mit den spektakulärsten Zapfen. Zwischen Blau, Violett und Purpur können die großen, wie Kerzen auf den Zweigen sitzenden Früchte alle Tönungen annehmen. Die Zapfen von *Abies pinsapo* sind hell bereift mintgrün. Zudem befinden sich an den Zweigen noch zahlreiche kleine, auffallend rote männliche Blüten.

Dabei gibt es Tannenzapfen in intakter Form nur am Baum: Zapfen von *Abies* rieseln in Einzelteilen auf den Boden. Was wir im Kompletten finden, sind Fichtenzapfen. Diese hängen am Baum immer nach unten. Schön kann man das bei **PICEA** *abies* 'Acrocona' sehen, die ihre kräftig roten jungen Zapfen zusätzlich an den Zweigenden trägt, sodass sie besonders intensiv dargeboten werden. Doch auch *Picea orientalis* und *Picea pungens* haben schöne Zapfen! Die reifen Fruchtzapfen sind bei Fichten etwas anders aufgebaut als bei den Tannen und haben bei der Stechfichte (*P. pungens*) eine schöne Wellentextur: so, wie man es von einem vorbildlichen Tannenzapfen erwarten würde.

All diese Zapfen nehmen während der Reife eine hellbräunliche oder beige Farbe an, manchmal etwas rotbrauner.

Auch Zapfen von **CEDRUS** sind auffallend schön, liegen aber leider meistens auf höheren Zweigen außerhalb des Sichtbereiches. Wenn sie dann mal als kleine, wohlge-

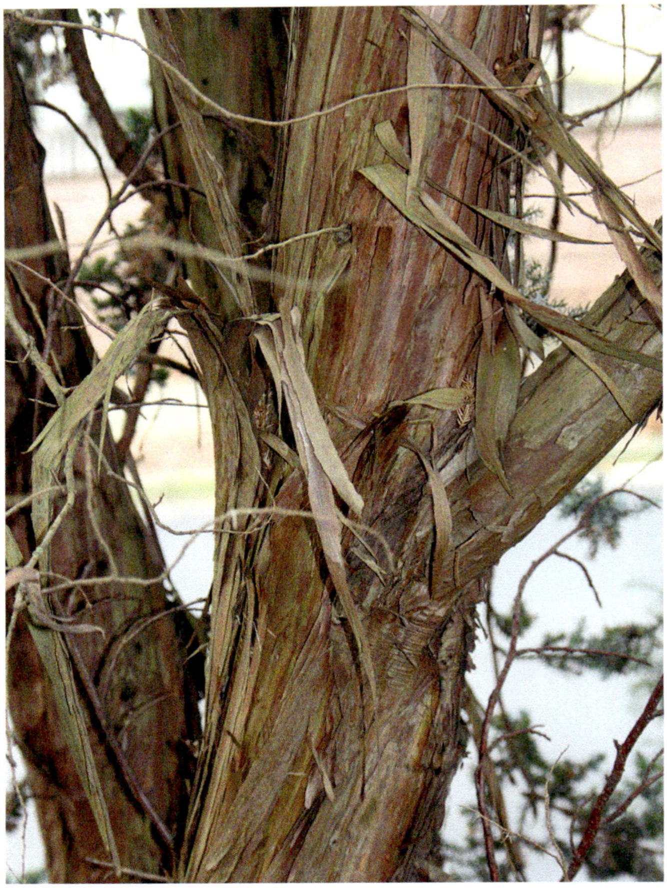

Rinde von *Juniperus communis* im Alter.

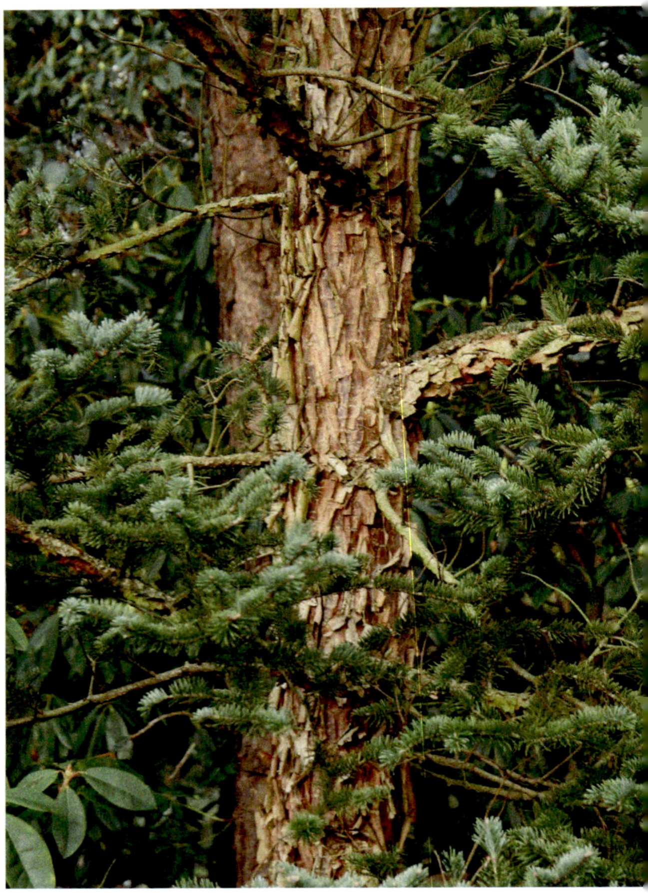

Der Blick auf die Rinde von *Abies squamata* sollte nicht ganz durch ihr hübsches immergrünes Nadelkleid versperrt werden.

formte Röschen den Weg nach unten finden, sind sie grausilber und sehr dekorativ.

Wem das alles nicht auffallend genug ist, der sollte dennoch nicht über **PINUS COULTERI** nachdenken. Die in den wärmsten Gebieten Deutschlands durchaus erfolgreich kultivierbare Mittelamerikanerin produziert bis zu 3 Kilogramm schwere, hübsche Zapfen, die zudem so spitz sind, dass diese Kiefer in ihrer Heimat als Widowmaker („Witwen-Macher") bezeichnet wird. Es könnte also durchaus Misstrauen erwecken, wenn man sie neben den Komposthaufen oder die Mülltonnen pflanzt.

Rinden werden bei den meisten Koniferen im Alter reizvoll und ausdrucksstark, allen voran **CALOCEDRUS DECURRENS** mit rötlicher Altersrinde, verschiedene Wacholder, Lebensbäume, Zypressen und Scheinzypressen. Einige Ausnahmen gibt es bei den Fichten, aber selbst der Stamm von *Picea breweriana* wird im Alter interessant.

Eine besonders imposante Rinde bekommt die echte **ABIES SQUAMATA**. Sie ist auch unter dem Namen 'Flaky' im Handel und vereint Zapfen- mit Rindenschönheit. Die Zapfen ähneln den auffällig blauen von *Abies koreana*, während die Rinde wie eine Mischung aus den abblätternden Zimtstangen des Zimt-Ahorns (*Acer griseum*) und der hellen Zottelrinde der Schwarzbirke *Betula nigra* 'Heritage' erscheint.

Noch einmal zur Erinnerung: **PINUS** *densiflora*, *P. sylvestris* und *P. virginiana* machen leuchtend orangene Stämme, *P. nigra* ist bekannt für schön gezeichnete, grausilbrige, dicke Borken und auch Rinden von *P. leucodermis* sind wegen ihrer gleichmäßigen Alligatorpanzer-Struktur nicht zu verachten.

FARBIGES LAUB

Einige immer- oder wintergrüne Laubgehölze können sich – analog zu den Nadelgehölzen – umfärben. Allerdings ist die Auswahl hier wesentlich geringer als bei den Koniferen und für den Privatgarten eignen sich die wenigsten als gute Solitäre.

Auch Stauden, Farne und Gräser bringen verschiedene Farben in den winterlichen Garten.

Bronze-, Kupfer-, Purpur- und Ebenholztöne
Gehölze

Die bedeutungsvollsten Arten für Laubumfärbungen zu Tönen von Purpurrot, Kastanienrot, Kupfer und Ebenholz finden sich fraglos in der Gattung **MAHONIA**. In englischen Vorzeige-Wintergärten werden die Ausläufer treibenden Sorten von *Mahonia aquifolium* und *M. repens* sowie deren Hybriden großflächig als verblüffende Bodendecker eingesetzt: Vor allem die dunkelsten Sorten, wie *M. aquifolium* 'Apollo' bieten einen starken Kontrast und entfalten mit glänzendem Schwarz eine ungeahnte Tiefenwirkung und durch die glatte Oberfläche intensive, helle Lichtreflexe (siehe Fotos Seite 68).

Aber nicht jeder Garten ist groß genug, um so eine dunkle Schönheit freizulassen. Sie wirken als Flächen fantastisch – als Einzelpflanzen fällt aber ihr wenig interessanter Wuchs etwas mehr ins Gewicht und es ist die Frage, ob man sich mit ihrer Verwendung in kleineren Arealen eine Freude macht. Denn es gibt herrliche Alternativen! **BERBERIS** können diese Aufgabe mit etwas kleinerem Laub und demzufolge anderer Texturwirkung ebenfalls übernehmen. Die Mahonien-Verwandten haben leider unangenehme Dornen, machen dafür aber keine Ausläufer wie *Mahonia aquifolium* und *M. repens*. Für unerschrockene Privatgärtner sind sie also möglicherweise die bessere Wahl. *Berberis wilsoniae* bietet Kupfertöne und im frühen Winter rötliche Beeren.

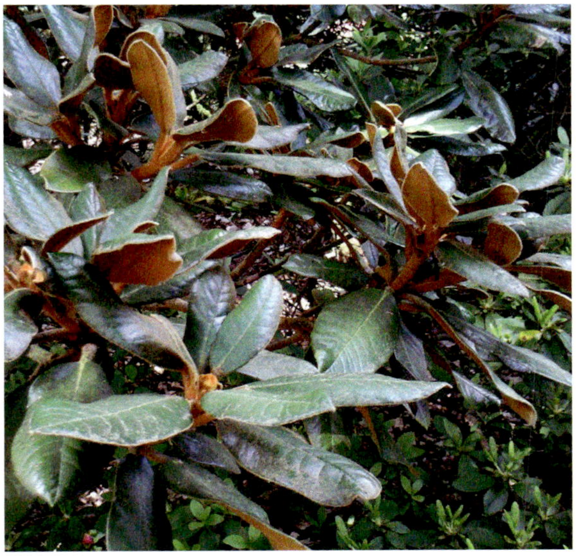

DAPHNE × HOUTTEANA ist eine schöne schwarzblättrige Alternative für die, denen das alles zu stachelig ist, die das Besondere lieben und sich dafür etwas mehr Mühe bei der Standortwahl (und Beschaffung) machen können. Sie erinnert mit der Anordnung und Art ihres Laubes an den schönen, wüchsigen Bodendecker *Euphorbia amygdaloides* var. *robbiae*, jedoch als kleiner Busch, der ohne Ausläufer, mit herrlichem Laubeffekt und duftenden Frühlingsblüten erfreut.

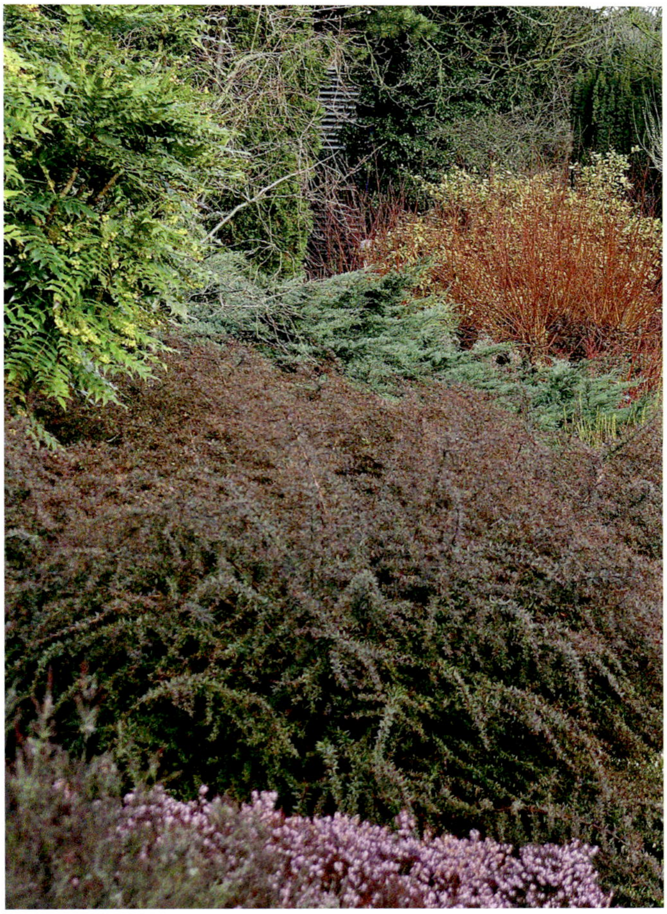

Berberis wilsoniae mit *Mahonia × media* 'Winter Sun', *Juniperus horizontalis* 'Grey Owl' und *Salix alba* 'Brizensis' im Winter Garden von Cambridge University Botanic Garden, England, im Februar.

Das filzige, zimtfarbene Indumentum von Rhododendron *bureavii* bleibt im Winter erhalten und wirkt am besten bei großen oder erhöht gepflanzten Exemplaren.

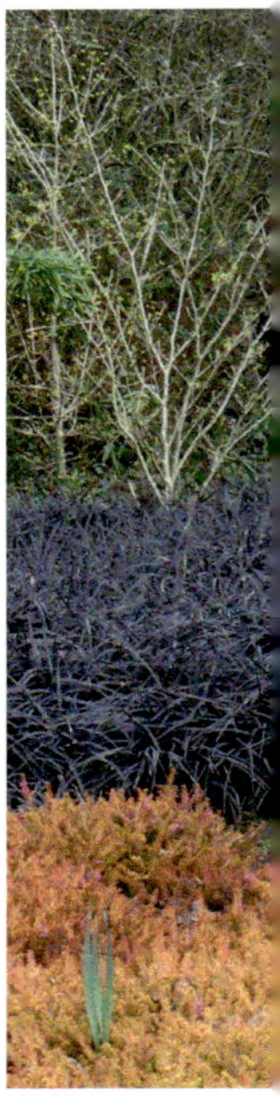

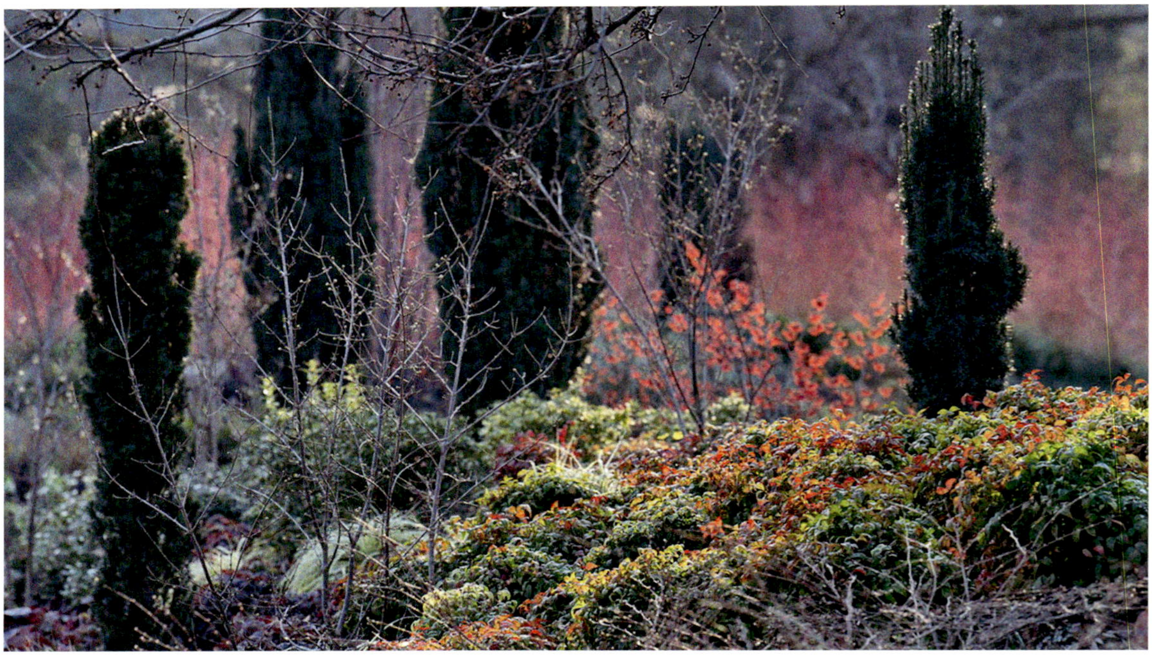

Nandina domestica 'Fire Power' und *Hamamelis* 'Feuerzauber' im Februar im Wintergarten des Luisenpark Mannheim.

Auch von der Traubenheide (**LEUCOTHOE**) und dem Himmelsbambus (**NANDINA**) gibt es sehr gute Formen mit dunklem oder leuchtend purpurfarbenem Winterlaub.

RHODODENDREN bieten mit ihrem Laub Creme-, Zimt- und sogar Purpurtöne – auf den zweiten Blick. Vor allem Wildarten wie *R. bureavii*, *R. yakushimanum* und – besonders imposant – die baumartigen *R. falconeri* und *R. rex* subsp. *fictolacteum* sowie direkte Hybride mit diesen zeichnen sich durch ein ganzjährig auffälliges Indumentum auf der Blattunterseite aus. Manchmal werden die filzigen Beläge im Frühjahr auch auf der Blattoberseite erzeugt, wo sie sich dann aber in der Regel bis zum Winter abreiben und den Blick auf das oberseits dunkelgrün glänzende Laub freigeben.

Bei *R. bureavii* 'Teddy Bear' ist der Name Programm: Eine filzig zimtfarbene Blattunterseite ist an größeren Exemplaren bei passendem Standort auch im Winter sichtbar, noch besser aber bei *R.* 'Sir Charles Lemon', dessen Laub bei den bis zu 6 Meter hohen Exemplaren schon an die Immergrüne Magnolie (**MAGNOLIA GRANDIFLORA**) erinnert, die ebenfalls ein auffallend zimtartiges Indumentum haben kann.

Rhododendron neriiflorum 'Burletta', *R. neriiflorum* 'Rosevallon' (blutrote Blüte) und die neuere R. 'Wine and Roses' mit rosaroter Blüte sind besondere „Exoten" mit schöner purpurvioletter Blattunterseite. Da 'Burletta' kleinwüchig ist (60–90 Zentimeter in 10 Jahren) wird man diese Farbe nur während des aufwärts gerichteten Austriebs wahrnehmen oder bei einem etwas erhöhten Standplatz. Auch die beiden anderen, höheren Exemplare sollten mit Bedacht so platziert werden, dass man einen Blick unters Laub erhaschen kann.

ERICA und **CALLUNA** werden gerne für warmtönige bronze- bis orangefarbene Flächen verwendet: zum einen, weil zumindest *Erica carnea* und viele der bei uns nicht voll winterharten Heiden dann über einen langen Zeitraum blühen, sodass man bei Heide sogar schon durch die Blüte von einer dauerhaften Farbigkeit sprechen kann. Zum anderen aber auch, weil viele Heiden im Winter schöne, oft auffällige Laubfärbungen annehmen. Das macht zahlreiche Sorten der Sommerheide (*Calluna vulgaris*) ebenfalls zu einer guten Wintergartenpflanze, z. B. *Calluna vulgaris* 'Wickwar Flame' mit kupferrotem Winterlaub. Die Hybride *Erica × darleyensis* ist bei uns nur bedingt winterhart (Zone 7b).

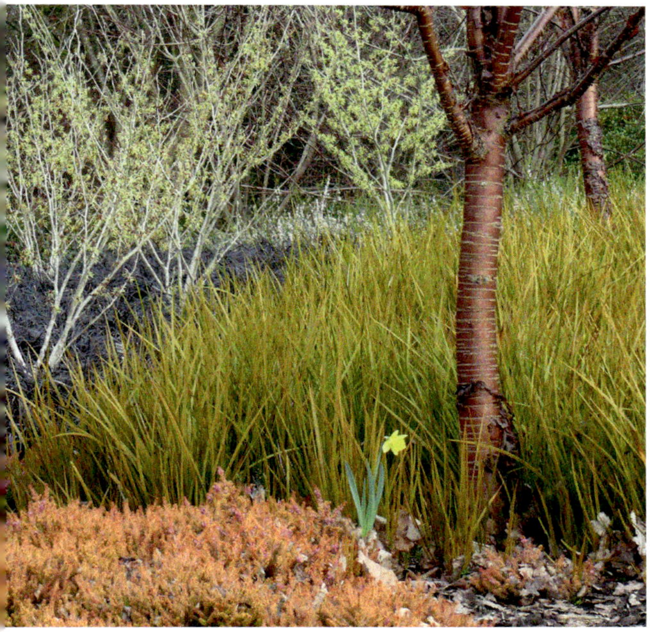

Erica × darleyensis 'Tweety' und die neuseeländische *Iris*-Verwandte *Libertia peregrinans* – beide nur in den wärmsten Gegenden Deutschlands winterhart. Dazu *Ophiopogon planiscapus* 'Nigrescens', *Prunus serrula* und *Hamamelis × intermedia* 'Sunburst'. Februar, Sir Harold Hillier Gardens.

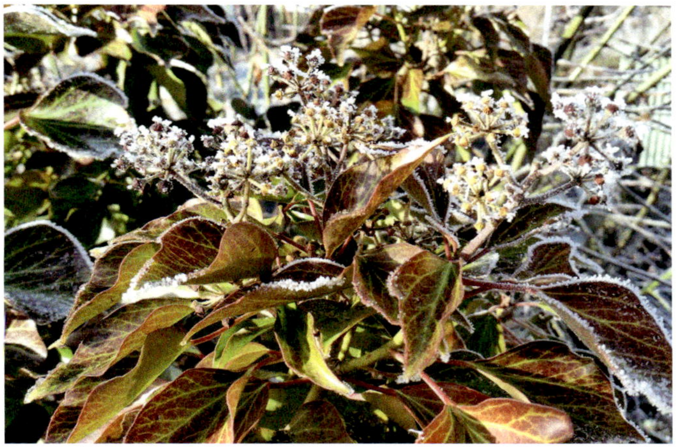

Frühe Winterfärbung des extrem wüchsigen *Hedera helix* 'Woerneri', hier in seiner fruchtenden Altersform.

Bodendeckende Stauden und Gehölze

Gerade in kleineren Gärten kann es ein Vorteil sein, die dunkle Farbpalette in einer niedrigen Ebene zu halten und nicht über höhere Gehölze „abzudecken".

SAXIFRAGA STOLONIFERA kann über sehr lange, feine Ausläufer schnell größere humose, halbschattige bis schattige Flächen bedecken. Der hängende oder kriechende Steinbrech wird nicht lästig, denn er lässt sich gut wieder herausziehen, wo er nicht gewünscht wird. Optimal steht er z. B. unter Rhododendren, wo die silber-grün-mahagonifarbene Laubzeichnung der Sorte 'Cuscutiformis' etwas Abwechslung in das ansonsten eher gleichtönige Immergrün bringt.

EUONYMUS FORTUNEI, der Alleskönner Bunte Kriechspindel, sowie **HEDERA**, der meistens extrem schnellwüchsige und manchmal genauso schnell lästig werdende Efeu, sind dort kompetent, wo man den kompletten Boden dunkel bedecken oder auch Wände verstecken möchte.

AJUGA REPTANS gibt es in zahlreichen purpurfarbenen, schokoladenbraunen oder schwarzvioletten Sorten. Der immergrüne Günsel erobert mit runden bis espressolöffelförmigen Blättern an langen Sprossen das Beet und bildet mit dichten Rosetten kleine Bastionen. Die Farbintensität des niedrigen Laubteppichs aus *A. reptans* 'Braunherz', der etwa eineinhalb mal so großen 'Catlin's Giant' und der langsamwüchsigeren CHOCOLATE CHIP™ 'Valfredda' ist in voller Sonne (Wintersonne) am besten. In sehr schattigen Bereichen wirken die dunkellaubigen Sorten oft schmutzig schlammfarben.

ACAENA ist ein in der Regel unter 10 Zentimeter niedriger, zart wirkender, aber am richtigen Standort sehr effektiver und optisch wirkungsvoller Bodendecker für trockene, sonnige Lagen, aber auch für Gehölzränder. *Acaena microphylla* 'Kupferteppich' ist eine der populärsten Spielarten des Stachelnüsschens, natürlich mit Kupfernote, die in voller Sonne am besten zur Geltung kommt. Ich mag *Acaena inermis* 'Purpurea' mit ihrer sonderbaren Mischfarbe von Blau, bräunlichem Purpurviolett und pflaumenartiger Bereifung am liebsten: eine Farbe, die man auch unter den Blautönen eingruppieren kann und die an die Umfärbung einiger Sorten von *Platycladus orientalis* und *Cryptomeria japonica* erinnert.

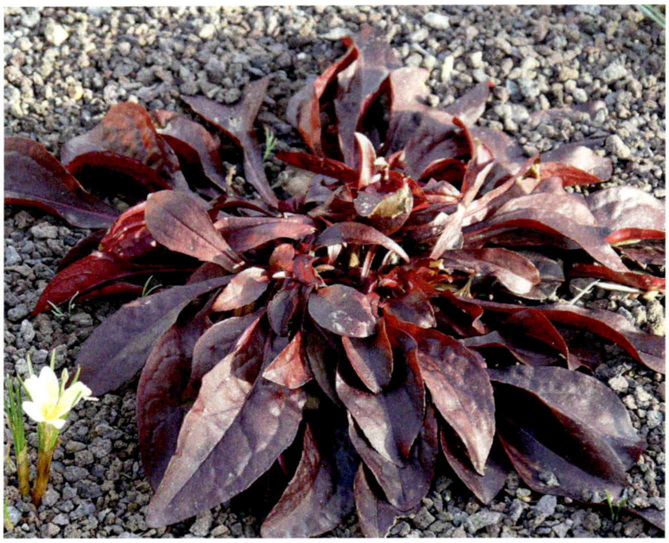

Penstemon digitalis 'Pocahontas' trägt mit purpurfarbenen Rosetten zur Farbenpracht im sonnigen, winterlichen Stauden- oder Kiesbeet bei.

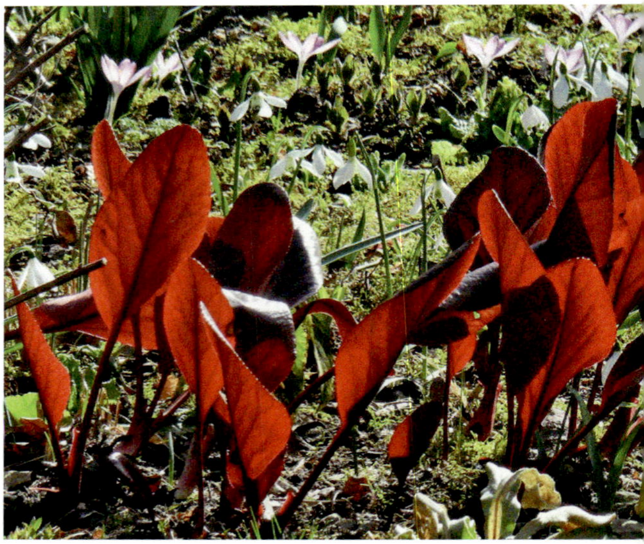

Bergenia purpurascens 'Irish Crimson' im Durchlicht leuchtend.

Stauden, horstig oder mit moderatem Ausbreitungsdrang

PENSTEMON DIGITALIS ist eine Alternative, wenn man das Laub des Günsels mag, aber lieber horstige Akzente im Beet setzen möchte. Der Bronze-Bartfaden macht wintergrüne Rosetten in Bronze-, Kupfer- oder Purpurtönen und im Hochsommer über einen langen Zeitraum attraktive Blütenstände mit großen, weiß bis blauvioletten Lippenblüten. Diese stehen oft an auffallend dunklen Stielen und sind nicht nur eine Freude für Menschen, sondern auch für Insekten. Nach einer häufig sehr schönen roten Herbstfärbung können die Samenstände bis in den Winter hinein eine dunkle Zierde sein. Die älteste Sorte 'Husker's Red' wird in dunkleren Lagen leicht schmutzig bräunlich, etwas intensiver färben DARK TOWERS® mit noch dunkler bronzerotem Laub und 'Pocahontas' mit rötlich purpurfarbener Winterrosette. Die Blütezeit der neuen Sorten ist ebenfalls länger, in der Regel von Juni bis September.

BERGENIA bricht als Gattung die Vorteile der Mahonien auf den kleinen Maßstab hinunter: Sie sind robust und können mit kurzen Ausläufern nach und nach kleine Flächen bedecken. Die meisten bieten mit ihrem Laub glatte, glänzende Oberflächen – wenn auch nicht ganz so gelackt wie bei den Mahonien. Dafür sind die großen, fleischigen Blätter wider Erwarten in der Lage, einen Teil des einfallenden Lichtes hindurchzulassen. So entstehen die kräftigsten und leuchtendsten Purpurtöne im winterlichen Garten besonders erfolgreich bei den kleinblättrigeren *Bergenia purpurascens*-Sorten 'Wintermärchen', 'Winterglut' und 'Irish Crimson', die ihre „Ohren" so weit aufstellen, dass sie von der flach stehenden Wintersonne zum Glühen gebracht werden können.

Doch auch die flacheren, quasi anliegenden Elefantenohren sind für den winterlichen Garten äußerst wertvoll. Zu diesen interessanten, stark umfärbenden Sorten gehören u. a. *Bergenia* 'Oeschberg', 'Rote Schwestern', 'Eroica', 'Bressingham Ruby', 'Eric Smith' oder 'Rosa Zeiten', die alle mehr oder weniger rötlich bis kastanienbraun oder purpurschwarz werden, wenn es kälter wird. Die Färbung ist in milden Wintern bunter und weniger dunkel, sodass jeder Winter eine kleine Überraschung bietet.

EPIMEDIUM ist eine riesige Gattung, bei der es – wie bei ihren engen Verwandten, den Berberitzen – sowohl einziehende (also Laub abwerfende) als auch wintergrüne Arten gibt. Allein letztere können – oft mit dunkel- oder smaragdgrünem, glänzendem, interessant texturiertem Laub – in ihrem Gartenwert kaum unterschätzt werden:

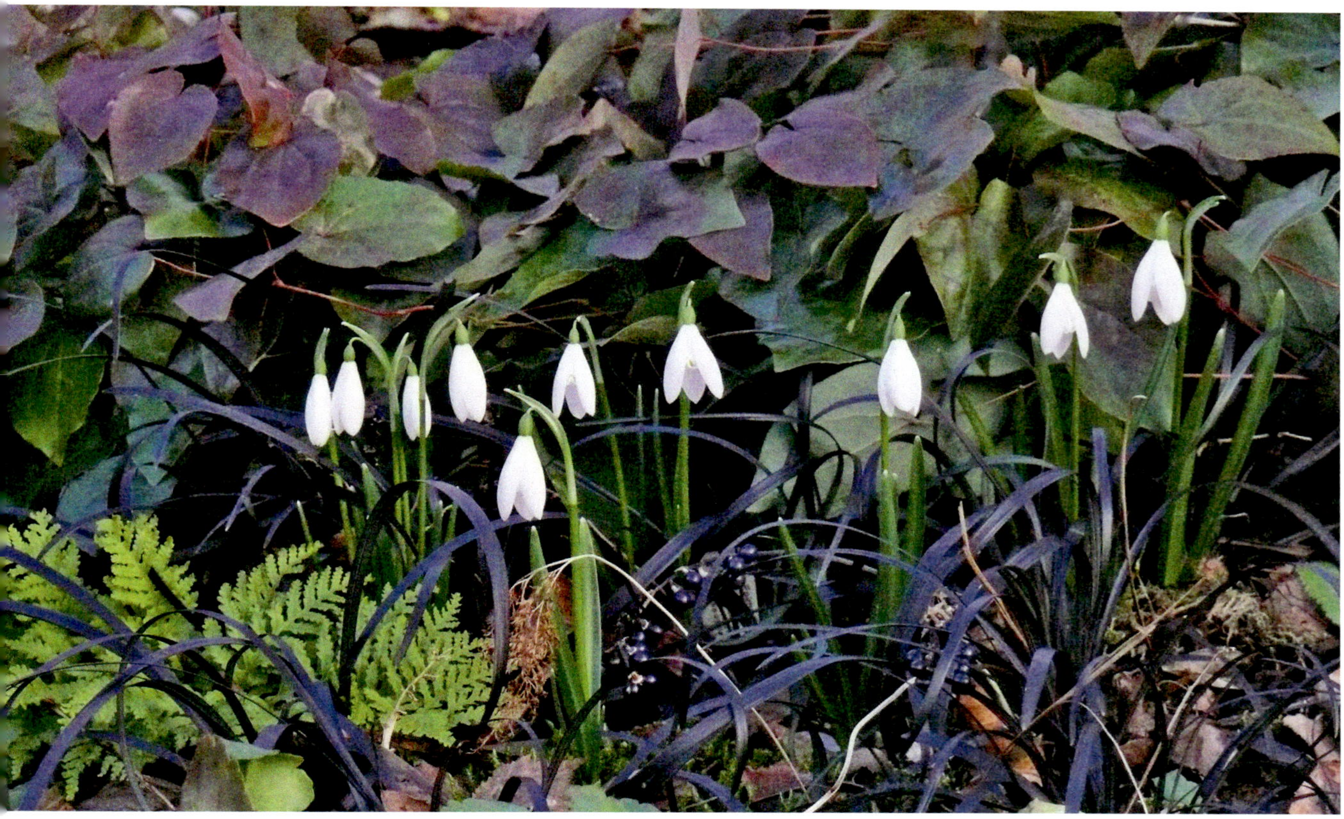

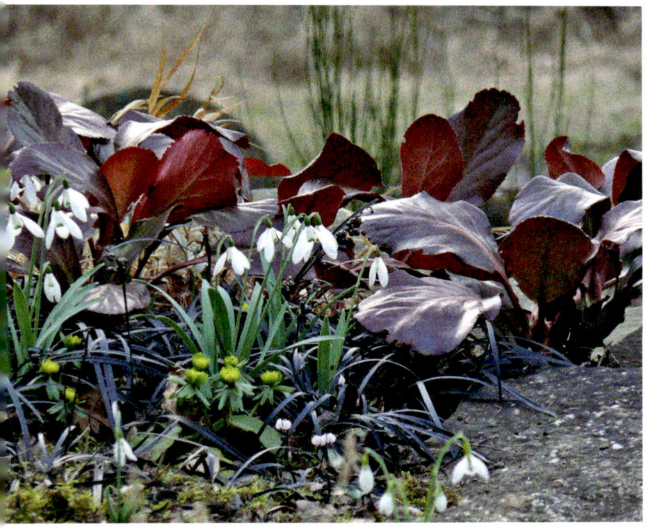

Oben: *Galanthus nivalis* 'Anglesey Abbey' mit *Ophiopogon planiscapus* 'Nigrescens' und *Epimedium pinnatum* subsp. *colchicum* 'Black Sea'.

Links: Kein Durchlicht und trübes Wetter: Dennoch sind viele der sich im Winter bunter färbenden Bergenien-Sorten eine interessante Bereicherung des winterlichen Gartens. Das flach niederliegende Laub von *Bergenia* 'Rosa Zeiten' spiegelt stark und verleiht dem Garten lebendigen Glanz.

Sie wirken frühlingshaft oder zeitlos aristokratisch. Noch größeres Aufsehen erregen umfärbende Elfenblumensorten, die eine ähnliche Farbpalette wie die Bergenien abdecken und mit denen sich ebenfalls Durchlichteffekte erzielen lassen. Eine der besten, gut erhältlichen Sorten mit rötlichem Laub ist *E. pinnatum* subsp. *colchicum* 'Black Sea', die je nach Wetterlage zwischen roten, violetten, kastanienbraunen und fast violettschwarzen Farben auswählt und in milden Wintern an einer Pflanze die ganze Palette präsentiert. Auch hier ergeben sich herrliche Durchlichteffekte.

HEUCHERA sind die farblichen Dauerbrenner und Alleskönner. Denn bei den mit den Bergenien verwandten Steinbrechgewächsen gibt es Sorten in einer riesigen Farbpalette. Im Unterschied zu den bisher genannten Pflanzen bleibt bei den meisten Purpurglöckchen die Laubfarbe das ganze Jahr über gleich, sodass sie verlässlich und relativ unbeeinflusst vom Wetter kontinuierliche Farbakzente set-

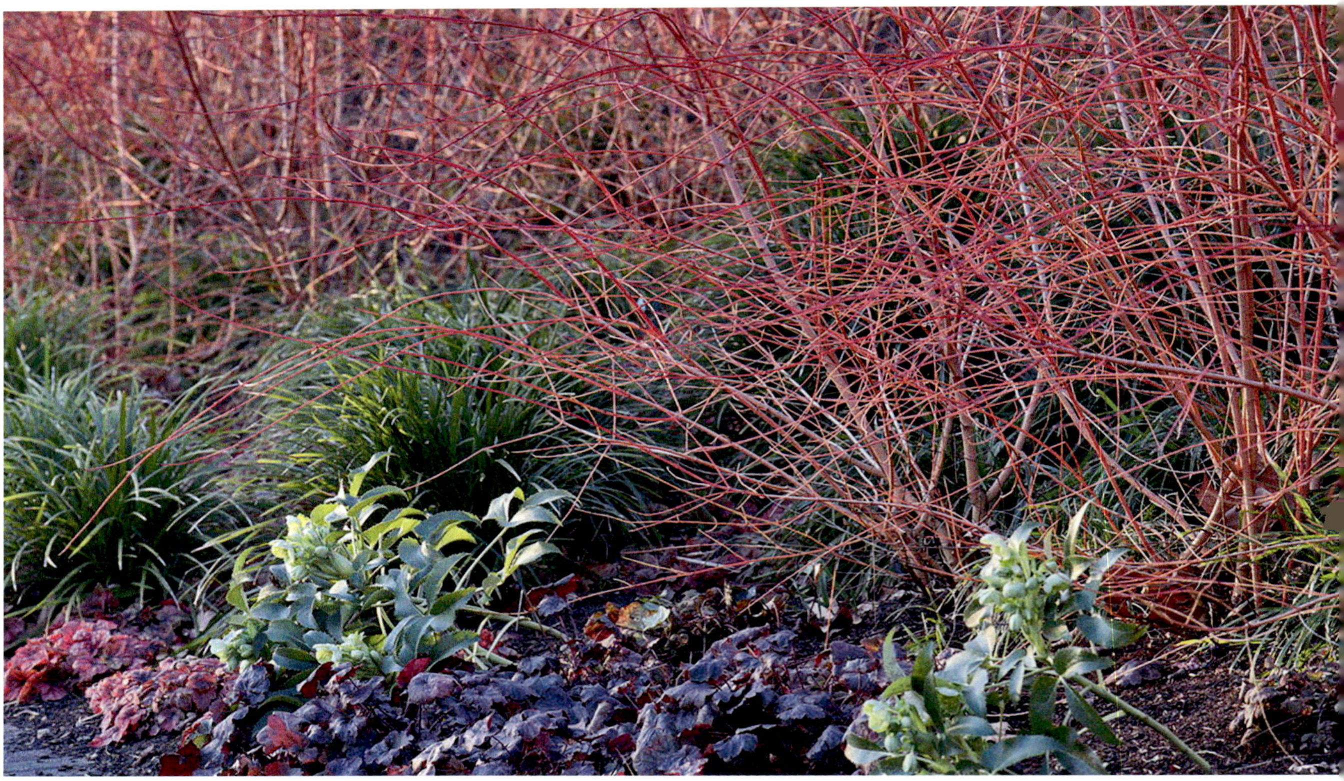

Oben: *Cornus* 'Anny's Winter Orange' leuchtet mit *Heuchera* 'Beaujolais' um die Wette. *Helleborus argutifolius* bleibt bei alldem kühl. Im Wintergarten Luisenpark, Mannheim im Februar.

Rechts: *Ophiopogon planiscapus* 'Nigrescens', im Hintergrund *Libertia peregrinans* (leider nicht gut winterhart), im Vordergrund *Hamamelis × intermedia* 'Sunburst', die alle gegen den Glanz des schwarzen *Ophiopogon* anglühen können.

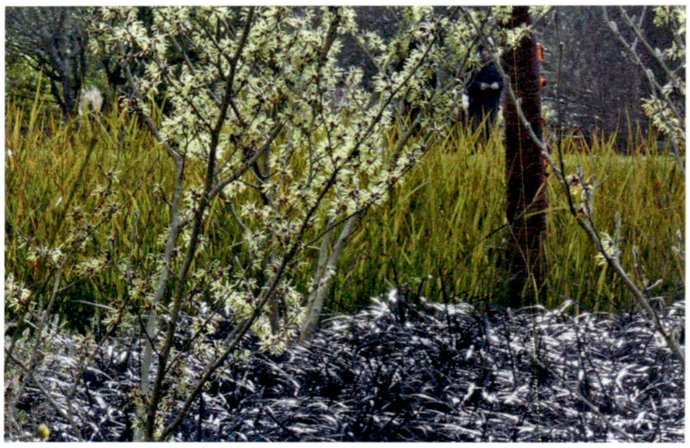

zen können. Besonders dunkle Sorten sind OBSIDIAN®, DARK SECRET® oder *H. micrantha* 'Molly Bush', doch gibt es inzwischen eine derart große Auswahl, dass man nur schwer einige wenige Sorten empfehlen kann.

EUPHORBIA AMYGDALOIDES bringt mit ihrer Sorte 'Purpurea' samtige Dunkelheit in den Schatten. Zum guten Ausfärben braucht sie zwar etwas Licht, doch gehört die immergrüne Mandelblättrige Wolfsmilch zu den wenigen Pflanzen, die im Halbschatten attraktives, dunkles Laub bekommen, wo viele andere Purpurlaubige zu schmutzigem Olivgrün oder Braun umfärben.

CORYDALIS kann auch rostige bis schokobraune, farnartige Rosetten auf fleischigen Wurzeln ausbilden. Zwar ist die Winterrosette kleiner als im weiteren Jahresverlauf, doch zieht *C. temulifolia* 'Chocolate Stars' nicht ganz ein, sondern bleibt auch im Winter beetwirksam und startet mit dem Wachstum im zeitigen Frühjahr.

OPHIOPOGON PLANISCAPUS 'Nigrescens' ist inzwischen jedem als eleganter Schwarzer Schlangenbart bekannt: klein, stark, schwarz. Klein in der Höhe, stark in der Wirkung (und an günstigen Standorten auch im Wachstum) und für eine Pflanze unbegreiflich schwarz im Laub. Damit gehört er ebenfalls zu den Ausnahmen mit dunklem Laub im Schatten und es ist mir ein Rätsel, wie diese fast schwarze Pflanze überhaupt gedeihen kann. Das dunkle Laub des Schlangenbarts schluckt diffuses Licht und bietet einen schönen, zurückhaltenden Wirkungsuntergrund für fast alle daraus emporwachsenden anderen Pflanzen. Nur im Sonnenschein glänzt sich der Schwarze mithilfe seiner glatten, reflektierenden Laubtextur in den Vordergrund.

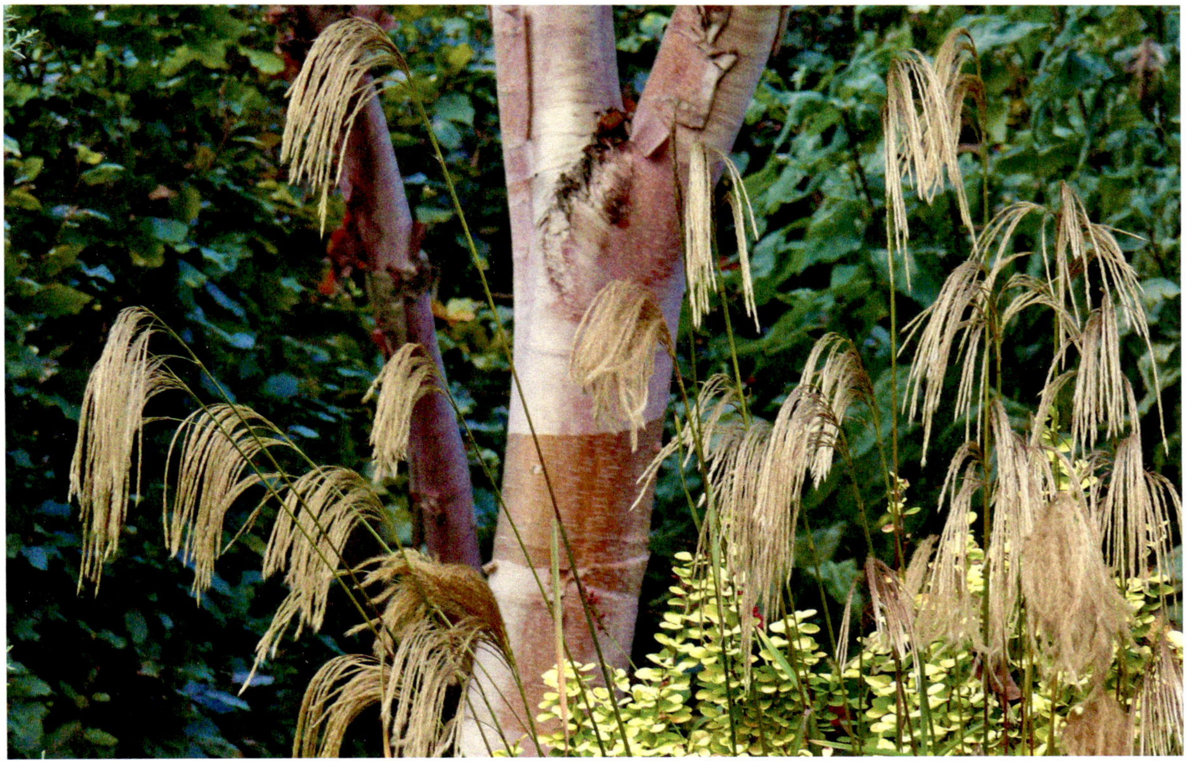

Miscanthus nepalensis vor *Betula albosinensis* Anfang November in Bressingham Gardens, England. Ganz so geschmeidig bleiben die Ähren nicht bis zum späten Winter. Sie werden blasser, verlieren ein bisschen an Glanz und rollen sich stärker ein. Eindrucksvoll sind sie dann aber immer noch.

Gräser

Neben dem grasartigen Schlangenbart gibt es auch echte Gräser, die zwar nicht schwarz, aber doch bronzebraun oder kupfrig sind. Sie sind meistens kurzlebig, bevorzugen luftige Standorte ohne Rindenmulch und sind nur in heißen, trockenen Lagen ausdauernd. In Balkonkästen für den Herbstflor erfrieren sie leicht.

Das japanische **HAKONECHLOA MACRA** und Sorten trocknen im Winter komplett ein und nehmen dadurch eine warm bronzene bis altgoldene Färbung an. In besonders schneereichen oder stürmischen Wintern kann es etwas frühzeitig verweht werden, sonst hält es bis zum Februar und wird dann am besten vor dem Neuaustrieb ausgezupft, abgeschnitten oder abgemäht. Am Hang gepflanzt wirken die abwärts geneigten Halme wie fließendes Wasser und können einen Bachlauf imitieren. Wie fließende Bronze wirkt der Samenstand des leider ebenfalls nicht ganz winterharten Nepalensischen Chinaschilfes (**MISCANTHUS NEPALENSIS**). Ich kenne kein vergleichbar geschmeidiges Gras: Der weiche Seidenglanz des Blütenstandes wird durch die gleichmäßig nach unten hängenden Ähren aufs Eleganteste betont.

ANEMANTHELE LESSONIANA wird in England das „Fasanenschwanz-Gras“ genannt, denn es bewegt sich farblich wirklich im Spektrum der hübschen rotbraunen Federviecher. Durch einen leichten Grün- und Gelbanteil bleibt das etwa 50 Zentimeter hohe Gras besser mit anderen Grüntönen kombinierbar als die kupfrigen Neuseelandseggen der Gattung *Carex*.

Leider ist *A. lessoniana* nur in milden Gegenden Deutschlands winterhart, versamt sich dort auch gerne in

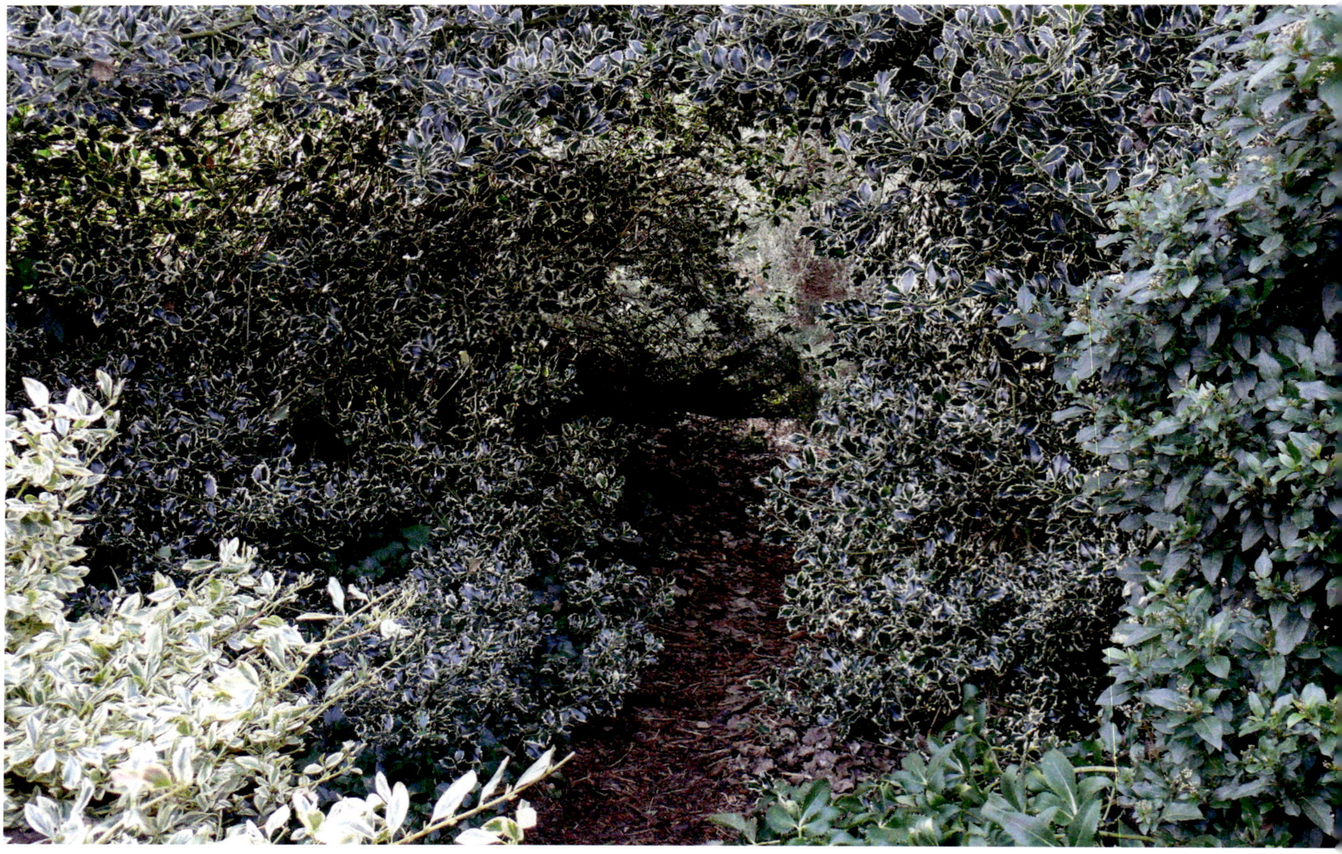

Ilex aquifolium 'Argentea Marginata' und *Euonymus fortunei* 'Silver Queen', im Vordergrund rechts *Viburnum tinus*.

offenen Böden, ohne lästig zu werden. An trockenen Standorten ist es langlebiger.

Die Seggen (**CAREX**) bringen bewegte Bronze-, Kupfer und Brauntöne in Sonne bis Halbschatten. Die meisten Arten dieser Farbrichtung stammen aus Neuseeland, sind etwas nässe- und kälteempfindlich und meistens kurzlebig. Luftige, trockene Standorte in wintermilden Regionen verlängern die Lebensdauer. Einfach zu bekommen sind *Carex testacea, Carex buchananii* und *Carex comans*.

Wie die bräunlich bronzefarbenen und kupfrigen Koniferen aus dieser winterlichen Farbpalette sollten sie meiner Meinung nach sensibel kombiniert werden, da sie im Umfeld leuchtend grüner Farben schnell fahl oder sogar tot wirken.

Das gilt nicht für die noch spektakulärere **UCINIA RUBRA**, die vor allem an ihrer Basis einen eher leuchtenden rubinroten Ton annimmt. Leider hatte ich nie Erfolg mit ihr. Sie ist noch weniger winterhart (Zone 8) und braucht mehr Bodenfeuchte. Wer ihr mehr Wärme bieten kann als ich, der könnte auch die Sorte 'Everflame' mit orange-pinkfarbenen Streifen entlang des rotbraunen Laubes versuchen.

Blau- und Silbertöne

Bei den Laubgehölzen wird man nie solch intensive Blautöne finden wie bei Nadelgehölzen. Silbertöne gibt es hingegen einige – in der Regel als weißliche Panaschierung von immergrünen Pflanzen, durch zahlreiche Härchen oder als weiße Blattunterseite.

Gehölze

ILEX gehört zu den Gehölzen, die für eine traumhafte Panaschierung prädestiniert sind. Das glänzend stachelige Laub ist oft so gleichmäßig weiß gerandet, dass es wie mit Raureif umzogen wirkt. Kein Wunder, dass weißbunter *Ilex aquifolium* 'Argentea Marginata' (w) ein Klassiker in Adventskränzen ist!

OSMANTHUS HETEROPHYLLUS 'Variegatus' mit cremeweiß gerandetem Laub könnte auch eine Sorte des bekannten *Ilex aquifolium* sein, denn das Laub ist zum Verwechseln ähnlich. Man kann die Doppelgänger jedoch über die Anordnung ihrer Blätter am Zweig auseinanderhalten: *Ilex aquifolium* ist wechselständig, *Osmanthus heterophyllus* ist gegenständig, also mit gegenüberliegenden Blattknospen. Doch spätestens im Herbst ist ohnehin keine Verwechslungsgefahr mehr gegeben: Dann bietet die Duftblüte *Osmanthus* herrlich duftende Blüten. Andere *Osmanthus*-Arten blühen zu anderen Zeiten, jedoch keine im Winter.

ELAEAGNUS × EBBINGEI überdeckt ihr Laub mit silbernen, wachsigen Schuppen, vor allem an jungen Trieben. Die Blattunterseite ist komplett silberweiß, sodass die Wirkung der Wintergrünen Ölweide letztendlich bläulichgrün und kreidig-silber ist – vor allem bei lockeren, weniger buschigen Exemplaren und starkem Wind, wenn die Blattunterseiten angehoben werden. Er wird weit über 4 Meter hoch und ist mit seinen starren, steif-stacheligen, lang hinauswachsenden Trieben mit Seitenzweigen, die sich in 90° kantig vom Haupttrieb abspreizen eine Herausforderung für den ihn schneidenden Gärtner. Die unscheinbaren Blüten sieht man zwar kaum, man bemerkt sie aber von September bis November durch den weit streichenden Duft. In kälteren Gegenden Deutschlands sollte die Ölweide etwas geschützt gepflanzt werden.

DAPHNE × BURKWOODII hat einige schöne silberpanaschierte Sorten hervorgebracht, die durch ihr leider nur halbimmergrünes Laub zwar nicht zu den spektakulärsten Wintergartenvertretern gehören, wegen ihrer Frühlingsblüten und dem herrlichen Duft möchte ich den Maien-Seidelbast dennoch nicht unerwähnt lassen. Eine schön silbrig gerandete und noch recht wüchsige Sorte ist 'Astrid'; bei 'Silver Edge' ist das Laub noch etwas intensiver gerandet und bei 'Moonlight Sonata' fast komplett silber mit einem recht dünnen grünen Rand.

RHODODENDRON CAMPANULATUM subsp. *aeruginosum* 'Blue Dane' und 'Blauschimmer' treiben mit fast himmelblauer Bereifung frisches Laub, das dann in ein bläuliches Grün übergeht. Als weitere Zierde hat 'Blue Dane' noch ein weißes Indumentum auf der Blattunterseite, das gleichzeitig nach beigebraun umfärbt.

Wer nichts gegen ungleichmäßige Blätter hat, für den könnte auch *Rhododendron* 'Variegated Unique' ('Unique Variegated') als „Silberquelle" interessant sein: ein bläulich bereiftes, ungleichmäßig weiß gerandetes Laub, bei dem die Panaschierung teilweise nach innen reicht und (leider) für Veränderung der Blattform sorgt. Die Blattoberfläche bleibt jedoch glatt. Hübsch dazu die rötlichen Blattstiele und Knospen. Bei *R. ponticum* 'Variegata' ist die Blattform spitzer und gleichmäßiger. Die meisten panaschierten Rhododendren vertragen auf ihrem Laub so gut wie keine Sonne.

PIERIS ist durch spektakulär rötliche Austriebe im Frühjahr bekannt, es gibt aber auch hier einige silbrig panaschierte Formen, allen voran 'Variegata', die man einfach im Handel bekommt. Wenn man sie lässt, dann macht die Lavendelheide im Alter faszinierende Rinden. In Deutschland werden die schnittverträglichen Sträucher meist klein-buschig gehalten, sodass der Vorzug der Altersform nicht bemerkt wird.

CALLUNA VULGARIS braucht als Sommerheide wie die beiden letztgenannten Gehölze sauren Boden. Man kennt sie aus Heidelandschaften auf Sylt und in der Lüneburger Heide, doch gibt es auch graulaubige Sorten, die, wenn sie nicht blühen, eher wie Lavendelflächen wirken – aber auf einem komplett anderen Standort. *Calluna vulgaris* 'Grey Carpet' ist eine der grauesten Sorten.

SKIMMIA gehört zu den interessantesten Gehölzen für den winterlichen Garten, hat sie doch zu dieser Jahreszeit so unglaublich viel zu bieten. Die neusten Züchtungen haben zu all der Knospen-, Blüten- und Beerenpracht auch noch mehrfarbiges Laub; bei *Skimmia japonica* 'Mystic

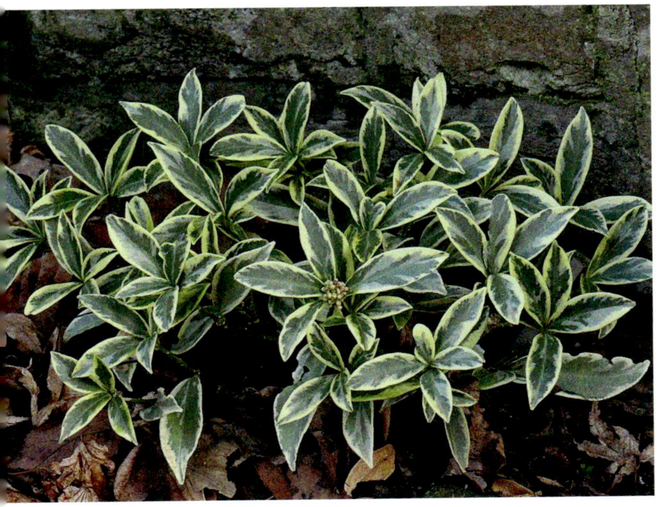

Skimmia japonica 'Magic Marlot' ist 'Mystic Marlot' ähnlich, hat jedoch statt des kühl silbernen Rands einen gelblichen und zusätzlich zur blaugrauen Grundfarbe noch kräftiges Smaragdgrün als Grundfarbe. Sie verbindet damit kühle Blau-, frische Grün- und warme Grüngelbtöne an einem Blatt; eine noch kleine Pflanze am vollschattigen Standort im Garten der Autorin.

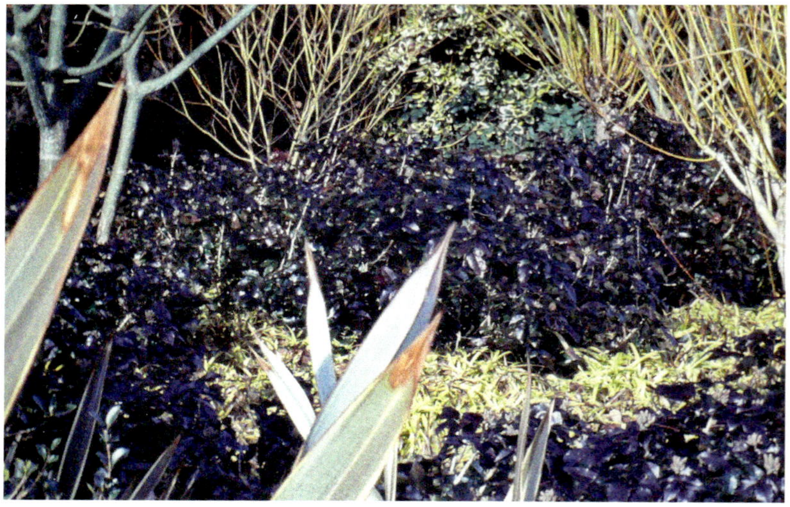

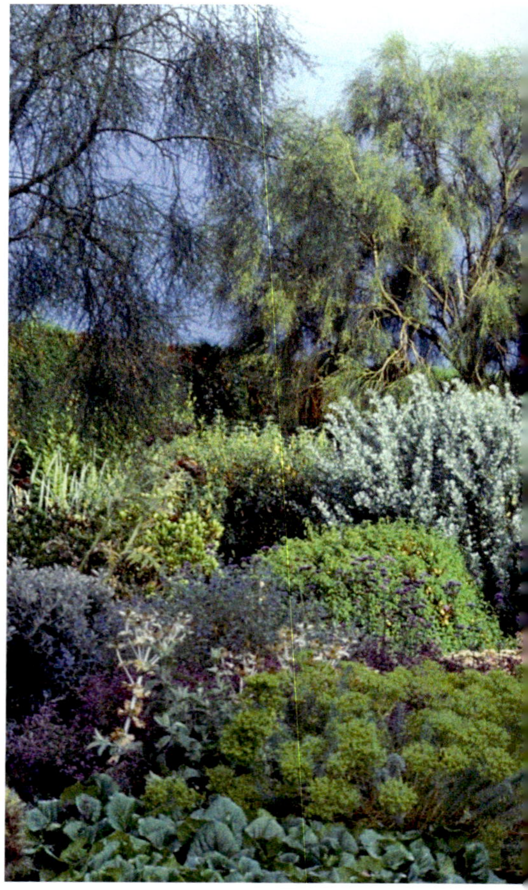

Mahonia aquifolium 'Apollo' in der Winterfärbung mit *Acer micranthum*, *Salix alba* 'Vitellina', *Phormium* 'Maori Queen' in Anglesey Abbey.

Die Engländer machen übrigens aus kleinen, winterbedingten Makeln ein gestalterisches Konzept und greifen die Farbtöne des „Makels" durch andere Pflanzen wieder auf. Es entsteht ein harmonisches Gesamtbild. So kräht kein Hahn mehr danach, ob es nun ein Frost- oder Trockenschaden ist, der im obigen Foto die Spitzen des Neuseelandflachses (*Phormium* 'Maori Queen') in warmes Ocker getaucht hat. Denn dieses gehört mit *Salix alba* 'Vitellina' in das perfekt abgestimmte Farbkonzept.

Marlot' ist die Panaschierung silbrig bis cremefarben auf bläulichem Laub – ein wahrhaft mystischer Eindruck!

Blaue Kleingehölze im mediterranen Wintergarten

LAVANDULA ist die blau-silbrige Antwort im quasi entgegengesetzten Lebensbereich: in trockener Vollsonne. Natürlich kann die Laubpracht von Lavendel im Winter bei schwieriger Witterung neben dem oft deutlich hellen Silberblau auch die Palette der Brauntöne berücksichtigen – und das nicht immer zur Freude eines jeden Gärtners. Doch da Lavendel ohnehin keine Anschaffung fürs Leben ist und sich sehr gut in mediterrane „Wintergärten" integrieren lässt, möchte ich als besonders hellbläuliche Sorten Abkömmlinge von *Lavandula lanata* empfehlen (z. B. *L.* 'Richard Grey'). Diese sollten gut drainiert und sonnig stehen und möglichst in oder direkt nach der Blüte geschnitten werden.

Der trockene, sonnige, nicht bedrängte Standort in unbedingt gut drainiertem, eher mineralischem Boden entspricht übrigens auch dem Bedürfnis der nachfolgend genannten Halbsträucher, die zum Großteil eher in wärmeren Gegenden Deutschlands erfolgreich kultiviert werden können, bei optimalem Standort aber bis Zone 6 einen Versuch wert sind.

BALLOTA PSEUDODICTAMNUS hat neben der silbergrauen Farbwirkung eine herrliche Textur. Die kretische Schwarznessel bietet sowohl eine gleichmäßige Anord-

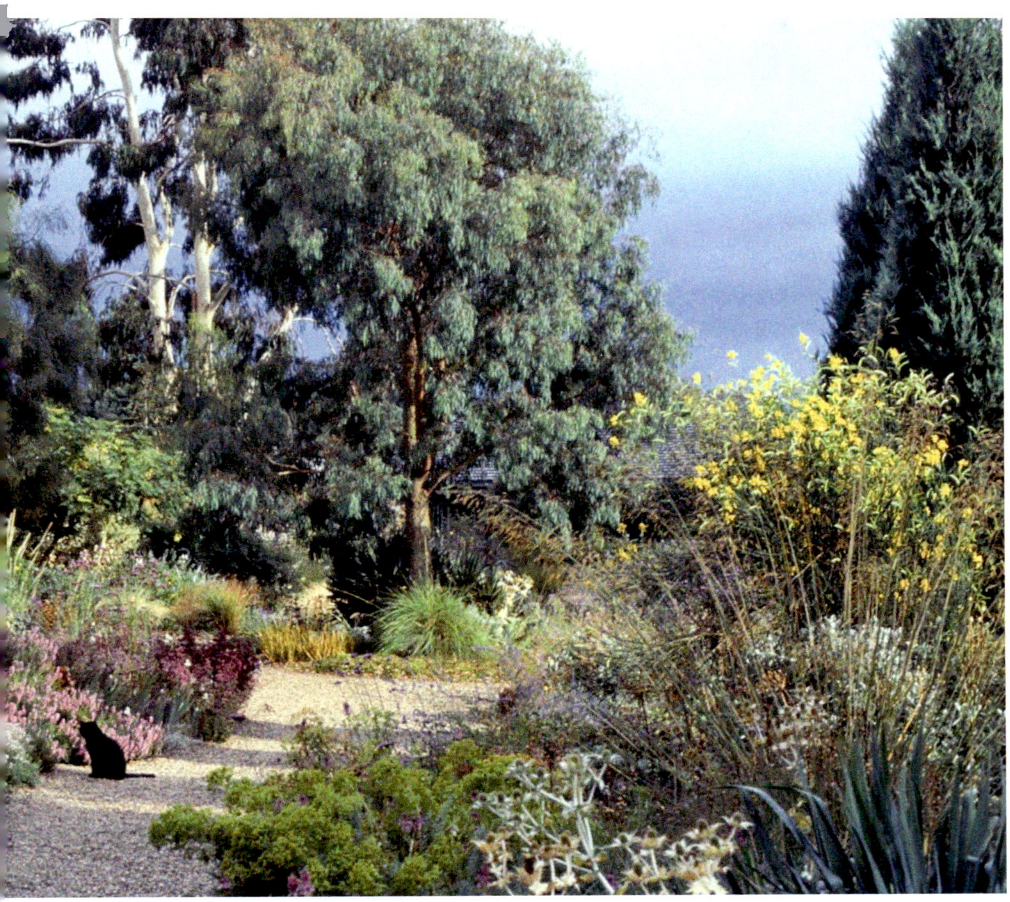

Atriplex halimus und *Eucalyptus* mit mediterraner Bepflanzung: *Atriplex halimus* leuchtet mit kreideweißer Blattunterseite vor allem bei Wind schon von Weitem (Busch links oberhalb des schwarzen Katers auf dem Weg). Beth Chatto Gardens, England.

nung der grauen, rundlichen Blätter um den Stiel, als auch eine samtig filzige, tief geaderte Oberflächentextur des „streichelwürdigen" Laubes. Selbst die sommerlichen Blüten sind während und nach der Blütezeit in ihrem Aufbau sehr architektonisch. Das Laub wäre übrigens dem von *Marrubium rotundifolium* zum Verwechseln ähnlich, wenn nicht diese intensive, silberne Behaarung wäre.

ATRIPLEX HALIMUS kann man in wärmeren Gegenden in trockenen, sonnigen, mineralischen und durchlässigen Böden gut probieren – auf jeden Fall ist die Salzmelde unempfindlich gegen Streusalz (das könnte sogar ihre Winterhärte erhöhen) und beeindruckt mit dem hellsten Silberlaub, das man sich bei einem Busch ihrer Größe überhaupt vorstellen kann. In wärmeren Gebieten wird ab und an auch **MELIANTHUS MAJOR** kultiviert, eine herrliche afrikanische Blattschönheit, die ihr grünblaues Laub im Winter mit warmen Orangetönen zu schützen sucht.

Natürlich gehört in diesen Lebensbereich auch das bläuliche Laub verschiedener **YUCCA**, z. B. den stammbildenden *Yucca rostrata* oder der noch imposanter blauen, etwas weniger winterharten *Yucca rigida*. Sie sollten im

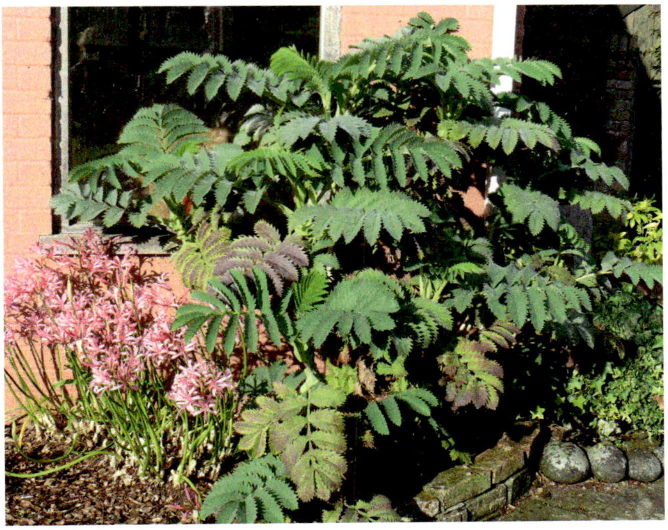

Melianthus major und *Nerine bowdenii* an einer geschützten Hauswand in einem Privatgarten in Ostengland. Am letzten Oktobertag beginnt die Afrikanerin schon mit ihrer Winterfärbung: aufgelagerte Purpurviolett-, manchmal auch Orangetöne.

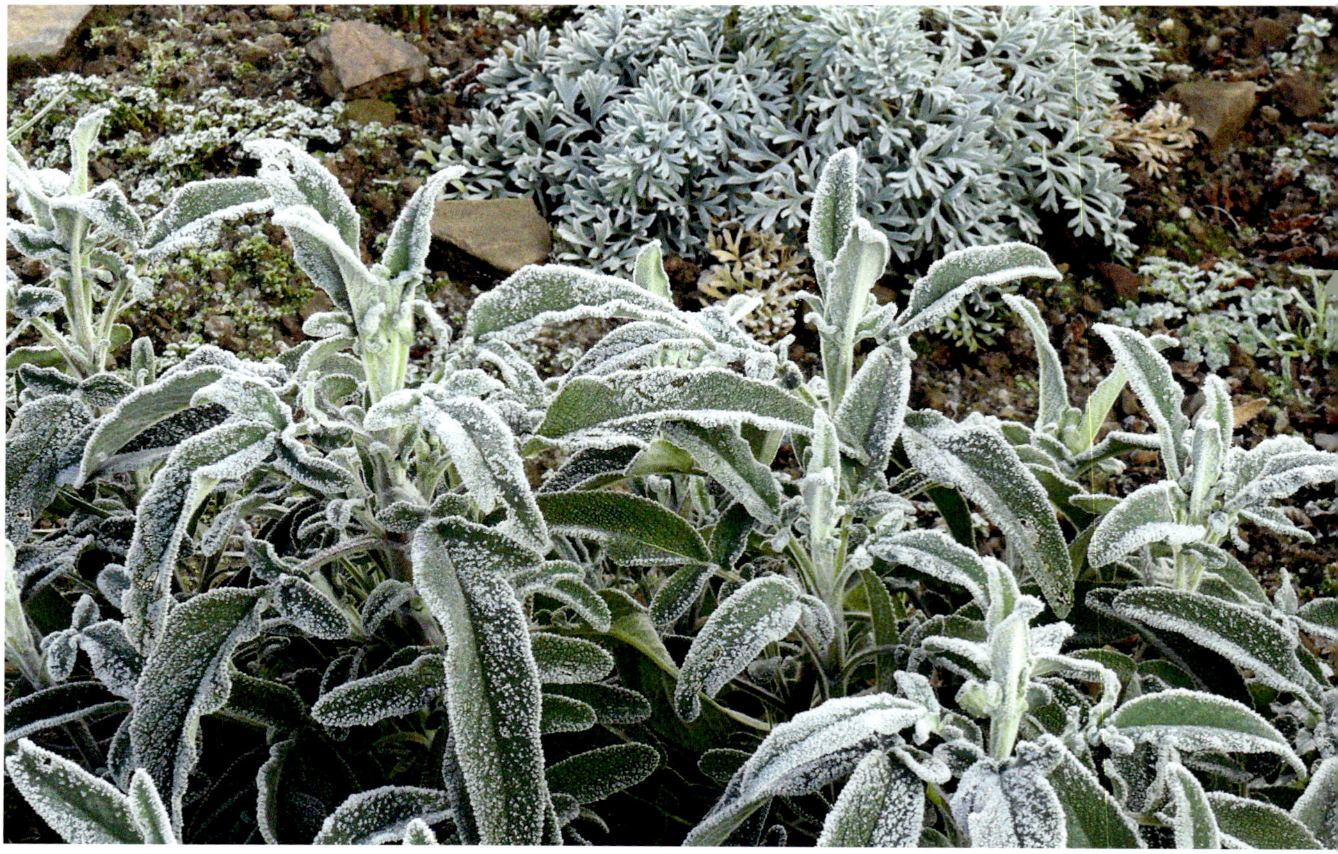

Salvia interrupta und *Seseli gummiferum* im mageren, trockenen Kräuterbeet, Mitte Januar.

Winter unbedingt trocken und absonnig stehen, z. B. unter einem Balkonüberstand, und brauchen bei Temperaturen unter –10/–15 °C Winterschutz. Das Gleiche gilt für die Blaue Zwergpalme (*Chamaerops humilis* var. *cerifera*; Zone 7b) oder die blaue Hespiridenpalme (*Brahea armata*) mit ihrer etwas flotter wachsenden subsp. *clara*.

Für sonnige, warme und durchlässige Standorte gibt es weitere spannende Pflanzen:

- **RUTA GRAVEOLENS** 'Jackman's Blue' macht noch blaueres Laub als die ohnehin schon blaue Weinraute. Auch sie passt in den mediterranen Wintergarten, ebenso wie
- **ARTEMISIA** (*Artemisia absinthium* 'Lambrook Mist' und 'Lambrook Silver', *A. stelleriana* 'Boughton Silver', *A. abrotanum*, *A. procera*),
- Currykraut **HELICHRYSUM ITALICUM**,
- Heiligenkraut **SANTOLINA CHAMAECYPARISSUS** oder ihre exquisit cremefarben statt gelb blühende Sorte 'E. A. Bowles',
- Die Andorne **MARRUBIUM** *supinum*, *Marrubium rotundifolium* oder der eher ins Senf-Blaugrün tendierende *M. bourgaei* 'All Hallow's Green',
- **SENECIO** (z. B. *Senecio cineraria*, jetzt *Jakobaea maritima*),
- **SESELI GUMMIFERUM**, eine hervorragende Strukturpflanze für kleine Kiesbeete,
- **SIDERITIS SYRIACA**, der behaarte Griechische Bergtee, der nicht nur als Tee sehr gut schmeckt, sondern auch eine äußerst dekorative, am drainierten Standort winterharte Pflanze mit schönen hellschwefelgelben (Sommer-) Blüten ist,
- Baum-Gamander **TEUCRIUM FRUTICANS**,
- die besonders silberne Kolibritrompete **ZAUSCHNERIA CALIFORNICA** subsp. *mexicana* 'Olbrich's Silver',
- blaugrünen Rosetten von **ERYNGIUM YUCCIFOLIUM** (blauer noch die hellsilberlaubige Sorte 'Kershaw Blue'),
- oder, als großartige Struktur- und Blattschmuckpflanze, die noch imposantere wilde Artischocke **CYNARA CARDUNCULUS** – alle mit mehr oder weniger blauem Laub.

Bodendecker

EUONYMUS FORTUNEI 'Emerald Gaiety', 'Silver Queen' und 'Silver Pillar' sind mit weiß panaschiertem Laub ein

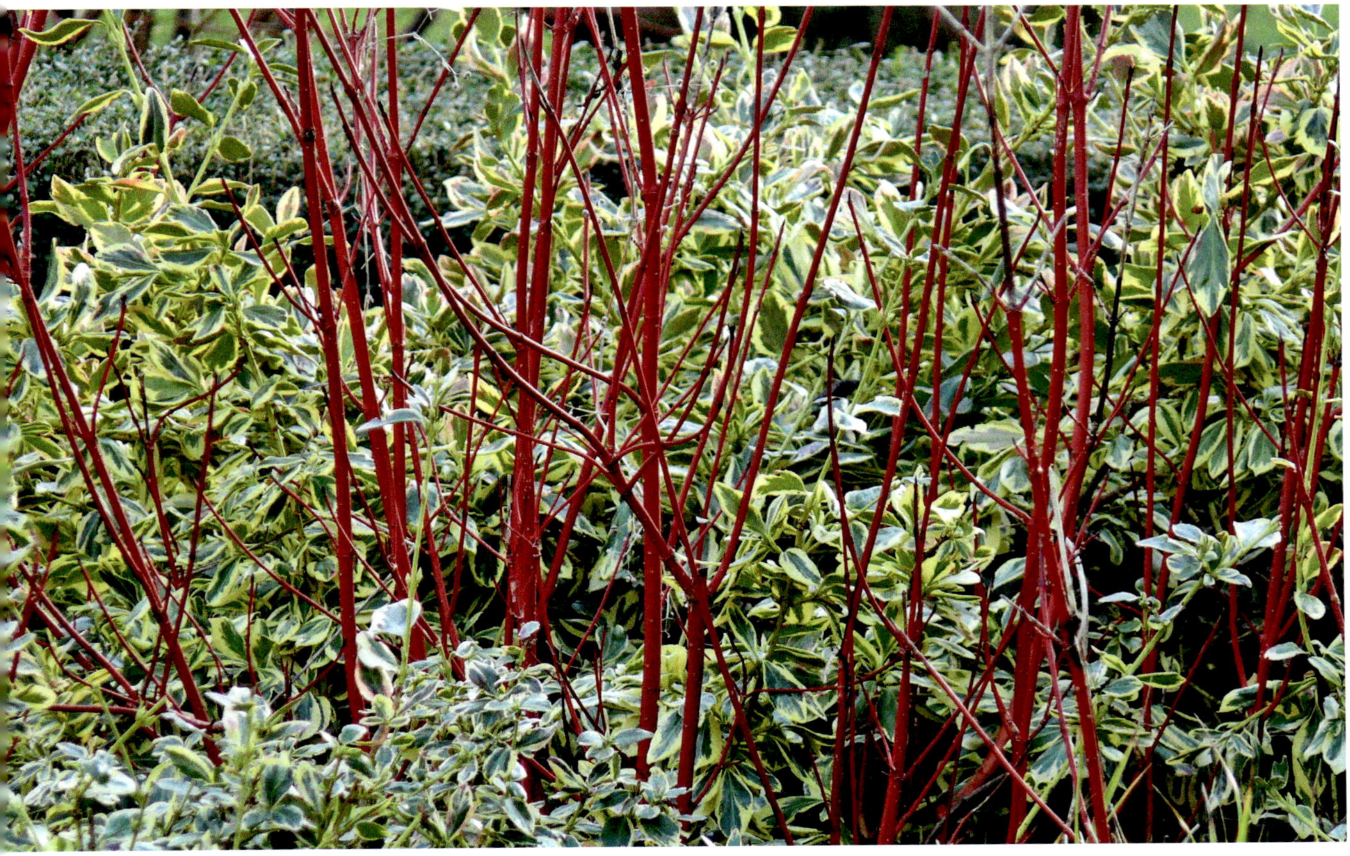

Euonymus fortunei 'Silver Queen' wirkt im Gegenlicht gelblicher, im Auflicht silbriger. Sie färbt sich im Winter oft noch etwas rosa. Hier mit *Cornus alba* 'Sibirica', Cambridge University Botanic Garden, England, im Februar.

interessanter Lichtblick in dunklerem, trockenem Gehölzschatten. Doch gedeihen weißbunte Kriechspindeln auch auf größeren Flächen in voller Sonne, wo der Winter manchmal einen kleinen rötlichen Hauch über das Laub legt.

HEDERA ist wüchsiger, doch ihre ebenfalls silber panaschierten Sorten wachsen im Allgemeinen nicht so stark wie die oft wuchernden rein grünen. Besonders schön wirken die silbernen, wenn sie sich wie die Kriechspindel durch eine Gehölzpflanzung arbeiten können oder wie ein Zierband mit wenigen Trieben an einem Baum hochklettern dürfen, ohne diesen ganz einzunehmen. Hier hat sich die haftwurzellose Sorte *H. colchica* 'Dentata Variegata' bewährt. Wüchsiger und mit Haftwurzeln auch selbständig kletternd ist die elegante *H. helix* 'White Ripple'.

PACHYSANDRA TERMINALIS 'Variegata' gehört zu den selten gesehenen Sorten eines gängigen Bodendeckers. Dieses Dickmännchen wächst wesentlich schwächer als die bekannte Art und bildet durch eine sehr gleichmäßige, kühl weiße Panaschierung einen lichten, gut texturierten Teppich unter Gehölzpflanzungen. In strengen Wintern braucht sie Schutz.

VINCA MAJOR 'Variegata' hat einen schmalen weiß- bis cremefarbenen Rand um frischgrünes Laub, während 'Elegantissima' und WOJO'S JEM® (WOJO'S GEM) in der Blattmitte – teilweise bis über das ganze Blatt hinaus – weiß sind. Unregelmäßig, manchmal mit sehr stark weißen Neuaustrieben ist die Panaschierung des zarteren Immergrüns *Vinca minor* 'Ralph Shugert', die etwas großblütiger ist als die Art. 'Argenteovariegata' wirkt mit zart weißem Rand dagegen unspektakulär.

AJUGA ist zwar eigentlich auf die nicht ganz so edlen Metallfarben wie (angelaufenes) Kupfer und Bronze spezialisiert, doch finden sich auch in der silbrigen, gräulichen Farbpalette noch einige passende Sorten des kriechenden Günsels. Der Star unter ihnen ist die hübsche *Ajuga reptans* 'Arctic Fox'. Mehr Licht kann man nicht auf den Boden holen!

LAMIUM MACULATUM kann zwischen Staudenpflanzungen oder unter Gehölzen als zarter, ornamentaler Bodendecker auch im Winter mit silbernem Laub glänzen: *L. maculatum* 'Chequers' hat neben dem dicken, silbernen Mittelstreifen auch pinkfarbene Flecke im Laub, 'Red Nancy' hat größtenteils silbernes Laub und kräftig magentarote

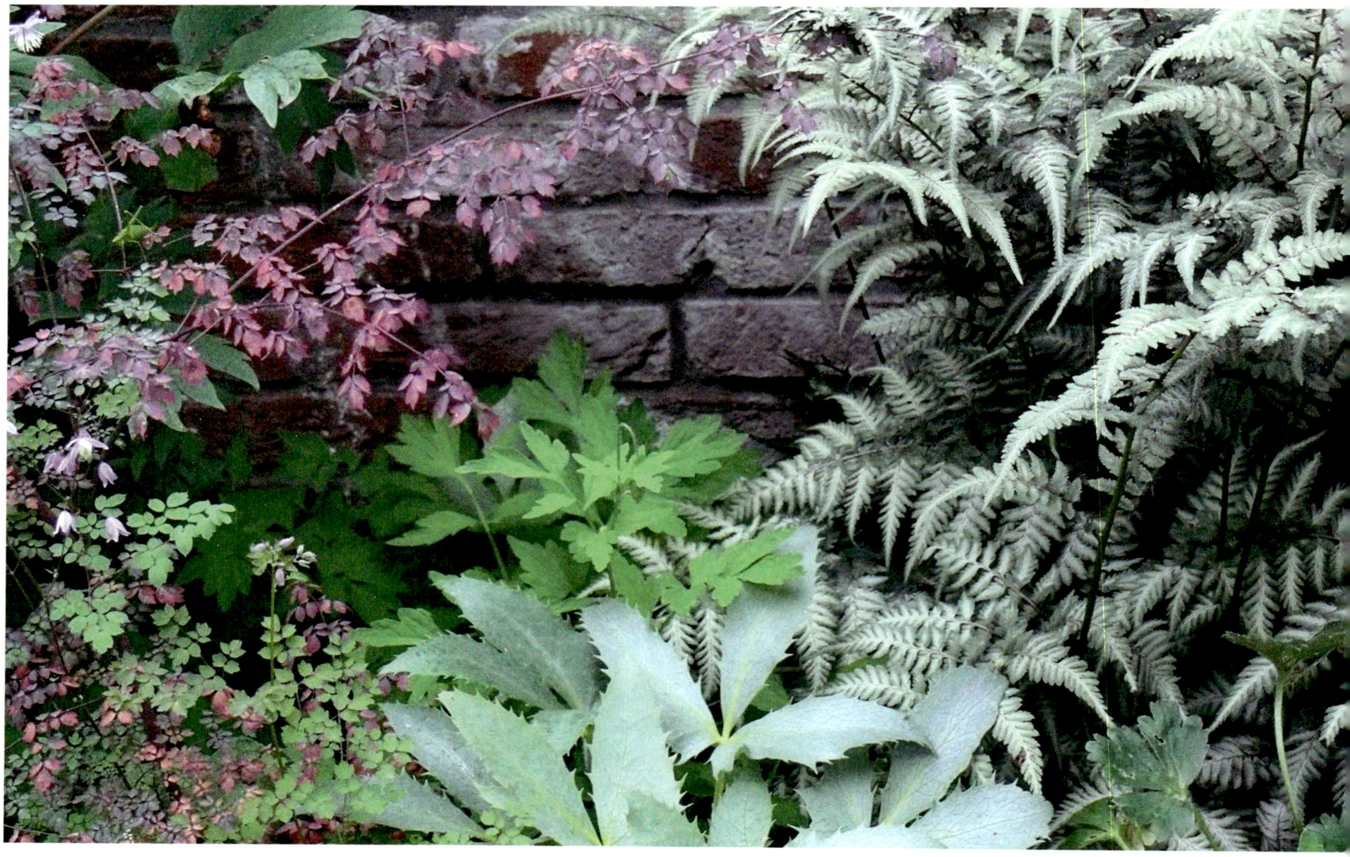

Oben: Besonders silbernes Laub einer ausgesuchten *Helleborus × sternii*, hier gemeinsam mit *Thalictrum finetii* und *Athyrium nipponicum* subsp. *pictum* 'Metallicum' in meinem Sommer-Garten.

Rechts: *Euphorbia characias* subsp. *wulfenii* mit *Betula utilis* var. *jacquemontii* im Februar-Privatgarten Avon Cottage von Sheila und Trevor Shepherd, England.

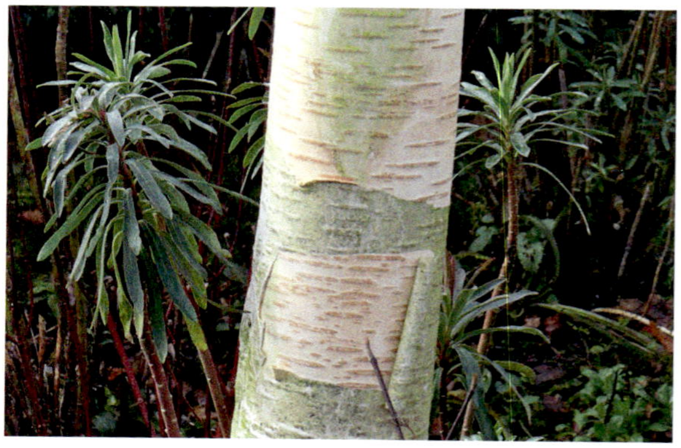

Blüten, 'White Nancy' weiße Blüten. Wie alle Nesseln liebt die gefleckte Taubnessel nährstoffreiche Böden, gerne im Halbschatten oder Schatten und ist ansonsten recht unkompliziert – nur leider etwas schneckengefährdet.

ACAENA *buchananii, A. caesiiglauca* 'Frikart' und die rotbraunstielige *A. saccaticupula* 'Blue Haze' machen niedrige Matten aus feinem, hellblau bereiftem Laub. Zumindest vom Stachelnüsschen *A. buchananii* weiß ich aus meinem ersten Garten, dass es im lichten, trockenen Schatten – in meinem Fall unter einer erwachsenen *Cedrus atlantica* 'Glauca' – dichte Teppiche bildet, die das Aufkeimen von Samenunkräutern erschweren, jedoch Zwiebelpflanzen und Stauden nicht behelligen.

Stauden

HELLEBORUS ist schon wegen der passenden winterlichen Blütezeit der meisten Arten und Hybriden ein Muss für winterschöne Gärten. Gerade der silberlaubigen Korsischen Nieswurz *H. argutifolius* und ihren Hybriden *H. × sternii* und *H. × ericsmithii* kann man unbedingt einen hervorragenden Laubschmuck bescheinigen, wobei die besonders silbernen Exemplare oft nicht so wüchsig sind. Dem schönen Laubeindruck tut das keinen Abbruch. Doch dauert es länger, bis sie so imposant in Erscheinung treten wie typische *H. argutifolius*, die aufgrund ihrer Größe und Haltung eine hervorragende Solitärwirkung im Garten erzielen – fast wie ein kleines Gehölz.

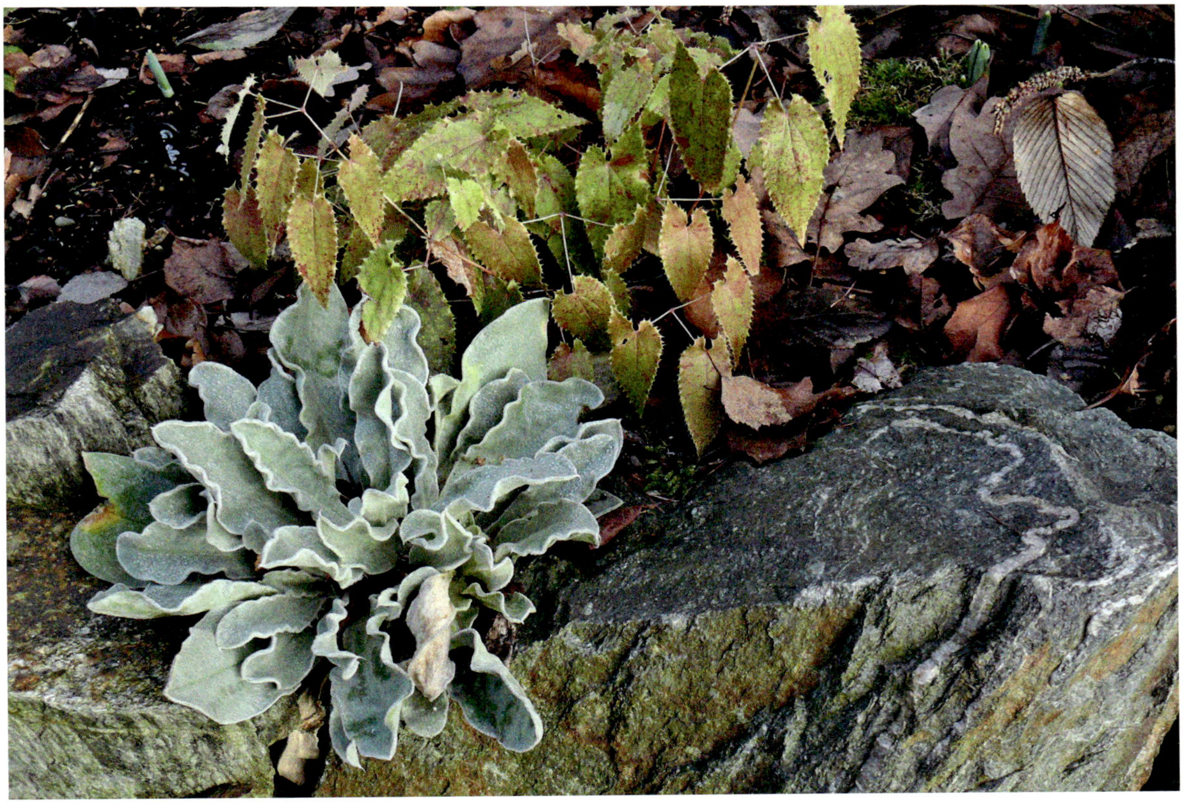

Lychnis coronaria-Rosetten und *Epimedium stellulatum* 'Long Leaved Form' auf der Trockenmauer aus Taunusschiefer im Garten der Autorin.

EUPHORBIA ist für Blau- und Silbertöne im Garten prädestiniert, allen voran **EUPHORBIA MYRSINITIS**, die als Walzenwolfsmilch darüber hinaus ein strukturelles Highlight im Beet darstellt. Sie sollte unbedingt die Möglichkeit haben, frei durch die Fläche zu kriechen, am liebsten auf strahlungswarmen, trockenen Standorten wie besonnten Drainagestreifen oder Kieswege. Dort entwickelt sie sich schon nach wenigen Jahren zu voller Schönheit. Sämlinge sollte man zumindest zum Teil stehen lassen, da Euphorbien kurzlebig sein können.

In mediterranen, möglichst trockenen, gut drainierten Beeten könnten auch die schön blauen **EUPHORBIA CHARACIAS** subsp. *wulfenii* und *Euphorbia characias* 'Blue Wonder' oder die empfindliche, weißgerandete *Euphorbia characias* 'Silver Swan' funktionieren. Bei mir im Taunus wächst letztere seit 5 Jahren in einer trockenen, leider zu schattigen Ecke unter einem Dachüberstand. Dort kippt sie zwar etwas auseinander, friert aber nicht ab.

LYCHNIS CORONARIA ist einer meiner Silberlieblinge in winterlichen Beeten, vor allem mit ebenfalls graulaubigen Schneeglöckchen. Mit Rosetten von kühler Noblesse lässt die Vexiernelke den Gärtner vergessen, was für eine unkomplizierte Allerweltspflanze sie ist. Auch sie ist kurzlebig und versamt sich.

Ähnlich im Laub, aber in XL und XXL wirken die Rosetten der zweijährigen **SALVIA ARGENTEA** und von **VERBASCUM BOMBYCIFERUM** (mit der besonders hellsilbernen Sorte 'Polarsommer') im Beet – etwas zu dominant für eine direkte Vergesellschaftung mit zarten Blümchen, aber unglaublich wirkungsvoll.

Gräser und Grasähnliche

LIRIOPE und **OPHIOPOGON** können ebenfalls in schattigeren Beeten ganzjährig silberne Blitze aussenden, denn die beiden grasähnlichen Maiglöckchengewächse gibt es auch mit weiß gestreiftem Laub.

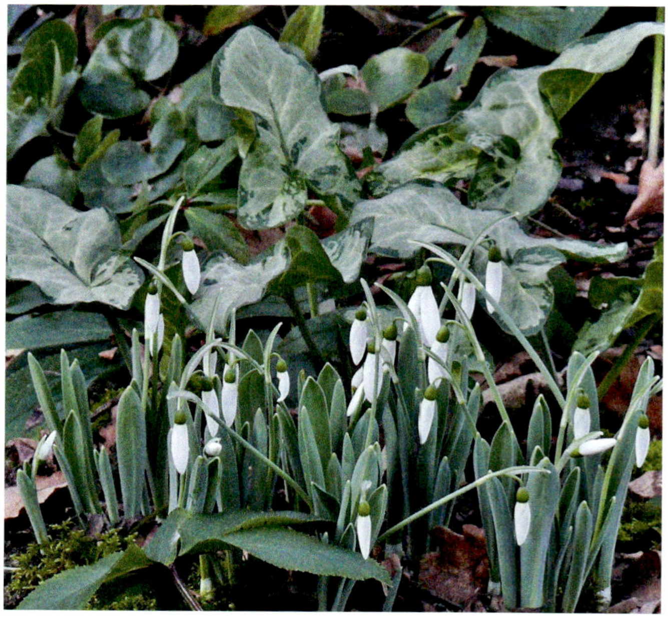

Galanthus elwesii 'Maidwell L' erhält durch *Arum italicum* 'Monksilver' eine unvergleichlich silberne Rückendeckung.

Euonymus fortunei 'Silver Queen', *Cornus stolonifera* 'Flaviramea', *Corylus avellana* 'Contorta', im Hintergrund *Elaeagnus pungens* 'Maculata' und *Taxus baccata* 'Semperaurea'; Cambridge University Botanic Gardens im Februar.

Neben den vielfältigen **CAREX** mit weißen Panaschierungen wie den bodendeckenden Seggen *C. morrowii* 'Variegata', *C. morrowii* 'Ice Dance', *C. m.* var. *foliosissima* 'Silver Sceptre' und der nicht Ausläufer bildenden *C. oshimensis* EVERCOLOR® 'Everest' für schattige oder halbschattige Lagen findet sich die wesentlich geschmeidigere *C. comans* 'Frosted Curls' für sonnige Standorte, wo sie feine, fast weißliche Wellen zeigt.

Die niedrigen Moorgräser **SESLERIA CAERULEA** (*S. albicans*) und *Sesleria heufleriana* gedeihen mit ihrer hohen Standortamplitude auch noch im lichten Schatten. Andere blaue Gräser sind sonnenhungrig: der populäre Blauschwingel (**FESTUCA GLAUCA**), der Blaustrahlhafer (**HELICTOTRICHON SEMPERVIRENS**), z. B. 'Saphirsprudel' und das sehr beliebte, aber leider oft recht unordentliche, halbimmergrüne **ELYMUS MAGELLANICUS** – das wohl blaueste aller Gräser.

Auch die trockenen, ausgeblichenen Samenstände verschiedener **MISCANTHUS** sowie der schon im Sommer blühenden **DESCHAMPSIA CESPITOSA** können silberweißen Glanz in den Garten bringen, während **NASELLA TENUISSIMA** eher weißgold wirkt.

Wintergrüne, die im Sommer einziehen

ARUM ITALICUM und die meisten **CYCLAMEN** sind typische Winterschönheiten – sowohl der italienische Aronstab als auch die gängigen Alpenveilchen treiben im Herbst aus, behalten ihr Laub den ganzen Winter über und verschwinden, wenn die Sommerstauden ihr Recht einfordern, rechtzeitig in die Sommerpause. Von beiden gibt es eine große Anzahl besonders silbriger Sorten: *Arum italicum* 'Marmoratum' ist ein nicht einheitlicher, mehr oder weniger silbern gezeichneter Sämlingsschwarm (Strain), der die rein grüne Form aus dem Markt verdrängt hat. Wesentlich imposanter sind die besonders helle Sorte 'Monksilver', die lebhaft gezeichnete 'Sandy MacNab' und die breitlaubigere 'Chamaeleon'.

Da die meisten *Cyclamen coum* und *C. hederifolium* aus Samen vermehrt werden, lohnt es sich, in Gärtnereien aus einer großen Anzahl von Pflanzen die schönsten Laubformen zu selektieren. Wer nur schöne Laubformen von *Cyclamen* im Garten hat, der hat meistens auch die schönsten Sämlinge.

Goldtöne

Wärme, Sonne und Frühjahr bringen die goldenen Töne als Assoziation mit sich. Das kann gerade gegen Ende des Winters gut tun, wenn selbst bei eingefleischten „Wintergärtnern" die Sehnsucht nach dem Frühling immer größer wird.

CHOISYA galt während meiner gärtnerischen Anfangszeit noch als heikle Seltenheit. Inzwischen weiß man, dass viele von ihnen wesentlich niedrigere Temperaturen wegstecken können als ursprünglich gedacht. Von den immergrünen, sehr schnittverträglichen Gehölzen gibt es mit der Sorte 'Aztec Gold' eine vielseitig einsetzbare gold- bis hellgrünlaubige Form.

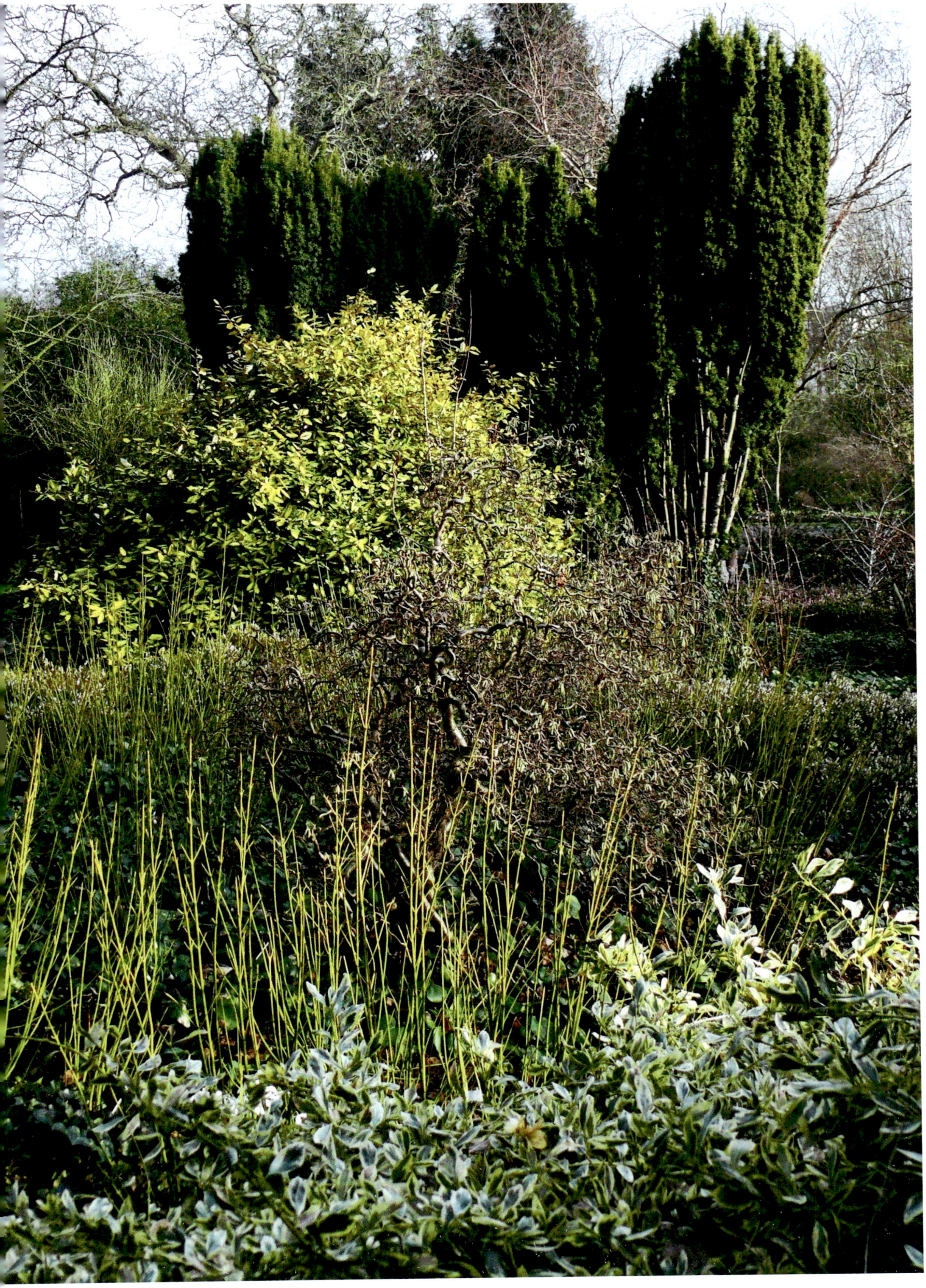

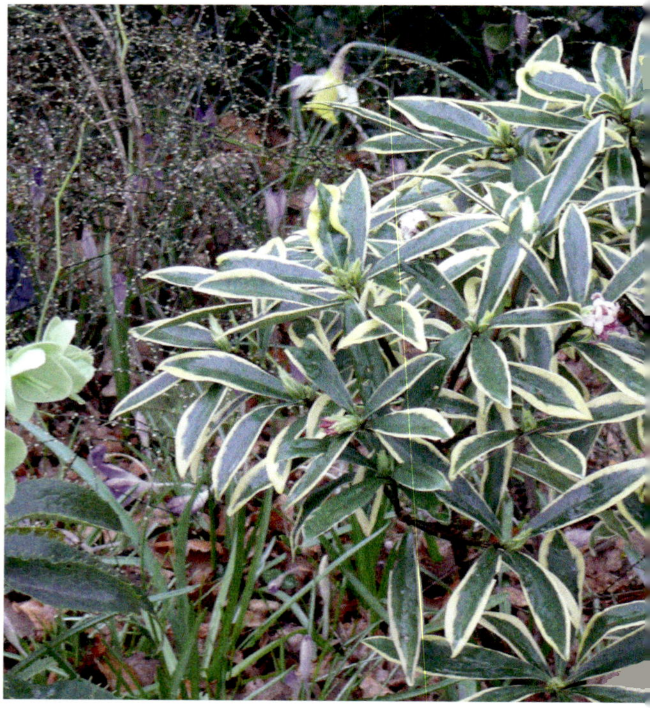

Daphne odora 'Mae-jima' mit intensiver Panaschierung.

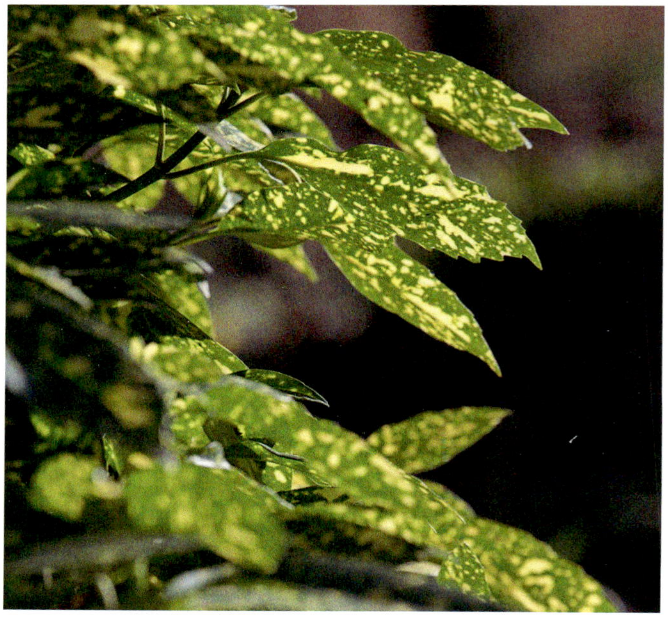

Das Laub von *Aucuba japonica* 'Crotonifolia' im Durchlicht.

Für goldene Laubakzente im winterlichen Garten stehen nicht viele rein gelblaubige Gehölze zur Verfügung, doch kann man neben der Orangenblume noch folgende „**Immergelbe**“ verwenden:

» **LIGUSTRUM** × *vicaryi* GOLDEN TICKET® (L. 'Vicary') mit goldgelbem jungen Laub, in beschatteten Regionen zu hellgrün färbend, duftenden Blüten, kompaktem Wuchs, ab Zone 5, oder die hellgelbe *Ligustrum sinense* 'Sunshine' (ab Zone 6), die im Winter auch etwas Orange zeigt, moderater und dichtbuschig wächst.

» **LONICERA NITIDA** 'Baggesen's Gold' ist das goldene Pendant zur immergrünen Heckenkirsche, wirkt durch das wesentlich kleinere Laub und den raschen Wuchs immer etwas struppiger, wenn man nicht mehrfach im Jahr schneidet und ist gemeinsam mit

» **ILEX CRENATA** 'Golden Gem', 'Drops of Gold' mit etwas rundlicher konvex gewölbtem Laub oder der besser golden durchgefärbten BRASS BUCKLE® ein warmtöniger „Buchsersatz“ für schneidfreudige Gärtner – nicht zu vergessen den Buchs selbst:

» **BUXUS SEMPERVIRENS** 'Rotundifolia Aurea' mit goldenem Austrieb sowie viele andere, oft nur schwer erhältliche Buchssorten.

Alternativ gibt es besonders schöne gelbliche **Panaschierungen** bei:

» **ERICA ARBOREA** 'Albert's Gold' ist eher für die wärmsten Regionen Deutschlands und selbst dann sollte man erst einmal einen geschützten Platz für die goldene Baumheide wählen. Durch ihre leuchtend grüngelben Flammen ist sie so interessant, dass man einen Versuch wagen sollte.

» **LIGUSTRUM** *ovalifolium* 'Aureum' mit breit goldenem Rand oder dem etwas heller cremegelb gerandeten *Ligustrum lucidum* 'Excelsum Superbum' mit rötlichem Austrieb und schönem, baumartigen Wuchs. Der Chinesische Glanzliguster ist ab Zone 8a winterhart.

» **ILEX**-*aquifolium*-, *I.-altaclarensis*- und *I.-meserveae*-Sorten. Als klassische Sorte mit gelbem Rand sind *Ilex aquifolium* 'Golden Queen' (m!), *Ilex × altaclerensis* 'Golden King' (w!) und *Ilex aquifolium* 'Golden van Tol' (selbstfertil) empfehlenswert. *Ilex aquifolium* 'Gold Milkboy' (m) und – mit etwas geringerem Gelbanteil – *I. aquifolium* 'Gold Flash' (w) sind dreifarbig, von der Mitte heraus in hellem Cremegelb, auch Hellgrün und mit dunkelgrünem Rand. *Ilex aquifolium* 'Night Glow' (w) und 'Canadien Gold' (m) bekommen einen goldenen Neuaustrieb, der sich später nach Grün verfärbt.

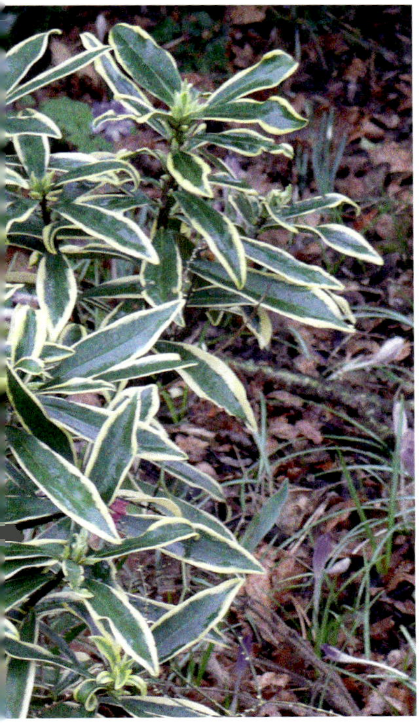

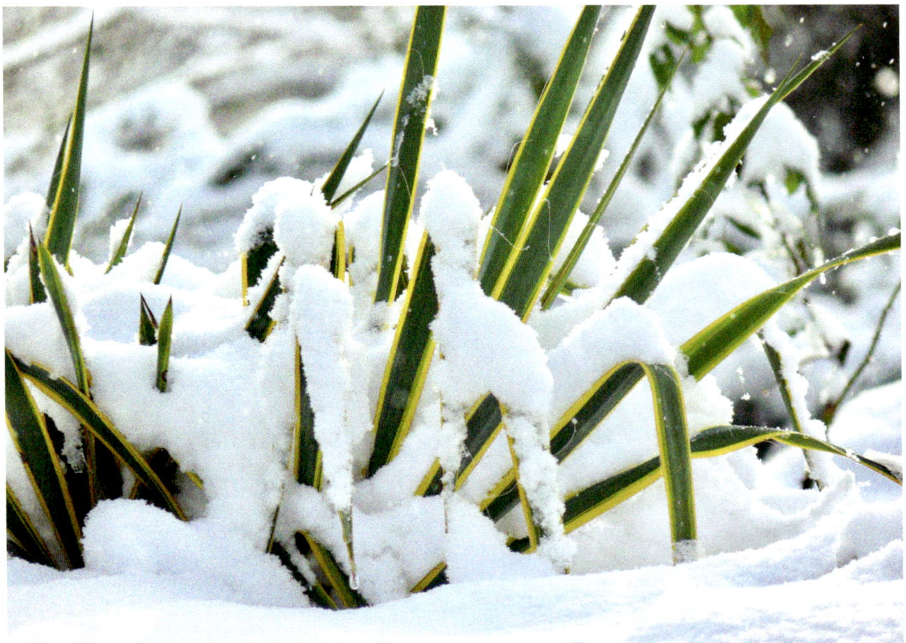

Yucca flaccida 'Diamant' – eine goldkantige Pracht im Schnee.

Im Winter bleiben gelbgrüne Spitzen auf mittelgrünem Laub.

» **OSMANTHUS HETEROPHYLLUS** 'Ogon' in Gold (sehr langsam wachsend) sowie 'Goshiki' mit grün-creme-gelblich geflecktem Laub und hellpink- bis orangefarbenem Neuaustrieb, diversen

» **ELAEAGNUS** × **EBBINGEI**, z. B. der gängigen Ölweide 'Gilt Edge' oder ihrem farblichen Negativabdruck 'Coastal Gold', sowie bei *Rhododendron*,

» **BUXUS MICROPHYLLA** GOLDEN TRIUMPH® und der noch etwas stärker gerandeten, helleren GOLDEN DREAM® 'Peergold'.

» Bei **ILEX CRENATA** GOLDEN ROCK® sind die Blätter dunkelgrün mit teils großen gelben Flecken, die auf dem kleinen Laub nicht im Einzelnen, sondern nur als goldene Aufhellung auffallen, anders als bei

» **AUCUBA JAPONICA** 'Golden Spangles' (w) oder der noch intensiver gelb gefleckten 'Crotonifolia' (w): Die unregelmäßig goldenen Flecke suggerieren, dass Sonnenlicht durch ein Blätterdach auf ihr Laub gefallen ist. Fast weißlich gelb mit grünen Spritzern – vor allem im Austrieb – sind 'Golden King' (m) und 'Mr. Goldstrike' (m), beides männliche Pflanzen, die keine roten Früchte bekommen. Bei der zwittrigen A. j. PEPPER POT 'Shilpot' ist das grüne Laub gleichmäßig mit lauter feinen gelben Spritzern bedeckt. Aucuben sind wesentlich winterhärter als allgemein angenommen, verbrennen aber in voller Sonne und sind an einem hellen, absonnigen Standort am Schönsten.

» **DAPHNE** × *burkwoodii* hat ebenfalls einige creme bis hellgelb panaschierte Sorten, reine Goldtöne sind seltener. Und auch beim hellgerandeten Laub von *Daphne odora* 'Mae-jima' kann man nicht ganz genau festlegen, ob der Rand nun eher weiß oder eher gelb ist.

» **RHODODENDRON** 'Goldblattambiente' hat einige relativ fein gezeichnete goldene Streifen entlang des Blattes, 'Goldflimmer' hat derer mehr und malt unregelmäßig cremegelbe Muster entlang der Blattadern, 'Superflimmer' ist aus der Mitte heraus noch flächiger cremegelb panaschiert, hat zusätzlich auch noch gelbgrüne Anteile (dreifarbiges Laub). Der Blattrand ist ungleichmäßig dunkelgrün. Viele andere panaschierte Rhododendren haben gekräuseltes oder verkrüppeltes Laub – das der drei genannten Kultivare ist gleichmäßig geformt.

» **YUCCA** können mit ihrem aufrechten, stark strukturierten Laub auch mit Goldkante glänzen oder mittig goldfarben sein. Sie sind in einem sonst eher bläulich gestalteten

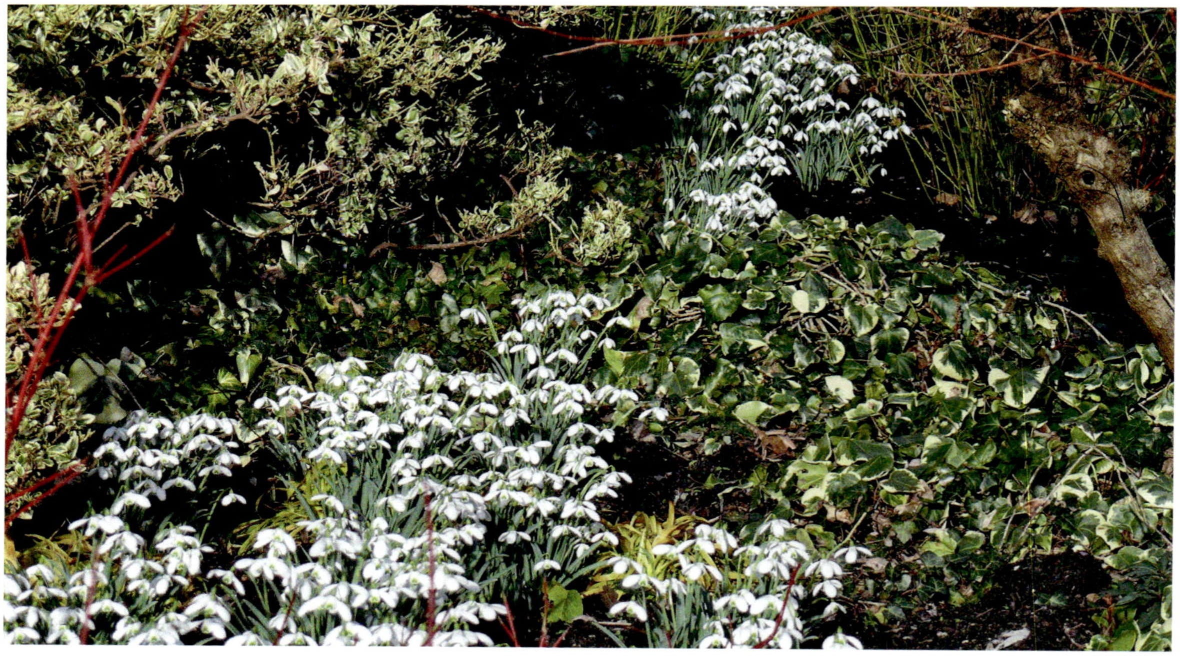

Farbiges Laub von *Luzula sylvatica* 'Aurea', *Hedera helix* 'Glacier', *Hedera colchica* 'Dentata Variegata' und *Euonymus fortunei* 'Silver Queen', dazu diverse *Galanthus*.

mediterranen Wintergarten ein hübscher warmer Lichtblick. *Yucca flaccida* 'Diamant' und *Y. filamentosa* 'Bright Edge' haben warmgoldene Ränder, *Y. filamentosa* 'Variegata' ist längsseitig in verschieden dicken Streifen cremefarben und gelb durchzogen, *Y. flaccida* 'Garland Gold' und *Y. filamentosa* 'Golden Sword' sind in der Mitte breit cremefarben und wirken dadurch kühler, bei *Y. filamentosa* 'Color Guard' ist der Streifen noch ein kleines bisschen breiter.

Bodendecker

Unter den goldenen Bodendeckern finden sich vorwiegend die gleichen Gattungen wie bei den weißbunten:

» **HEDERA** hat interessante dreifarbige Sorten mit buttergelbem Rand, der sich ungleichmäßig ins Blatt hineinzieht. Im Zentrum wechseln hellgelb überlagerte und frischgrüne Segmente. Die gängige Sorte 'Goldheart' gefällt mir weniger als die elegantere Sorte 'Yellow Ripple'. *Hedera colchica* 'Sulphur Heart' ist durch das Fehlen von Haftwurzeln für viele Gärten interessanter. Bei ihm hängt das große Laub mit goldenem Herzen manchmal etwas schlaff herunter.

» **EUONYMUS FORTUNEI** gibt es als etwas weniger raumgreifende Alternative ebenfalls in zahleichen goldenen Spielarten. Eine der bewährtesten Sorten ist 'Emerald and Gold' ('Emerald'n'Gold') mit hellgrünem Laub, das einen breiten, goldgelben Blattrand unterschiedlicher Breite hat. Die starkwüchsige 'Sunshine' ist heller gelb, ihr Winterlaub teils rötlich. Bei der Art

» **VINCA MINOR** der Gattung Immergrün, finden sich die grüngelb austreibende 'Bowle's Golden' und 'Aureovariegata', die vom Rand her ungleichmäßig nach innen laufend gelb panaschiert ist.

Noch etwas umgänglicher in ihrem Wuchsverhalten sind:

» **SAXIFRAGA STOLONIFERA** 'Harvest Moon' (Zone 7), deren goldene bis grüngelbe Blätter einen dünnen rosaroten Rand besitzen. Die rosarote Blattunterseite ist im Austrieb deutlich zu sehen. *Saxifraga × urbium* 'Aureopunctata', ein für kleinere Gärten wunderbarer, unkomplizierter Bodendecker, der zahlreiche goldgepunktete Rosetten bildet. Das sieht in der Fläche aus wie Sonnenreflexe auf grünen Rosenblüten.

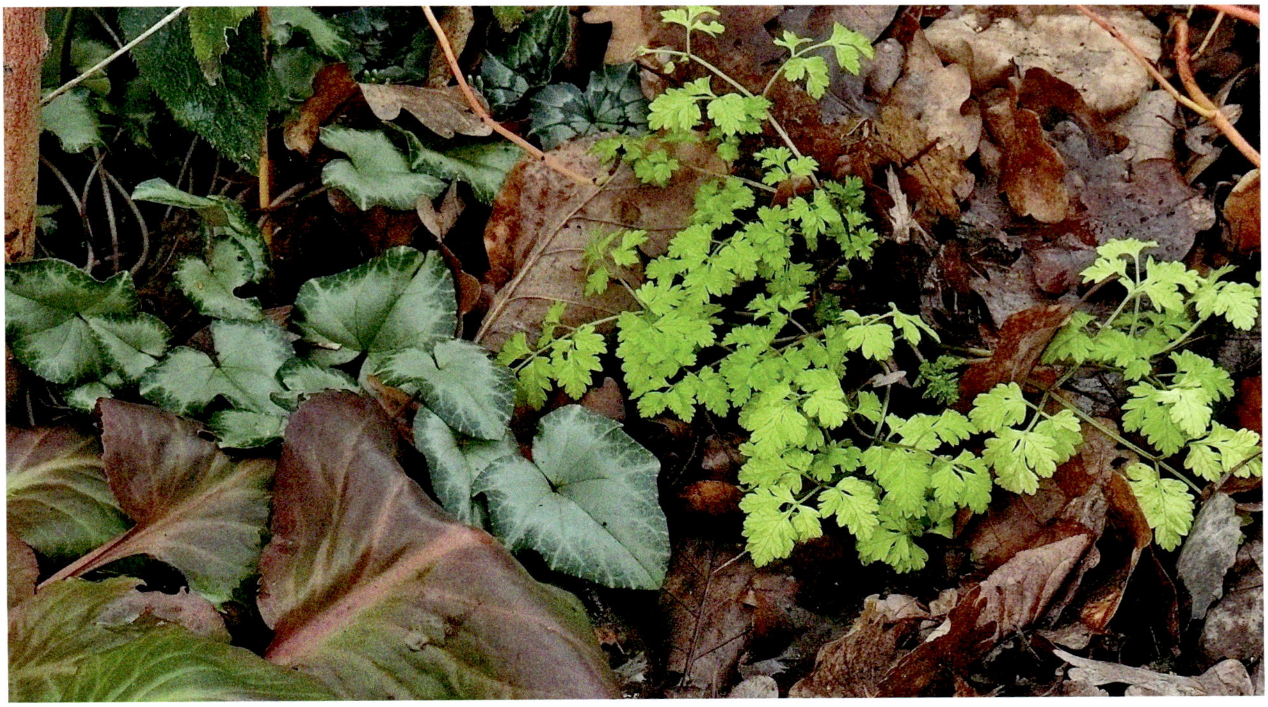

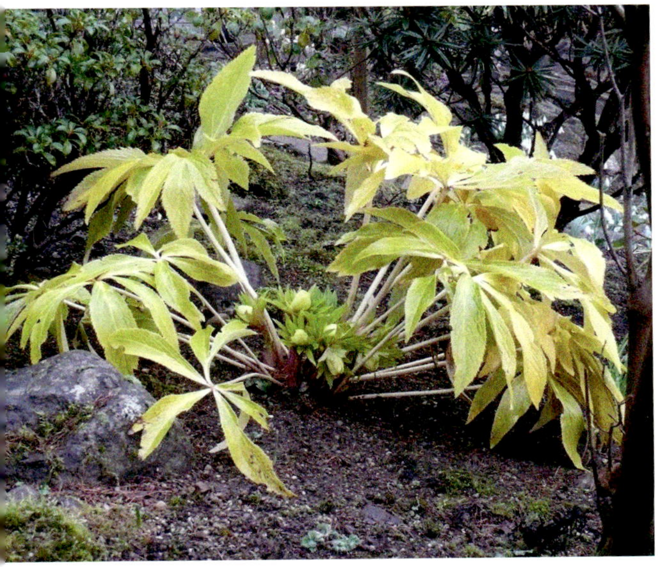

Oben: *Anthriscus sylvestris* 'Going for Gold' mit silbernem *Cyclamen hederifolium* und rot überlaufener *Bergenia* im unaufgeräumten Waldrandgarten der Autorin Mitte Januar.

Links: Gelblaubige goldene *Helleborus* als Lichtblick zwischen dunkelgrünen Azaleen.

» **LAMIUM MACULATAUM** gibt es auch in goldenen Varianten, die zwar bodendeckend wachsen, jedoch nicht lästig werden. Die bekannteste ist 'Golden Anniversary' mit gleichmäßig hellgelbem Rand und einem breiten, silbernen Mittelstreifen.

Stauden und Kurzlebige

In der unteren Ebene auf dem Boden gibt es neben den genannten Bodendeckern kaum noch gelbes Laub. Im Winter nicht einziehende Stauden bleiben meistens grün oder färben sich eher purpurn. Es gibt ein paar Ausnahmen:

Bei der Gattung **HELLEBORUS** scheint sich bezüglich besonders hellen Laubes ein Trend zu entwickeln. Vor allem bei gelb blühenden *Helleborus × Hybridus* findet man Pflanzen mit ganzjährig gelbem bis hellgelbgrünem Laub (auch im Austrieb). Inzwischen ist diese Eigenschaft auch in andere Strains (z. B. der Evolution-Gruppe von Ashwood) mit eingekreuzt.

ANTHRISCUS SYLVESTRIS 'Going for Gold' ist eine Zweijährige, die in meinem Garten machen darf, was immer sie will. Der goldene Wiesenkerbel ist mir, wo immer er auftaucht, eine große Freude, denn er versamt sich moderat, ohne lästig zu werden. Als Zweijährige muss er das auch! Im ersten Jahr erfreut das feine, helle Laub als kleine Rosette sogar den ganzen Winter über. Ich wusste schon beim Kauf, dass mir das hellgelbe, im Schatten gelbgrüne Laub unter Gehölzen wesentlich besser gefallen würde als das dunkle Laub der schönen 'Ravenswing', die ich lieber in der Sonne sehe. Auch mit seiner weißen, filigen Umbelliferenblüte ist dieses Kraut eine schöne Begleitung für üppige Prachtstauden und in naturnahen Pflanzungen ein willkommener Vagabund.

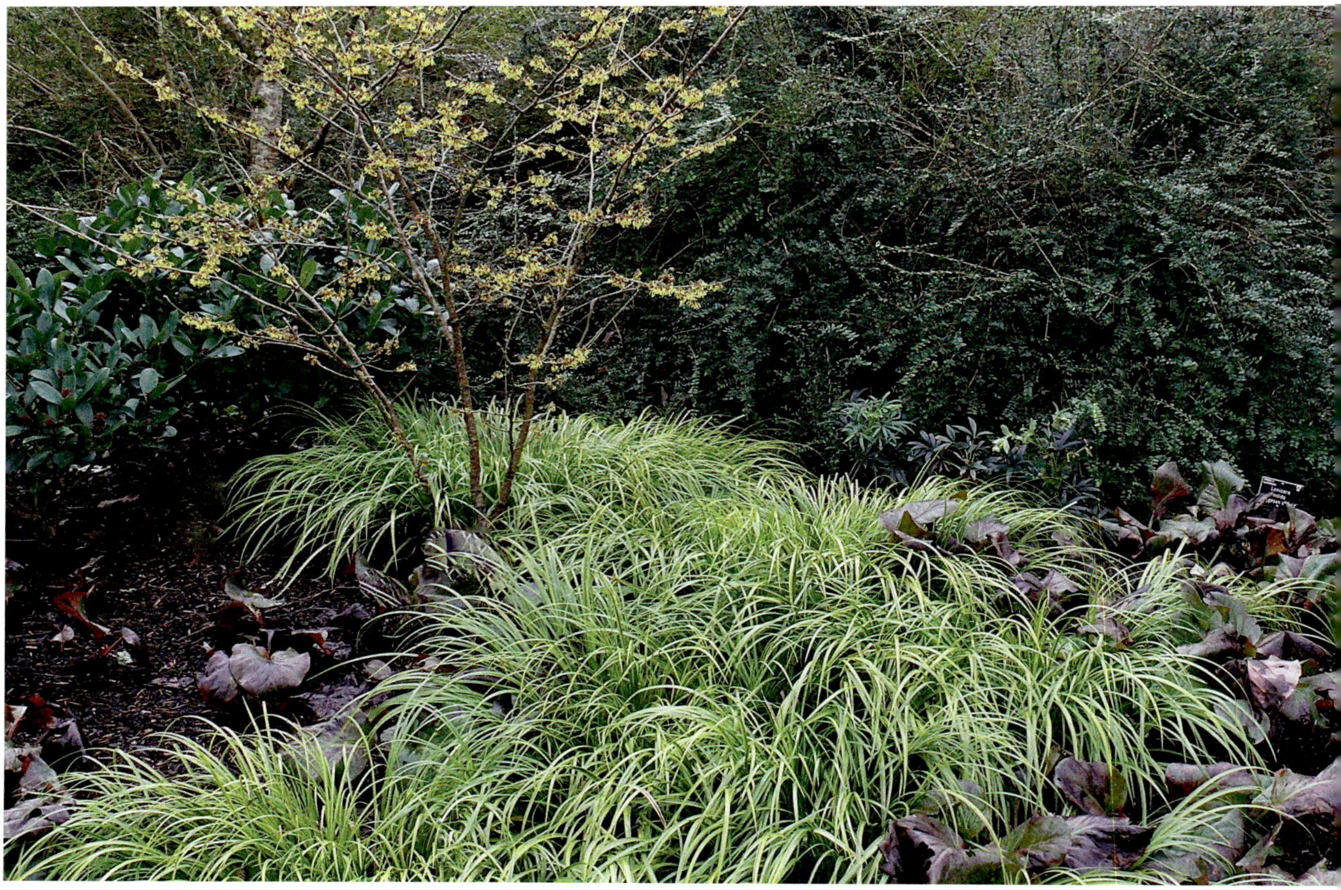

Oben: *Acorus gramineus* 'Ogon'-Fluss mit Bergenien und *Hamemelis × intermedia* 'Arnold's Promise'. Im Hintergrund links *Skimmia japonica* 'Redruth'. RHS Garten Rosemoor, England im Februar.

Rechts: *Luzula sylvatica* 'Aurea', *Euonymus fortunei* 'Silver Queen', *Cornus alba* 'Sibirica' und *Hedera colchica* 'Dentata Variegata'. Im Februar in Cambridge University Botanic Garden, England.

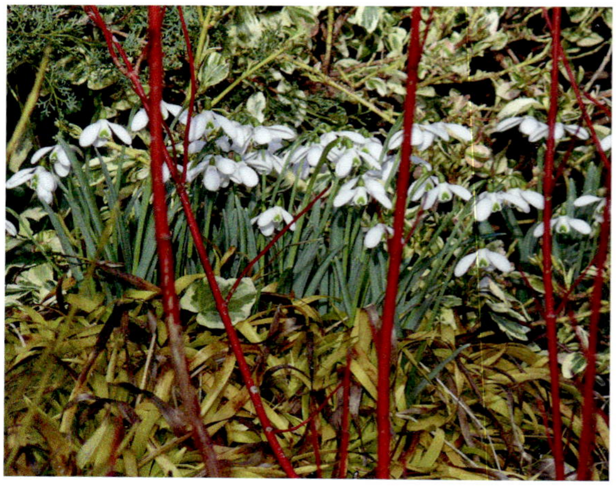

HEUCHERA gibt es nicht nur in bronzigen oder dunklen Tönen, sondern auch in hellem Grün, gelblichem Grün, Creme- und Orangetönen. Die meisten derzeit erhältlichen eher gelblaubigen Sorten gelten als wenig robust, die limettengrüne 'Lime Marmelade' scheint aber zumindest im Schatten gut zu wachsen und zu leuchten. H. PEACH FLAMBE®, 'Ginger Peach' und CARAMEL® sind kupfrig pfirsich- bis hellkaramellfarben.

Gräser und Grasähnliche

ACORUS GRAMINEUS 'Ogon' und 'Oborozuki' in Cremegelb gestreift und der kleinere, rein gelbgrüne, etwas niedrigere und in seinem grasartigen Laub feinere *A. g.* 'Minimus Aureus' gehören für mich zu den erfreulichsten Wintergestalten für nicht zu trockene oder sogar nasse Problemböden. Der kleine Kalmus verträgt eingewachsen ungeahnt viel Trockenheit und sieht mit seinem frisch glänzenden Laub das ganze Jahr über schön aus, ohne sich in den Vordergrund zu spielen. Er wächst langsam und bodendeckend, wird aber nicht lästig. Auf abschüssigem Gelände legen sich alle Blätter in eine Richtung und erzeugen eine fließende Bewegung ähnlich dem japanischen Hakone-Gras (*Hakonechloa macra*) und seinen Sorten, welches jedoch nicht frisch frühlingshaft gelbgrün, sondern warm ockerfarben tönt, bis es, je nach Witterung, gegen Winterende verweht wird.

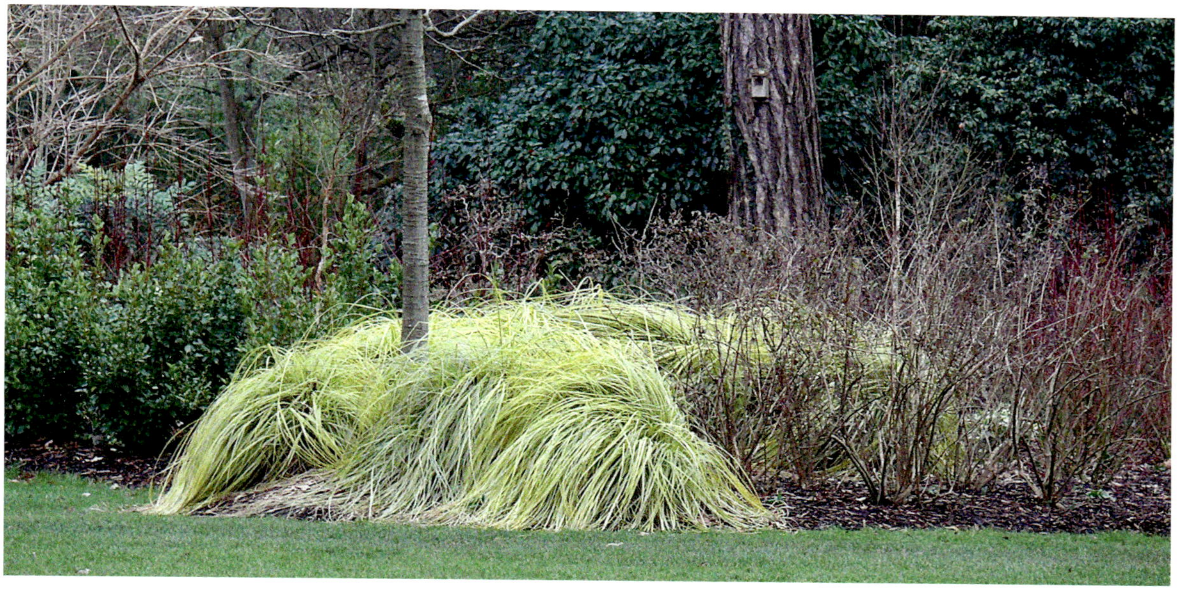

Cortaderia selloana 'Aureolineata' mit starker Fernwirkung; RHS Garten Wisley im Februar.

LUZULA SYLVATICA 'Aurea' hat da eine völlig andere Ausstrahlung. Die horstig wachsende Wald-Hainsimse wirkt sanfter und natürlicher, denn ihr Laub glänzt nicht so stark und hat im Winter meistens ein paar bräunliche Spitzen, in voller Sonne manchmal auch ein paar mehr.

CAREX ist auch für gelbe Farbe im winterlichen Garten eine hoch geschätzte Gattung. Besonders beliebt und besonders gelb ist *C. elata* 'Bowles Golden' ('Aurea'). Das als Goldsegge bekannte Gras wird 60 Zentimeter hoch und hat steifes Laub, das unordentlich abknicken kann und außer seiner intensiven Farbwirkung wenig Eleganz verkörpert. Gefälliger wirken die neueren, horstig wachsenden *C. oshimensis* der EVERCOLOR®-Serie für (halb-)schattige Standorte: 'Everlime' mit gelbgrünen Blatträndern, die besonders dunkelgrün gerandete 'Evergold' mit cremegelber Blattmitte und 'Eversheen' mit grünlicherer Mitte, 'Everillo' mit rein leuchtend gelbgrünem Laub sowie die Ausläufer bildenden *Carex morrowii* var. *foliosissima* 'Goldband' mit cremegelbem Blattrand und 'Irish Green' – dem wandernden Pendant zu 'Everillo'.

Neben diesen vielen gelblich panaschierten Möglichkeiten gibt es noch ein besonders leuchtendes Pamapasgras, das wirkungsvoll eingesetzt werden kann, wo es geschützt steht und im Winter trocken bleibt:

CORTADERIA *selloana* 'Gold Band' ('Aureolineata') hat einen lässigen „Wuschelkopf" im Winter mit unsagbarer Fernwirkung. Von Nahem erkennt man, dass dies von verschieden dicken, ungleichmäßig angeordneten zitronengelben Längsstreifen im Laub herrührt. In besonders feucht-kühlen Klimaten sollte das Pampasgras geschützt stehen und vor dem Winter so zusammengebunden werden, dass nicht zu viel Regen und Schnee in die Mitte gelangt. Dies funktioniert ganz gut, indem man das Gras wie einen Pferdeschwanz nach oben zusammenbindet und zu einer Seite kippen lässt.

Trockene Gräser oder deren Samenstände können mit ihren warmen Goldtönen den winterlichen Garten verzaubern. Hier wirken besonders **MOLINIA**, **PENNISETUM**, **PANICUM VIRGATUM** und **CALAMAGROSTIS BRACHYTRICHA** – bei trockenem, wind- und schneearmem Wetter auch **STIPA GIGANTEA**.

Grüntöne

Grüne Farben sind wichtig, damit der Garten auch im Winter noch Leben ausstrahlt. Besonders frühlingshaft wirken gelbliche, helle Grüntöne, deren Farbwirkung durch eine kontrastreiche Bepflanzung mit dunkelgrünen Tönen noch gesteigert werden kann.

Je nach Gartensituation stehen eine Vielzahl von immergrünen Gehölzen, Stauden und Farnen zur Verfü-

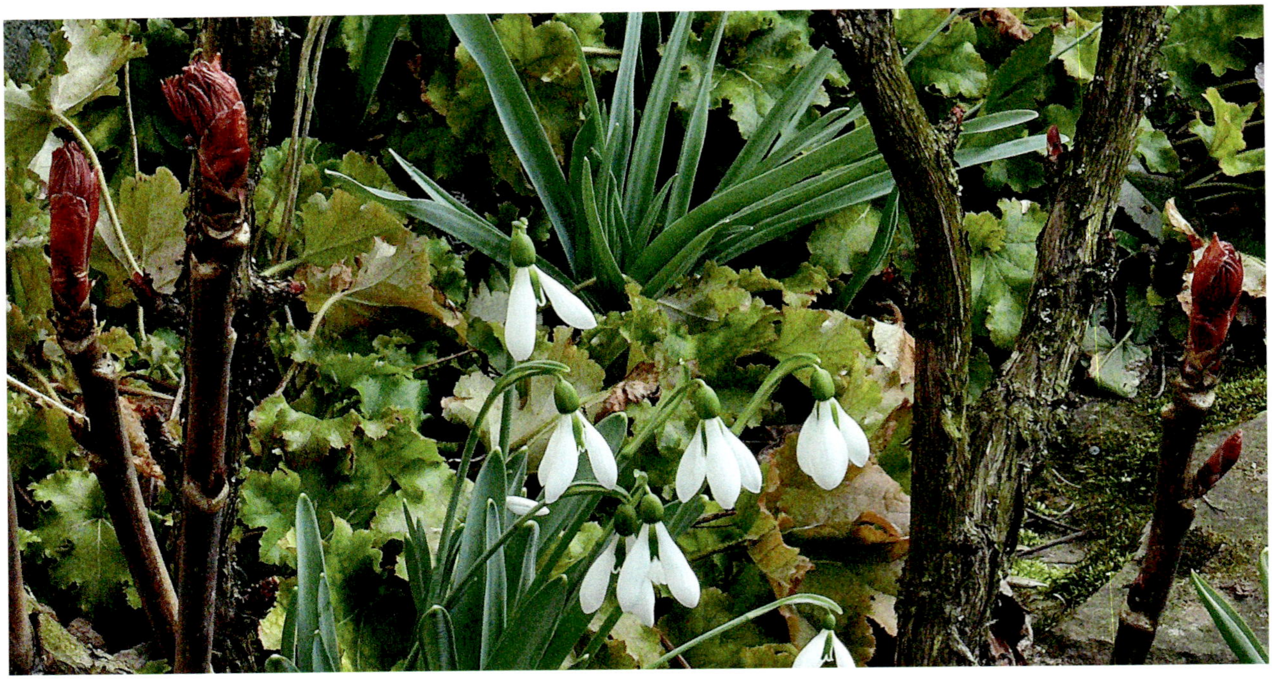

Obwohl draußen noch bitterkalt, gibt *Heuchera* 'Lime Marmelade' dieser kleinen Gartenszene mit *Galanthus* 'Trotter's eine sehr frühlingshafte Stimmung. Anfang März im Privatgarten von Anne Repnow.

gung, die diese Funktion übernehmen können. Für die Auswahl der passenden Pflanzen kann es helfen, sich auf diejenigen zu konzentrieren, die zusätzlich zur Farbe noch weitere wertvolle Eigenschaften in den winterlichen Garten einbringen, wie

» einen interessanten Zweigaufbau oder Habitus,
» strukturiertes Laub,
» abwechslungsreiche Laubtexturen,
» interessante Rinden – farbig oder mit schöner Textur
» oder Blüten, die eventuell noch einen Duft verströmen.

Gehölze

Unter folgenden Gattungen finden sich interessante immer- oder wintergrüne Gehölze (Vorsicht: einige Gattungsmitglieder sind laubabwerfend):

» **ARBUTUS**, teilweise mit sehr schöner Rinde. An geschützten Stellen kann man *Arbutus unedo* und die schönere *A.* × *reyorum* 'Marina' durchaus probieren – selbst bei mir im Taunus gedeiht die rötlich blühende *A. u.* forma *rubra* an geschützter Stelle am Haus seit fünf Wintern so unerwartet gut, dass ich regelmäßig schneiden muss.

» **BERBERIS**, z. B. *B. julianae* mit schön überhängendem Wuchs, glänzend dunkelgrünem Laub und auffallend weißlichen Blattunterseiten; Fruchtschmuck; alle stark bedornt und Vogelnist- und -nährgehölze.

» **CAMELLIA**, nur an geschütztem Standort in milderen Gegenden, jedoch kann man einige robustere Wildarten wie *C. transnokoensis* auch geschützt im Mittelgebirge erfolgreich kultivieren.

» **CHOISYA**, schönes Laub, zahlreiche duftende Blüten im Frühjahr und Nachblüte im Herbst, bei der empfehlenswerten, etwas kompakteren Sorte WHITE DAZZLER ('Londaz') manchmal sogar noch im Winter.

» **COTONEASTER**, z. B. *C. salicifolia* (leider feuerbrandgefährdet) mit schmalem, glänzend immergrünem Laub und rotem Beerenschmuck. Halbimmergrüne *Cotoneaster* färben oft einen Teil ihres Laubes ab dem Herbst feuerrot, während andere Blätter grün bleiben – ein schöner Kontrast an ein und demselben Strauch.

» **DAPHNE** in zahlreichen Spielarten, zum Großteil mit duftenden Blüten.

» **DAPHNIPHYLLUM MACROPODUM** als etwas andere Alternative zu einem großen Rhododendron. Sie hat stark strukturiertes, in Quirlen angeordnetes „Rhododendren-Laub" mit auffallend roten Blattstielen und heller Blattunterseite. Sehr gute Strukturwirkung; für geschütztere Lagen.

» **FATSIA JAPONICA** mit großem, stark glänzendem Laub gibt einem das Gefühl, im Regenwald zu sein (geschützte Lage, lichter Schatten).

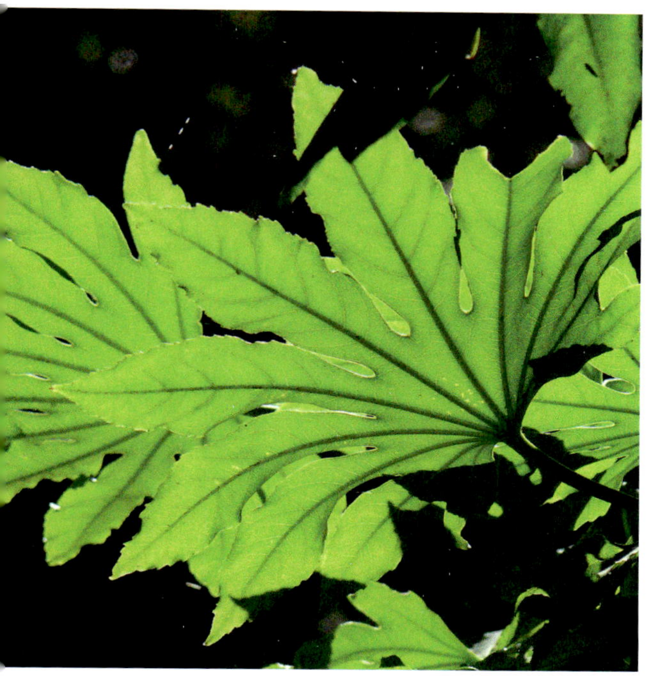

Laub von *Fatsia japonica* im Durchlicht. Die sogenannte „Zimmeraralie" ist in den meisten schattigen, geschützten Lagen winterhart.

- **GARRYA ELLIPTICA**, z. B. die Sorte 'James Roof' mit besonders langen Blütenkätzchen oder *Garrya* × *issaquahensis*, alle in kühleren Regionen geschützt vor Wintersonne, z. B. an einer Westmauer, sonst eventuell Laubverbrennungen.
- **GENISTER** und **ULEX** (letzterer nur in wärmeren Gegenden).
- **ILEX** für Glanz an schwierigen Standorten wie trockenem Schatten und Wurzeldruck.
- **MAGNOLIA GRANDIFLORA** ab WHZ 7b an geschütztem, sommerheißem Standort – je nach Sorte mit besonders auffälligem Indumentum und besserer Frosthärte als die gängige 'Gallisonniere' (nicht empfehlenswert in Deutschland). Empfehlenswerte Sorten sind hier 'Blanchard', 'Brown Velvet', 'Kay Perris' (für kleinere Gärten), 'November Fox' (mit langer Blütezeit und leuchtend olivbraunem Indumentum) oder die kleinere, schmallaubigere
- **MAGNOLIA VIRGINIANA** mit vielen sehr empfehlenswerten Sorten, die blattoberseits einen schönen Lotuseffekt zeigen, eine kreideweiße bis bläulich weiße Blattunterseite haben sowie sommerlich stark duftende Blüten (für sonnigen, feuchten bis frischen Standort): *M. virginiana* var. *australis* 'Aiken Country' mit intensiv silberfarbener Blattunterseite, die strauchförmige, besonders winterharte *M. v.* 'Havener', die besonders großlaubige *M. v.* 'Ludoviciana' (hält ihr Winterlaub nur in warmen Gebieten), die besonders winterharte, gut baumförmig wachsende *M. v.* 'Northern Belle', 'Plena' mit halb gefüllten Blüten, die langsam wachsende Zwergform 'Tensaw' oder die einstämmig wachsende, locker aufgebaute Sorte *M. v.* var. *australis* 'Satelite', die schmale, starkwüchsige MOONGLOW® 'Jim Wilson' oder 'Pink Halo', deren Blüten am Blütenboden einen rosafarbenen Ring zeigen. *M. virginiana* passt sich strenger Witterung durch partiellen Laubverlust an und könnte auch als halbimmergrün bezeichnet werden.
- **MAHONIA** als eher flächendeckendes, im Winter oft dunkel umfärbendes Buschwerk mit duftenden Winterblüten oder solitäre Blatt- und Blütenschmuckpflanze mit sehr gutem Duft (unterschiedliche Winterhärte beachten).
- **OSMANTHUS** *heterophyllus* mit ilexähnlichem, auch panaschiertem Laub und intensiv duftenden Herbstblüten oder die eher zurückhaltenden, ebenfalls sehr gut duftenden dunkelgrün-laubigen *Osmanthus delavayi* und *O.* × *burkwoodii* (unterschiedliche Winterhärten beachten).
- **PHOTINIA** × *fraseri* mit glänzend immergrünem Laub, teilweise panaschiert und je nach Sorte mit unterschiedlich rötlichem Neuaustrieb, auffällig weißen Blütendolden; schnittverträglich (direkt nach der Blüte im Frühherbst), sowohl hecken- als auch solitärtauglich. Sehr schön ist auch die ähnliche, wintergrüne *P. davidiana (Stranvaesia davidiana)* mit feuerroter Herbst-/Winterfärbung der älteren (ca. dreijährigen) Blätter und scharlachroten, bis in den Winter anhaftenden Früchten. Sie ist leider feuerbrandgefährdet (Anbau in der Schweiz verboten).
- **PIERIS JAPONICA** mit im Alter interessanter rotbraun abschilfernder Rinde, eventuell panaschiertem Laub und frühen Büscheln aus hellen Blütenglöckchen sowie sortenspezifisch unterschiedlich rotem Neuaustrieb.
- **PYRACANTHA** mit halbimmergrünem Laub und lang anhaftendem Beerenschmuck in Gelb, Orange und Rot (teils feuerbrandgefährdet); nur für Gärtner, die Dornen nicht scheuen!
- **QUERCUS**, z. B. *Q. ilex*, *Q. turneri* 'Pseudoturneri' oder *Q.* × *hispanica* mit toller Korkrinde. An geschützten, trockenen Standorten in wärmeren Gegenden Deutschlands („Weinbauklima") ist sogar die Korkeiche *Q. suber* über Jahre kultivierbar und präsentiert neben dem matten, immergrünen Laub eine imposante Korkrinde.

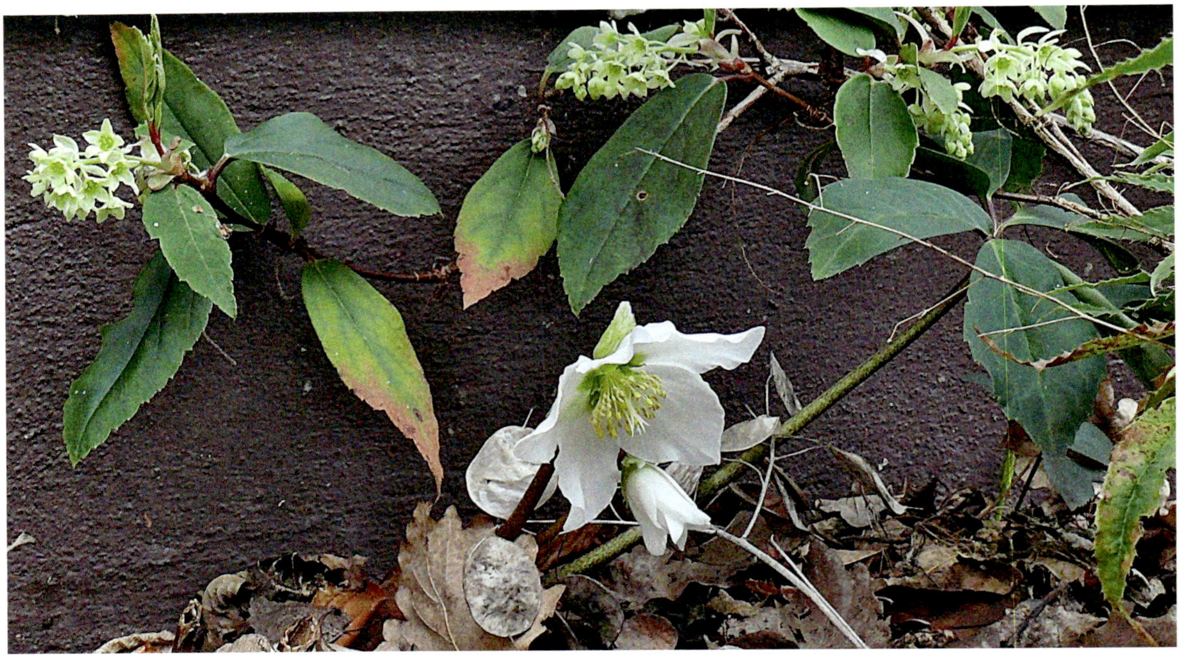

Ribes laurifolium mit *Helleborus niger*, Ende Februar im Taunus-Garten der Autorin.

- **RHODODENDREN** – z. B. mit ganzjährig interessantem Indumentum und weiß bereiftem Austrieb im Frühjahr.
- **RIBES LAURIFOLIUM**: im Winter mit langen, helljadegrünen Knospenbüscheln, im Vorfrühling sich zu kleinen Glöckchen öffnend; braucht etwas zum Anlehnen, sonst wächst diese Johannisbeere kriechend (aber nicht dicht bodendeckend); *R. l.* 'Amy Doncaster' blüht besonders reich und hat noch auffallendere rötliche Blüten- und Blattstiele.
- **RUSCUS**: Für Liebhaber des Besonderen trägt der Mäusedorn seinen (roten) Beerenschmuck direkt am Laub.
- **SARCOCOCCA** mit teils betörenden Düften aus eher unscheinbaren winterlichen Blüten, sogar im Vollschatten mit Wurzeldruck.
- **SKIMMIA** mit Duft, Beerenschmuck und herrlichen Blütenknospen, je nach Geschlecht der Pflanze.
- und viele mehr!

Stauden, Kurzlebige, Wintergrüne und Gräser

Besonders interessant sind jedoch Grüntöne auf einer niedrigeren Ebene im Beet. Denn gerade die Beete sehen im Winter oft wesentlich trostloser aus, haben sie doch noch nicht einmal Silhouetten oder Rinden zu bieten, wenn tatsächlich nur einziehende Stauden verwendet wurden. Natürlich hilft da schon, dass immer mehr Gärtner Samenstände oder Gräser ungeschnitten durch den Winter gehen lassen. Doch machen gerade frischgrüne Töne am Boden gute Frühlingslaune.

Für mich gehören zu den Stars unter den winterschönen Stauden und Zwiebelpflanzen folgende:

- **ARUM ITALICUM** wurde schon bei den Silbertönigen erwähnt. Die gängigen Sämlinge von *Arum italicum* 'Marmoratum' im Handel sind im Gesamteindruck grün.
- **ASARUM EUROPAEUM** als zarter, niedriger Bodendecker in einem dunklen, glänzenden Grün und andere *Asarum* (der schöne silbermarmorierte *A. splendens* ist leider sehr schneckengefährdet). Als Alternative mit ähnlichem Laub wären die im Februar blühenden, wintergrünen
- **CYCLAMEN** *coum* denkbar (auch silber gezeichnet oder rein silber, ebenso wie *C. hederifolium*, das herbstblühende Alpenveilchen mit efeublättrigem Laub im Winter).
- **CORYDALIS FLEXUOSA** und die zahlreichen Sorten des Blauen Lerchenspornes ziehen im Sommer ein, um

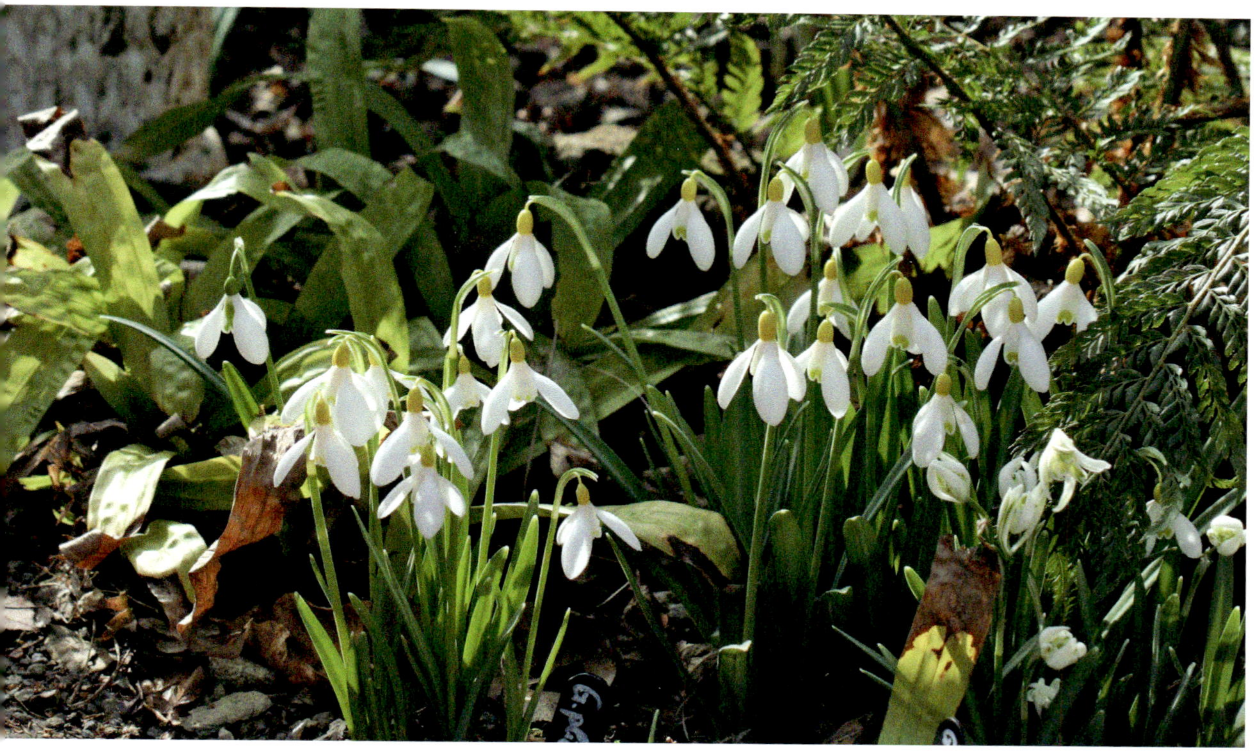

Galanthus plicatus 'Primrose Warburg' mit *Galanthus nivalis* 'Lady Elphinstone' (rechts vorne), frisch grünem Laub von *Carex plantaginea* und rechts Wedel von *Polystichum setiferum* 'Pulcherrimum Bevis' im Garten der Autorin Ende Februar.

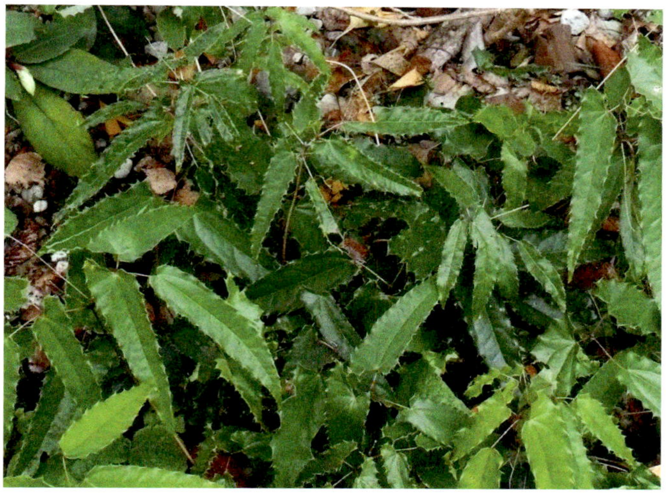

Epimedium 'Spine Tingler' im Garten der Autorin Mitte Januar.

meistens erst ab Herbst wieder etwas frisches Laub zu produzieren, das über den Winter eine Zierde sein kann.

» **PSEUDOFUMARIA LUTEA** (*Corydalis lutea*) und **PSEUDOFUMARIA OCHROLEUCA** (*Corydalis ochroleuca*) bilden hübsches immergrünes, manchmal bläulich bereiftes, zartfiedriges Laub und versamen sich – selbst in kleinsten Fugen – in Beeten mit zarten Raritäten viel zu stark. Die zahlreichen gelben und cremefarbenen Blüten versöhnen mich etwas, sodass ich es nicht übers Herz bringen kann, sie komplett aus dem Garten zu verbannen.

» **CORYDALIS CHEILANTHIFOLIA** versamt sich wesentlich moderater. Er hat farnähnliches Laub in Bronzegrün und bildet gleichmäßigere Rosetten, später mit senfgelben Blüten.

» **EPIMEDIUM** gibt es einziehend, jedoch auch in sämtlichen immergrünen Ausprägungen, häufig aber dunkel glänzend grün (teils mit anderen Winterfärbungen) und stark gezahnt mit sehr guter Strukturwirkung des Laubes. Besonders hervorzuheben sind die schönen, eher neueren asiatischen Sorten, die neben oft riesigen überhängenden Blütenrispen auch wunderschönes Laub bieten. Einige bilden Ausläufer, wachsen aber moderater als die bekannten Bodendecker (siehe auch S. 90). *Epimedium wushuanense* kann grünes, geflecktes oder purpurviolettes Winterlaub bekommen – teilweise sogar verschiedene Tönungen an einer Pflanze. *E. acuminatum* hat meistens sehr schmale, an den Rändern gewellte und mit Laubdornen bewehrte Blätter. *Epimedium franchetii* mit der Sorte 'Brimson Butterfly' bringt leuchtendes Grün in winterliche Gärten, im Frühjahr rötlichen Austrieb mit zartgelben, gut gespornten, luftigen Elfenblütenrispen. Am meisten Freude macht mir im lichten Schatten zurzeit *Epimedium* spec. *nova* 'Spine Tingler' mit dunkelsmaragdgrünem, glänzendem und perfektem Winterlaub und ganz ähnlichen, etwas locker angeordneten Blüten. Die meisten *Epimedium* haben zudem einen anders gefärbten Frühjahrsaustrieb und oft dann und/oder auch im Herbst nachgezeichnete Blattadern.

» **HEUCHERA** ist zwar hauptsächlich in „nicht grünen“ Tönen erhältlich, alte schöne Blütensorten wie z. B. 'Leuchtkäfer' und 'Strawberry Swirl' haben in der Regel aber mittelgrünes Laub, teils mit schöner, dezenter Silbermarmorierung oder Aderung und/oder stark gewellten Laubstrukturen. Bei PARIS® durchziehen mittelgrüne Adern das besonders schön silbrig grüne, fast mintgrün wirkende Laub.

» **RHODEA JAPONICA** bildet Rosetten aus breitem, ledrigem Laub und erinnert von der Form eher an *Eucomis* oder *Clivia*. In ihrer japanischen Heimat ist die langsam wachsende Spargelverwandte in ihrer – in der Regel panaschierten – Sortenvielfalt ein begehrtes Sammelob-

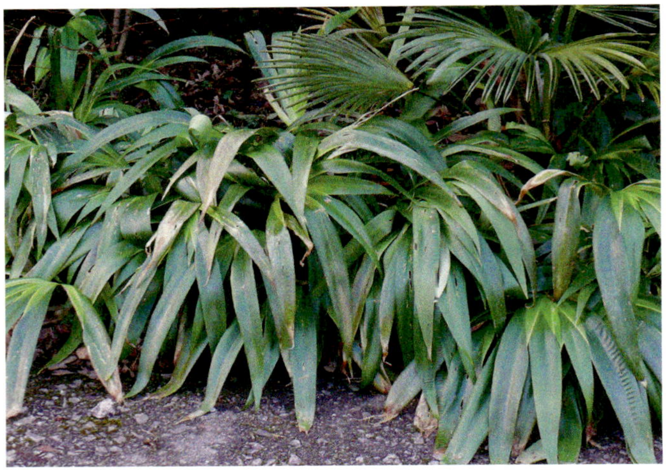

Links: *Iris confusa* mit tropisch anmutendem Laub bringt luxuriösen Glanz und Lässigkeit in den winterlichen Garten. Sie breitet sich durch oberflächliche Ausläufer schnell aus, lässt sich aber leicht entfernen. Wintersonne bei gefrorenem Boden kann das Laub schädigen, ebenso wie Schnecken. Im Februar in The Garden House, England.

Unten: Eine der seltenen Sorten von *Rhodea japonica* im Schatten eines englischen Februar-Waldgartens.

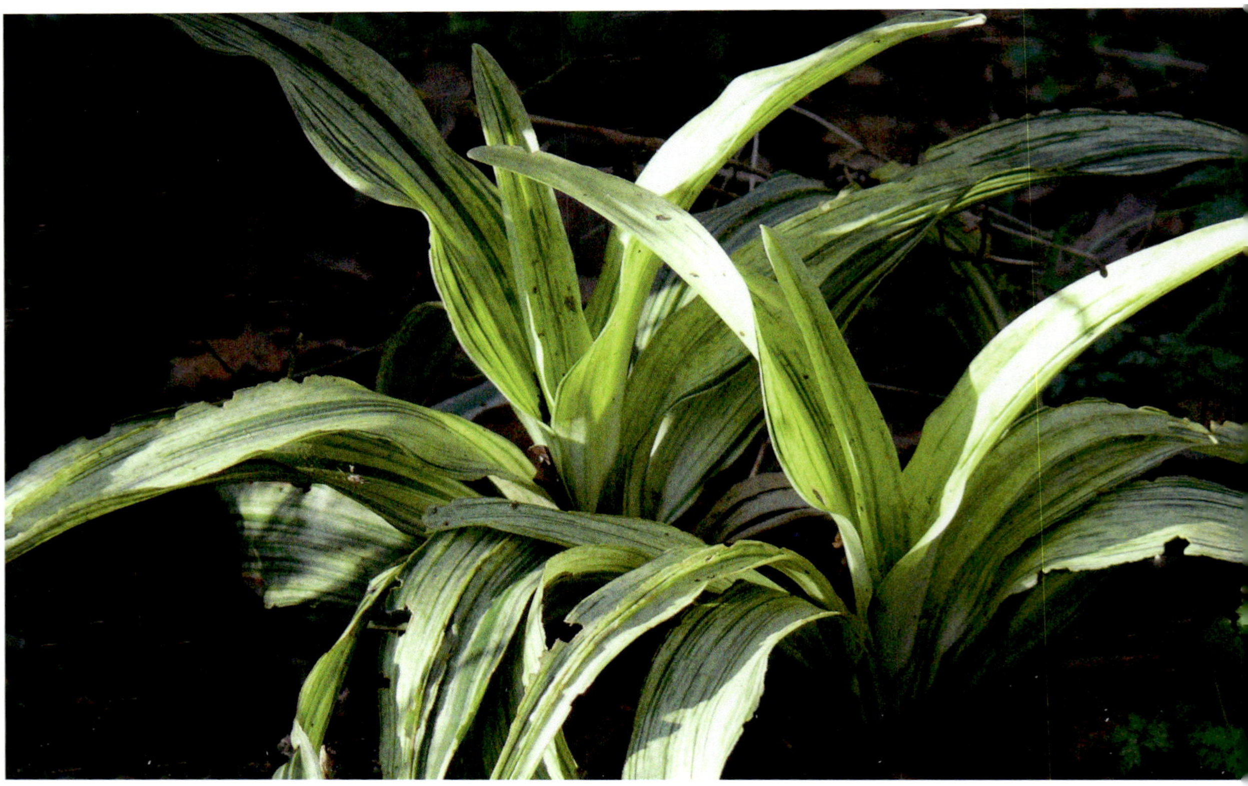

jekt, bei uns leider viel zu selten kultiviert. Sie verträgt trockenen Schatten unter Koniferen und ist dann auch winterhärter als ihr Ruf (mindestens Zone 7). Sie ist definitiv eine Blattschmuckpflanze – die weiße Frühjahrsblüte und die rotorangenen Beerenfrüchte sind im Laub versteckt.

» **CAREX**, vor allem *Carex plantaginea*, bringen ebenfalls viele frischgrüne Farben in den Garten. Letzteres ist mit einer fast gelbgrünen Farbe ein von mir immer mehr geschätztes, relativ moderat und niedrig wachsendes Schattengras, das sich auch gut mit gelben Schneeglöckchen präsentiert.

» **IRIS FOETIDISSIMA**, mit gut strukturierten, in der Regel standfesten, dunkel glänzenden, breiten, immergrünen Schwertern und auffallend orangenen Früchten. 'Fructo Albo' macht elegant weiße Fruchtpakete, 'Fructo-Aurea' und 'Golden Gobbet' orangegelbe. 'Variegata' hat auffällig weiß gestreifte Schwertblätter. Leider fruchten sie nicht immer und überall gleich gut und bevorzugen eher geschützte, halbschattige Standorte, 'Variegata' ist kälteempfindlicher als die übrigen.

» **IRIS CONFUSA**, die Bambus-Iris, mit tropisch anmutendem, frischgrünem, glänzendem Laub, in Fächern an langen, überhängenden Stielen, die unter Schnee leicht knicken; sommerliche, orchideenähnliche Blüte (wenn die Triebe nicht zurückgeschnitten werden – was nach Frostschäden sinnvoll sein kann). Sie treibt locker Ausläufer, die sich jedoch leicht entfernen lassen. Das Laub kann im Winter Schaden nehmen, die Pflanze ist jedoch wesentlich härter als angenommen (schätzungsweise Zone 6 bei geschütztem Standort).

» **IRIS JAPONICA** hat ähnliche Blüten und ähnliches Laub, jedoch ohne die bambusartigen Stiele, treibt dichte Ausläufer und lässt ihre Triebe an einer Böschung bogig nach unten hängen. Für kleinteilige Gärten eventuell zu wüchsig.

» Smaragdgrüne Rosetten von **YPSILANDRA THIBETICA**, **HELONIOPSIS ORIENTALIS** und **HELONIAS BULLATA** (für feuchteren, moorigen Standort) machen im geschützten Halbschatten oder lichtem Schatten hellgrüne Rosetten, die sich im Winter manchmal ein bisschen mit warmem Ocker-Bronze übertünchen. Unterschiedliche, hübsche Blüten.

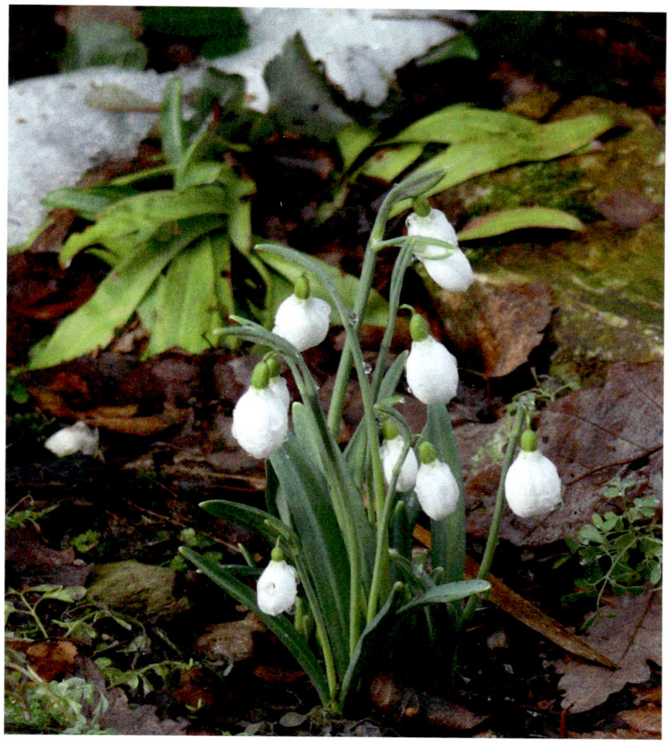

Galanthus plicatus 'Three Ships' vor der Blattrosette von *Heloniopsis orientalis*.

» **WULFENIA × SCHWARZII** mit ihren immergrünen Rosetten aus wohlgeformtem Laub mit wellenförmigem Rand. Dieser Kuhtritt wächst stetig, vermehrt sich gut und hat eine zarte Erscheinung, obwohl sehr robust im halbschattigen Beet. Nach der Blüte mit zahlreichen blauen Röhrenblüten bilden sich an den abgeblühten Rispen später Blattrosetten, die leicht bewurzeln (das macht nur die Hybride *W. × schwarzii*).

» **ANTHRISCUS SYLVESTRIS** und **SELINUM WALLICHIANUM** sind kurzlebige Umbelliferen, die mit kleinen, feinlaubigen Rosetten überwintern, während größere Blätter eingezogen werden. Von *Selinum wallichianum* können die Samenstände im Winter eine weitere Zierde darstellen. Bei mir versamen sich beide moderat und sichern sich somit ihre langfristige Existenz in meinem Garten.

Wintergrüne Farne

Oft können Farne mit leuchtender, frischgrüner Farbe erfreuen, die sich noch dazu an schön gleichmäßig strukturierten Wedeln befindet. Diese gehören zu den wertvollsten grünen Gartengestalten im Winter:

» **ADIANTUM VENUSTRUM** bildet vielleicht nicht die wohlgeformtesten Wedel und das Laub des Venushaarfarns hält in den kälteren Wintern nicht so gut wie das

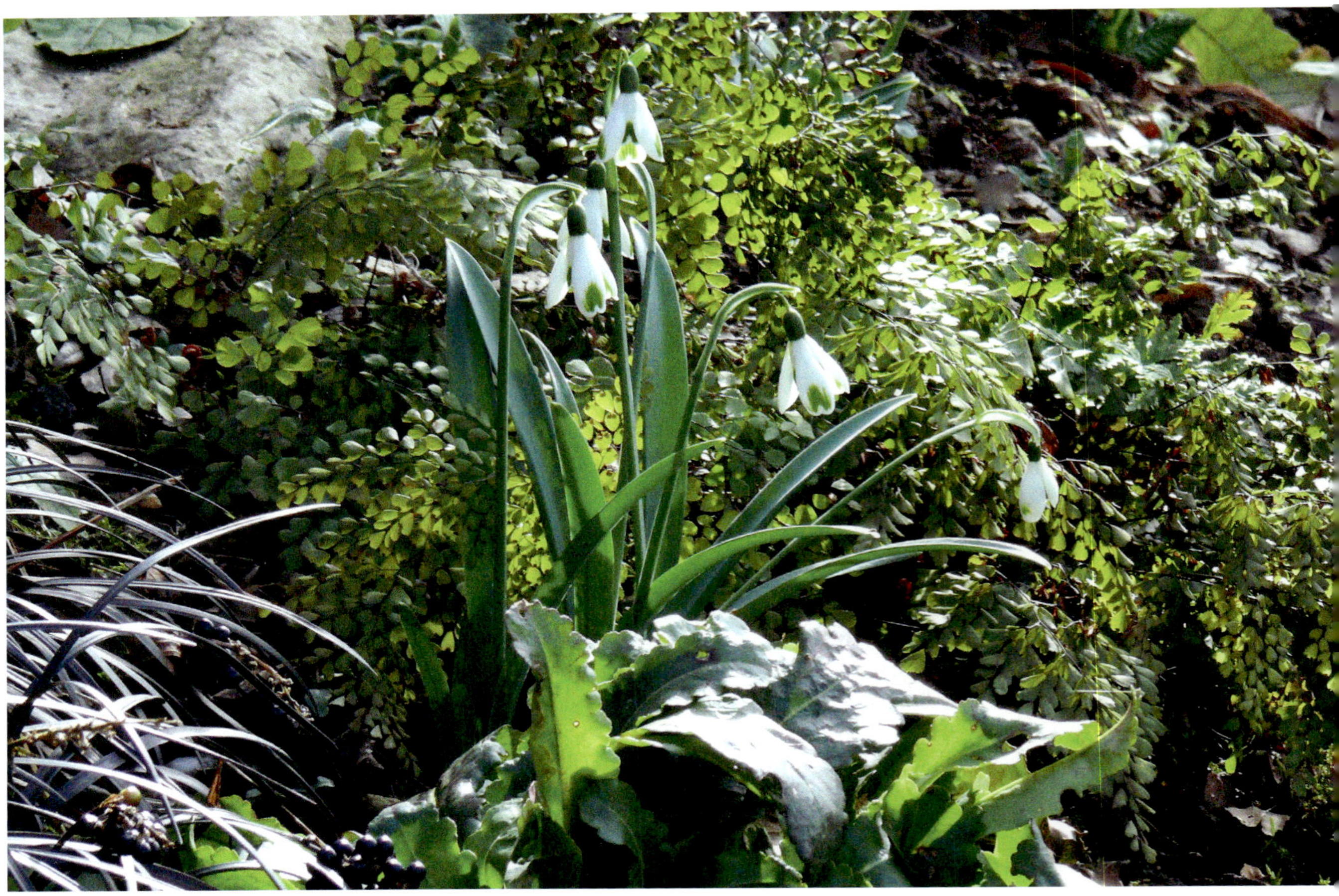

Galanthus 'Green of Hearts' und *Adiantum venustrum*, *Wulfenia × schwarzii*, *Ophiopogon planiscapus* 'Nigrescens', Vorfrühling im Garten der Autorin.

anderer Farne, dennoch ist die perlenartige Struktur der Blätter eine Bereicherung im winterlichen Garten und lässt sich schön kombinieren. Zudem verträgt er eingewachsen relativ viel Trockenheit und kann durch seine kurzen Ausläufer als zart wirkender, sehr dichter und robuster Bodendecker verwendet werden.

» **ARACHNIODES** *standishii* ist ein sehr gleichmäßig aufgebauter, eher langsam wachsender Farn mit relativ großen Wedeln. Er zeigt seine wahre Schönheit oft erst nach Jahren. Sein Gattungsgenosse *Arachniodes simplicior* 'Variegata' ist sehr wärmebedürftig. Eine Pflanze, die ich 2001 gekauft habe, hat mich in 5 Gärten begleitet und tauscht pro Jahr nur einen Wedel gegen einen neuen aus. Zuwachs hatte er nur über wenige Jahre im warmen Rheinland. Dennoch freue ich mich immer über dieses eine, unglaublich anmutige Blatt.

» **ASPLENIUM SCOLOPENDRIUM** (Synonym *Phyllitis scolopendrium*) hält sein leuchtend glatt grünes, glänzendes Blatt den ganzen Winter über. Der Hirschzungenfarn gedeiht auch in schattigen Schluchten Deutschlands. Bei den Sorten 'Undulata' und 'Organza' und vielen anderen ist das lange, schmale Laub gewellt, bei 'Cristata' an der Spitze hahnenkammartig aufgespalten, bei 'Laceratum Steele' und dem kleineren 'Furcatum' stärker geschlitzt, bei 'Breitmaulfrosch' sind die geschlitzten Enden sehr breit. Der anspruchslose, kalk- und lehmverträgliche Hirschzungenfarn versport sich an zusagenden Standorten. So treten immer wieder interessante Laubformen auf, von sehr schmal und lang bis zu gedreht, cristat oder sehr breit. Voraussetzung ist, dass man durch eine große Sortenvielfalt für die entsprechende Genmischung im Garten sorgt.

» **CYRTOMIUM** *fortunei* mit mattgrünem, oft hellem, zusammengesetzten Laub und sein Verwandter, *C. falcatum* mit glänzend grünen, an den einzelnen Blattspitzen zugespitzten Wedeln halten diese auch gut über den Winter. Sichelfarne sind sonnenempfindlicher als viele andere, kommen aber eingewachsen auch mit etwas Trockenheit zurecht. Durch die breiten Einzelblätter an den Wedeln bringen sie viel Farbe in den winterlichen Garten.

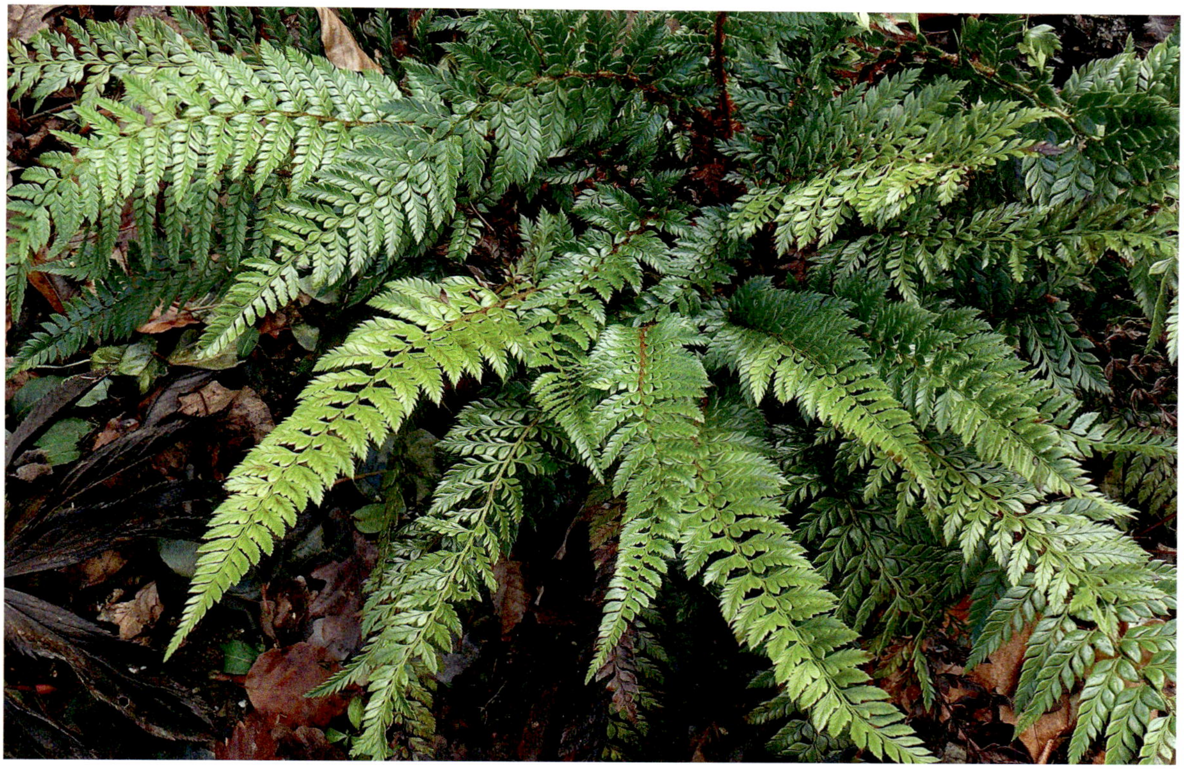

Dryopteris championii im frühwinterlichen Taunus-Garten der Autorin an Weihnachten.

» **DRYOPTERIS** *championii* ist noch nicht lange in meinem Garten, begeistert aber durch extrem stabile, satt grün glänzende, gleichmäßige Wedel. In meinem Waldrandgarten bleibt viel Herbstlaub liegen, das durch den warmbraunen Blattsteg des Farnes und im ausgehenden Winter durch bräunliche Spitzen farblich reflektiert wird und dadurch hübscher aussieht. *Dryopteris sieboldii* würde in wärmeren Gegenden Deutschlands mehr Zuwachs verzeichnen, doch hält sich Siebolds smaragdgrüner Wurmfarn bei mir im Taunus schon seit Jahren tapfer mit einigen Wedeln, die während der Schneeglöckchenblüte für zahlreiche Fotos herhalten müssen. Form und Farbe sind für mich eine Bereicherung des vielfältigen Farnsortiments. *Dryopteris erythrosora* treibt bronzeorange aus und vergrünt bis zum Winter langsam, noch im Sommer einen Bronzeschimmer zeigend. Er wächst horstig 50–60 Zentimeter hoch und hat gleichmäßige Farnwedel.

» **POLYPODIUM** gehört zu meinen Lieblingsfarnen im Winter. Dabei meine ich weder den bekannten Tüpfelfarn *Polypodium vulgare*, den man auch in Deutschland und Nachbarländern an schattigen, oft trockenen Hängen findet, noch den ebenfalls in Mitteleuropa beheimateten mittleren Tüpfelfarn *Polypodium interjectum*. Der Wert dieser kalk- und trockenheitstoleranten Farne ist nicht zu leugnen, doch die hellgrüne Farbe von *Polypodium cambricum* bleibt im Winter unübertroffen. Sie findet sich in zahlreichen Laubsorten wie 'Pulcherrimum Addison', 'Hornet', 'Oakley', 'Omnilacerum Oxford', meiner derzeitigen Lieblingssorte 'Richard Kayse' und vielen anderen, die allesamt schwer zu bekommen, aber jede Mühe wert sind. Sie wachsen gut im Lehmboden und vertragen durch ihre Sommerruhe wesentlich mehr Trockenheit als andere Farne. Allerdings sollten sie etwas geschützt stehen. Bei mir ist jedoch seit über 10 Jahren noch keiner erfroren – sie stehen schattig und bekommen keine Wintersonne.

» **POLYSTICHUM SETIFERUM** ist wesentlich größer, ebenfalls recht robust und macht imposante, gleichmäßige Wedel. Die Krönung sind 'Pulcherrimum Bevis' und der noch feinere 'Green Lace', die als hohe, sterile Farne

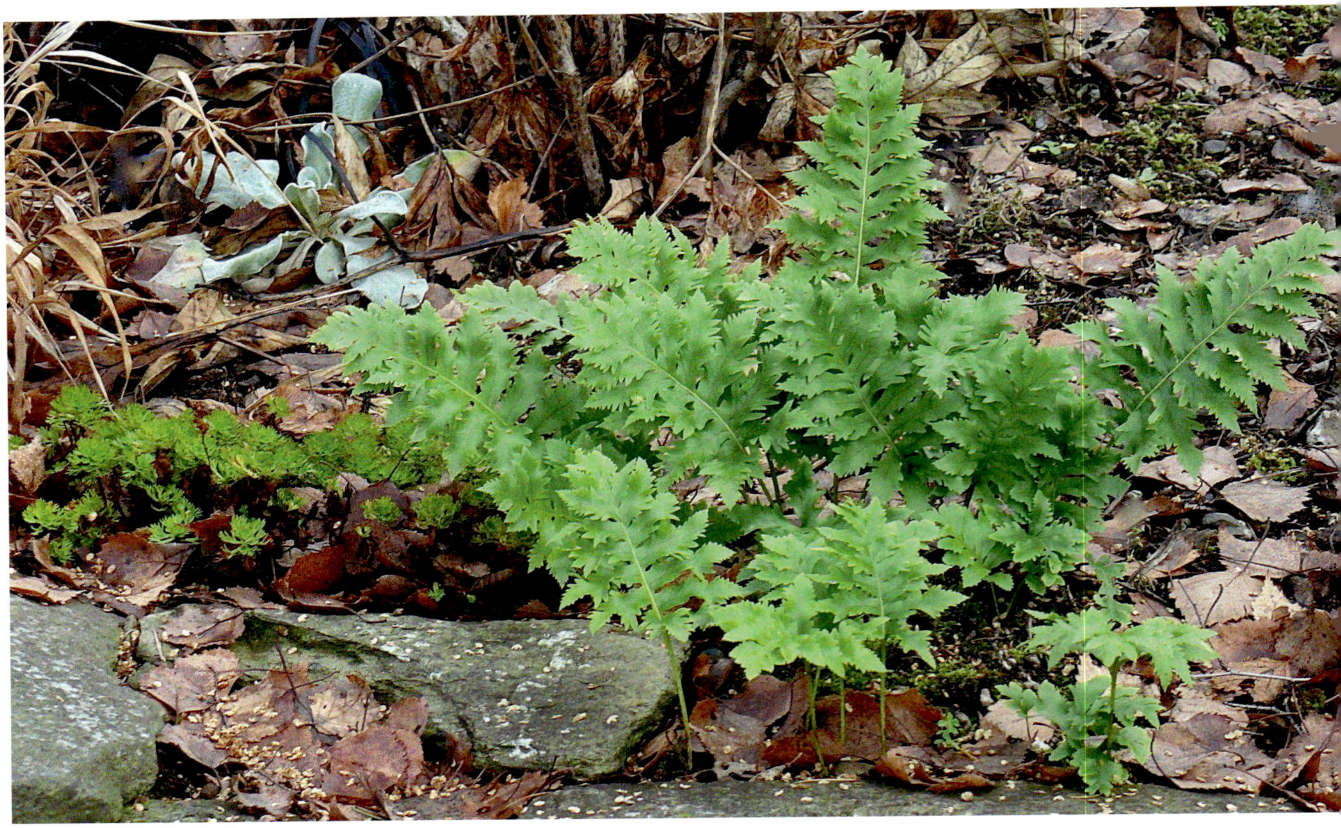

Oben: *Polypodium cambricum* 'Richard Kayse' und *Luetkea pectinata* gut drainiert auf der nordseitigen Trockenmauer im Taunus-Garten der Autorin.

Rechts: Wedel von *Polystichum setiferum* 'Pulcherrimum Bevis'.

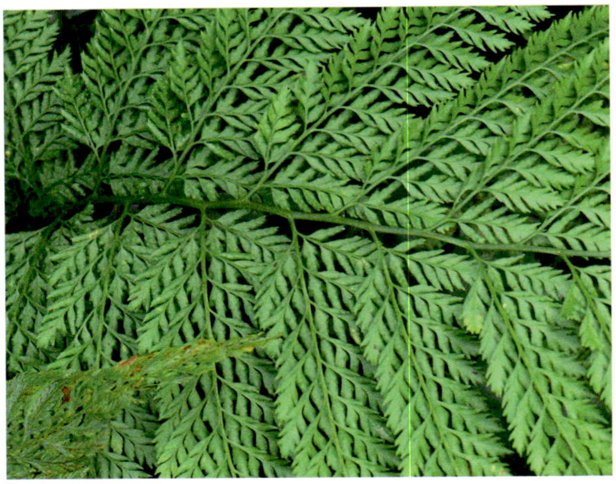

unglaubliche Akzente setzen können. Wegen ihrer Selbststerilität sind sie schwer zu beschaffen – 'Pulcherrimum Bevis' erhält man inzwischen durch Meristemvermehrung, allerdings sind die Pflanzen nicht ganz einheitlich. Die schönen Wedel sollten von oben aus der Nähe betrachtet werden können – oder einzeln in der Vase. Eine schöne gängige Sorte ist auch 'Herrenhausen'. Etwas flacher und herrlich im Aufbau mit sich leicht seitwärts biegenden Wedeln – ähnlich einem Fischgrätenmuster – ist 'Plumosum Densum'.

BODENDECKER (AUCH UMFÄRBEND)

Für manche Gärtner ist das Wort „Bodendecker" schon fast ein Schimpfwort. Doch finden sich unter diesem Sammelbegriff wichtige Gartenpflanzen, die im Hintergrund, manchmal auch im Untergrund wirken, schwierige Situationen um und unter Gehölzen meistern oder den Boden gleichmäßig und zart bedecken, ihn feucht halten und den Aufwuchs von Samenunkräutern unterdrücken, ohne dabei die anderen Gartenpflanzen oder Blumenzwiebeln zu behindern.

Konkurrenzstarke Bodendecker

Diese Bodendecker behaupten sich an schwierigen Stellen unter Gehölzen, sind dafür aber wenig geeignet, um sie mit weiteren, schwächerwüchsigen Stauden zu kombinieren:

» **EPIMEDIUM** ist als riesige Gattung so vielfältig wie kaum eine andere. Bei der Auswahl der passenden Sorten ist darauf zu achten, ob sie überhaupt wintergrünes oder „winterfarbiges" Laub bekommen und ob sie Ausläufer bilden oder nicht. Von den Ausläufer bildenden Epimedien gibt es aus **westlichen Herkünften** extrem wüchsige, anpassungsfähige und robuste wintergrüne Arten, die häufig im Frühjahr einen schön gezeichneten, farbigen Austrieb zeigen. Zu den Wüchsigsten zählen *E. pinnatum* subsp. *colchicum* mit ihrer schönen, gut umfärbenden Sorte 'Black Sea', *E. pubigerum* und ihre Hybride *E.* × *catabrigiense*; beide mit etwas unscheinbaren Blüten, aber auch im Winter schönem Laub. Etwas moderater wachsen die bewährten Hybriden *E.* × *versicolor* 'Sulphureum', die buntere 'Versicolor', die gelbe *E. perralchicum* 'Frohnleiten' mit rötlichem, grün geadertem Winterlaub oder die ebenfalls laubschöne *E.* × *rubrum*. *E.* × *warleyense* bleibt in milden Wintern ebenfalls grün und bietet mit 'Orangekönigin' und der leuchtender orange blühenden 'Ellen Willmott' robuste Sorten mit großen, warmtönigen Blüten.
Es gibt auch Ausläufer bildende Spezies **östlicher Herkunft** wie *Epimedium acuminatum, Epimedium leptorrhizum* oder die kleinere *Epimedium pauciflorum*, die nicht so konkurrenzstark wachsen und daher gut in der Gemeinschaft mit anderen wachstumsstarken, höheren Stauden z. B. aus der Gattung *Hosta, Aruncus* oder höheren Farnen etc. funktionieren. Ihr Laub ist oft besonders lang gezogen, die meistens stark gespornten Blüten wesentlich auffälliger an langen, verzweigten Infloreszenzen, die gut über dem Laub gehalten werden. Sie reagieren empfindlicher auf Luft- und Bodentrockenheit sowie direkte Sonne oder Strahlungswärme.

» **PACHYPHRAGMA MACROPHYLLA** mit etwas runzeligem, großem, grünem Laub und zahlreichen weißen Doldenblüten im zeitigen Frühjahr. Das niedrige Scheinschaumkraut kann selbst in tiefschattigen, relativ trockenen Flächen gut wachsen. In besonders kalten Wintern kann – vor allem bei gefrorenem Boden und Wintersonne – das älteste Laub leiden, die frostharten Pflanzen können dann zurückgeschnitten werden und treiben gut wieder aus. Größere, konkurrenzstarke Stauden wie z. B. *Hosta* können durch den Teppich durchwachsen.

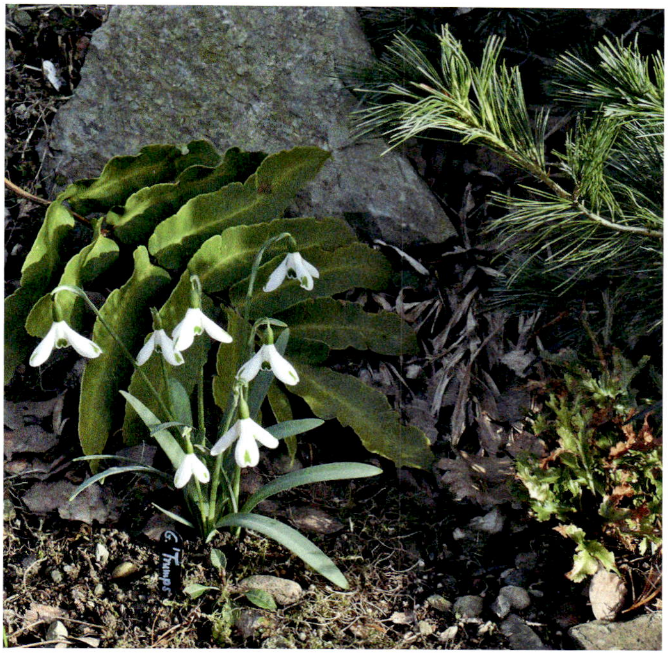

Dryopteris sieboldii mit *Galanthus* 'Trumps' und *Pinus parviflora* 'Ogon Janome' ('Oculus-draconis'), im Vordergrund rechts altes Laub von *Phyllitis scolopendrium* 'Furcatum' (*Asplenium scolopendrium* 'Furcatum'), Vorfrühlingsgarten der Autorin.

» **DISPOROPSIS** *pernyi* und der etwas größere *D. aspera* mit frisch glänzend smaragdgrünem Winterlaub, das im Frühjahr bodennah zurückgeschnitten werden kann – vor allem, wenn es durch Schneckenfraß oder zu kalte Winter geschädigt wurde. Bildet kurze, fleischige Ausläufer im Halbschatten bis Schatten.

» **SPEIRANTHA CONVALLARIOIDES** (*S. gardenii*), eine Maiglöckchenverwandte, mit maiglöckchenähnlichem Laub und duftenden Sternenblüten im Frühjahr. Sie wächst mit kurzen Ausläufern und bildet langsam kleine, frischgrüne Flächen.

» **REINECKIA CARNEA**, noch eine Maiglöckchenverwandte blüht erst im Herbst mit etwas versteckten, muschelrosafarbenen Blüten am pinken Stiel, aus denen sich später rote Beeren entwickeln können. Das etwas wintersonnenempfindliche Japanische Maiglöckchen hat ebenfalls frischgrünes Winterlaub, das von der Form zwischen dem der *Speiranthe* und dem von der bekannten Verwandten

» **LIRIOPE** *muscari* liegt. Die Lilientraube bildet horstige, immergrüne, grasähnliche Büschel, die im Herbst zahlreiche violette, rosafarbene oder weiße Blüten hervorbringen. Von ihr gibt es auch panaschierte Sorten. Bodendeckend wächst in dieser Gattung die seltenere *Liriope graminifolia*. Ähnlich dem Schlangenbart bedeckt sie über kurze Ausläufer in humosem Halbschatten und Schatten kleine Flächen mit zartem, schmalem Laub und herbstlichen Traubenblüten in Weiß bis Muschelrosa.

Zarte Bodendecker

Es gibt einige gute Gattungen und Arten, die im Privatgarten flächig eingesetzt werden können und durch deren Matten sich Blumenzwiebeln, Farne, höhere Gräser oder Stauden durcharbeiten können:

» **CARDAMINE TRIFOLIATA** ist *Pachyphragma macrophylla* ähnlich, jedoch wesentlich zarter. Allerdings bildet das dichte, dunkelgrüne Laub im Halbschatten oder Schatten so lückenlose, Unkraut unterdrückende Teppiche von 10–20 Zentimeter Höhe, dass auch hier nur robustere Stauden langfristig gedeihen.

» **HUTCHINSIA ALPINA** könnte fast mit dem kleinen Garten-Schaumkraut *Cardamine hirsuta* verwechselt werden. Doch bildet die Gämskresse in voller Sonne auf gut drainierten, gerne steinigen, kalkhaltigen Böden etwa 5–10 Zentimeter niedrige, frischgrüne Matten, die im späten Frühjahr weiß von Brassicaceen-Blüten sind und könnte damit das kleine Unkraut optisch perfekt überlagern.

» **OPHIOPOGON**, ein Maiglöckchengewächs, bildet zarte Ausläufer und kann mit seinem grasartigen Laub kleine (bis größere) Flächen bedecken. Seine schwarze Sorte *O. planiscapus* 'Nigrescens' ist am populärsten, doch gibt es auch grüne Arten und Sorten. Das vergleichsweise frischste Grün hat *O. japonicus*, der auch interessante kobaldblaue Beeren bekommt, jedoch nicht ganz so winterhart ist wie *O. planiscapus*. Bei Wintersonne auf gefrorenem Boden leiden jedoch alle Schlangenbärte.

» **TIARELLA** ist als zartere Verwandte des Purpurglöckchens für schattige bis halbschattige Lagen in nicht austrocknenden, optimalerweise humosen Böden eine wüchsige, bodendeckende Zierde, die trotz der Bildung von oberflächlichen Ausläufern nicht lästig wird. Die Einzelblüten werden lange nicht so groß wie beim Purpurglöckchen, doch bietet ein Schaumblütenteppich im Frühjahr einen wunderbaren Anblick. Von *Tiarella* gibt es verschiedene Laubselektionen, z. B. die eichenartig geformte, dunkelrotbraun geaderte 'Oakleaf', die frischgrünen 'Moorgrün' und 'Eco Rambling Silhouette', die ab Herbst rötlich überhauchten 'Brandywine' und – noch kräftiger rot – 'Arpeggio' mit dunkler Laubmitte und imposanten, rosafarbenen, nach Silber verblassenden Blütenkerzen. Auch 'Skeleton Key', 'Pink Bouquet' und die im Laub stark geschlitzte, mittig dunkel gezeichnete 'Spring Symphony' bilden zartrosafarbene Blüten aus kräftiger gefärbten Knospen. Da die zahlreichen einzelnen Blütensternchen an den kerzenartigen Infloreszenzen von unten nach oben abblühen, bildet sich bei den farbigen Blütensorten ein Farbgradient, bei dem die Kerzenspitzen dunkler rosa oder apricotfarben sind. *T. wherryi* bleibt horstig, verträgt etwas mehr Trockenheit und bekommt eine kupfrige Herbst-/Winterfärbung.

» **LUETKEA PECTINATA** ist ein selten kultivierter kleiner Polsterbildner mit kurzen, leuchtend smaragdgrünen, sehr feinen Trieben, die einer Miniaturform der Wasserfeder *Hottonia palustris* ähneln. Der nordamerikanische Kleinstrauch aus alpinen, schneereichen Regionen steht gerne feucht und wächst bei mir im lichten Schatten auf einer nordseitigen Trockenmauer mit kurzen, dezenten Ausläufern (ich würde mir mehr wünschen).

» **COTULA** *dioica (Leptinella dioica)* und deren mit nur 2 Zentimeter nicht einmal halb so „hohe" Sorte 'Minima' bilden frischgrüne Teppiche in natürlichen, kleinteiligen Pflanzungen. Das Farnfiederpolster *C. squalida* ist eher bräunlich grün, ihre Sorte 'Platt's Black' (*Leptinella angustata* 'Platt's Black') hat kupferfarbenes Laub, fast schwärzlich. *C. potentillina* bringt eine Mischung aus Grün- und Kupfertönen auf die dicht bewachsenen Flächen. Die letztgenannten sind anpassungsfähig genug, auch kurzzeitige Trockenheit zu vertragen und trotz ihrer Kleinheit recht konkurrenzstark. Im späten Frühjahr erscheinen kleine, gelbe, brakteenlose Knopfblüten mit leichtem, bei *C. potentillina* stärkerem Honigduft.

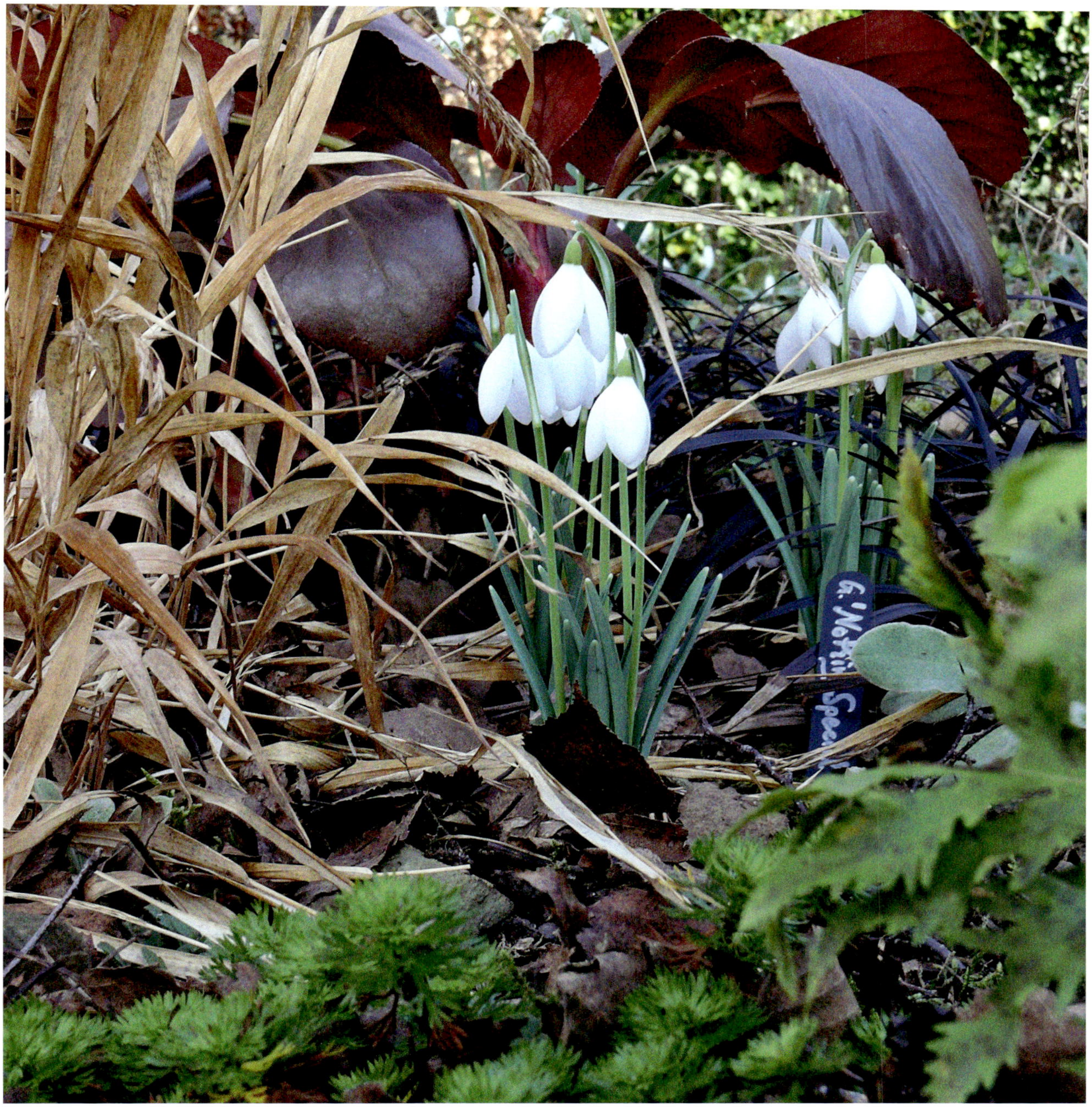

Smaragdgrüne, feine *Luetkea pectinata*, dahinter *Galanthus* 'Nothing Special' mit *Bergenia* 'Rosa Zeiten', links bronzefarbenes Winterlaub von *Haconechloa macra* 'Naomi'. Januar im Garten der Autorin.

Das Silber-Fiederpolster *C. hispida* wirkt hellseidig silbern und völlig anders als die farnartig aufgebauten Gattungsgeschwister. Entsprechend ihrem Aussehen möchte sie vollsonnig und gut drainiert stehen, gerne in steinigen Böden mit gutem Wasserabzug. Sie ist nicht so winterhart wie die anderen. Wie auch

» **SELAGINELLA DOUGLASII** sind diese zarten Bodendecker bestens geeignet, um delikate Zwiebelpflanzen durch ihren Teppich gelangen zu lassen und ihnen einen schönen Wirkuntergrund zu geben. *S. douglasii* bildet moosartige, extrem niedrige Matten in trockenem Halbschatten bis Schatten. Der Moosfarn wächst langsam und bekommt häufig eine leichte Bronzefärbung auf frischem Grün, während *Selaginella alpina*, die frischere Böden bei höherer Luftfeuchte bevorzugt, im Winter eher gelblich färbt. Moosfarne können in kalten Wintern leiden. Andere Arten wachsen unter Umständen nicht zu so dichten Teppichen, sondern wandern mit zarteren Trieben durch alpine Pflanzungen.

DEKORATIVE KNOSPEN UND AUSTRIEBE

Für uns Menschen sind Knospen und Triebe oft nur ein notwendigerweise zu durchlaufendes Stadium zu etwas „Höherem“ – der Blüte oder dem Blatt/Zweig. Dabei bringen gerade Knospen und Triebe verheißungsvolles Leben in den vorfühlingshaften Garten und – oft für einen längeren Zeitraum als allgemein angenommen – auch Farbe.

GEHÖLZE

Bei einigen Pflanzen sind die Knospen eine solche Zierde, dass man sie schon vor der Blüte über einen langen Zeitraum genießt. Zu solchen im Winter interessanten Gehölzen zählen:

» **AESCULUS**, z. B. *Aesculus turbinata* mit lackroten Knospen. Unsere heimische Rosskastanie *Aesculus hyppocastanum* hat glänzende rotbraune Knospen, die nur selten so auffällig rötlich färben.

» **PAEONIA**: Sträucher wie *P.* × *suffruticosa* und *P. rockii* haben häufig einen frühen, intensiv rot gefärbten Blattaustrieb (siehe Foto Seite 82).

» **CORYLOPSIS**, die schon früh im Jahr blüht. Ihre Knospen hängen über einen langen Zeitraum dekorativ am Strauch. Besonders auffällig ist dies bei den Arten, die bis zu 20 Einzelblüten an einem Stiel bilden. Bei der bis ca. 3 Meter hoch werdenden ährenblütigen Scheinhasel *Corylopsis spicata* aus Japan sind diese Ähren 3–4 Zenti-

Blick durch blühende *Corylopsis spicata* auf die Perlenknospen von *Stachyurus praecox*, über einem Teppich aus *Crocus tommasinianus* und *Crocus vernus*. Vorfrühling in einem Privatgarten in Düsseldorf.

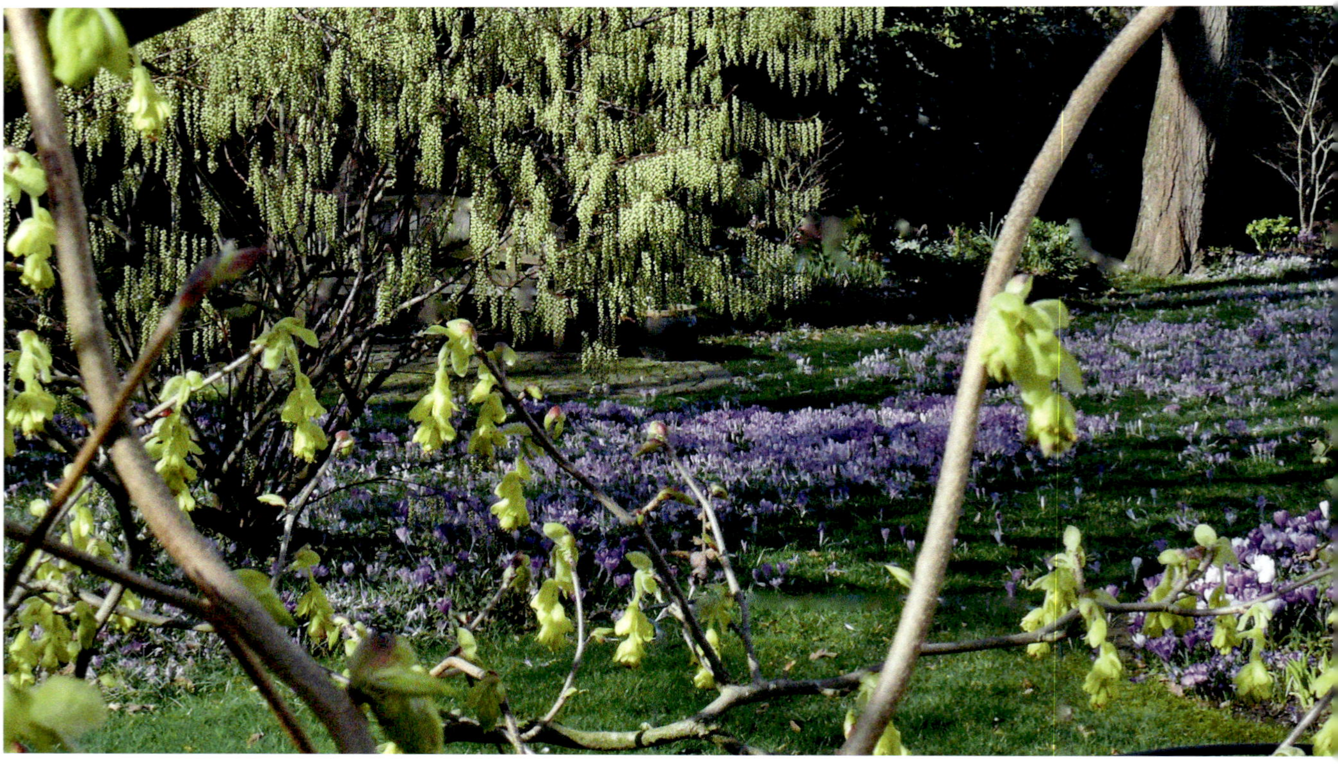

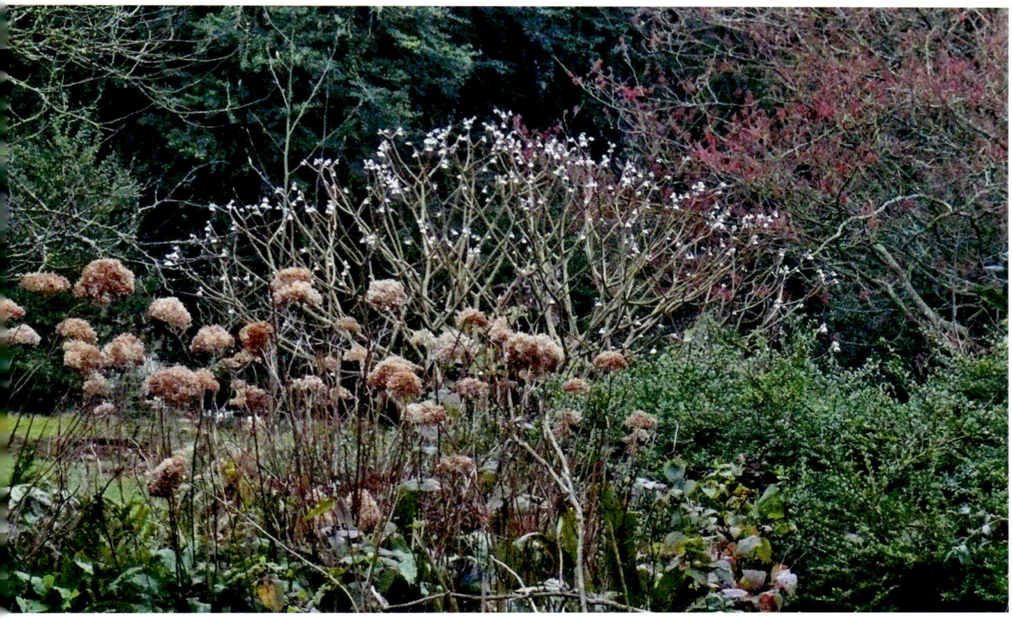

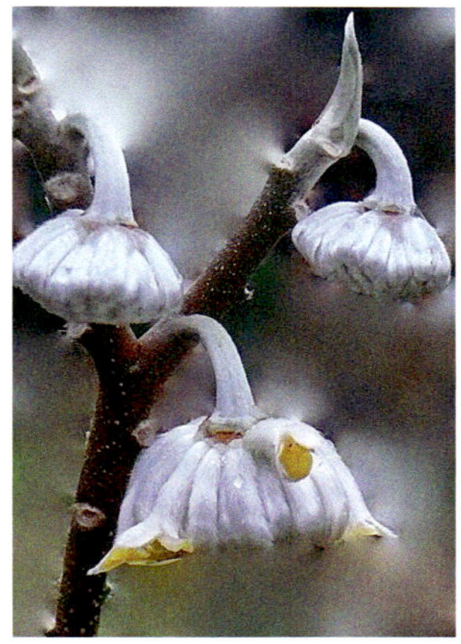

Oben und oben rechts: *Edgeworthia chrysantha* wirkt über einen langen Zeitraum schon von Weitem wegen der dicht mit hellsilbernen Härchen besetzten Doldenknospen. Die hängenden Knospen schützen sich durch ihre Haltung vor Schnee und Regen und stellen sich erst im blühenden Zustand etwas mehr auf.

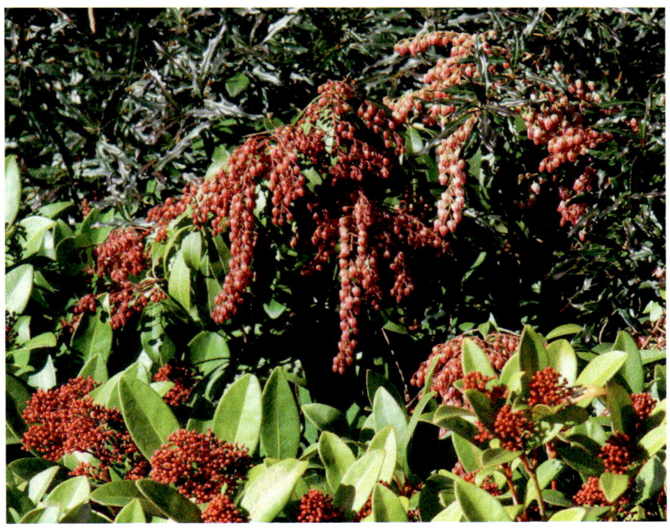

Rechts: *Skimmia-japonica*-'Rubella'-Knospen und die beginnende Blüte von *Pieris japonica* 'Katsura'.

meter lang, bei der etwa doppelt so hoch werdenden *C. glabrescens* etwas kürzer und bei der ähnlich hohen Chinesischen Scheinhasel *Corylopsis sinensis (C. willmottiae)* sogar 5–7 Zentimeter lang. Die gängigere *Corylopsis pauciflora* wächst eher breit als hoch und trägt mit nur 1–3 Blüten pro Ähre einen vergleichsweise geringen Knospenschmuck. *Corylopsis spicata* 'Golden Spring' hat einen buttergelben Blattaustrieb, später ist das Laub typisch blaugrün.

» **EDGEWORTHIA CHRYSANTHA** (und *E. papyrifera*) mit silbern behaarten Knospendolden, die eine intensive Fernwirkung besitzen und sich witterungsabhängig ab Februar zu zart duftenden Blüten in unterschiedlichen Gelb- und Rostorangetönen öffnen können.

» **EUONYMUS PLANIPES** mit sehr spitzen, auffallend roten Knospen. Allerdings haben die schmalen Knospen trotz der intensiv roten Farbe keine große Fernwirkung.

» **MAGNOLIA STELLATA** und die meisten anderen frühlingsblühenden Magnolien mit silbern behaarten Knospen, die vor allem bei niedrigstehender Sonne verheißungsvoll glitzern.

» **PIERIS JAPONICA** und ihre Sorten, die oft schon vor Ausgang des Winters mit zahlreichen maiglöckchenähnlichen Blüten an lang herabhängenden Rispen aufwarten. Diese werden im Herbst angelegt und sind auch

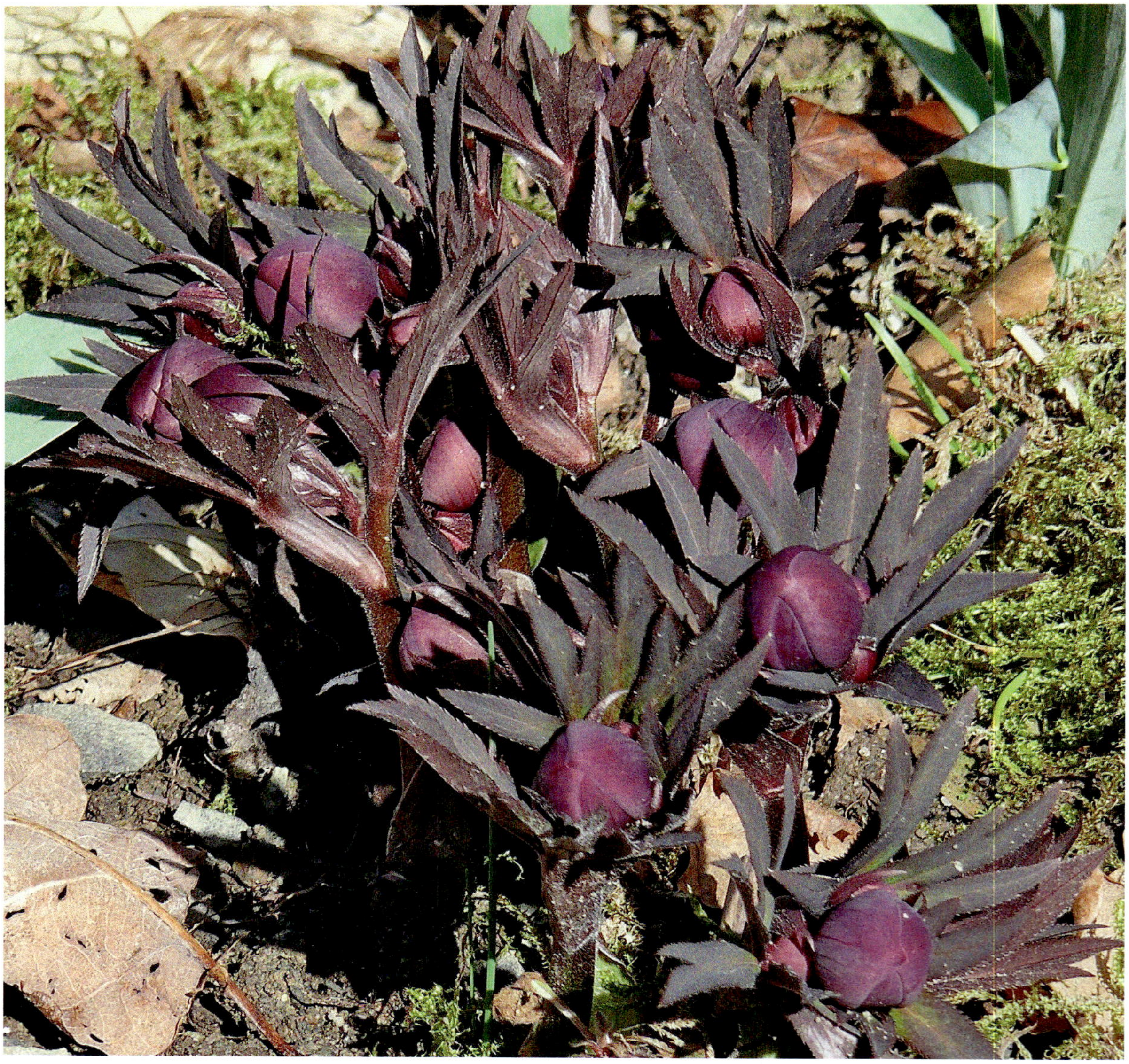

Bei dieser *Helleborus*-Hybride mit *H. purpurascens* wirkt der Blütenaustrieb durch die dunklen Brakteen und intensiv violetten Knospen besonders attraktiv.

als Knospen den ganzen Winter über eine sichtbare Zierde. Im Frühjahr erfreuen die meisten Sorten mit einem auffällig rötlichen Austrieb ähnlich wie bei *Photinia × fraseri*.

» **SKIMMIA** *japonica*: Vor allem die männlichen Blütenskimmien zeigen den ganzen Winter über ihre schon ab Herbst in großen Dolden angelegten Knospen. Bei vielen Züchtungen wurde auf die Färbung und Größe dieser Knospen besonderer Wert gelegt, sodass diese unabhängig von der zeitigen, intensiv duftenden Frühlingsblüte eine große Zierde sind.

» **SORBUS SARGENTIANA** mit auffälligen Winterknospen in glänzendem Lackrot.

» **STACHYURUS PRAECOX** mit ebenso auffälligen „Knospengehängen" wie den offenen Blüten macht seinem deutschen Namen „Perlschweif" alle Ehre. Die hellgelblich-grünen „Perlen" hängen an langen, violett überlaufenen Stielen.

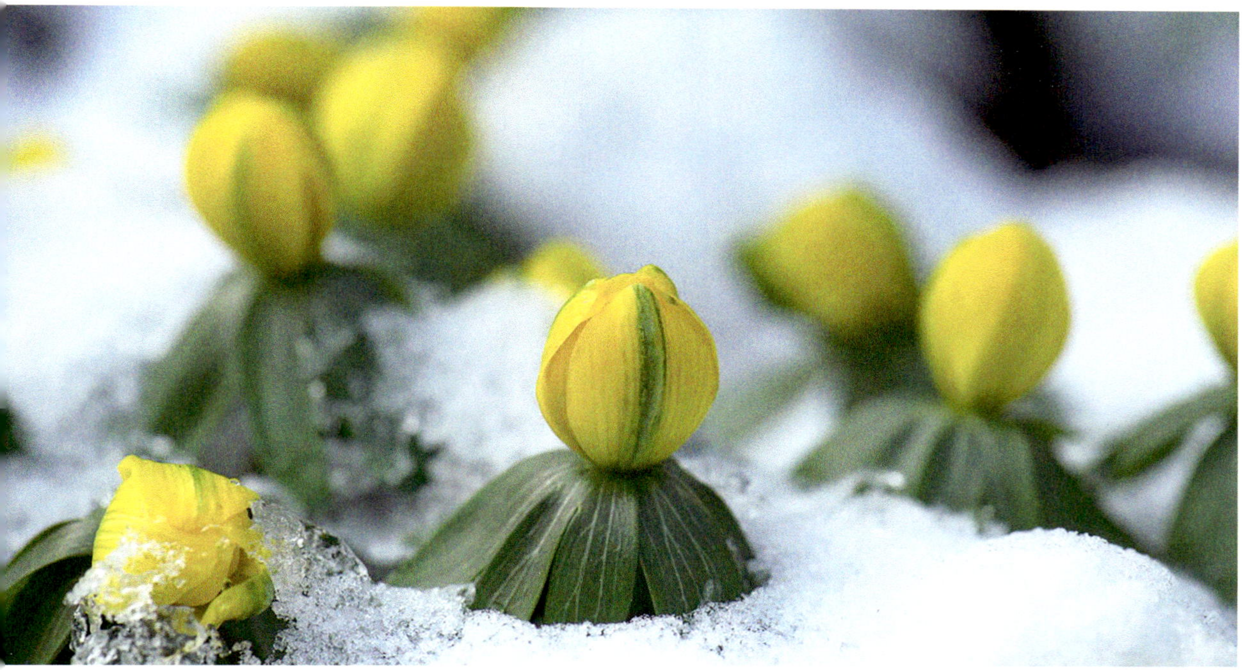

Oben: Leuchtende Knospen von *Eranthis hiemalis* 'Grünling' im Schnee.

Rechts: Bei *Pulmonaria* 'Open Skies' ist der zeitige, dreifarbig creme-, mint- und pink-purpurne Austrieb im Februar mindestens so spektakulär wie die spätere Blüte.

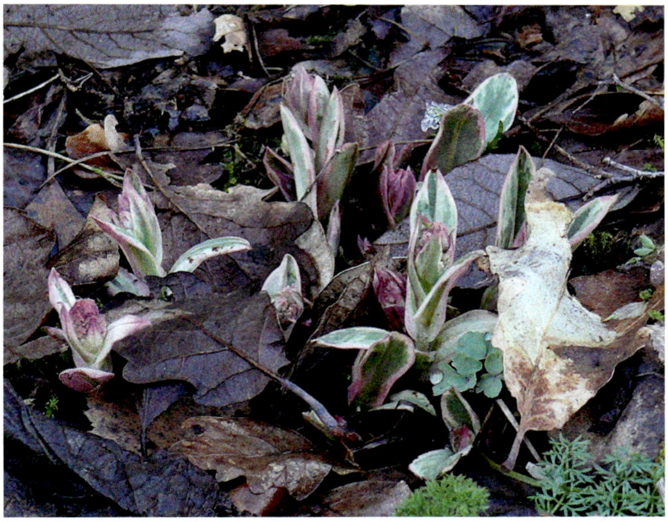

STAUDEN UND ZWIEBELPFLANZEN

Bei den Stauden ist es für den visuellen Effekt im Garten eigentlich unerheblich, ob es sich um lang anhaltende, bunte Blüten- oder Triebknospen handelt, solange sie im Garten eine farbige Wirkung zeigen. Die Triebknospen erscheinen in der Regel erst im ausgehenden Winter, die Blütenknospen gehen meistens schnell auf. Dennoch gibt es einige erwähnenswerte „Farbtupfer" unter den verschiedensten Knospen:

» **HELLEBORUS** und die meisten ihrer Hybriden entwickeln ihre frühen Blüten über einen längeren Zeitraum. Umrahmt von einem Kranz aus Brakteen wirken die dicken Knospen wetterabhängig über Wochen farbiger und verheißungsvoller als bei anderen frühlingsblühenden Stauden oder Zwiebelpflanzen. In Jahren mit langanhaltender kühler Witterung können die Knospen von

» **ERANTHIS** über einen längeren Zeitraum wie kleine runde Kugeln im Beet leuchten. Auch der Winterling erlaubt sich als einer der ganz Frühen, seine Knospen bei zu großer Kälte oder Beschattung zu schließen. Anders als bei Leberblümchen *Hepatica* oder den meisten *Crocus* haben sie trotzdem eine große Leuchtkraft.

» **PAEONIEN** zeigen bei ihrem Austrieb fast immer kegelförmige, imposante Triebknospen. Allen voran bieten *Paeonia lactiflora* und ihre Hybriden, *P. officinalis, P. mlokosewitschii* und ihre nahen Verwandten wie *P. wittmanniana*, deren Hybride *P.* × 'Chameleon' mit glänzend dunkelroten Knospen schon im ausgehenden Winter einen schönen Farbtupfer im Beet.

» **PULMONARIA** behalten in milden Wintern einen kleinen Teil ihrer Laubrosette und treiben früh wieder aus. Bei einigen Lungenkräutern – vor allem panaschierten Sorten – kann der erste Austrieb eine unerwartete Zierde sein.

» **EUPHORBIA DULCIS** 'Chamaeleon' gehört zu den früh und farbenfroh austreibenden Wolfsmilchgewächsen. Ihr Austrieb ist pinkpurpurn und sehr auffällig.

BLÜTEN: KURZFRISTIGE FARBAKZENTE UND DUFT

Winterblüher sind für nektar- und pollensammelnde Insekten sehr wichtig. Vor allem Honigbienen, Hummeln und andere Wildbienen, aber auch zahlreiche Schmetterlinge sind auf frühe Tracht angewiesen. Wir Menschen assoziieren Blüten mit dem Ende des Winters und erfreuen uns daher in besonderem Maße an den ersten Blüten im Jahr.

GEHÖLZE

Gehölze bieten Blütenpracht auf Augenhöhe – manchmal auch mit Duft.

Winterblühende Gehölze mit Duft

Sie gehören zu den kostbarsten Gartenschätzen. Denn Duft ist für uns die Vorausahnung des Neuanfangs und Bote des Frühlings. Und in der Tat verteilt sich der Blütenduft am besten an einem warmen Vorfrühlingstag. Es gibt aber auch Künstler, die selbst an sonnigen Wintertagen ihre Blüten immer wieder öffnen, um so wohldosiert ihre Bestäuber mitten im Winter mit delikaten Düften anzulocken. Zu diesen Verführern gehört natürlich **HAMAMELIS**. Die Zaubernuss ist der Inbegriff des winterblühenden Solitärgehölzes. Wenn man sie in Ruhe lässt, dann fasziniert sie nach einigen Jahren mit ihren meistens zart würzig duftenden Blüten. Die aus fadenähnlichen, langen Kronblättern bestehenden ornamentalen Blüten-

Viburnum bodnantense 'Charles Lamont' mit *Leucothoe fontanesiana* SCARLETTA® 'Zeblid' und *Cornus stolonifera* 'Kelsey'. Im Vordergrund *Skimmia japonica* 'Rubella'. Februar im Wintergarten im Luisenpark Mannheim.

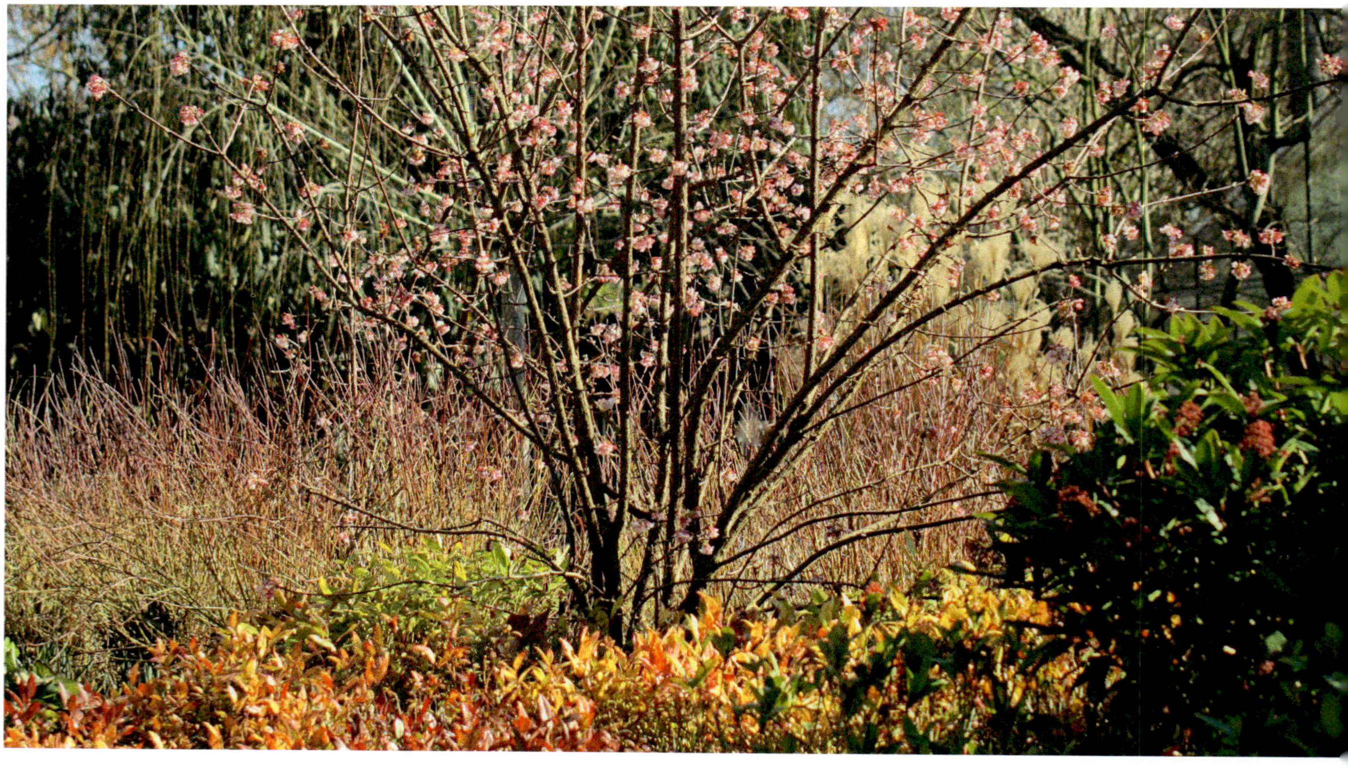

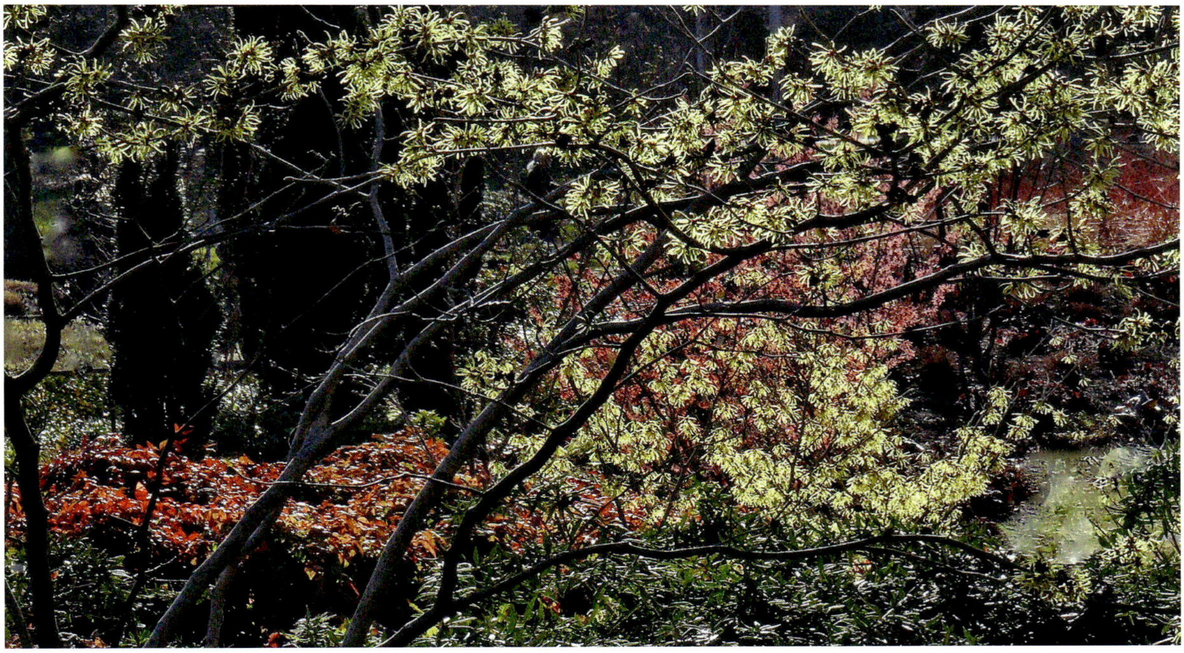

Hamamelis × intermedia 'Arnold's Promise' in voller Blütenpracht. Durch das Zweigwerk blitzen 'Feuerzauber' und 'Amethyst', in noch weiterer Entfernung rechts die leuchtenden Winterzweige von *Cornus sanguinea* 'Anny's Winter Orange'. Februar im Wintergarten des Luisenparks Mannheim.

teile wirken zerbrechlich, passen aber ganz alleine auf sich auf. Denn bei Frost und Minusgraden rollen sich die knittrigen Kronblätter in ein dichtes Knäuel zusammen und schützen so ihr Innerstes vor ekligem Winterwetter. Geduldig können Zaubernüsse dieses Spiel über Monate vollführen, sodass sie in kühleren Wintern umso länger blühen. Dies hat *Hamamelis* ihren deutschen Namen eingebracht. Wenn es im Frühjahr sehr heiß wird, lässt die Blütendauer rapide nach und der Zauber ist aus. Dann kann man sich auf den Herbstzauber vertrösten, denn alle Hamamelis zeigen eine hervorragende, lang anhaltende Herbstfärbung; die Dunkelblühenden meistens ein dunkleres Rot, Orangeblühende färben auch ihr Laub eher kräftig rotorange und Gelbblühende zeigen im Herbst in der Regel eine goldene Laubfärbung.

» **HAMAMELIS MOLLIS** hat besonders große, leuchtend gelbe Blüten, die gut duften. Die meisten Gartensorten sind jedoch Hybriden aus ihr mit *Hamamelis japonica*:

» **H. × INTERMEDIA** liegen mit ihren Eigenschaften zwischen diesen Elternsorten. Besonders bekannt sind die erste kupferorangene Sorte 'Jelena' sowie die alten roten Sorten 'Diane' und 'Ruby Glow', die allesamt im Streif- oder Durchlicht am imposantesten sind und sonst sehr leicht übersehen werden. Die gelben, wie z. B. die zitronengelbe 'Arnold's Promise', die hellschwefelgelbe 'Westerstede' oder die wärmer goldgelbe 'Barmsted Gold' kommen auch gut vor dunklen Koniferen zur Geltung.

» **Neuere, verbesserte Sorten** sind die orangefarbenen *H. × intermedia* 'Aprodite' mit starker Leuchtkraft, besonders großen Blüten und sehr gutem Duft sowie die ebenfalls leuchtstarke, kupferrote 'Feuerzauber'. Diese verlieren im Herbst ihr Laub sicherer als 'Jelena', was der Wirkung der Blüte an nackten Zweigen zuträglich ist. Wegen ihres herausragenden Duftes und zum Erzeugen neuer Farbrichtungen wird neuerdings trotz der besonders kleinen, unscheinbaren Blüten auch gerne *H. vernalis* eingekreuzt, die vermutlich auch bei der interessant bläulichen 'Amethyst' mitgewirkt hat. Diese scheint im Gegenlicht cremig rosaviolett, jedoch stets wesentlich kühler als die genannten Rot- und Orangetönigen.

» **Schmalere Sorten** von *Hamamelis* sind besonders interessant, da die wertvollen Sträucher in Privatgärten im Laufe ihrer Lebenszeit durch den typischen, flachen, breit ausladenden Wuchs oft zu viel Platz einnehmen.

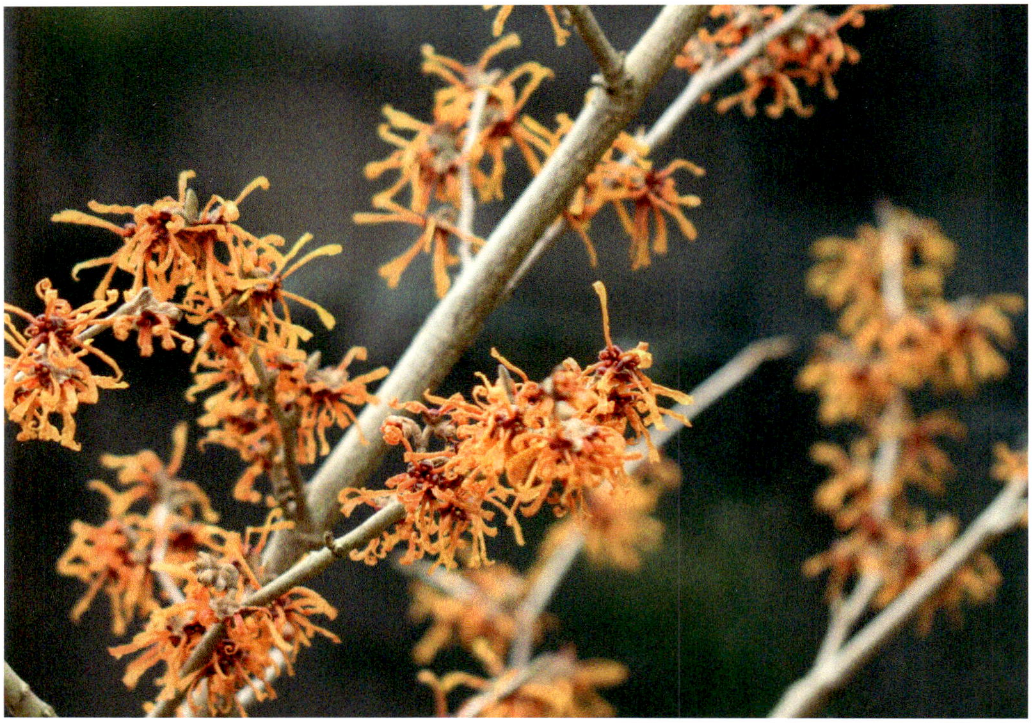

Hamamelis × intermedia 'Aphrodite' gehört zu der neuesten Generation orangefarbener Zaubernüsse.

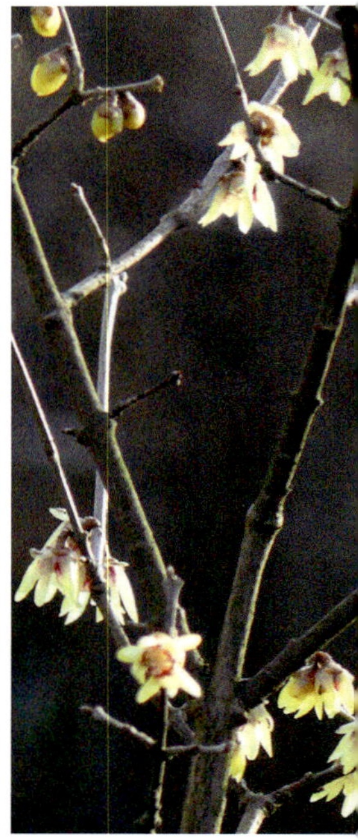

Hier ist neben der bekannten 'Arnold's Promise' die noch schmalere orangefarbene 'Orange Peel' zu nennen. Inzwischen gibt es auch einstämmig gezogene Hochstämme von Hamamelis sowie Veredelungen auf Hochstämmen der nahe verwandten, starkwüchsigeren *Parrotia persica*, die in schmaleren Gärten die Nutzung des darunterliegenden Raumes ermöglichen sollen.

CHIMONANTHUS PRAECOX lässt aufgrund seines deutschen Namens „Winterblüte" sowie des Artnamens *„praecox"* schon erahnen, dass es sich um eines der wenigen winterblühenden Gehölze handelt. Dass diese Blüten jedoch einen ausgezeichneten Duft verströmen können, muss man selber riechen. Leider wird man bei der bekanntesten Sorte 'Grandiflorus' nicht den vollen Genuss kennenlernen, denn sie duftet weitaus weniger und die zartgelbe Glockenblüte mit innen kürzeren, braunroten Petalen ist irreführenderweise nicht wesentlich größer als bei der Art. Interessanter ist die Sorte 'Luteus' mit hübscher reingelber Blüte, die fast von einer *Berberis* stammen könnte. So schön *C. praecox* in seiner idealen Gestalt auch ist – er kann auch unangenehm überraschen: Der Wuchs ist nicht ganz einfach, vor allem in jungen Jahren wirkt er durch seine sparrigen Verzweigungen leicht staksig und wenig gefällig. Erst im Alter erreicht er eine enorme Höhe von über 4 Metern mit einer ausladenden, stark überhängenden Vasenform – und bietet zur Blütezeit ein unvergleichliches Erlebnis. Im besten Fall sind die fast durchscheinenden Blütchen an den nackten Zweigen auffällig, doch in herbst- und wintermilden Jahren schafft der Strauch es nicht immer, sich rechtzeitig vor Blühbeginn seiner verkrumpelt braunen Blätter zu entledigen, sodass die Blütenwirkung stark beeinträchtigt wird. Und nicht zuletzt sind die Blüten anders als bei *Hamamelis* etwas frostgefährdet, was schlimmstenfalls dazu führen kann, dass sie nach Spätfrösten schlaff und matschig am Zweig hängenbleiben. Um beim Kauf Pflanzen mit guten Eigenschaften zu bekommen, ist es daher sinnvoll, im Winter Feldware zu vergleichen und diejenigen Gehölze auszuwählen, bei denen das Laub voll abgeworfen und ein guter Blütenansatz erkennbar ist. In kälteren Lagen ist ein geschützter Standort empfehlenswert.

VIBURNUM × BODNANTENSE gehört nach den Zaubernüssen zu den bekanntesten winterblühenden Duftgehölzen. Auch der Winterschneeball blüht häufig ab Spätherbst bis zum Frühjahr mit Unterbrechungen bei zu kalten Temperaturen oder Nässe. Allerdings kann er nicht zaubern und muss daher Verluste durch erfrorene Blüten

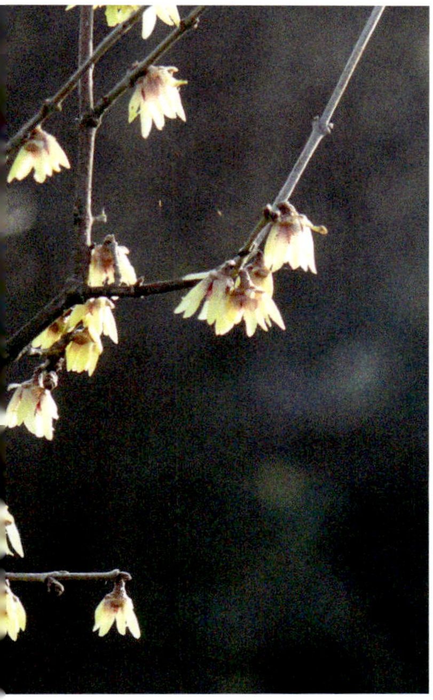

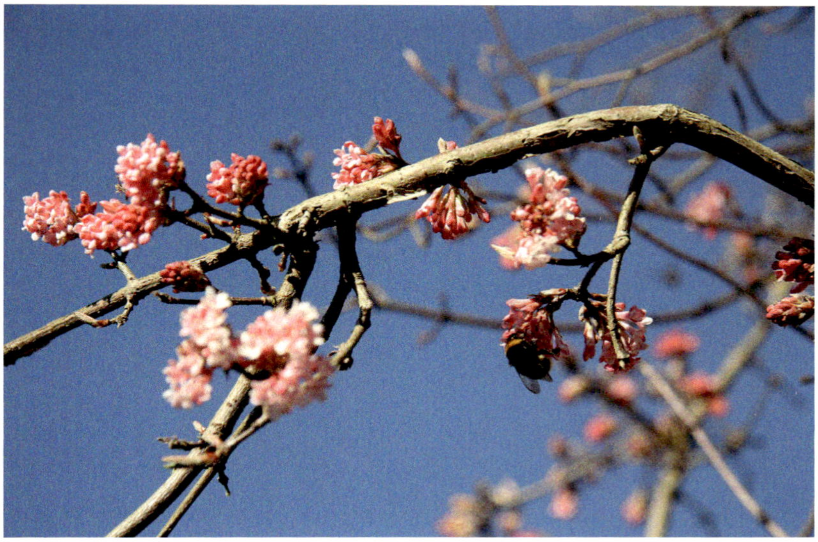

Duftende Blüten von *Viburnum × bodnantense* 'Dawn' locken im Februar nicht nur Hummeln an.

Links: *Chimonanthus-praecox*-Blüten im Gegenlicht.

in Kauf nehmen. Das Unvermögen, seine Blüten – sei es auch durch Zauber – zu schützen, gleicht er durch Fleiß aus und produziert stets neue Knospen. In besonders kalten Wintern kann dies dazu führen, dass neben den hübschen, zart rosafarbenen Einzelblüten auch immer einige bräunlich welke Blütchen mit im Büschel sitzen. In der Regel ist seine Gesamtwirkung selbst dann noch hübsch und man verzeiht es wegen des herrlichen Duftes ohnehin.

Seine bekannteste Sorte 'Dawn' blüht zartrosa aus rosaroten Knospen, die Sorte 'Charles Lamont' ist etwas heller und reich blühender, 'Deben' bekommt aus rosafarbenen Knospen reinweiße Blüten. Der Wuchs von *V. × bodnantense* ist anfangs straff aufrecht, später vasenförmig und malerisch überhängend. Das mit ähnlichen, ebenfalls duftenden Winterblüten gezierte Elternteil **V. FARRERI** ist steifer und weniger gefällig im Wuchs.

Alle genannten winterblühenden Duftschneebälle zeigen in der Regel eine ordentliche rotviolette Herbstfärbung, bei *V. farreri* auch mit bräunlichen Anteilen. Auch vom Mittelmeerschneeball (**VIBURNUM TINUS**) gibt es besonders hübsche Sorten, die – wie auch die Art – unter anderem im Winter blühen. Über die Qualität des Duftes lässt sich streiten – die kann lange nicht mit der von den Erstgenannten mithalten. Doch ist *V. tinus* in der Anwendung komplett anders; als immergrüner, sehr schnittverträglicher, jedoch nicht überall winterharter Busch oder hoher Strauch blüht er fast das ganze Jahr, sogar im Winter. *V. tinus* 'Gwenllian' bringt zart muschelrosa Blüten aus kräftig rosaroten Knospen, gefolgt von zahlreichen blauschwarzen Beeren, die oft mit den Knospen und Blüten gemeinsam am Busch haften. Die aus eher gedeckt schmutzig rosafarbenen Knospen blühende 'Eve Price' und die aus hellgrünen Knospen rein weiß blühende 'French White' sind kompakter, das Zusammenspiel von Knospen, Blüten und Früchten jedoch bei Weitem nicht so aufregend.

MAHONIA × MEDIA sind nicht nur herrliche Strukturpflanzen. Die etwa 2–4 Meter hoch werdenden immergrünen Sträucher mit mehreren, grundständigen Trieben und stark symmetrisch angeordnetem Fiederlaub aus festen, ilexartigen Einzelblättchen bringen auch mitten im Winter leuchtend gelbe Blütenrispen mit mehr oder weniger starkem Duft nach Maiglöckchen oder Honig hervor. Diese mit zahlreichen hellgelben, kleinen, glockenförmigen Einzelblüten besetzten Infloreszenzen können bis über einen ½ Meter lang werden und kommen in fontainenartigen Büscheln aus den Triebenden. Bei höheren Exemplaren zeigt sich die Rinde korkig und interessant texturiert.

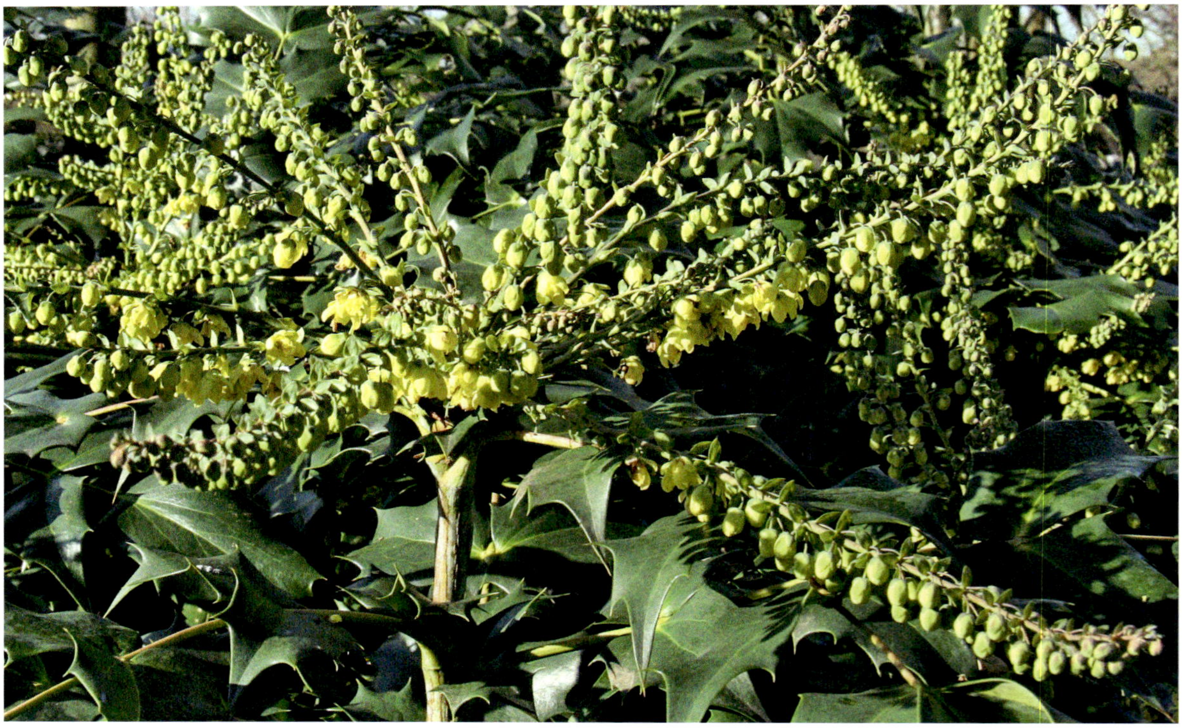

Die Blüten von *Mahonia japonica* 'Hivernant' im Februar.

Die Sorte 'Lionel Fortescue' blüht schon im ausgehenden Herbst und gibt den Auftakt im „Mahonien-Blütenreigen", der durch die zu verschiedenen Zeiten blühenden Sorten bis zum April andauern kann. Es folgen die bekannte, etwas kleinere 'Winter Sun' und 'Underway', die kompakteste und auch die robusteste Sorte der gegen Frost und Wintersonne empfindlichen Schmuck-Mahonien. Den Abschluss in der Blütenfolge macht 'Charity', die leider nur schwach duftet und etwa die Höhe von 'Lionel Fortescue' erreicht. Die ähnlich aussehende **MAHONIA JAPONICA** 'Hivernant' blüht oft schon ab November bis zum ausgehenden Winter, ebenfalls mit sehr gutem Duft.

SKIMMIA wurde schon für die ornamentalen, dauerhaften Knospen der vor allem männlichen Pflanzen gelobt. Je nach Temperaturverlauf blühen diese „Blütenskimmien" schon im ausgehenden Winter und verströmen dann ebenfalls einen weithin wahrnehmbaren, süßen Frühlingsduft, nach dessen Herkunft man nicht selten erst suchen muss. Eine sehr schöne Sorte in diesem Sinn ist die bewährte **S. JAPONICA** 'Rubella', die aus gedeckt dunkel rosaroten Knospenbüscheln dicht gepackte, rosabeige Blütenrispen hervorbringt. Weniger bunt, dafür um einiges frischer wirkt die Kombination bei **S. × CONFUSA** 'Kew Green', die aus helljadegrünen Knospen cremefarbene, stark duftende Blüten hervorbringt.

LONICERA hat als sehr vielseitige Gattung mit **L. × PURPURSII** sowie deren Eltern **L. FRAGRANTISSIMA** und **L. STANDISHII** ebenfalls winterduftende Blütensträucher zu bieten. Im Vergleich zu den schon genannten Gehölzen sind die kleinen, glasig cremefarbenen Glockenblüten der winterblühenden Heckenkirschen unscheinbar und machen sich nur durch ihren betörend guten, weit reichenden Duft bemerkbar, zumal gerade in milden Regionen bei den halbimmergrünen Sträuchern oft noch am Zweig anhaftendes Laub den Blick auf die Blüten erschwert. Der Duft ist zitronig und süßlich. Die Pflanzen sollten so platziert werden, dass man im Winter daran vorbei geht, jedoch ist ein ganzjährig gut sichtbarer Standort etwas zu schade für den eher unordentlich bis unauffällig wachsenden Busch, der mit vielen, häufig wirr kreuzenden Zweigen ein beträchtliches Ausmaß annehmen kann. Am besten entfernt man regelmäßig alte, dicke Äste aus der Basis.

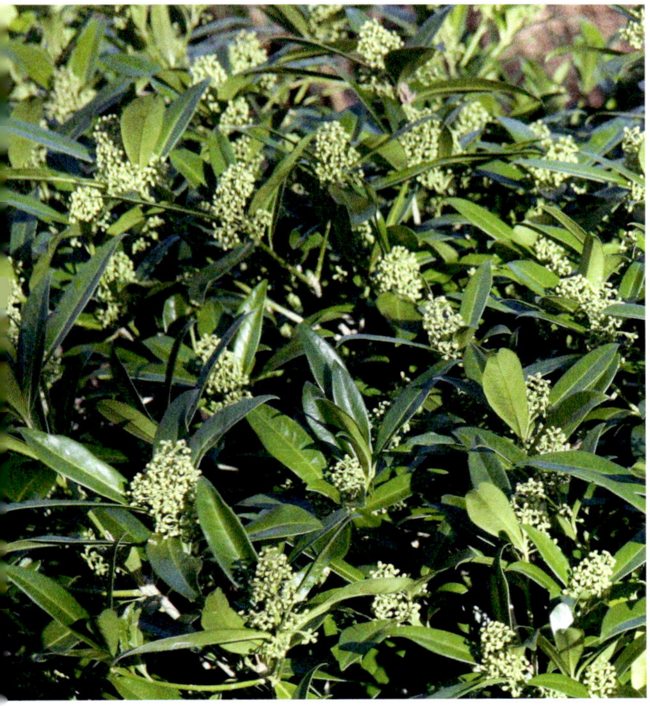

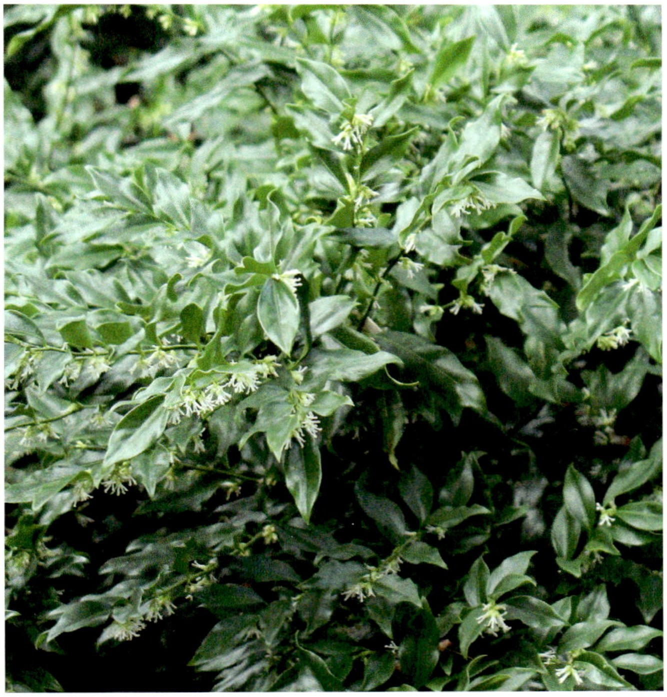

Links: *Skimmia × confusa* 'Kew Green' beginnt mit der Blüte. Bei warmem Wetter ist der Duft schon jetzt deutlich wahrnehmbar.

Oben rechts: *Sarcococca humilis* im Vollschatten mit luxuriös glänzendem, dunkelgrünem Laub und unscheinbaren, intensiv duftenden Blüten im Februar. Arboretum Kalmthout, Belgien.

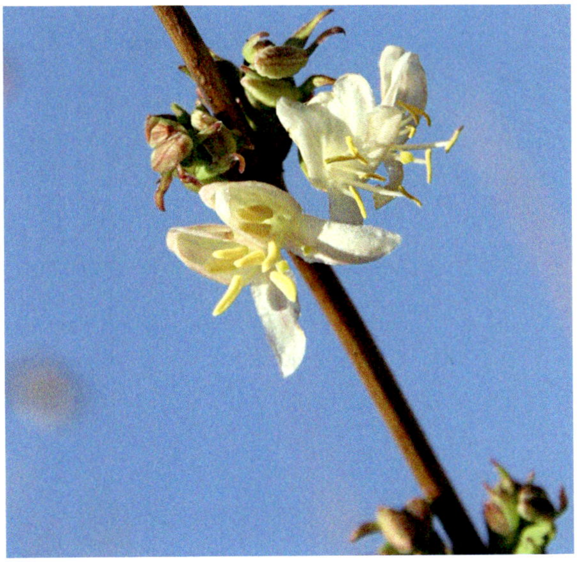

Lonicera × purpusii mit unscheinbaren, fast glasigen Blüten, die man am besten gegen den Himmel sieht.

Sarcococca ist ebenfalls ein kleines Gehölz, das durch einen süßen, weithin streichenden, winterlichen Duft aus unscheinbaren Blüten auf sich aufmerksam macht. Alle Arten der Buxus-Verwandten haben buchsähnliches, glänzend, elegant spitz zulaufendes, dunkles, immergrünes Laub bei unterschiedlichen Wuchshöhen. Die gängige *Sarcococca hookeriana* wächst durch kurze Ausläufer nach einiger Zeit flächendeckend und wie die anderen Arten am liebsten im lichten Schatten oder Vollschatten. Dort wird eingewachsen auch relativ viel Trockenheit vertragen. **SARCOCOCCA HOOKERIANA VAR. DIYGYNA** (*Sarcococca humilis, Sarcococca hookeriana* var. *humilis*) ist mit einer Wuchshöhe von nur etwa 60 Zentimeter die kleinste und auch weniger frostempfindlich als die bis ca. 1,50 Meter hoch werdende Art. **S. CONFUSA** wächst horstig bis 2 Meter Höhe. Ihre glänzend roten, später schwarzen Früchte zieren zur Blütezeit den Strauch.

Es wäre dem herrlichen Gehölz gegenüber nur recht und billig, es nicht bei seinem etablierten deutschen Name „Schleimbeere“ zu rufen, sondern es analog dem englischen Trivialnamen mit „Süßbuchs“ oder „Süßbeere“ anzusprechen.

DAPHNE MEZEREUM ist während der Blütezeit im Februar und März sicher der interessanteste Seidelbast, denn die zahlreichen Trichterblüten sind bei ihr um nackte Zweige herum angeordnet und daher nicht nur durch ihren betörenden Duft auffällig, sondern auch von hohem optischem Reiz. Sie blüht zart rosaviolett, die Sorte 'Rubra' ist dunkler, 'Alba' weiß. Im Gegensatz zu den nachfolgend genannten (halb-)immergrünen Arten ist sie voll winterhart. **DAPHNE BHOLUA** ist mir als hoher, locker aufgebauter Busch von den zahlreichen winterlichen England-

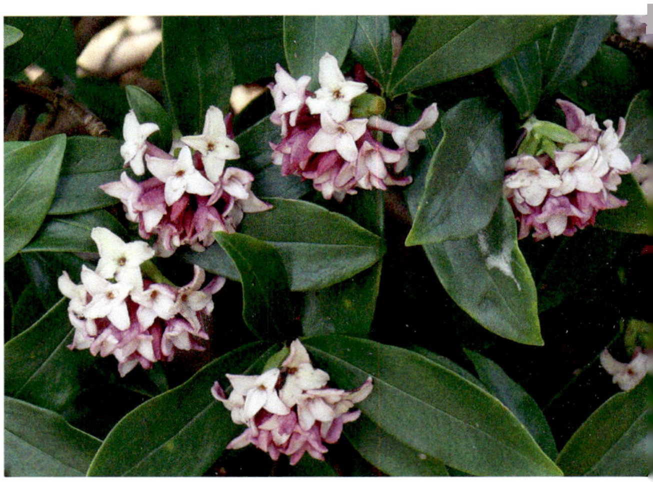

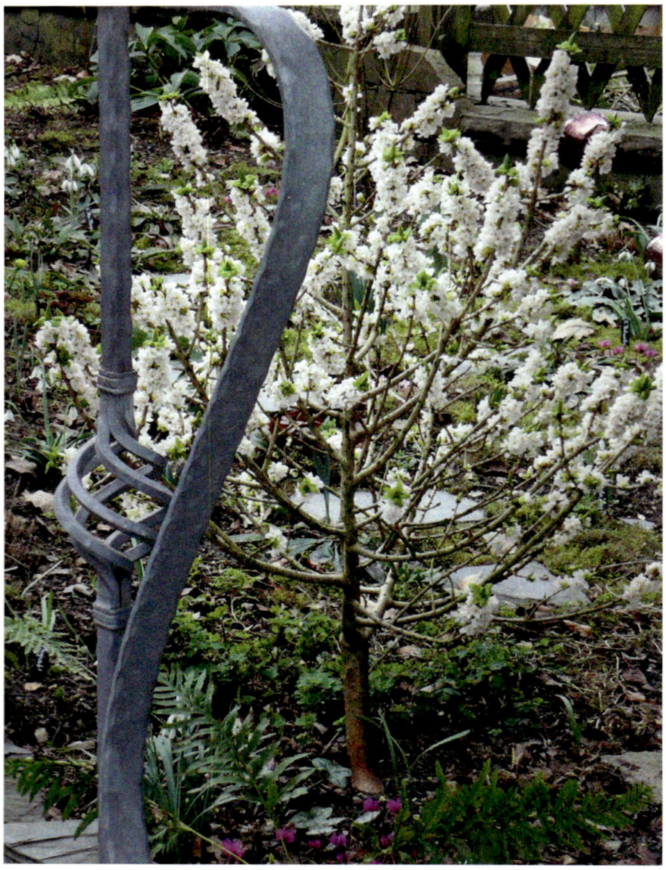

Oben: *Daphne odora* in Vollblüte, Arboretum Kalmthout, Belgien im März.

Links: *Daphne mezereum* 'Alba' erfreut mit dichter Blütenpracht und herrlichem Duft über einen langen Zeitraum.

reisen gut bekannt. Ihre dort sehr populäre Sorte 'Jacqueline Postill' hat rötlich mauvefarbene Blüten mit fast weißem Inneren, die Mutter 'Gurka' hat etwas kleinere, purpurrosa Blüten, die nach fast weiß verblassen. Sie ist etwas winterhärter als arttypisch – vielleicht, weil sie in strengen Wintern einfach noch mehr Laub abwirft. Denn in unserem Klima ist die mit Zone 7 angegebene *Daphne bholua* halbimmergrün bis immergrün. Wesentlich kleiner und auch formschöner wächst **DAPHNE ODORA**, die ebenfalls im Februar zu blühen vermag. Der bei uns nicht voll winterharte, immergrüne Seidelbast wächst dicht breitbuschig und in der Regel sehr gleichmäßig. Das breite, dunkelgrün glänzende Laub ist ausdrucksstärker als bei *D. bholua*, doch kann die recht dunkle Pflanze im Sommer leicht etwas langweilig wirken. Dem kann die Verwendung einer panaschierten Sorte wie 'Aureomarginata' entgegenwirken. Jedoch braucht sie einen noch geschützteren Platz als die rein grüne Art (Zone 7).

Je nach Witterung blühen im ausgehenden Winter oder erst im Frühling die Scheinhaseln **CORYLOPSIS PAUCIFLORA**, dann die höhere **C. SPICATA** – angeblich mit leichtem Honigduft.

Winterblühende Gehölze ohne Duft

Hängende, duftlose Blütenkätzchen finden sich auch bei den „echten" Haseln der Gattung **CORYLUS**. Die gleichmäßig konisch wachsende Baumhasel (**C. COLURNA**) schmückt sich mit bis zu 12 Zentimeter langen Kätzchen, die oft schon ab Februar wie Lametta am unbelaubten Baum herabhängen. Von ihr kennt man noch die kräftig dunkelrot austreibende Sorte 'Granat', deren Kätzchen purpurn gefärbt sind. Alle Baumhaseln bekommen eine auffallend schöne, korkige Rinde.

Die mit glatter, silbriger Rinde mehrstämmig wachsenden Großsträucher oder kleine Bäume der Waldhasel (**C. AVELLANA**) und der Lambertshasel (**C. MAXIMA**) können witterungsangepasst ebenfalls schon im Februar ihre langen, gründgelben Schweife mit intensiver Fernwirkung präsentieren. Auch bei der bekannten Purpurhasel (*C. maxima* 'Purpurea') gelangt die rötliche Farbe in die Pollen der männlichen Blütenkätzchen, sodass diese rötlich sind. Für die Fernwirkung ist die gelbe Farbe intensiver, doch gibt es sicher Gartensituationen, wo die rötlichen Kätzchen gestalterisch gut zur Geltung gebracht werden können.

GARRYA ELLIPTICA bildet im ausgehenden Winter ebenfalls lange, auffällige Kätzchen. Im Gegensatz zur

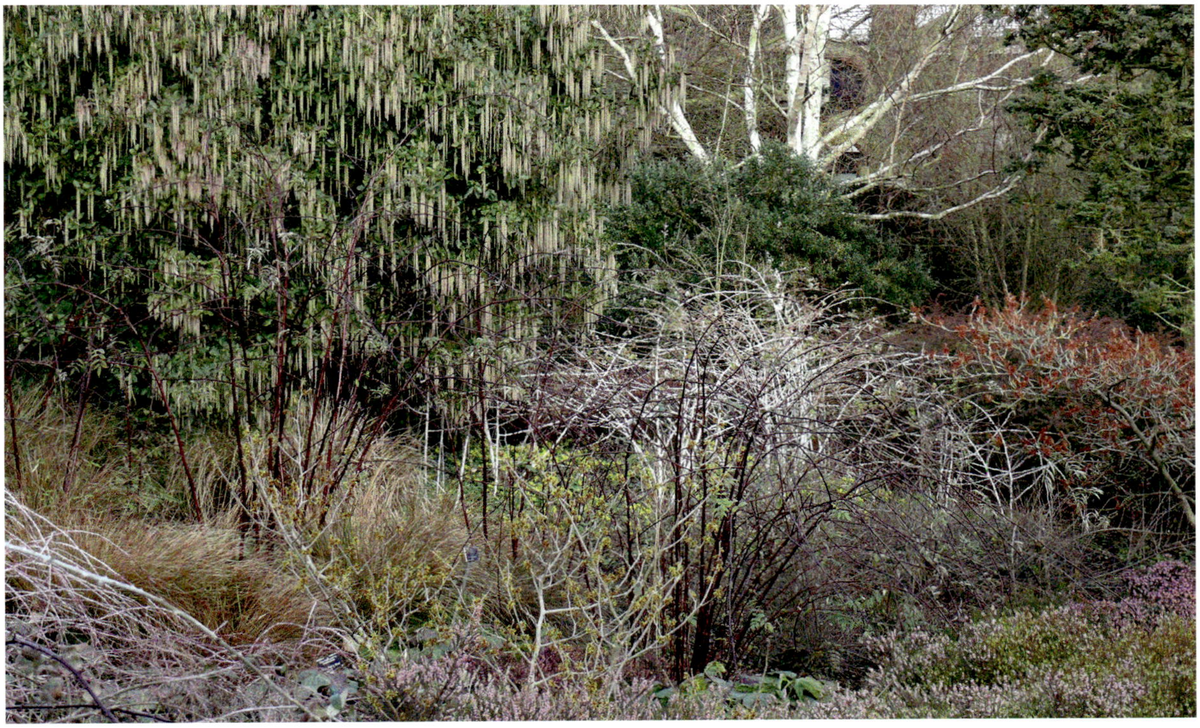

Garrya × issaquahensis mit *Rubus biflorus* und *Rubus niveus*, *Hamamelis × intermedia* 'Zuccariniana' und *Hamamelis × intermedia* 'Jelena', *Anemanthele lessoniana* und *Erica × darleyensis* 'Furzey' im Februar-Wintergarten von Cambridge University Botanic Garden, England.

Hasel ist das Becherkätzchen zweihäusig, d. h. es gibt männliche und weibliche Pflanzen. Bei den männlichen Pflanzen sind die Kätzchen länger und deutlich auffälliger. Eine besonders gute Selektion ist die Sorte 'James Roof' mit sehr langen Blütenkätzchen. Doch auch die schwer zu bekommende **GARRYA × ISSAQUAHENSIS** ist an Kätzchenfülle und Wirkung kaum zu übertreffen. Ohne farblich aufzufallen, betonen die langen Blütenschnüre die Vertikale, ähnlich wie silbernes Lametta.

SALIX kann im zeitigen Frühjahr ebenfalls zahlreiche Weidenkätzchen hervorbringen, wobei die männlichen Pflanzen in der Regel imposantere Kätzchen bekommen (siehe auch Kapitel „Farbige Zweige und Rinden" ab S. 31). Am bekanntesten für üppigen Blütenschmuck ist **SALIX CAPREA**, von deren Trauerform *S. caprea* 'Pendula' meistens kleine Halbstämmchen im Handel angeboten werden. Diese erfreuen im Frühjahr in verschiedensten Vorgärten, sind dann im restlichen Jahr mit weniger attraktivem Laub jedoch eher uninteressant. Eine schöne – wenn auch nicht trauernde – Alternative wäre z. B. **S. ACUTIFOLIA** 'Blue Streak' (m). Ihre zweijährigen Zweige sind im Winter kreideweiß, einjährige Triebe braunrot bis weißrosa durch eine aufgelagerte Bereifung. Sie macht eine goldgelbe Herbstfärbung des schmalen, glänzend grünen Laubes und bringt sehr frühe, ornamentale Kätzchen. Für Menschen, die das Besondere lieben, wären schwarze oder rote Kätzchen interessant: **S. GRACILISTYLA** kann mit beidem dienen: 'Melanostachys' bringt an glänzend braunroten Zweigen frostfeste Blüten in schwarz, dann mit rosa-orangenen Antheren, die cremefarbenen Pollen freigeben, um anschließend wieder schwarz zu werden. 'Mount Aso' ('Mt. Aso') zeigt an ihren gräulich befilzten Zweigen oft schon ab Ende Januar zarte silberrosarote Kätzchen, die sich später mit orangenem und gelbem Pollen bedecken, um nach dessen Verbreitung wieder zu versilbern. **POPULUS** mit platinfarbenen, später vergrünenden Kätzchen wirken im Streiflicht zauberhaft.

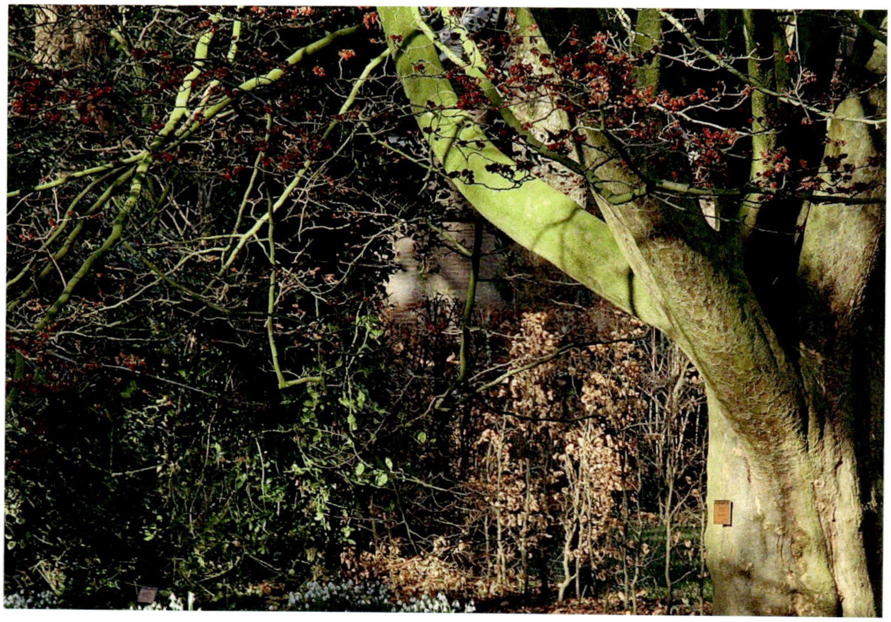

Parrotia persica als relativ schlanker Halbstamm in granatroter Vollblüte. Trotz der Veralgung des Stammes erkennt man seine intensiv texturierte Rinde mit Segmenten in verschiedenen Braun- und Beigetönen; Februar im Arboretum Oudenbosch, Niederlande.

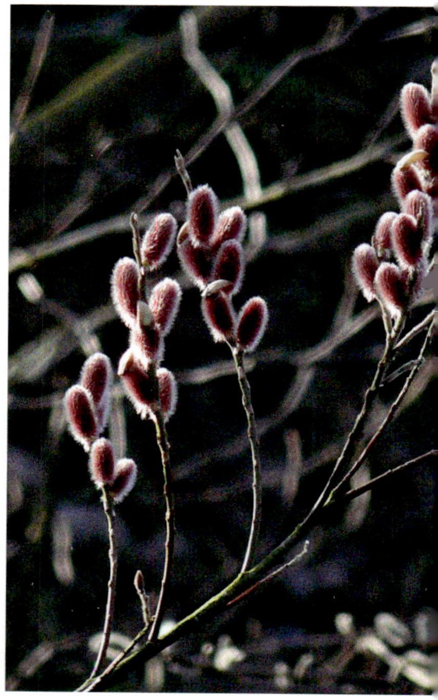

Salix gracilistyla 'Mount Aso' noch vor Freigabe des Pollens.

PARROTIA PERSICA ist die große Schwester der Zaubernuss. Als Hamamelidacea blüht der Eisenholzbaum ebenfalls im Vorfrühling, meistens ab Februar mit kräftig roten Staubbeuteln, die wie kleine Granaten an den Zweigen stehen. Da *Parrotia persica* erst im Alter blüht, muss man meistens in der Krone nach den hübschen Farbtupfern suchen. Dafür hat sie auf Augenhöhe ihre interessante Rinde und bietet eine der aufregendsten Herbstfärbungen aus flammenden Tönen von Gelb, Orange und Orangerot, manchmal bis hin zu Burgunderrot. Leider gibt es auch „faule" Individuen, die keine spektakuläre Herbstfärbung zeigen. Um Enttäuschungen zu vermeiden, empfehle ich daher, die Wunschpflanze im Herbst auszuwählen.

CORNUS MAS blüht in der Regel schon direkt nach *Parrotia* und *Hamamelis* mit leuchtend grüngelben, etwa murmelgroßen Blütenbällchen. Oft wird die Kornelkirsche stark geschnitten, als Busch oder Hecke verwendet. Am schönsten sind jedoch Exemplare, die zu kleinen Bäumchen heranwachsen dürfen. Ausgewachsen sind diese ausdrucksstark wie kleine Eichen und könnten gerade kleinere Gärten als Solitär schmücken. Besonders empfehlenswert sind in diesem Sinne die etwas schlankeren Sorten *C. mas* SAFFRON SENTINEL™ mit fast säulenartigem Wuchs, kräftig roter Herbstfärbung und im Alter gut abplatzender Rinde und 'Golden Glory', die zudem schon in jungen Jahren gut und reichlich blüht. Wegen ihrer etwa zwei Wochen früheren Blüte und einer noch interessanteren Rinde ist **CORNUS OFFICINALIS**, die asiatische Schwester der Kornelkirsche, noch wintergartentauglicher. 'Kintoki' ist noch etwas früher und bekommt eine besonders stark schuppige Rinde, die auch Orangetöne beinhaltet – ebenso wie ihre purpurrote Herbstfärbung.

Sowohl *C. mas* als auch *C. officinalis* produzieren die bekannten roten, Vitamin C reichen Kornelkirschen. Für einen reichen Blüten- und Fruchtansatz brauchen beide Cornusse kältere Winterperioden. In wärmeren Gegenden wäre *C. officinalis* 'Spring Glow' die richtige. Sie macht zwar keine Herbstfärbung, bringt dafür aber auch in milden Regionen eine zufriedenstellende Blütenfülle.

JASMINUM NUDIFLORUM würde ich unbedingt jedem empfehlen – wenn der Winterjasmin nicht so ein unglaublich wüchsiger Kerl wäre. Er kann ganze Hänge befestigen, indem er mit seinen überhängenden Trieben immer wieder einwurzelt. Fatal ist dies (wenn man nicht

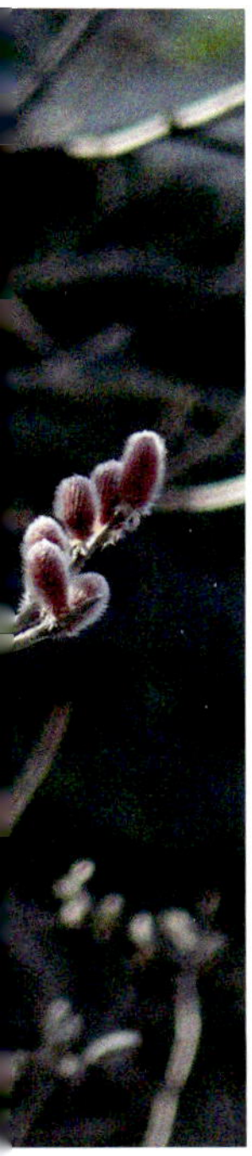

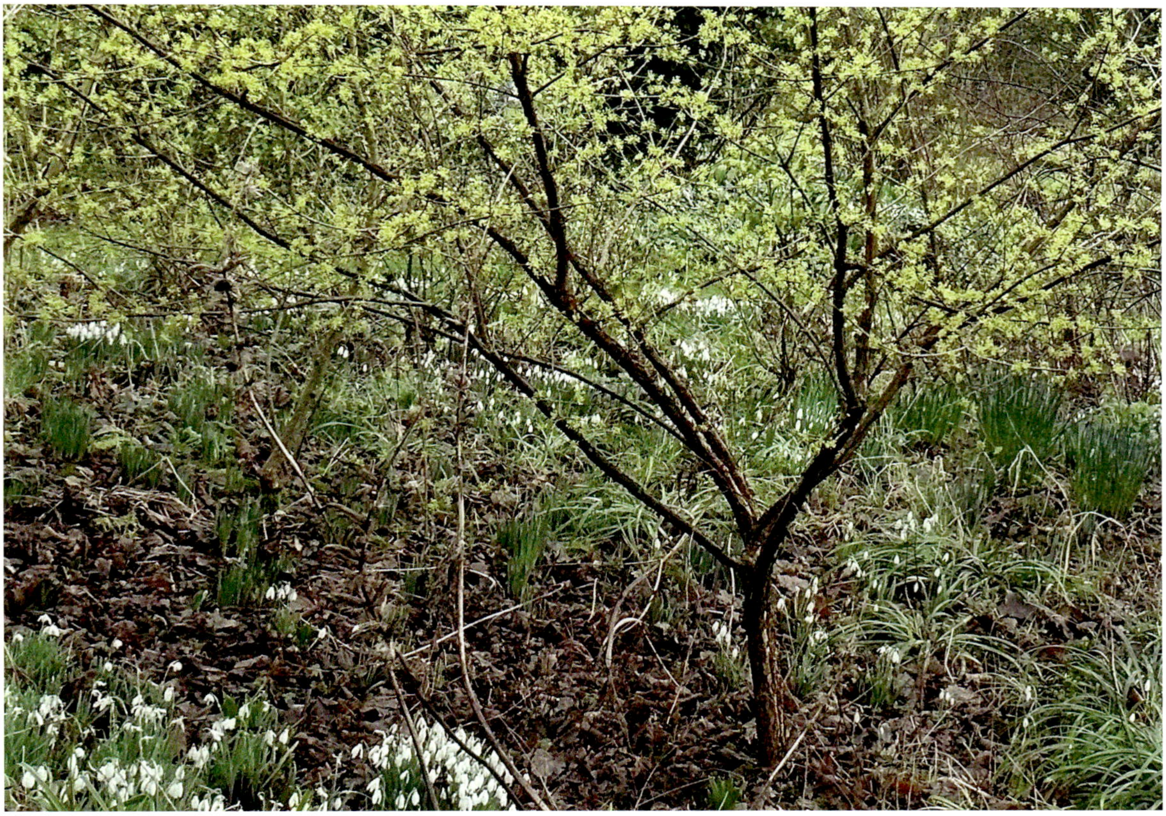

Ein noch kleiner *Cornus mas* im Vorfrühlingsgarten von Sheila und Trevor Shepherd, Avon Cottage, England, im Februar.

ständig aufpasst) oberhalb von Trockenmauern, während er von fugenlosen Mauern herabhängend eine besondere, unverfängliche Zierde ist. Im kleinen Garten meines Elternhauses hat meine Mutter es über Jahrzehnte geschafft, ihn erfolgreich nur dort zu halten, wo er gewünscht war: eingeflochten im kurzen Geländer zwischen Terrasse und tieferliegendem Garten. Selbst vor der Blütezeit hat er mit den nackten, glänzend grünen Trieben eine frische Farbwirkung, die in milden Wintern über Monate von den zartgelben Blüten noch aufgefrischt wird; eine Pracht, die wir selbst an trüben Wintertagen vom Wohnzimmerfenster aus genießen konnten. Obwohl er ein Jasmin ist, ist er leider völlig duftlos.

PRUNUS SUBHIRTELLA var. **AUTUMNALIS** gehört ebenfalls zu den dauerblühenden Gehölzfreuden. Die Ungeduldige fängt – wie der Namenszusatz „autumnalis" vermuten lässt – schon im Herbst an zu blühen. Wenn es zu kalt wird und sie ohnehin auf keinen Bestäuber hoffen darf, stellt sie die Blüte zwischenzeitlich ein, bis die Temperaturen wieder milder sind. So blüht sie sich je nach Temperaturverlauf in Etappen ab November durch den ganzen Winter bis zum Frühling, wo sie dann etwa ab März ihre größte Blütenfülle entwickelt. In Großstädten bieten ausgewachsene Exemplare von bis zu etwa 8 Meter Höhe mitten im Winter ein traumhaft unwirkliches Bild. Zwar sind die einzelnen, halb gefüllten, duftlosen Blüten lange nicht so auffällig wie die der übrigen Zierkirschen, doch passen sie dafür auch in natürlichere Gartensituationen. Anfangs ist die Blüte weiß, im Vergehen wird sie zartrosa, sodass ein voll blühender Baum oder Großstrauch immer auch einen zarten Rosahauch zeigt. Kräftiger rosa ist die Sorte 'Autumnalis Rosea', die in jedem Stadium zartrosa mit rosarotem Kelchinneren ist. Manchmal erhält man sie anstelle der reinen Varietät.

PRUNUS MUME blüht als bis zu 4 Meter hoch werdender kleiner Baum sehr früh im Jahr, in der Regel ab März. Doch gibt es auch einige besonders frühe Sorten der Japanischen Zier-Aprikose (oder Zier-Pflaume), unter ihnen *P. mume* 'White Christmas', die mit weißen Blüten schon zur Weihnachtszeit, in kühleren Jahren auch erst ab Januar oder Februar blüht. Die reinweißen Blüten haben ein hübsches, rotes Auge, das ihnen besonderen Ausdruck verleiht. Hinzu kommt eine schöne, warm orangebraune Rinde.

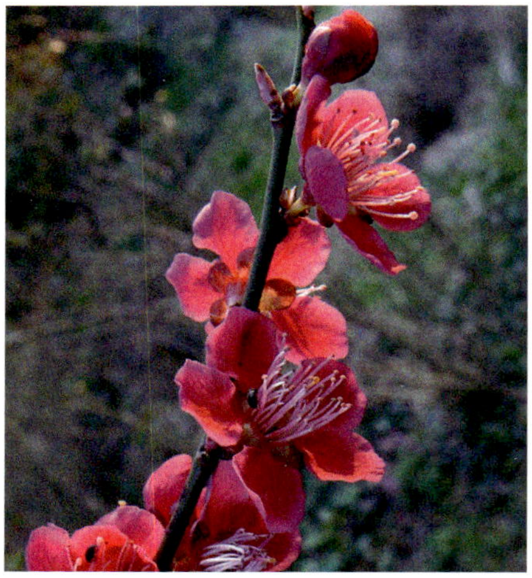

Zart bezaubernd und auffällig zugleich: Blüten von *Prunus mume* 'Beni-shidori' an nackten Zweigen im Vorfrühling. Einige Sorten blühen schon im Winter.

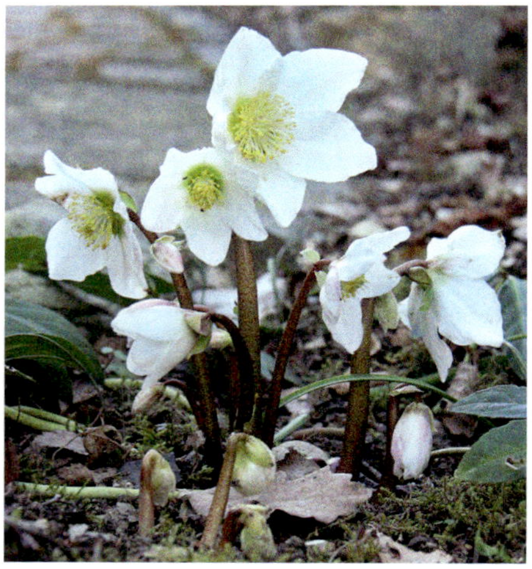

Helleborus niger: Diese Pflanze blüht im Garten der Autorin oft schon zu Weihnachten, um dann bis zum Frühjahr immer wieder neue Blüten zu schieben.

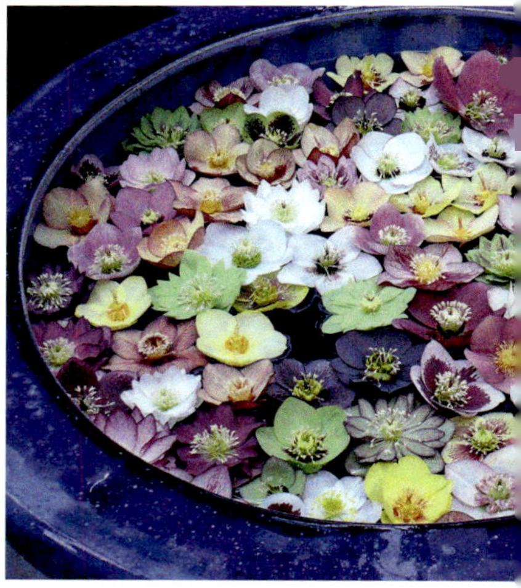

Helleborus-Blüten in der Schale: Hier präsentiert sich so manche Blüte hübscher als im Garten.

PRUNUS INCISA gehört ebenfalls zu den Frühblühenden und blüht in der Regel ab März. Jedoch gibt es auch von der März-Kirsche einige winterblühende Kultivare: *P. incisa* 'Praecox', mit hellmuschelrosa, nach fast weiß verblassenden Blüten schon im Januar, und 'February Pink', die oft auch schon im Januar, wenig später als 'Praecox', und dunkler blüht. Ihre kleinen Einzelblüten sind zart rosa, zum Blütenboden hin auffallend rosarot. *Prunus-incisa*-Sorten – auch zahlreiche als „Zwergkirsche" *P. incisa* 'Kojo-no-mai' verkaufte Pflanzen mit Zweigen im angedeuteten Zickzack – wachsen zu dicht verzweigten, aufrecht vasenförmigen Großsträuchern, die an guten Standorten deutlich über 4 Meter hoch werden können.

Alle hier erwähnten Kirschen machen eine erwartungsgemäß herrlich leuchtende, goldene, orangerote oder sogar feuerrote Herbstfärbung

STAUDEN

Gerade in kleineren Gärten sind Stauden die große Freude der Gärtner, die sich mit ihnen über ihre gesamte Lebenszeit wesentlich intensiver beschäftigen können, als mit Gehölzen, von denen in den meisten Privatgärten nur wenige Platz haben. Zu den bezauberndsten Winterblühern gehört die Gattung

HELLEBORUS. Die frühe, oft schon zu Weihnachten blühende **HELLEBORUS NIGER** war eine meiner ersten Gartenpflanzen. Dafür habe ich schon als junge Studentin viel investiert; denn ich habe sie insgesamt mindestens vier Mal blühend zur Weihnachtszeit für viel Geld in verschiedenen Blumenläden zur Kultivierung im Garten gekauft. Dass die angebetete Christrose winterhart sein soll, das wusste ich. Doch wusste ich nicht um die Tücken des „Freilandgärtnerns", nichts über das „Umgewöhnen" von vorgetriebenen Gewächshauspflanzen an Klima und Boden im Freiland. Immerhin habe ich in dem Zug gleich diese Problematik kennengelernt und hatte auch irgendwann endlich meine erste Christrose dauerhaft im Garten. Noch eben gerade, als ich das Foto meiner *H. niger* gemacht habe, kam mir beim Betrachten der herrlichen Blüten, die in diesem Jahr glücklicherweise (noch) nicht von kleinen Schnecken zerfressen wurden, der Gedanke, dass ich auf alle *Helleborus*-Hybriden verzichten könnte, wenn ich nur *H. niger* habe. Ein sehr ketzerischer Gedanke, wenn man sich in meinem Garten näher umsieht und zählt, dass ich lediglich zwei verschiedene Christrosen, sicher aber mehrere Dutzend Lenzrosenhybride **HELLEBORUS × HYBRIDUS** habe.

Dies mag wohl auch daran liegen, dass es von ihnen eine wesentlich größere Vielfalt gibt. Denn es sind Hybri-

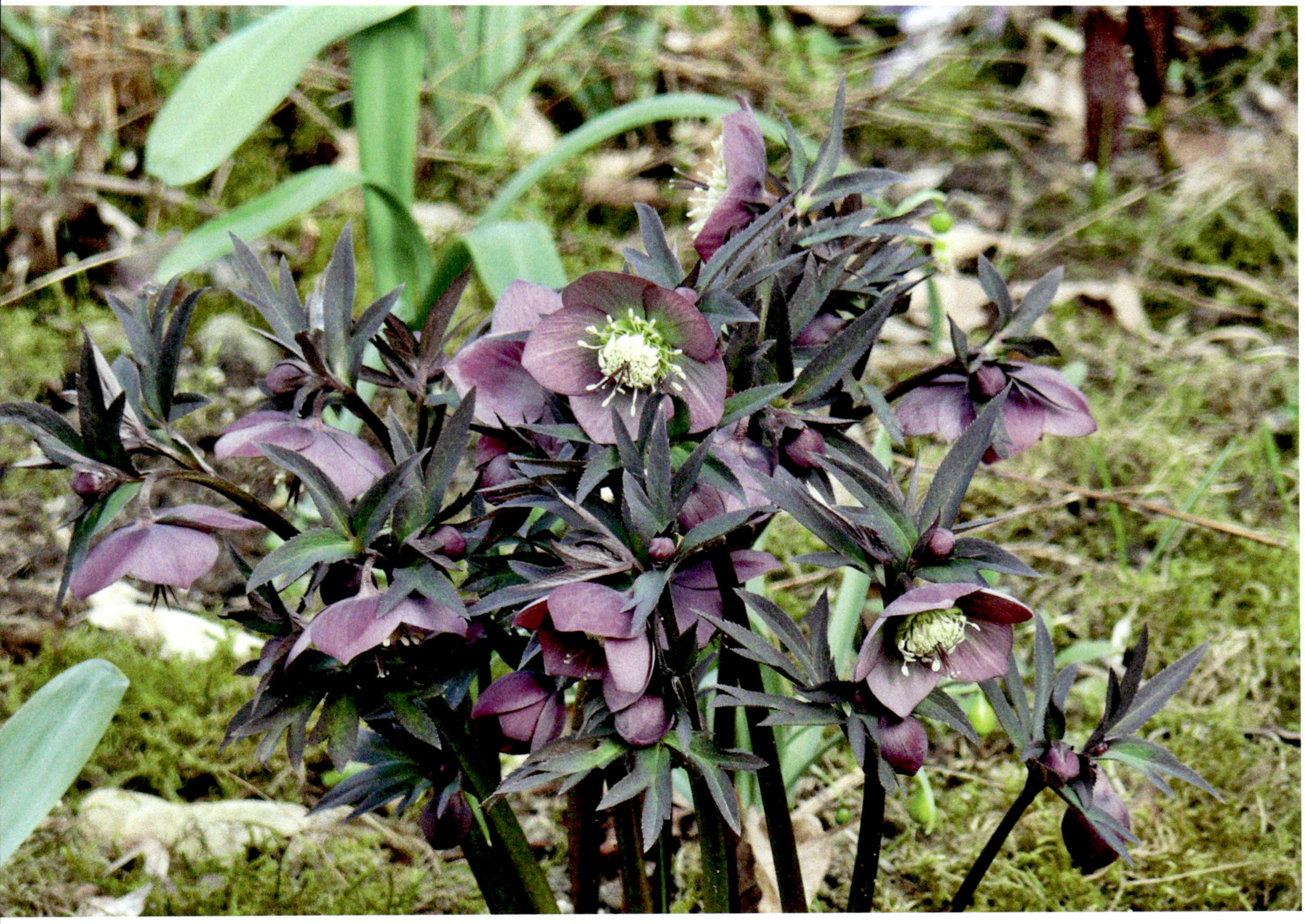

Violette *Helleborus purpurascens*-Auslese mit dunklen Kelchblättern.

den ganz unterschiedlicher europäischer Nieswurzen wie *H. odorus, H. torquatus, H. purpurascens* und anderer mit *H. orientalis*. Und die Züchtungen gehen weiter, sodass immer neue Farben und Formen erhältlich sind.

Mir macht die Abwechslung im Garten besonders viel Freude. Doch muss ich mich immer wieder ermahnen: Denn häufig habe ich Phasen, wo mir bestimmte Farben und/oder Formen besonders zusagen und ich dann fokussiert diese Typen aussuche. Wenn ich dann mit der Kamera durch meinen Garten gehe, stelle ich jedoch immer wieder fest, dass mir verschiedene Pflanzen in ihrer abwechslungsreichen Zusammenstellung am besten gefallen – wenn ich es auch im Garten nicht so bunt gewürfelt mag wie in der abgebildeten Schale mit *Helleborus*-Blüten.

Natürlicherweise hängen die meisten Lenzrosenblüten, um die empfindlichen Staubgefäße vor winterlichem Regen und Schnee zu schützen. Züchtungsziel bei Lenzrosen war und ist eine aufrechte Blütenhaltung, die dem Betrachter die schönen Staubgefäße, gleichmäßige Füllung, grazilen Aderungen (*Picotee*-Zeichnung) und anders gefärbte oder vergrößerte Nektarien (Anemonenblütige) besser präsentiert – ähnlich wie in der „Blütenschale" auf dem Foto. Blüten mit „Sommersprossen" (*Guttatus*-Formen) sehen auf ihrer Rückseite oft schmutzig aus, während das Blüteninnere sehr lebendig wirkt.

Was man auf dem Foto auf S. 108 rechts nicht erkennt, ist der Habitus der gesamten Pflanze, die Haltung der Blüten sowie Farbe und Aussehen der Kelchblätter, die bei *Helleborus* durchaus wirksam in Erscheinung treten und verschiedene Tönungen annehmen können, ebenso wie auch der Blütenstiel. Für die Wirkung im Garten ist das von wesentlich größerer Bedeutung als z. B. eine Zeichnung im Blüteninneren.

Während der Habitus einer Hybrid-Lenzrose für mich stets gleich sein darf – am liebsten hübsches, gesundes Laub, relativ niedrig am Boden liegend, die Blüten gut sichtbar darüber – ist bei der Blütenhaltung sowie den übrigen Punkten eine ausgesuchte Variabilität im Garten am schönsten.

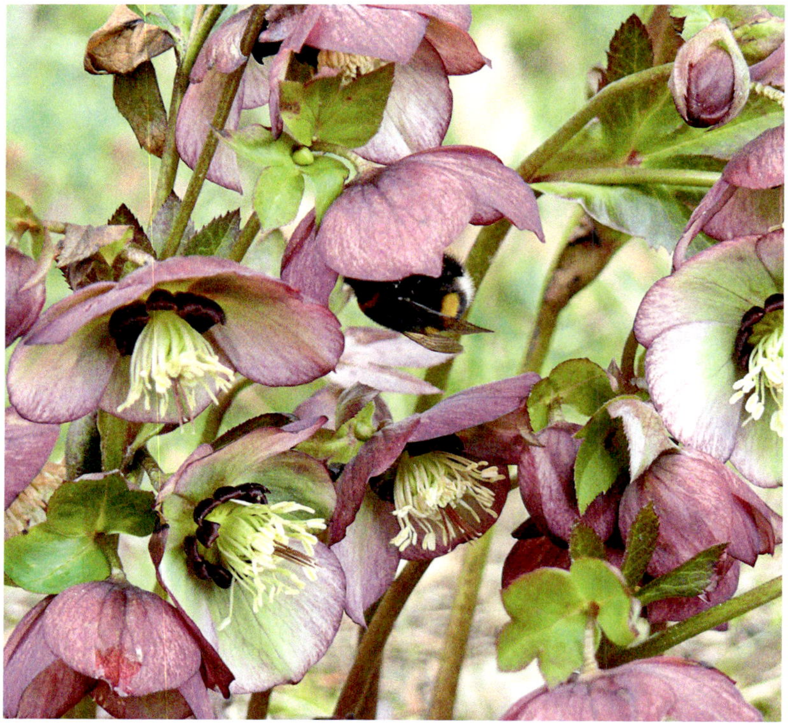

Eine schöne Überraschung bietet diese *Helleborus*-Blüte: außen ansehnlich klar rosarot, innen fast jadegrün mit dunklen Nektarien – und manchmal sogar mit Hummel.

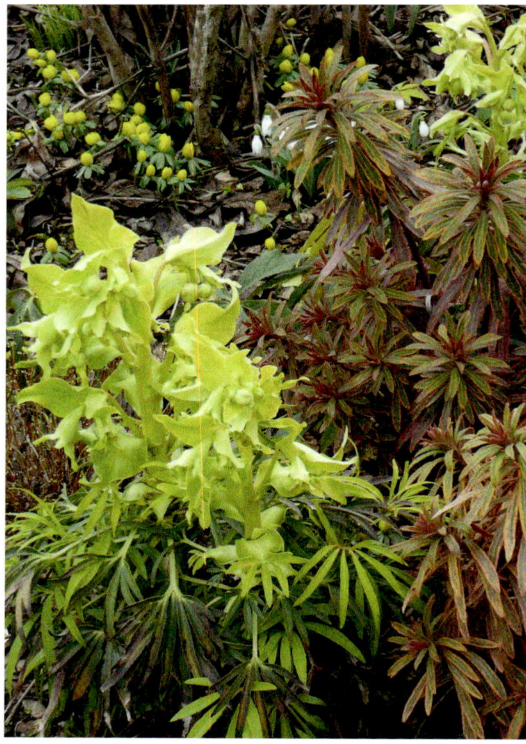

Hellgelbgrüne Sämlinge von *Helleborus foetidus* gemeinsam mit der winterbunten *Euphorbia × martinii* 'Ascot Rainbow': Zwei herrliche, winterschöne Strukturpflanzen im durchlässigen Beet des winterlichen Schaugartens der Gärtnerei Bäuerleins Grüne Stube, Bad Abbach, im Februar.

Daher empfehle ich, auf Frühlingsmärkten entsprechende Pflanzen wie gesehen zu kaufen und bei der Wahl immer daran zu denken, dass die Pflanzen im Garten in der Regel tiefer stehen als auf den Verkaufstischen. Es kann also durchaus eine Rolle spielen, wie die Blüten auf der Rückseite gefärbt sind und vor allem, ob sie gleichmäßig schalenförmig oder locker bis unordentlich sind.

Eine ganz andere Dimension bringen die sogenannten **stammbildenden Helleborus** in den Garten. Die für deutsche Gärten relevanten Arten sind die Palmblättrige Nieswurz *Helleborus foetidus* und die Korsische Nieswurz *H. argutifolius*, mit etwas Einschränkung wegen schlechter Winterhärte auch die Balearen-Nieswurz *H. lividus*. Diese Pflanzen wirken durch ihren Habitus wie kleine Gehölze und gehören für mich zu den ornamentalsten Stauden für trockenen Schatten, z. B. unter Bäumen oder in Drainagestreifen, wo sie vor glatten Hauswänden besonders gut wirken. Ihre sich zu mehreren an einem Stiel befindlichen, meistens etwas kleineren Blüten sind von Nahem sehr schön, in ihrer Fernwirkung jedoch unerreicht. Selbst ungeöffnet leuchtet das helle Jadegrün der Blüten und Kelchblätter von *H. foetidus*, ohne jemals andere Farben übertrumpfen zu wollen.

Durch die Stämmchen können diese Arten im Laufe der Jahre bis über 50 Zentimeter hoch werden und bieten ganzjährig einen imposanten Anblick.

Helleborus profitieren, wenn man sie vor der Blüte von altem Laub befreit.

PRIMULA SIBTHORPII stammt aus der Türkei und blüht eher als andere Primeln – oft schon ab Januar. Die sehr kleinen, verglichen mit modernen Zuchtprimeln nur etwa ein Fünftel so großen Blüten integrieren sich mit Farben zwischen Weiß, Rosa und Violett in naturnahe Frühlingsgärten. Auch die Stängellose Schlüsselblume *Primula vulgaris* ist ein Vorfrühlingsbote, jedoch etwas später als die Türkin.

Erst im zeitigen Frühjahr erscheint bei schönem Wetter das Leberblümchen (**HEPATICA NOBILIS**), das man in Farben zwischen Weiß, Rosa, Rot (Magenta) und klassisch

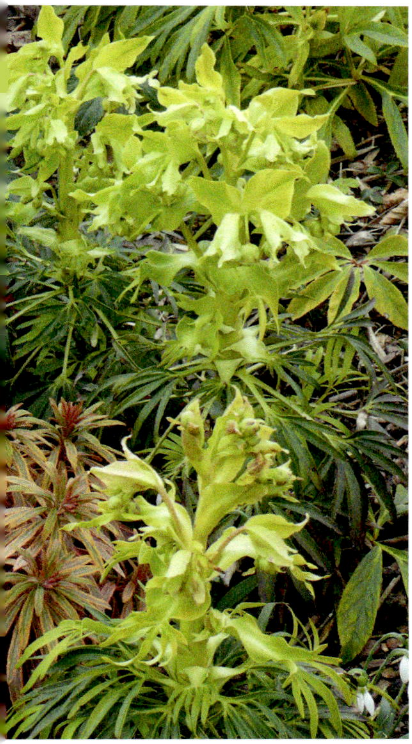

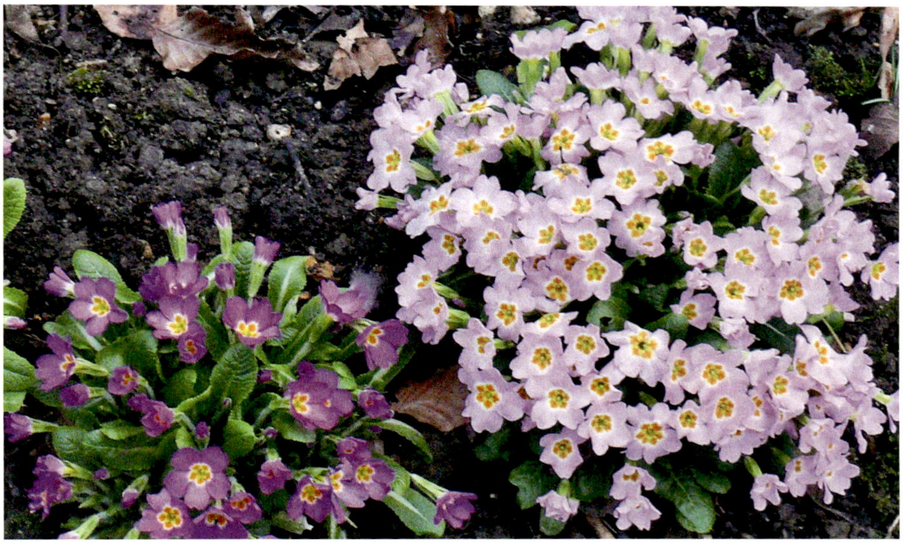

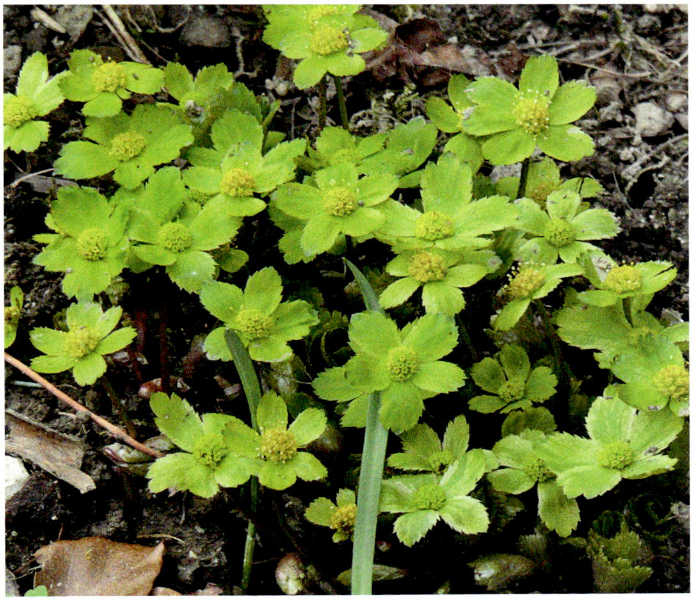

Oben: *Primula sibthorpii* Mitte Februar.

Links: Bei *Hacquetia epipactis* 'Goldberg Variegation' ist die zarte, gelbgrüne Panaschierung nur im Frühling sichtbar. Dann wirkt die Pflanze deutlich heller als andere. Im Sommer ist sie von der Art kaum zu unterscheiden.

in verschiedenen Blautönen findet. Sie teilen sich das Vorfrühlingsbeet mit der grüngelben Schaftdolde **HACQUETIA EPIPACTIS**, von der es eine seltene, schön gleichmäßig weiß panaschierte Sorte 'Thor' gibt und die noch seltenere, im Frühling gelbgrün panaschierte Sorte 'Goldberg Variegation' sowie mit **SCOPOLIA CARNIOLA**, ihrer etwas auffälligeren Sorte 'Zwanenburg' oder auch der gelben *S. carniola* var. *hladnickiana*.

Dazu gesellen sich verschiedene Lerchensporne (**CORYDALIS** *solida* oder in extensiveren Gärten der größere *C. cava*), das zart wirkende Muschelblümchen (**ISOPYRUM THALICTROIDES**), die tatsächlich zarte Rautenanemone (**ANEMONELLA THALICTROIDES**) oder die robuste Waldanemone (**ANEMONE NEMOROSA**). Von den beiden Letztgenannten gibt es im Handel zahlreiche delikate Liebhabersorten. Natürlich gibt es noch etliche weitere Frühlingsgeophyten, die jedoch wie die im letzten Abschnitt genannten keine Stauden sind, sondern Zwiebeln, Knollen oder Rhizome, die eine Sommerruhe einlegen. Von solchen gibt es noch frühere, die quasi den Winter ausläuten.

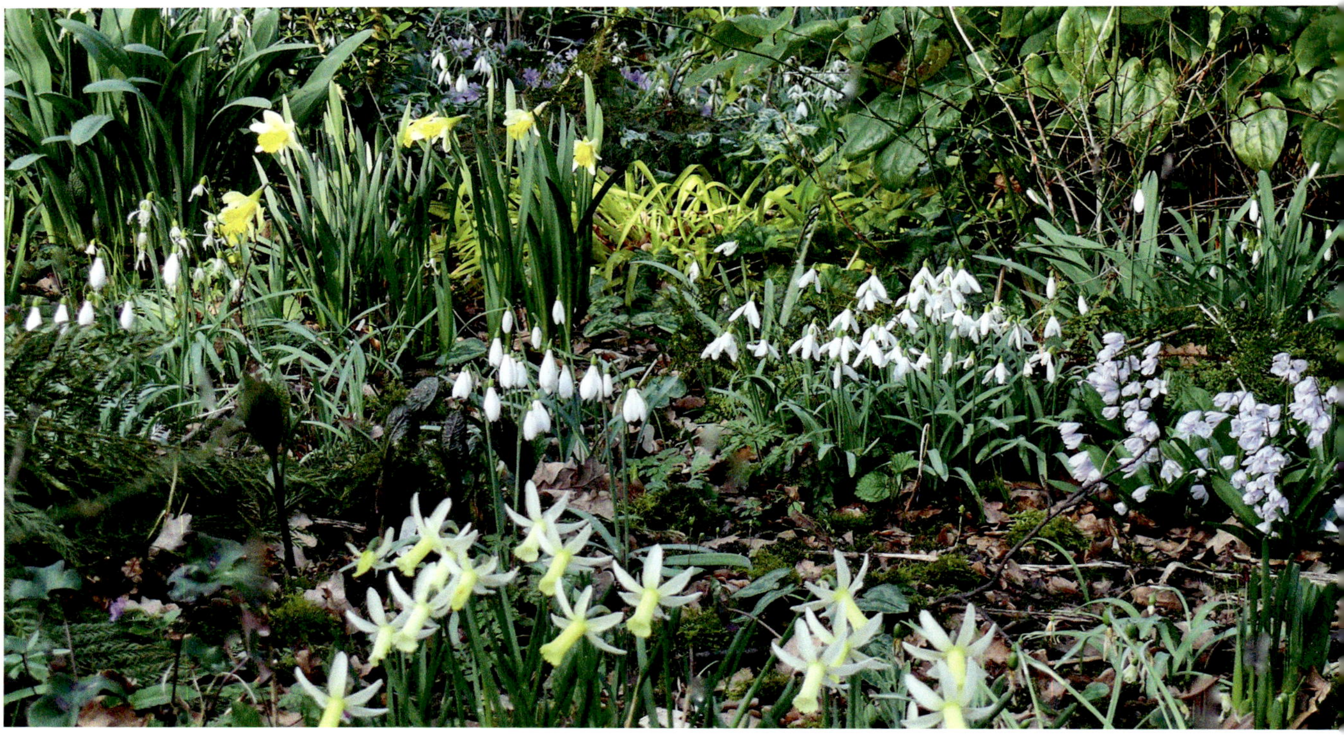

Vorfrühlingsteppich mit verschiedenen *Narcissus*, *Galanthus*, *Scilla mischtschenkoana*, Immergrünen, Farnen und imposanten Austrieben (dunkler Austrieb stammt von *Scopolia carniolica*).

ZWIEBELPFLANZEN

So sehr wir winterblühende Gehölze und Stauden auch lieben, wirklich aus dem Haus lockt den begeisterten „Wintergärtner" ganz dringend das, was plötzlich und unerwartet, jedoch heiß ersehnt aus dem Boden kommt. Das sind die Frühlingsgeophyten, die mit ihrer Blüte oft noch nicht einmal warten können, bis das gesamte Laub entfaltet ist. Allen voran der Inbegriff des Frühlingsboten, das Schneeglöckchen

GALANTHUS. Das einheimische Schneeglöckchen **GALANTHUS NIVALIS** lässt sich leicht unter laubabwerfenden Gehölzen im sommerlichen Schatten und nie völlig austrocknendem Boden kultivieren. Nur ansiedeln lässt es sich nicht ganz so leicht. Misserfolge mögen daran liegen, dass die kleinen Zwiebeln von Schneeglöckchen, wie auch die der verwandten Märzenbecher *Leucojum vernum*, nie ganz trocken werden dürfen, wie dies bei Krokussen, Tulpen und Narzissen der Fall ist. Da Blumenzwiebeln allgemein im Herbst in den Endkundenhandel gelangen, kaufen viele Gartenliebhaber im Frühherbst eventuell schon angetrocknete, im späteren Herbst jedoch schon völlig tote Zwiebeln. Wer also *Galanthus* erfolgreich ansiedeln möchte, der sollte die ruhenden Zwiebeln schon im Sommer stecken oder *Galanthus* im Frühling „in the green", also mit Laub und Blüte, kaufen. In dem Fall sollten die delikaten Wurzeln sehr vorsichtig behandelt werden, denn sie können – einmal gebrochen – nicht mehr weiter- oder nachwachsen.

Auch im Garten will *Galanthus* im Sommer nicht „backen", sondern möglichst kühl und ein bisschen feucht stehen. Eine willkommene Ausnahme für trockenere Lagen sind die türkischen **GALANTHUS ELWESII**, die zudem noch mit besonders großen Blüten an langen Stielen über breitem, silbergrauem Laub erfreuen.

Besonders große Blüten hat auch **GALANTHUS PLICATUS**, das aus humiden Wäldern, z. B. der Ukraine, stammt und daher ähnlich wie unser heimisches Schneeglöckchen feuchte, kühlere Standorte bevorzugt. Es hat ebenfalls sehr breites Laub, meistens eher frisch grün. Vor allem im Austrieb erkennt man gut die Längsfalten entlang des Laubrandes, die der Art ihren Namen gaben.

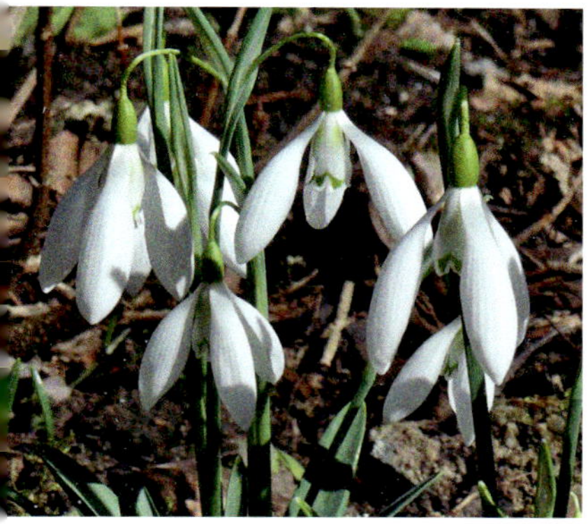

alanthus 'Robyn Janey' mit besonders lan-
em Pedikel und langen Nägeln, wodurch die
ütenblätter weiter abgewinkelt sind und
e Blüte demzufolge selbst bei bewölktem
etter weiter offen ist als andere.

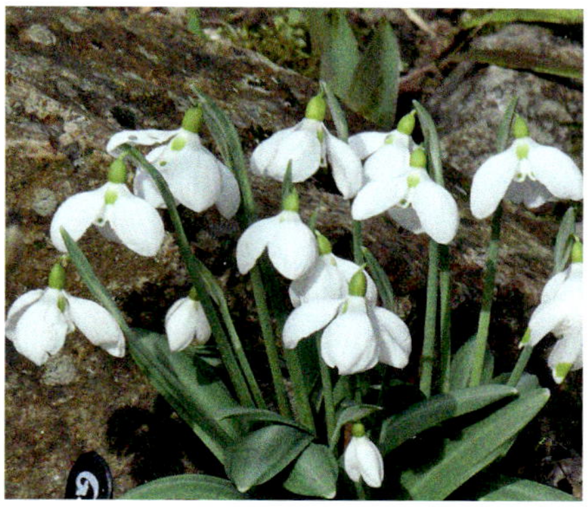

Das besonders „aufgeplusterte" *Galanthus plicatus* 'Fatty Puff' mit leuchtend hellgrüner Zeichnung und Fruchtknoten.

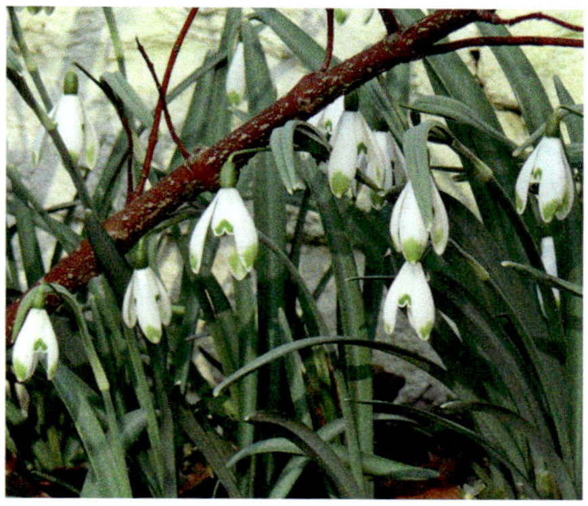

Galanthus nivalis 'Viridapice' ist für unser einheimisches Schneeglöckchen groß, wüchsig und außen etwas grün. Hier mit *Cornus alba* 'Ivory Halo'.

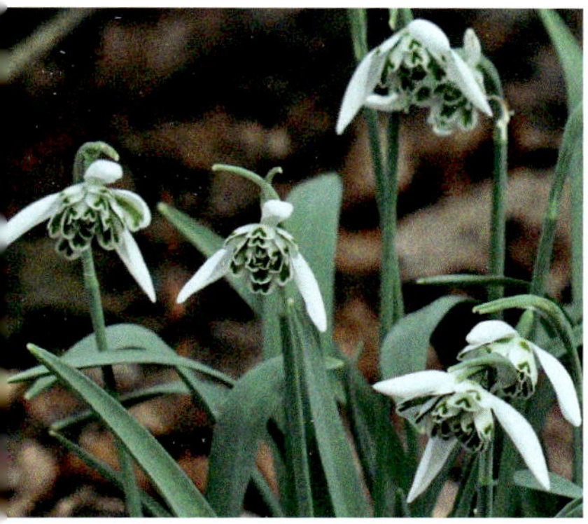

ìalanthus 'Ballerina' zeigt vor dem vollständi-
en Öffnen das gleichmäßig gefüllte Blüten-
nnere, welches sich später zu Boden neigt.

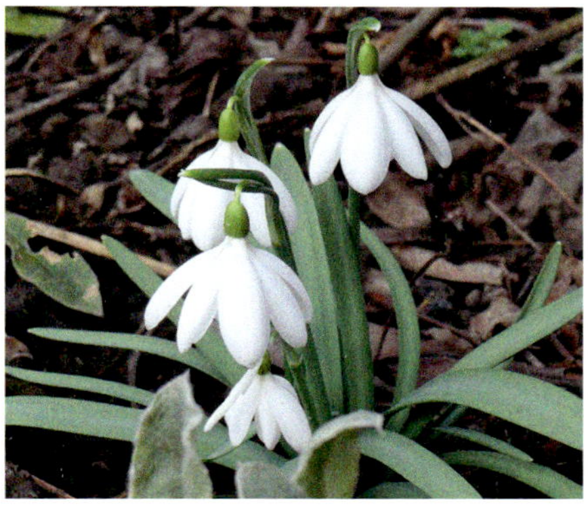

Galanthus nivalis 'Poculiperfect' mit *Lychnis coronaria*.

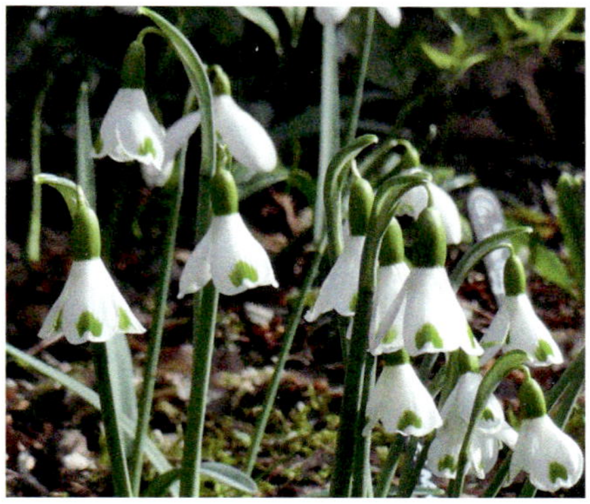

Das pterugiforme *Galanthus plicatus* 'Trymlet'.

Es gibt noch zahlreiche andere Arten, doch sind die genannten und deren Hybride für die Gartenkultur am Interessantesten. Inzwischen gibt es so viele verschiedene Sorten im Handel, dass keiner mehr einen genauen Überblick hat. Dennoch findet man in guten Vorfrühlingsgärten wohlbekannte Freunde, die als Gruppe schöne Akzente setzen können:

- *G.* 'Atkinsii' ist **formschön, groß, wüchsig und robust**, also ein Schneeglöckchen, mit dem man quasi nichts falsch machen kann. Ebenso leicht im Umgang sind *G.* 'S. Arnott' (mit gutem Duft), das spät blühende *G.* 'Straffan', das recht frühe *G.* 'Mrs. MacNamara' und – eines meiner Liebsten wegen des herausragenden Gesamteindrucks und eines guten Duftes – *G.* 'Nothing Special'. Es gibt noch zahlreiche andere!
- *G.* 'Magnet' und *G. plicatus* 'Percy Picton' haben besonders **lange Pedikel**, an denen die Blüten schon beim leisesten Windhauch schaukeln und die dafür sorgen, dass die Glöckchen auch klingeln. Bei 'Robyn Janey' ist die Basis der drei äußeren Blütenblätter sehr schmal mit **langen Nägeln**, sodass der Blick auf die innere Zeichnung schon bei nicht ganz geöffneter Blüte möglich ist.
- *G. plicatus* 'Augustus', *G. plic.* 'Diggory' und deren schöne Schwester 'Fatty Puff' mit besonders hellgrünen Fruchtknoten bekommen sehr große, runde, fast aufgeplusterte Blüten, sind wüchsig und robust.
- *G. nivalis* 'Viridapice' ist eines der ältesten „besonderen" Schneeglöckchen und außen **grün „getippt"**. Ähnlich ist 'Modern Art'.
- *G.* 'Greatorex Double' ist eine Gruppe von **gefüllten** Schneeglöckchen, Hybride mit dem gefüllten *G. nivalis* 'Flore Pleno' und *G. plicatus*. Gefüllte Galanthus haben eine bessere Fernwirkung der Einzelblüte und sind auch bei schlechtem Wetter offener, fast wie aufgeplustert. Sie sind daher auch dann noch ein Blickfang. Benannte Glöckchen dieser Gruppe tragen alle Frauennamen von Shakespeare Figuren: 'Desdemona', 'Orphelia', 'Jacquenetta' oder 'Lavinia'. Auch 'Dionysus' gehört in diese Gruppe.

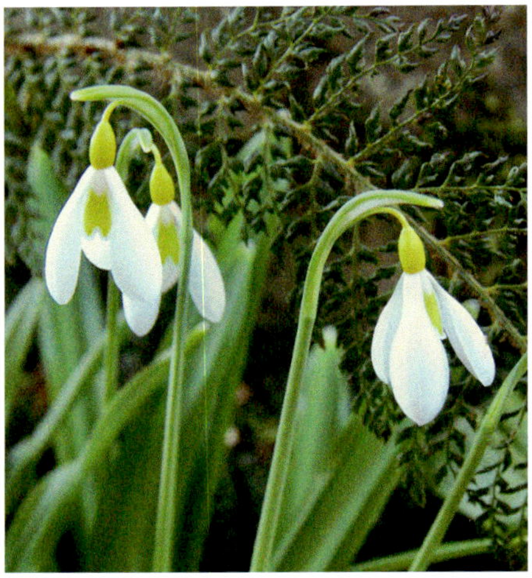

Galanthus plicatus 'Wendy's Gold' mit *Polystichum setiferum* 'Herrenhausen'.

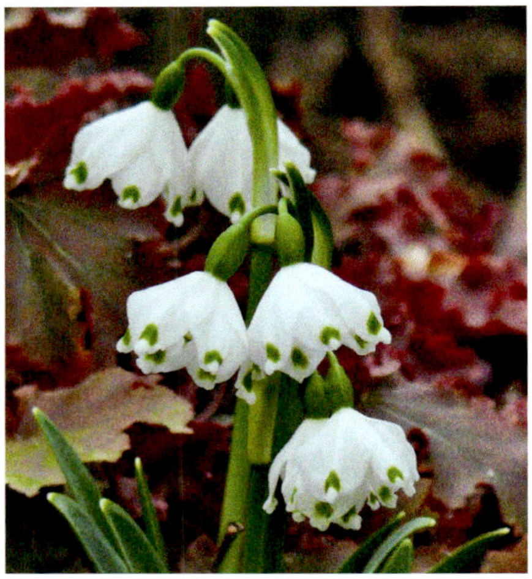

Leucojum vernum vor winterroter *Heuchera* 'Marmelade' im Schaugarten der Gärtnerei Bäuerleins Grüne Stube, Bad Abbach, Februar.

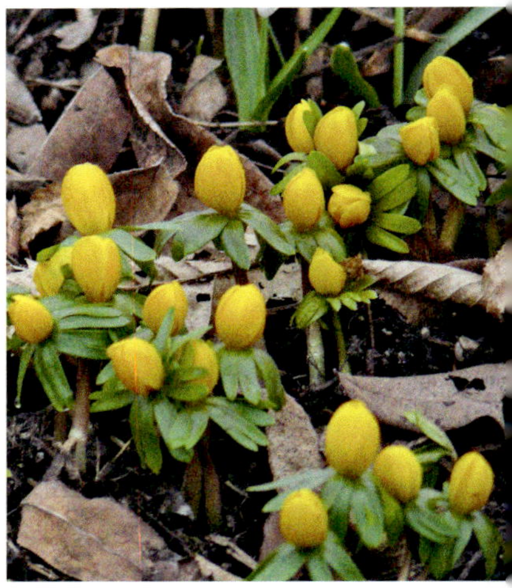

Selbst in geschlossenem Zustand bringen die Knospen von *Eranthis hiemalis* 'Orange Glow' ein warmes Glühen in den noch bitterkalten Garten.

Ebenfalls schön gefüllte Glöckchen sind folgende:

» *G.* 'Ailwyn' ('Lady Fairhaven'), *G.* 'Ballerina' und 'Hill Poë'.

» *G. elwesii* 'Godfrey Owen' ist ein echter Eyecatcher mit sechs äußeren und sechs inneren Blütenblättern, die in ihrer optimalsten Form ganz gleichmäßig angeordnet sind. Es blüht schon früh und sieht aus wie ein kleiner Stern.

» *G. plicatus* 'E. A. Bowles' hat als extrem großblütiges, **poculiformes** Schneeglöckchen die drei inneren, normalerweise kleineren Blütenblättchen so vergrößert, dass sie wie die großen Äußeren aussehen. Durch den Platzmangel plustert sich die Blüte stark auf und nimmt die Form eines Pokals an (poculiform). Empfehlenswerte kleinere Poculiforme sind *G. niv* 'Poculiperfect', *G. niv.* 'Creme Anglais', das späte *G. niv.* 'Gloria' und das nicht ganz poculiforme *G. niv.* 'Angelique'.

» So wie es poculiforme Schneeglöckchen gibt, so gibt es auch welche, bei denen die äußeren Blütenblätter wie die inneren aussehen. Diese **pterugiformen** „Schneeröckchen" haben außen eine mehr oder weniger große grüne Zeichnung und stechen wegen ihrer besonderen Form aus der Gruppe heraus. Eines der unkompliziertesten ist *G. plic.* 'Trymlet', aber auch 'Trumps', 'Lucy' oder die über die gesamte Blütenblattlänge grün gezeichneten 'South Hayes', 'Phillipe André Meyer' und 'Veronica Cross' bringen Abwechslung in den Vorfrühlingsgarten.

» **Gelbe** Schneeglöckchen, mit gelber Zeichnung und gelbem Fruchtknoten sind die auffälligen *G.-plicatus*-Sorten 'Spindlestone Surprise', 'Primrose Warburg', 'Madeleine', 'Sarah Dumont' und 'Wandlebury Ring', während gelbe Sorten von *G. nivalis* eher klein und schwachwüchsig sind (*G. niv.* 'Sandersii'-Gruppe, *G. niv.* 'Ray Cobb', 'Norfolk Blonde', 'Netherhall Yellow' etc.; 'Sharman's Late' ist größer und später).

» Besonders frühe empfehlenswerte Schneeglöckchen sind *G. elwesii* Hiemalis-Gruppe 'Barnes' und das oft schon an Weihnachten blühende *G. plic.* 'Three Ships', das zudem noch sehr schöne große Blüten macht. Sie sollten vor Wintersonne geschützt gepflanzt werden.

LEUCOJUM VERNUM blüht in der Regel gleichzeitig oder kurz nach *Galanthus nivalis* im ausgehenden Februar oder Anfang März. Die größere, becherförmige Blüte des Märzenbechers ist wesentlich eindrucksvoller, meistens jedoch nicht so variationsreich. Immerhin gibt es einige interessante Auslesen, die oft von den Gärtnereien angeboten werden, die auch besondere Schneeglöckchensorten führen. *Leucojum vernum* steht in der Natur gerne noch feuchter als *Galanthus nivalis*, im Garten kommt es gut mit gleichen oder sogar trockeneren Standorten zurecht und kann sich in offenen Böden, selbst in Kiesbeeten, versamen.

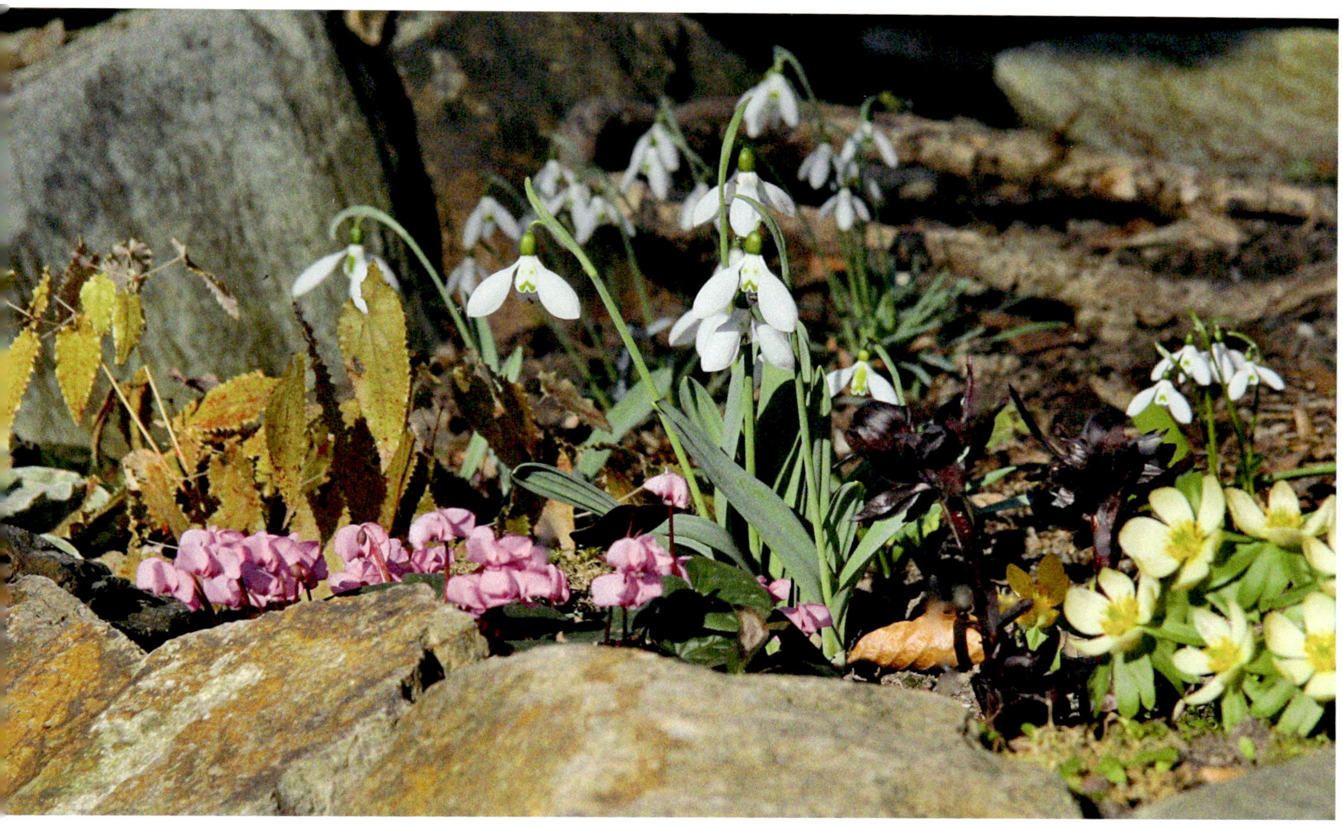

Oben: *Galanthus elwesii* 'Grumpy', blühende *Cyclamen coum* und verblühende *Eranthis hiemalis* 'Schwefelglanz' mit *Epimedium stellulatum* 'Long Leaf Form' oberhalb einer halbschattigen Trockenmauer.

Links: *Ophiopogon planiscapus* 'Nigrescens' mit *Bergenia* 'Rosa Zeiten' und *Eranthis hiemalis* 'Noël Ayres'.

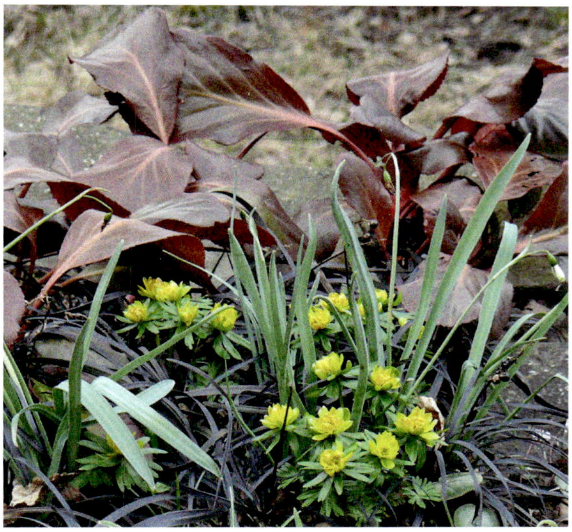

ERANTHIS macht seinem Namen Winterling ebenfalls alle Ehre und blüht gemeinsam mit den Schneeglöckchen direkt im ausgehenden Winter. Die selbst schon im knospigen Zustand leuchtend gelbe Farbe sorgt schnell für die richtige Frühlingsstimmung, doch ist sie manchmal etwas zu kräftig, um sie mit zarten Tönen zu vergesellschaften.

Etwas wärmer und möglicherweise gefälliger sind da die zartgelben Sorten *Eranthis hiemalis* 'Schwefelglanz', die selteneren 'Zitronenfalter' und 'Pauline' sowie die eher ins Orange tendierenden 'Orange Glow' und 'Schluyters Orange'. Aber es gibt auch gefüllte Formen, die viel Freude machen können: 'Lady Lamortagne' und 'Noël Ayres' sind bei mir beide wüchsig und schön.

CROCUS gehört im Gebirge mit den Schneeglöckchen zu den Frühlingsgeophyten, die direkt nach der Schneeschmelze ihre schlanken Kelche emporrecken. Besonders früh und von zartester Eleganz sind die Elfenkrokusse *Crocus tommasinianus* sowie *C. vernus* und *C. versicolor*. Sie versamen sich an ihnen zusagenden Stellen, können auch aus Wiesen oder sogar Rasen wiederkommen, wenn diese nicht zu früh im Jahr gemäht werden. Auslesen mit besonders schönen Zeichnungen wirken als Einzelexemplare, doch die Wirkung von Krokusflächen bleibt unübertroffen. Durch das schmale Laub sind sie auch nach der Blüte in zarteren Staudenbeeten selten so lästig wie die meisten anderen Frühlingsgeophyten.

CYCLAMEN COUM blüht gemeinsam mit den Schneeglöckchen und den erwähnten Crocussen als auffällige Farbkleckse im Beet. Das frühjahrsblühende Alpenveilchen

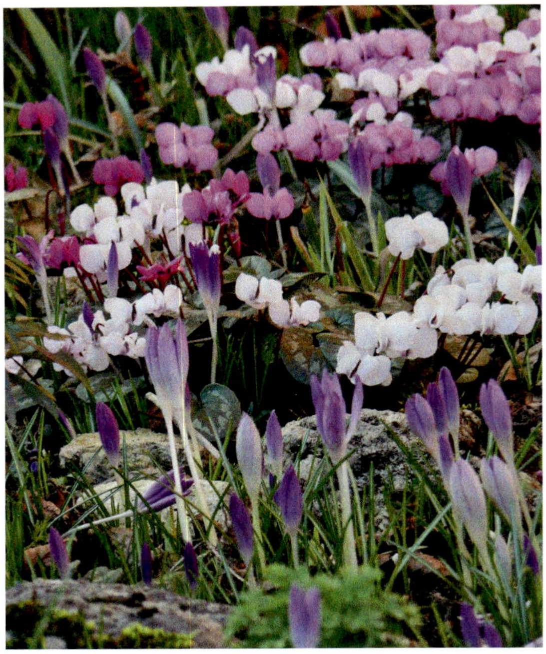

Crocus tommasinianus und *Cyclamen coum* verschiedener Farben in einem alpinen Privatgarten in Langen im Februar.

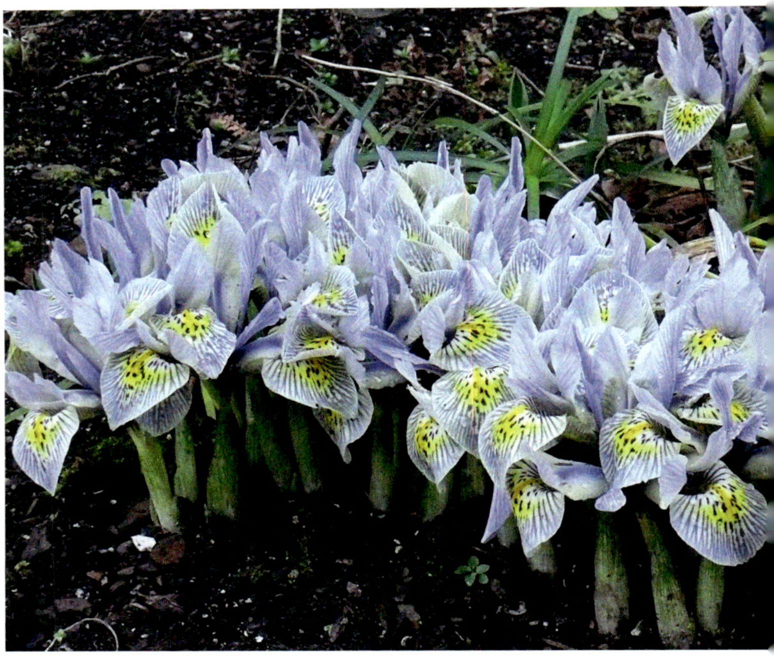

Iris 'Katherine Hodgkin' ist als februarblühende Zwergiris – zumindest in lehmigen Böden – langlebiger als viele der ähnlichen *Iris reticulata*-Sorten.

ist etwas empfindlicher bei Kahlfrösten als sein herbstblühendes Geschwister *Cyclamen hederifolium*. Von beiden gibt es Blütenfarben in Weiß, allen Rosaschattierungen und dunkelstes Pink mit herrlicher Fernwirkung – eine Farbe, von der sich Schneeglöckchen gut abheben, ohne übertrumpft zu werden. Zudem haben *Cyclamen*-Blüten einen weiteren großen Trumpf zu bieten, verglichen zu den meisten anderen Vorfrühlings-Zwiebelpflanzen: Ihre farbige Blüte leuchtet auch bei schlechtem Wetter durch den Garten, ist selbst bei Frost und Raureif noch sichtbar und verschließt sich nicht vor schwierigem Wetter. Das kann dem Wintergärtner lange Kaltwetterdurststrecken versüßen!

IRIS RETICULATA und andere Frühlingsirisse sind nicht immer treu. Die vielen schönen Sorten von *I. reticulata*, wie z. B. 'Harmony', 'Pauline' oder 'Gordon', habe ich oftmals vergeblich in meinem sandig-humosen Lehmboden vergraben. Sie spalten nach der Blüte in viele kleine Zwiebelchen auf, die dann offensichtlich „zu Erde werden".

Langfristig erfolgreicher war ich mit der bewährten *Iris* 'Katherine Hodgkin', die zudem mit ihren blauen Streifen und Fleckenmuster mit etwas warmem Orangegelb äußerst vorzeigbar ist. Auch die ähnliche 'Sheila Ann Germaney' wird hoch gelobt. Sie ist sicher einen Versuch wert – ebenso wie eines ihrer Elternteile *Iris winogradowii* in anmutigem Zitronenfaltergelb oder *I.* 'Yellow Katherine Hodgkin'.

NARCISSUS blüht eigentlich wesentlich später, doch gibt es einige sehr frühe Sorten, die gemeinsam mit den Schneeglöckchen den ausgehenden Winter ignorieren. Eine der ersten robusten Sorten sind die kleinen *N. cyclamineus* 'February Gold' in Gelb und 'February Silver' in Weiß. Doch es gibt auch noch zartere, ungewöhnlichere Erscheinungen, die noch ein kleines bisschen früher blühen und daher auch nur in Gebieten Freude machen, wo es nicht so häufig zu Schneefällen kommt. Denn dann knicken die fragilen Blütenstiele leicht um und der Zauber ist vorbei. Zu diesen Zartesten gehören – in der Reihenfolge immer kleiner werdend – die goldgelben *N. hispanicus* 'Concolor', 'Bowles's Early Sulphur', *N. perez-chiscanoi*, *N. asturiensis* 'Navarre' und die kleinste, *N.* 'Lionel Bacon'.

Die hübsche Trompetennarzisse *N.* 'Candlepower' ist nur zartgelb, fast cremefarben. Für mich die Eleganteste

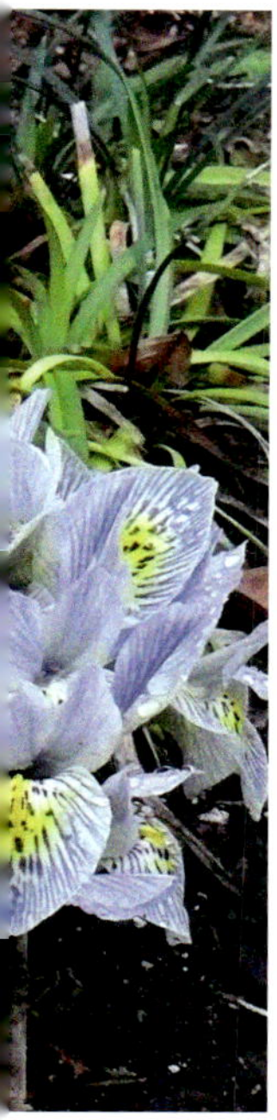

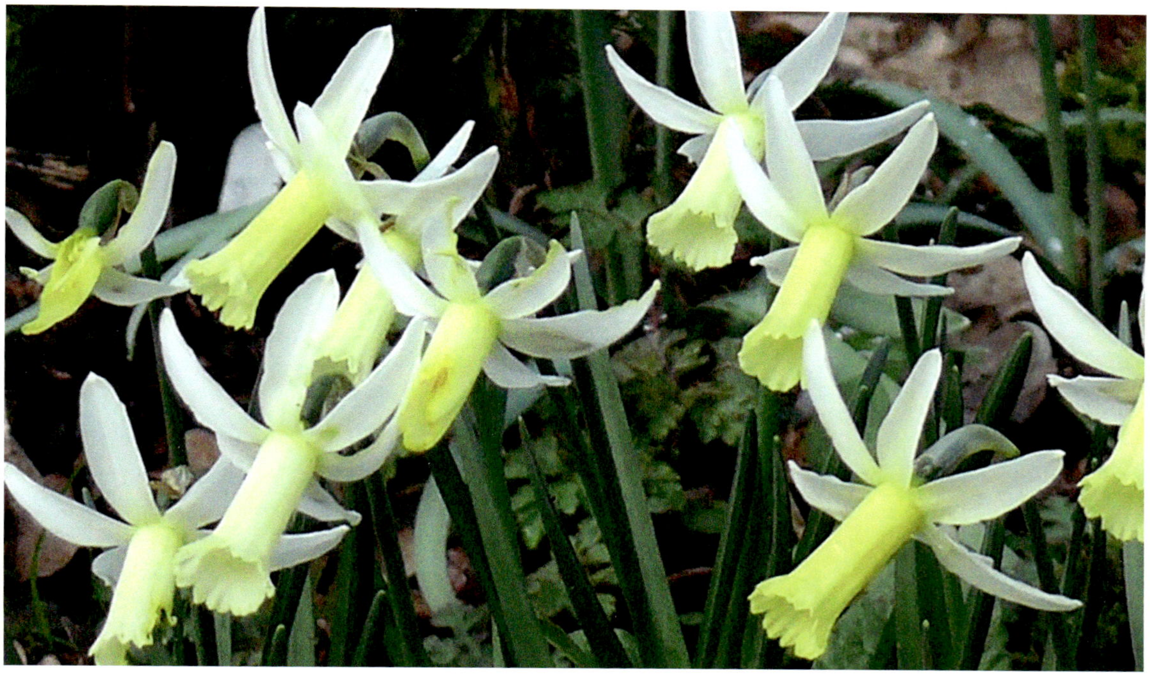

Oben: *Narcissus cyclamineus* 'Mitzi'. Im Verblühen verblasst die Trompete zu Cremegelb.

Rechts: *Scilla mischtschenkoana* blüht im Taunus-Garten der Autorin oft schon im Februar.

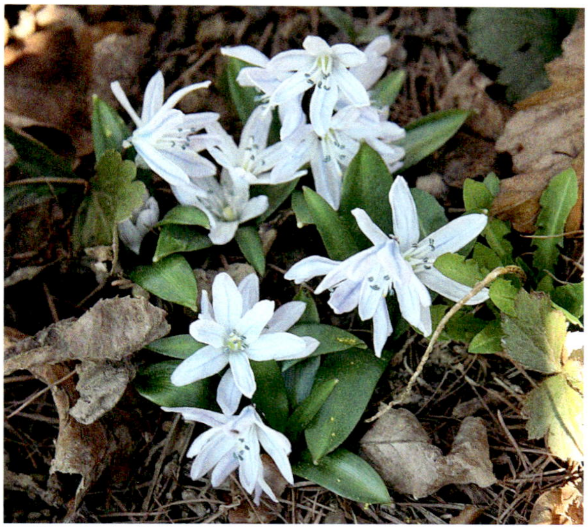

von allen, in Zitronengelb mit schön zurückgeschlagenen, helleren Petalen und die gesamte Blüte nach fast cremeweiß verblassend ist *N. cyclamineus* 'Mitzi'.

RANUNCULUS FICARIA ist für viele Gärtner ein gelbes rotes Tuch. Das Frühlings-Scharbockskraut erscheint zeitig vor dem Austrieb der meisten Stauden und setzt sich mit seinen strahlend goldgelben Blüten ähnlich dem Winterling optisch im Beet durch. Doch gibt es auch zahlreiche mehr oder weniger moderat wachsende Sorten, die sich nicht wie der heimische Geophyt durch zahlreiche Achselknöllchen zusätzlich zur „normalen" Produktion von Tochterknollen und zur Versamung vermehrt. Diese Sorten haben hübsche Blütenfarben von Cremeweiß, Grün, Gelb und Orange, die im Aufbau Miniatur-Kamelienblüten gleichen und verschiedene Laubfärbungen und -zeichnungen annehmen.

Gut zu bekommen sind *Ranunculus ficaria* 'Coppernob' mit purpurbraunem Laub und ungefüllten, orangenen Blüten, zu creme verblassend, 'Brazen Hussy' mit dunkelkastanienbraunem Laub und ungefüllten, gelben Blüten, 'Deborah Jope' mit dunkelpurpurnem Laub und einfachen cremefarbenen Blüten und die silberlaubige 'Chedglow' mit sternförmigen gelben Blüten. 'Picton's Double' hat stark gefüllte, goldgelbe Blüten mit grünlicher Mitte und glänzend dunkelgrünes Laub, während bei der ebenfalls gefüllten 'Double Bronze' die Blüten etwas bronzeorange überfärbt sind, ebenso wie die dunklere Mitte. Ihr Laub ist glänzend frischgrün.

SCILLA MISCHTSCHENKOANA ist „etwas anders" als die dunkelblauen Geschwister, die ihr vom Blütezeitpunkt auf den Fuß folgen. Das Kaukasische Blausternchen blüht in zartestem Hellblau mit helleren Streifen in sonnigen Lagen schon im Februar, gefolgt von diversen **CHIONODOXA FORBESII** und **C. LUCILLIAE**, von denen es weiße, rosafarbene, zart violette und kräftig blaue Sorten gibt.

FRÜCHTE UND SAMEN: KURZFRISTIGE FARBAKZENTE

Früchte und Samen vieler Pflanzen reifen im Herbst und bleiben oft den Winter über hängen. Viele Früchte werden vom Frost weich und sind dann Nahrung für Vögel und andere Tiere. Bis dahin können sie im Garten eine bunte, oft leuchtende Zierde sein.

GEHÖLZE

Malus-Sorten von Zieräpfeln können sich sorten- und witterungsabhängig bis in den Winter hinein mit kleinen, oft leuchtenden Apfelfrüchten schmücken. Aber vor dem winterlichen Schmuck ist erst einmal eine ornamentale Blütenpracht in Weiß, Rosa oder kräftig Rosarot ein mindestens so schöner, dafür kürzer andauernder Blickfang. Im Herbst machen Zieräpfel eine herrliche, in der Regel goldorangene Herbstfärbung.

Bei den empfehlenswerten Sorten haften die Früchte lange, auch nach den ersten Frösten, am Baum.

Goldgelbe Äpfel, die meistens bis Dezember am Baum haften, hat:

» *Malus* 'Winter Gold': Früchte bis 2 Zentimeter dick; Wuchs breit rundlich, 4–6 Meter hoch; zartrosa bis weiße, 3 Zentimeter große Blüten aus rosaroten Knospen

Hagebutten mit Raureif.

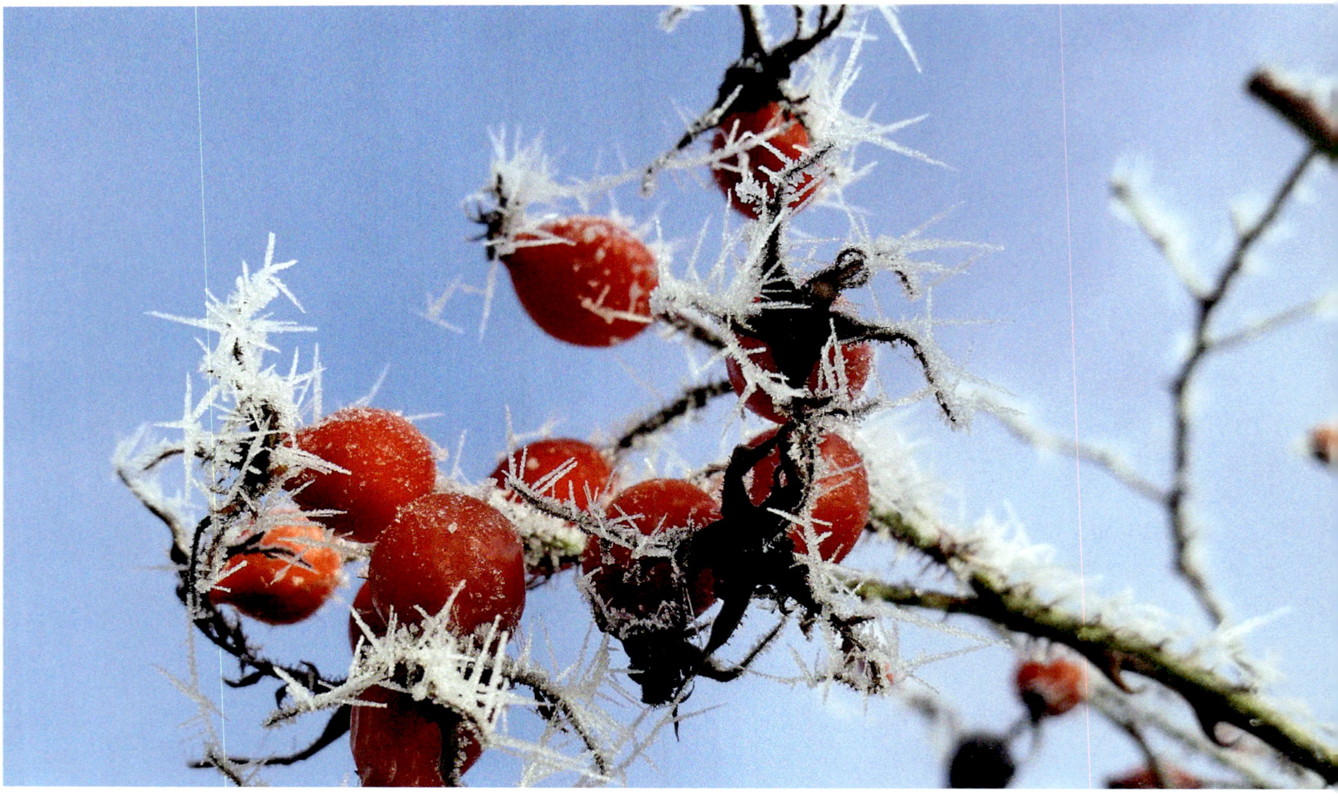

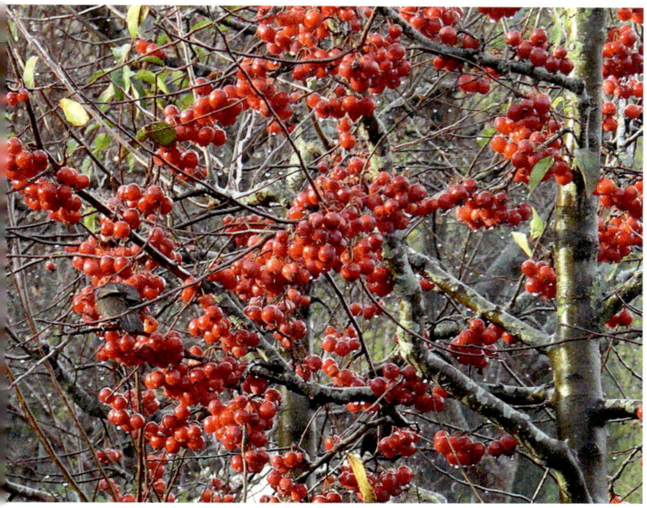

Zierapfel *Malus* 'Red Sentinel' an einem verregneten Dezembertag auf Sylt.

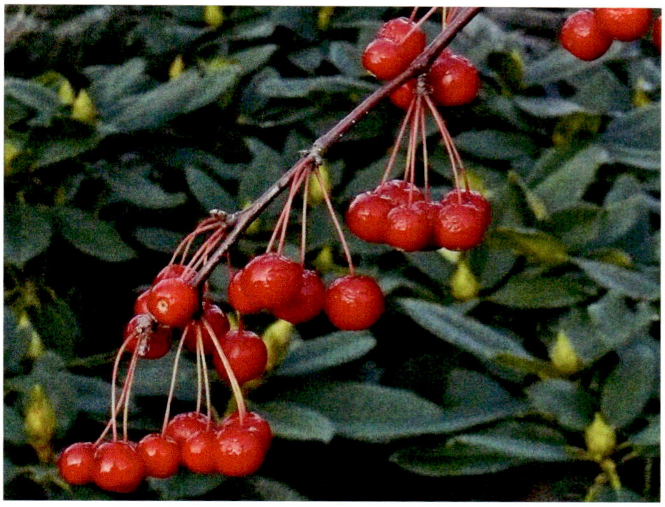

Wie Büschel kleiner, glänzend roter Juwelen hängen im frühen Winter die zahlreichen Miniaturäpfel an *Malus* 'Red Jewel'. Sie sind nicht einmal halb so groß wie bei 'Red Sentinel'.

Orangene Äpfel mit roten Bäckchen bekommen:

» 'Professor Sprenger': Früchte 1–1,5 Zentimeter dick; Wuchs breit kegelförmig, 5–8 Meter hoch; weiße Blüte aus rosaroten Knospen
» EVERESTE®: Früchte 2–2,5 Zentimeter dick, Sonnenseite besonders kräftig hummerrot; Wuchs als Großstrauch oder kleiner Baum breit pyramidal, im Alter leicht überhängend, 6–8 Meter hoch; weiße Blüten aus kräftig rosaroten Knospen
» 'John Downie': Früchte 3 Zentimeter dick; reich fruchtend; Wuchs aufrecht bis 8 Meter hoch; weiße, bis 5 Zentimeter große Blüten

Rote Äpfel, oft auf der Sonnenseite noch etwas dunkler, bekommen:

» 'Red Jewel': Früchte 1 Zentimeter dick, dafür zahlreich in Büscheln; Wuchs als Großstrauch oder kleiner Baum kompakt kegelförmig, 4–6 Meter hoch; reinweiße Blüten aus kräftig rosaroten Knospen
» 'Red Sentinel': Früchte 2–2,5 Zentimeter dick; Wuchs als Großstrauch oder kleiner Baum locker eiförmig, kaskadenartig herabhängend, 5–8 Meter hoch; weiße Blüten aus rosa Knospen

ROSA ist mit *Malus* und *Pyrus* nahe verwandt und zeigt ähnliche Fruchtfarben und -formen wie Apfel und Birne. Bei der Kartoffelrose *Rosa rugosa* sind die dicken, runden Hagebuttenfrüchte je nach Sorte von Goldgelb bis kräftig Dunkelrot gefärbt. Sie bleiben meistens nicht so lange am Strauch haften, wie einige kleinere, härtere Hagebutten, was am ohnehin schon weicheren Fruchtfleisch liegen könnte. Besonders schöne Früchte tragen unter anderem die nachfolgend nach Wuchshöhen sortierten Rosen.

Arten und Sorten bis 1,5 Meter Höhe:

» *Rosa* 'Mozart' mit kräftig magentapinkfarbenen, einfachen Blüten mit hellem Auge und zahlreichen kleinen roten Hagebutten an lockeren Rispen
» *R.* 'Robin Hood' mit kräftig rosaroten Blüten, die locker mit wenigen hellen Streifen durchzogen sind, und kleinen orangefarbenen Hagebutten an lockeren Rispen
» *R.* 'Single Red' mit wohlgeformten, einfachen, kräftig purpurroten, ausdrucksstarken Blüten und großen, schwarzen Hagebutten ähnlich der Kartoffelrose (*Rosa rugosa*)
» *R.* 'Ballerina' mit unermüdlich produzierten Blütenbüscheln aus einfachen, rosafarbenen Blüten mit weißer Mitte und leuchtend orangenen, rundlichen Hagebutten
» *R.* 'William IV' mit großen, klar rosafarbenen, leicht gefüllten Blüten und schwarzen, runden Hagebutten
» *R.* 'Thisbe' blüht zart orange nach gelb verblassend und macht kräftig rote, rundliche Hagebutten

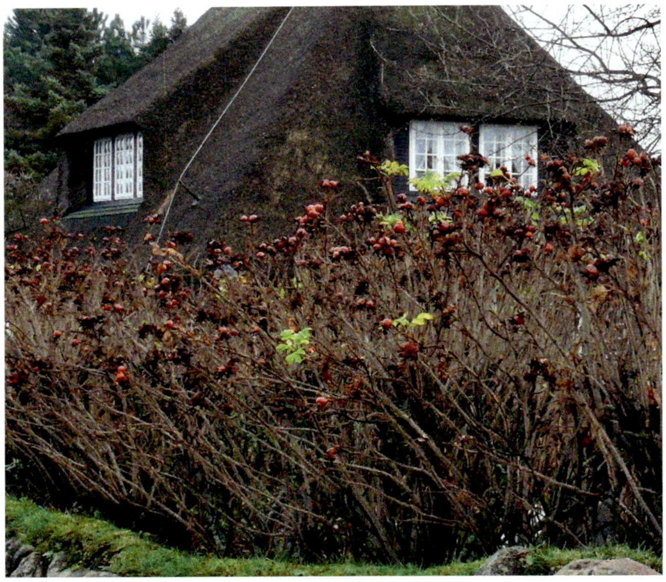

Sylter Hecke aus der Kartoffelrose (*Rosa rugosa*). Anfang Dezember hängen in den dauerblühenden Hecken zahlreiche ältere, schrumpelige Früchte neben jüngeren roten.

- *R.* 'Mary Queen of Scots' mit zartrosa, ungefüllten Blüten, innen dunkler und zum Rand verblassend, sowie kräftig braunroten Hagebutten von etwas variabler Form
- *R.* 'Menja' – eine meiner Lieblingsrosen – blüht halb gefüllt kräftig rosarot, innen zartrosa und bekommt leuchtend orangene Hagebuttenbüschel

Arten und Sorten von 1,5–2,5 Meter Höhe:

- *Rosa multiflora* mit weißen Blüten und
- *R. multiflora adenochaeta* mit kräftig pinkfarbenen Blüten mit hellerer Mitte und zahlreichen orangenen kleinen Hagebutten an großen, lockereren Rispen
- *R. canina* mit lockeren, einfachen, zartrosa Blüten und länglichen, kräftig roten, glänzenden Hagebutten in Büscheln
- *R. glauca* mit ausdrucksstarken pinkfarbenen Blüten mit großer heller Mitte und zahlreichen, kirschroten Hagebutten in dichten Büscheln
- *R. semiplena* mit großen weißen, halb gefüllten Blüten und kräftig orangenen Hagebuttenbüscheln mit relativ großen Einzelfrüchten
- 'Scharlachglut' mit scharlachroten, einfachen Blüten und großen, rundlichen, lackroten Früchten in Büscheln
- 'Fenja' mit klar rosafarbenen Einzelblüten und leuchtend orangenen, flaschenförmig ausgezogenen, leicht bestachelten Hagebutten
- *R.* 'Queen of the Musk' mit halb gefüllten, zart muschelrosafarbenen, lockeren Blüten und Büscheln von kugelrunden, kräftig roten, später braunroten Hagebutten
- *R. virginiana* mit leuchtend rosafarbenen, einfachen Blüten und großen, glänzend mittelroten, kugelrunden Hagebutten
- *R. swerginzowii* 'Macrocarpa' mit einfachen, kräftig magentapinken großen Blüten und großen, flaschenförmigen, glänzenden, orangeroten Hagebutten
- *R. villosa* 'Mandarinenrose' mit klar pinken, einfachen Blüten mit heller Mitte und apfelförmigen, roten, borstigen Hagebutten
- *R. moyesii* 'Geranium' mit scharlachroten, einfachen, großen Blüten und flaschenförmigen, borstigen, hellorangeroten Hagebutten
- *R. rubiginosa* mit rosaroten, einfachen Blüten und typischen, leuchtend orangeroten Wildrosen-Hagebutten
- *R.* 'Autumn Fire' mit tief dunkelroten, halb gefüllten Blüten und elegant länglich birnenförmigen, kirschroten Hagebutten

Kleinere, öfter blühende Rambler:

- *R.* 'Christine Hélène' mit kräftig apricotorangenen, weiß verblühenden, halb gefüllten Blüten in Büscheln und kleinen, rundlichen, orangenen Hagebutten
- *R.* 'Guirlande d'Amour' mit gut gefüllten, kleinen Blüten in Büscheln und rotorangenen Hagebutten

Einmalblühende Rambler, teils wüchsiger:

- *R.* 'Cupid' mit großen, ausdrucksvollen, lässigen, muschelrosafarbenen Blüten, die nach Weiß verblassend, und riesigen, dick birnenförmigen, kräftig gelborangenen Hagebutten
- *R. helenae* mit vielen kleinen, sehr natürlichen, strahlend weißen, einfachen Blütchen in Büscheln und kleinen, fast runden, rötlichen Hagebuttendolden
- *R.* 'Goldfinch' mit halb gefüllten, hellgelben bis cremeweißen Blütenbüscheln und zahlreichen winzigen, rundlichen, orangenen Hagebuttenbüscheln
- *R.* 'Lykkefund' mit dicht gepackten, kleinen, zart apricotfarbenen Blüten und Hagebutten wie 'Goldfinch'

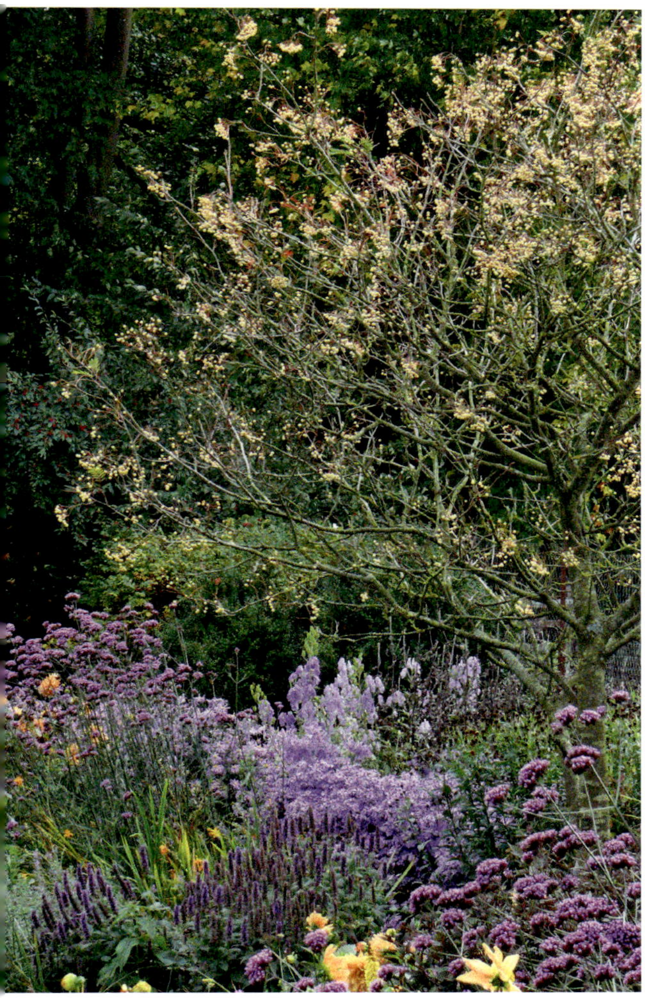

Sorbus 'Joseph Rock' mit blassorangegelben Beeren über dem spätherbstlichen Prachtbeet in Zartviolett- und Gelborangetönen; Coton Manor Gardens, England.

Andere Rosengewächse wie Rot- und Weißdorn (**CRATAEGUS**) sowie **SORBUS** machen ebenfalls hervorragende Früchte, die als schöner Herbstschmuck allerdings in der Regel nicht einmal bis Dezember am Baum haften. *Crataegus lavallei* 'Carrierei' behält seine fast zierapfelgroßen, orangefarbenen Beeren bis zum Frost. Die warm goldfrüchtige *Sorbus aucuparia* 'Joseph Rock', der recht kleine *S. koehneana* und ihre elegante, größere Schwester *S. cashmeriana* mit weißen Beeren sowie die nicht minder eleganten *S. vilmorinii, S. hupehensis* (eher weiße Beeren mit rosarotem Ansatz bei den Kelchblättern) und ihre Varietät *S. hup.* var. *obtusa* mit zartrosafarbenen Beerendolden halten ihre zahlreichen Fruchtdolden in der Regel zumindest bis nach dem Laubabwurf, manchmal auch bis zum Frost. Da die Ebereschen und Mehlbeeren als kleinere Bäume mit oft schönem Wuchs und aufregenden, lang andauernden Herbstfarben gerade für Privatgärten sehr viel zu bieten haben, sollten sie – unabhängig von der Dauer ihres auch ökologisch wertvollen Fruchtschmuckes – nicht unbeachtet bleiben.

ILEX ist zweihäusig, d. h. wie bei der Eibe gibt es bei der Stechpalme männliche und weibliche Pflanzen. Die weiblichen können im Winter mit lang anhaltendem, leuchtend rotem, manchmal auch gelbem oder orangenem Fruchtschmuck aufwarten. Im Kapitel zu farbigem Laub (siehe S. 58) wurden bereits einige panaschierte weibliche Sorten genannt, die allesamt leuchtend rote Beeren bekommen. *Ilex aquifolium* 'Bacciflava' macht goldgelbe Früchte. Doch besonders beeindruckend ist der Fruchtschmuck bei **ILEX VERTICILLATA**, der sein Laub im Winter verliert und rund um seine Zweige lauter Beeren versammelt: Berry Heavy® Gold 'Roberta Case' mit zahlreichen orangegoldenen Beeren oder 'Red Sprite', 'Maryland Beauty', 'Clusterberry' und die locker aufgebaute 'Sparkleberry', die die klassischen roten Beeren hervorbringen – wenn Bestäuber in der Nähe sind. Es gibt aber auch gemeinsam in einem Topf gezogene männliche und weibliche Pflanzen, die als 'Red Couple' im Handel sind und daher sicher fruchten – mit den klassischen roten Beeren, die in der Floristik besonders zur Weihnachtszeit sehr beliebt sind und zu den wohl am längsten haltenden Beerenzierden im Garten gehören. *Ilex verticillata* kann gut in sehr feuchten bis sumpfigen Böden gedeihen, während die immergrünen Ilex nässeempfindlich sind.

CALLICARPA gehört als „Schönfrucht“ natürlich zu den Gehölzen mit besonders auffälligem Fruchtschmuck. Doch in der leuchtend violetten Farbe wirken sie eher wie Liebesperlen als wie natürliche Früchte. Am bekanntesten und auch am gartenwürdigsten ist *C. bodinieri* var. *giraldii* 'Profusion', die aus einer hübschen violetten Sommerblüte zahlreiche, große und über einen langen Zeitraum bis ins neue Jahr anhaftende Früchte hervorbringt, dicht gepackt in kleinen Bündeln, quirlförmig um die Zweige angeordnet. Die gute orangepurpurfarbene Herbstfärbung ist eine weitere schöne Abwechslung. Der locker überhängende Strauch kann einen beträchtlichen Raum von über 2 Meter Breite einnehmen. Etwas kompakter wächst *C. dichotoma* 'Issai', die kleinere, jedoch noch mehr Früchte gleichen Aussehens hervorbringt und schon zu Sommerbeginn

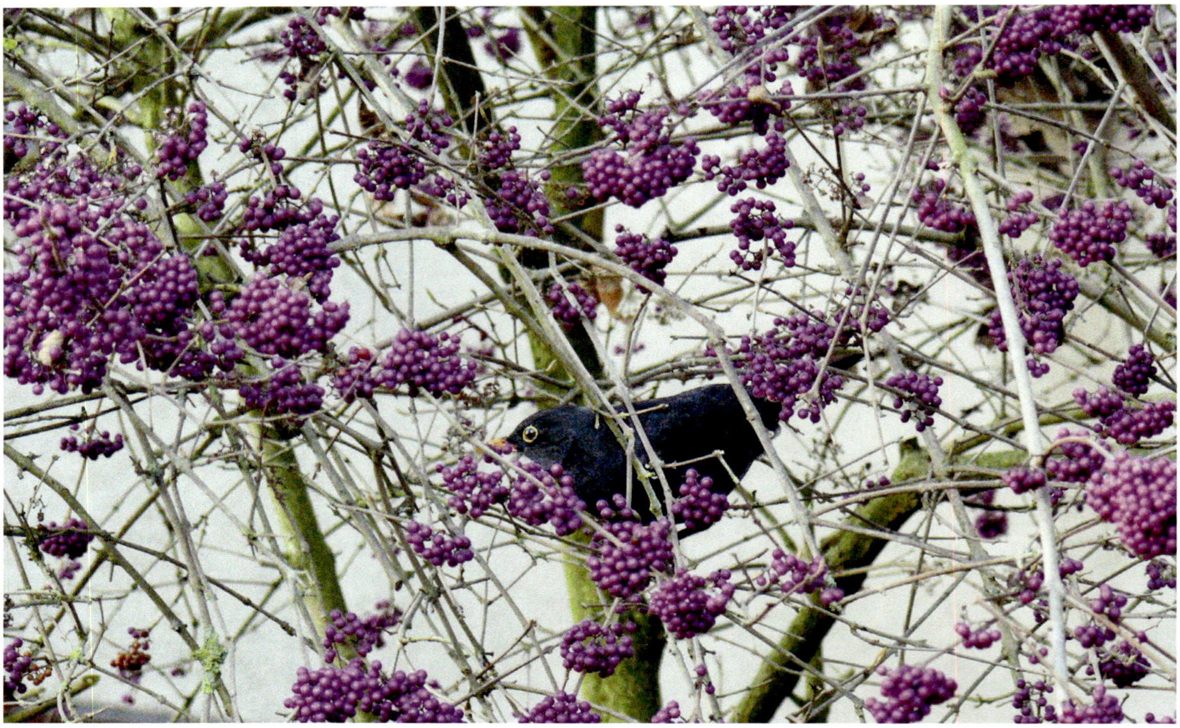

Die Amsel bedient sich der Früchte von *Callicarpa bodinieri* var. *giraldii* 'Profusion'.

blüht. Wem das leuchtende Violett der Früchte zu künstlich aussieht, der kann mit dem im Sommer lila blühenden Liebesperlenstrauch *C. japonica* 'Leucocarpa' weiße Beeren in den Garten holen. Der Strauch kann erwachsen wie eine Fontäne herabhängen und macht eine hellgelbe, fast weiße Herbstfärbung.

SYMPHORICARPUS ALBUS ist eigentlich der Strauch für weiße Beeren. Doch ist das Wachstum des Knallerbsenstrauches durch die Bildung von Ausläufern dickichtartig. Etwas moderater ist die kompaktere und straffer aufrechte, bis zu 1,5 Meter hohe *S. doorenbosii* 'White Hedge' (auch als *S. albus* var. *laevigatus* 'White Hedge' im Handel). Breit aufrecht, mit überhängenden Zweigen wachsen *S. d.* AMETHYST™ mit rosafarbenen Beeren und die noch besser fruchtende und kräftig pink leuchtende, einen Meter hohe 'Magic Berry'. 'Mother of Pearl' ist weiß mit rosafarbener Wange, später komplett muschelrosa, aufrecht und wüchsig bis 1,8 Meter hoch.

Bei allen *Symphoricarpus* sollte auf kleinen Flächen darauf geachtet werden, dass sich überhängende Zweige nicht bewurzeln können.

PYRACANTHA ist zwar ein echter Verbrecher – mit Dornen, die ihren Weg in die Gärtnerhand nie verfehlen – doch haben die halbimmergrünen, teils fast immergrünen Sträucher allein wegen ihres üppigen, weithin leuchtenden Fruchtbehangs eine unverzichtbare Bedeutung – nicht nur als sehr gutes Vogelnährgehölz. Besonders empfehlenswerte, reich fruchtende Sorten sind:

- 'Soleil d'Or' mit gelben Früchten, sehr flach wachsend, bis ca. 1 Meter; kann als extensiver Bodendecker eingesetzt werden; sehr gesund und gut fruchtend
- 'Orange Glow' mit orangefarbenen Beeren, reichfruchtend, sparriger Wuchs, widerstandsfähig gegen Schorf
- 'Teton' mit großen, orangenen, lang anhaftenden Früchten; straff aufrechte Hauptäste und waagerechte Seitenzweige (gut für aufrechte Hecken); resistent gegen Feuerbrand und Schorf, sehr winterhart und gesund
- 'Bad Zwischenahn' mit zahlreichen orangeroten Beeren; gedrungener Wuchs; krankheitsfrei
- 'Kasan' mit den größten orangeroten Beeren, sehr starkwüchsig und extrem winterhart; behält sein Laub auch gut im Winter

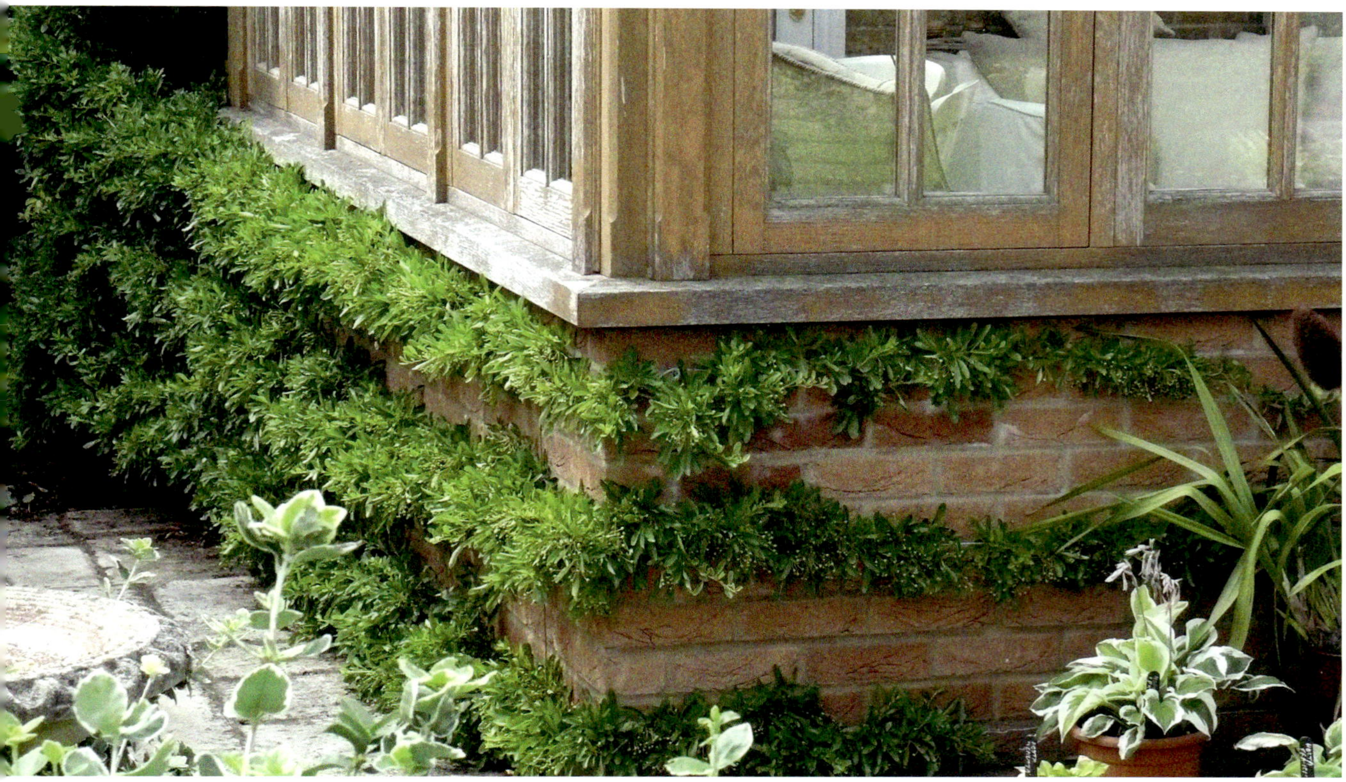

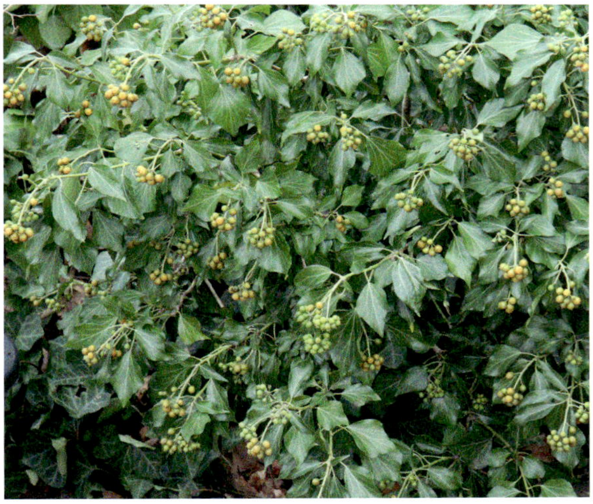

Oben: Unerschrockene Gärtner formieren sogar Feuerdorn kunstvoll an der Hauswand. Leider sind die Früchte auf diesem Sommerfoto noch nicht ausgefärbt, aber Gärtner brauchen eben auch Vorstellungskraft ...

Links: *Hedera helix* f. *poetarum* mit im Februar langsam orange färbenden Früchten.

- 'Koralle' mit lang haftenden, lebhaft korallroten Beeren, sehr kompakt wachsend
- 'Praecox' mit zahlreichen leuchtend roten Beeren, Wuchs eher breit als hoch, widerstandsfähig
- 'Red Column' mit großen, leuchtend roten Früchten; Wuchs gut verzweigt

HEDERA HELIX gibt es in Sorten auch als Strauchform mit den bekannten kugeligen Fruchtdolden, die wiederum aus zahlreichen erbsengroßen, erst grünen, dann schwärzlichen Einzelfrüchten bestehen. Bei *H. helix* f. *poetarum* werden diese Früchte gedeckt orange, sind also vor allem im späten Winter eine Zierde, wenn sie ordentlich ausfärben. Die Form ist überall dort interessant, wo nur punktuell Flächen verdeckt werden sollen. Sie wächst unerwartet langsam und wird nicht lästig.

VIBURNUM OPULUS macht in seiner ungefüllten Form als „Gemeiner Schneeball" Dolden mit weithin leuchtenden, erbsengroßen, glänzenden, orangeroten Beeren. Bei schwieriger Witterung werden sie im Winter matschig, doch können sie sich auch bis zum Vorfrühling farblich halten und nur etwas einschrumpeln. Es gibt noch zahlreiche andere *Viburnum*-Früchte, doch sind sie in der Regel nicht so auffällig wie diese. Mit der Leuchtkraft kann noch

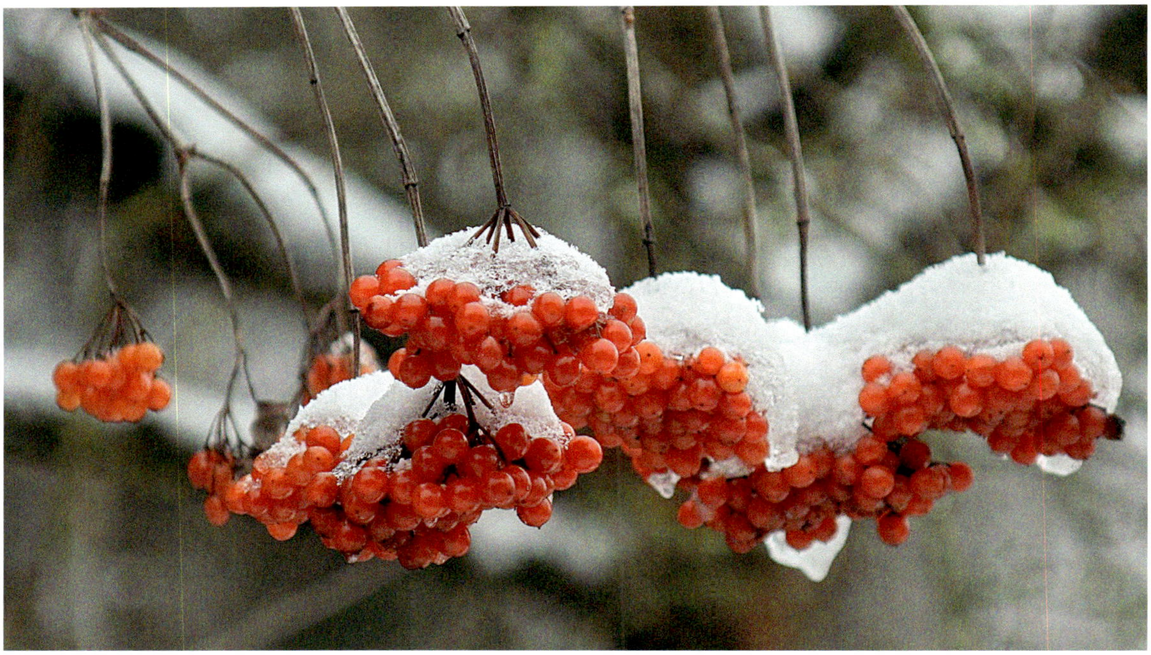

Früchte von *Viburnum opulus.*

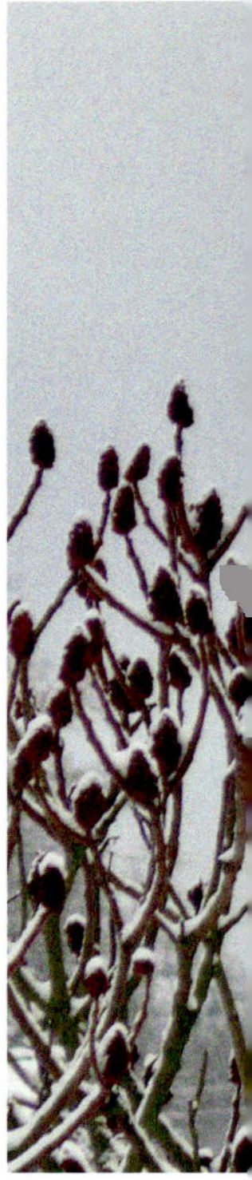

V. betulifolium mithalten. Die Beeren des Birkenblättrigen Schneeballs sind vergleichbar, etwas dunkler rot und halten den ganzen Winter über, ernähren dafür aber keine Vögel. *V. davidii* bekommt auffällige, violettblaue Beerendolden über immergrünem Laub.

Auch bei den mit äußerst interessanten Früchten gesegneten Pfaffenhütchen **EUONYMUS** währt der Fruchtbehang nur mit etwas Glück weiter in den Winter hinein. Wie bei *Sorbus* möchte ich dennoch wärmstens empfehlen, diese eindrucksvollen, oft solitärwirksamen Sträucher oder kleinen Bäume häufiger in Privatgärten zu pflanzen: Sie erfreuen das ganze Jahr über, sei es durch interessante Austriebe, die imposanten Früchte oder schlagkräftige, lang anhaltende Herbstfarben, die fast unübertroffen sind. In diesem Sinne kann man einen näheren Blick auf *E. planipes, E. hamiltonianus* var. *sieboldianus* oder *E. oxophyllus*, aber natürlich auch auf das sich leider intensiv versamende Europäische Pfaffenhütchen *E. europaeus* werfen.

NANDINA DOMESTICA hat nicht nur einen schönen, bewegten Wuchs, ähnlich einem kleinen, horstigen Bambus, wie z. B. *Fargesia murielae* 'Bimbo'. Der Himmelsbambus hat das ganze Jahr über etwas zu bieten: In heißen Sommern bilden sich lockere, cremeweiße, angenehm duftende Rispenblüten, aus denen sich im Herbst die schönsten, kräftig roten, johannisbeerartigen Früchte entwickeln. Sie bleiben den gesamten Winter über bis zum Frühjahr am Strauch haften. Auch nimmt dann das glänzende, leuchtend immergrüne Laub partiell Tönungen in Gelb, Orange, Rot und/oder Purpur an. Die noch kälteempfindlichere Sorte 'Alba' schmückt sich mit weißen Beeren, andere – meistens wegen des schönen Winterlaubes gepflanzte – Sorten kommen in unserem Klima in der Regel nicht zum Fruchten. In kälteren Regionen Deutschlands (Zone 6) ist ein vor Wind und Wintersonne geschützter Standort zu empfehlen.

Samen und Samenstände

RHUS TYPHINA hat die imposantesten nichtfleischigen Samenstände, die ich derzeit bei Gehölzen kenne. Weibliche Pflanzen machen im bestäubten Zustand große, filzig rotviolette Kolben.

Leider ist der Essigbaum etwas in Misskredit geraten, weil die Neigung dieses Großstrauches zur Gründung von Großfamilien nicht überall auf Gegenliebe stößt. An Stellen, wo man mindestens einmal jährlich mit Rasenmäher oder Sense die Ausläufer an der Basis entfernen kann, dürfte dies

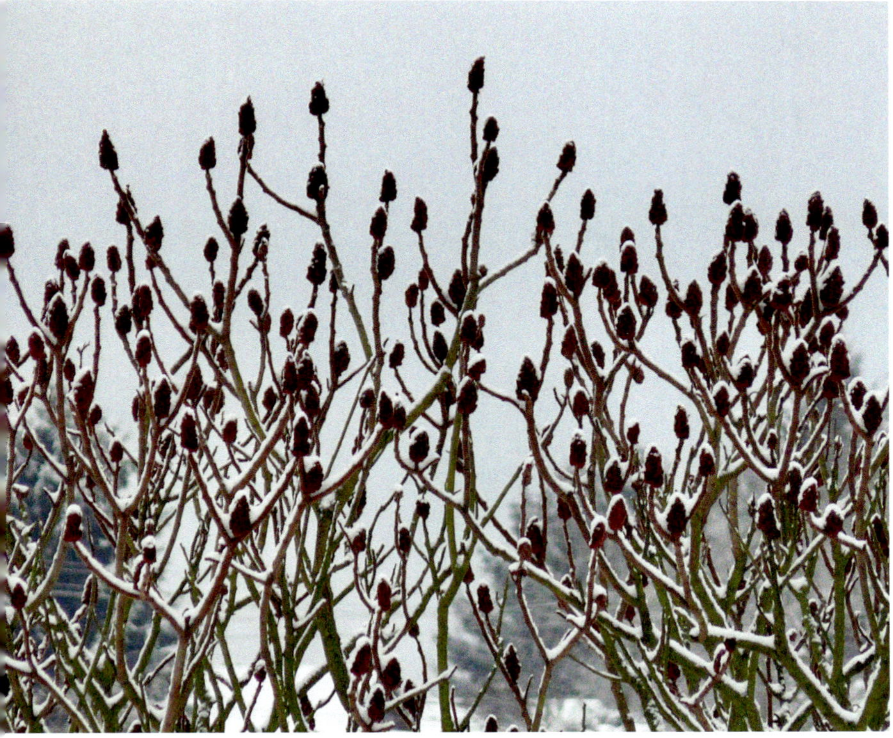

Links: Samenstände von *Rhus typhina* im Winterhimmel.

Unten: *Nandina domestica* mit Beerenschmuck, unterpflanzt mit zahlreichen Frühlingsgeophyten.

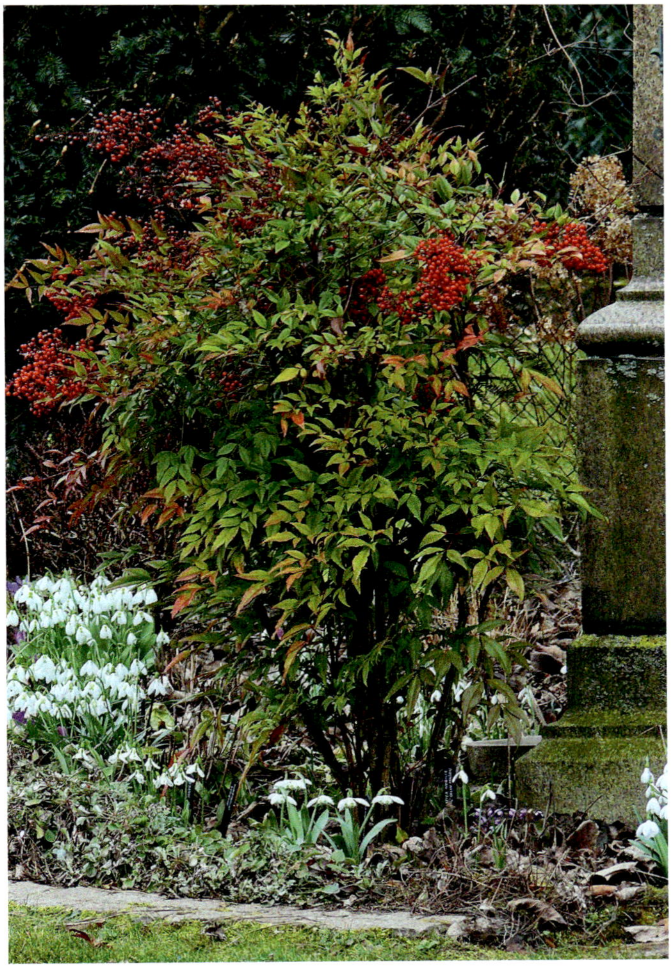

kein Problem sein. Ebenso kann man größere Hangflächen oder schwieriges Gelände kolonialisieren und die unvergleichlich schöne, glühend scharlachorangefarbene Herbstfärbung auf warmen, mageren Böden genießen.

Das Ausbilden der Samenstände ist bei der Pflanzung von Gruppen am Schönsten. Zudem können diese eine gemeinsame, breit schirmförmige Krone bilden, die malerischer nicht sein kann. Die geschlitztlaubige Sorte 'Dissecta' wird mit 3,5 Meter nur gut halb so hoch wie die Art, die geschlitzt gelblaubige TIGER EYES® nur etwa 2 Meter hoch. Benannte Sorten sind alle weiblich.

HYDRANGEA gehören zu den Gehölzen mit den interessantesten „winterbraunen" Samenständen. Diese haften so lange, dass immer wieder die Frage auftaucht, ob und wann man das Verblühte überhaupt abschneiden soll. Das ist ganz einfach zu beantworten: Sobald es den Gärtner stört, weil die Pflanze sich schon begrünt und man nun endgültig Schluss machen möchte mit dem Winterzauber, voll bereit für die Frische des Frühlings, dürfen und sollten die trockenen Bälle, Teller und Kegel am besten knapp unter ihrem Ursprung entfernt werden. Dies ist etwas einfacher und schneller, wenn man die Knospen nicht zu weit austreiben lässt.

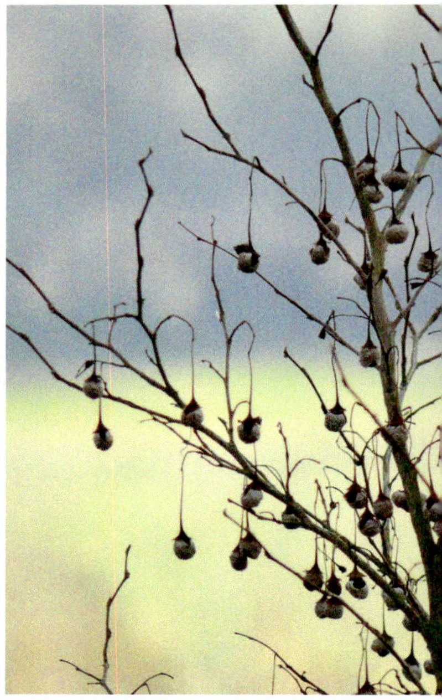

Wie lauter Jugendstil-Ohrringe mit einer endständigen Perle wirken die Früchte von *Styrax japonica* 'Kleine Sampan' vor dem winterlicher Novemberhimmel. Die klein bleibende 'Pink Chimes'-Absaat von Günther Diamant ist nicht im Handel erhältlich.

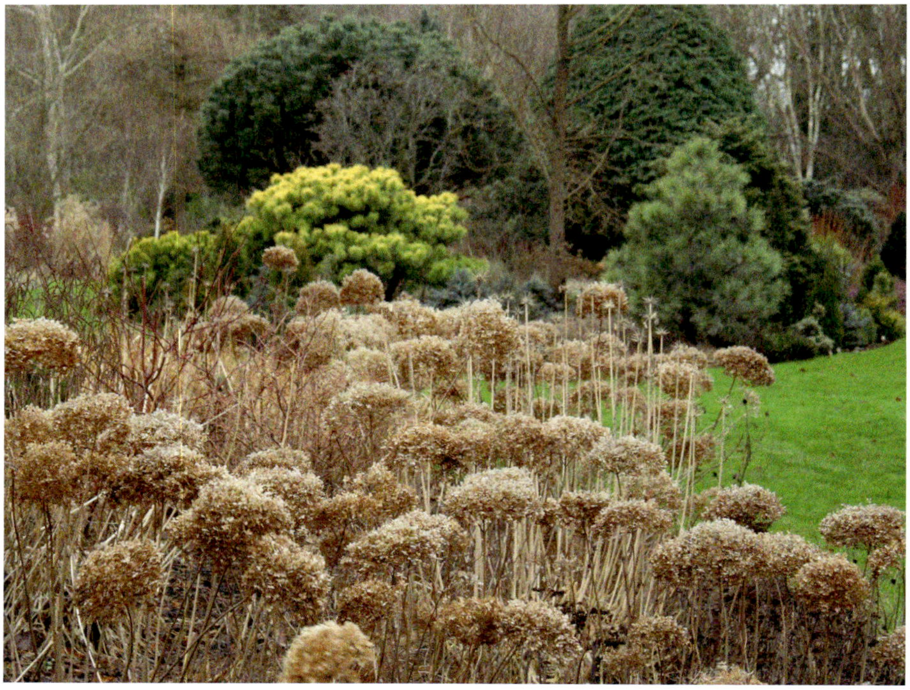

Samenstände von *Hydrangea arborescens* 'Annabelle' korrespondieren herrlich mit den weichen Formen der hinter ihnen wachsenden Kiefern; hell leuchtend unter ihnen *Pinus contorta* 'Frisian Gold'. Februar in Bressingham Gardens, England.

Bei *H. arborescens* 'Annabelle' und ihren *H.-arborescens*-Verwandten darf auch tiefer oder sogar bodennah, bei Rispenhortensien (*H. paniculata*) auch auf ein je nach Wuchsstärke etwa 70–150 Zentimeter hohes Gerüst geschnitten werden – ähnlich wie bei rindenfärbenden Hartriegeln. Ansonsten entfernt man bei allen Hortensien optimalerweise überalterte und ganz dürre Triebe direkt an ihrem Entstehungsort.

CLEMATIS bildet häufig lang in den Winter hinein haftende, rundliche, einem seidigen Wischmop ähnelnde Samenbälle, die wie silbrige Bommeln im Streiflicht glänzen.

Diese lösen sich oft erst gegen Frühling in ihre Einzelteile auf: in zahlreiche Samenkörner, von denen ein jedes mit einem extrem dünnen, langen, dicht mit feinen silbrigen Härchen besetzten Stiel verbunden ist.

Es gibt noch zahlreiche andere Gehölze, die zwar nicht unbedingt mit spektakulär farbigen Früchten glänzen, oft aber durch anhaftende Samen im Winter ihren Beitrag zu einem abwechslungsreichen Garten leisten. In diesem Sinne interessante Samenkapseln bilden die auch für kleine Gärten empfehlenswerten ornamentalen *Stewartia* und *Styrax*. *Larix* und *Pseudolarix* zeigen nach ihrer leuchtend gelborangenen Herbstfärbung hübsche, kleine braune Zapfen, die an den nackten Zweigen oft auffälliger sind, als die viel größeren Samenstände anderer immergrüner Koniferen. *Tsuga carolineana* ist mit ihren besonders langen, hängenden Zapfen eine auffällige Ausnahme.

PLATANUS und auch **LIQUIDAMBAR STYRACIFLUA** bekommen unterschiedliche Samenkapseln, die wie kleine Christbaumkugeln oder – beim Amberbaum – igelartige, haselnussgroße Früchte am Baum verbleiben.

Bei den besser für kleinere Gärten geeigneten, ganzjährig interessanten Gehölzen Judasbaum (**CERCIS**), den mit hellbraunen Blasenkapseln behängten Pimpernüssen verschiedener Arten von **STAPHYLEA** und der Blasenesche (**KOELREUTHERIA PANICULATA**), doch auch bei der gewöhnlichen Esche (**FRAXINUS EXCELSIOR**) gehen die Meinungen bezüglich der im Winter noch anhaftenden Samen deutlich auseinander, sodass ich nur

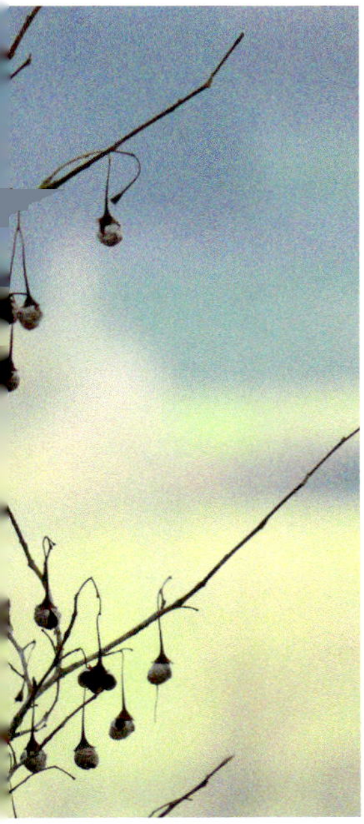 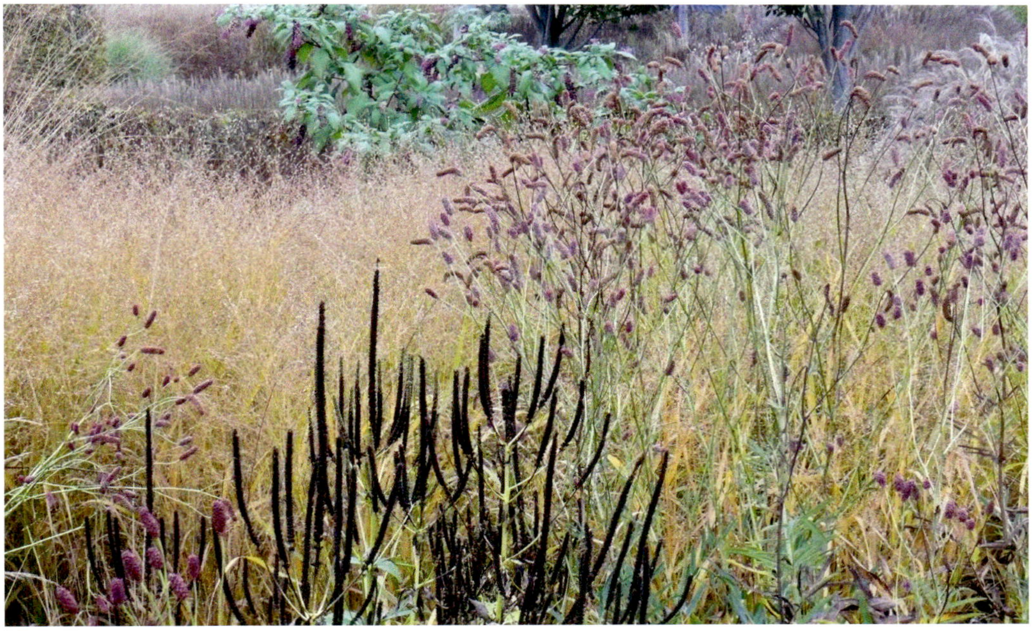

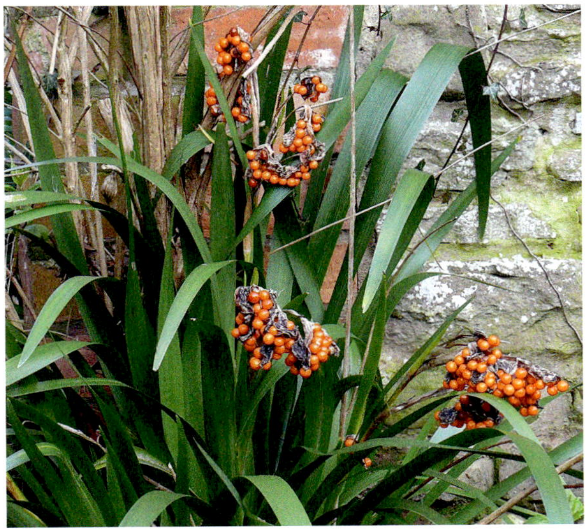

Oben: Samenstände des Kandelaberehrenpreis *Veronicastrum* und *Sanguisorba* mit verschiedenen Gräsern in Sussex Prairie Gardens, England, Anfang November.

Links: *Iris foetidissima* mit ihren orangeroten Früchten.

empfehlen kann, sich vor dem Kauf dieser schönen Gehölze auch mit dem Thema winterlicher Samenstände auseinanderzusetzen.

STAUDEN UND KURZLEBIGE, FARNE UND GRÄSER

Selbst im Staudenreich können fleischige Beeren einen leuchtenden Winterbeitrag leisten – allerdings nur einige wenige. Die meisten fleischigen Früchte fallen noch im Herbst zu Boden oder werden gefressen.

IRIS FOETIDISSIMA jedoch erfreut bis zum Frühjahr mit leuchtend rotorangenen, seltener gelben oder weißen Beerenpäckchen zu den kräftig mittelgrünen Schwertern. Leider gibt es auch immer Pflanzen, die ungerne blühen und fruchten. Bisher konnte ich noch nicht abschließend klären, woran genau es liegt. Die Art ist wärmebedürftig und steht gut im (trockenen) Halbschatten oder Schatten unter Gehölzen, wo sie schon durch das schön glänzende Laub allein attraktiv ist. Eventuell fördert es den Fruchtansatz, mehrere Pflanzen verschiedener Herkunft nahe beieinander zu kultivieren.

LUNARIA ANNUA, der zweijährige Judassilberling oder Silbertaler, sowie seine staudige Schwester *Lunaria rediviva* sind das ganze Jahr über schön, für mich aber vor allem unverzichtbare Winterfreuden. Ihre perlmuttigen Samenstände sind von einzigartiger Eleganz. Die Kreuzblütler blühen mit zahlreichen hellvioletten, *L. annua* auch mit weißen oder dunkelvioletten bis purpurfarbenen Blüten. Von ihr gibt es auch eine weißpanaschierte, weiß blühende Sorte *L. annua* 'Alba Variegata', die in meinem Garten unverzichtbar ist, zumal ihre zart cremefarben gerandete Laubrosette schon im ausgehenden Winter den Boden verziert. *L. annua* 'Chedglow' hat purpurnes Laub und leuchtend purpurfarbene Blüten.

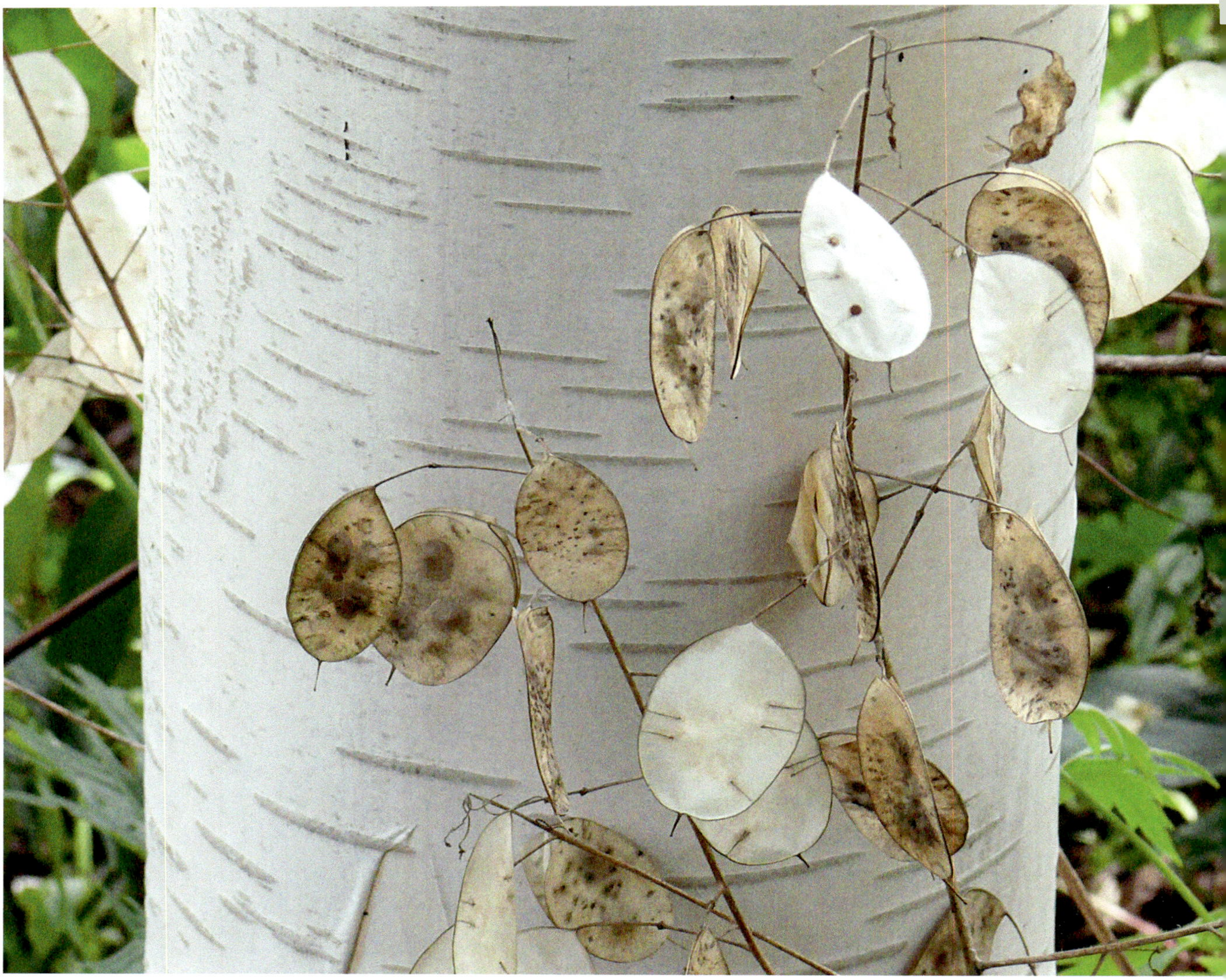

Lunaria annua mit *Betula utilis* subsp. *jacquemontii.*

Beide Arten sind Spezialisten für schwierige Gehölzrandsituationen, z. B. an Hängen und sogar unter flach wurzelnden Bäumen im Halbschatten oder Schatten. *Lunaria annua* lässt sich an schwierigen Stellen gut direkt aussähen, wo die Zweijährige über Jahre immer wieder neu aufkeimt, solange der Boden dort offen bleibt. Ich habe sie sogar unter riesigen Fichten kultivieren können, wo die im Winter schmückenden Perlmutttaler vor dem dunklen Nadelhintergrund weithin leuchten. Unter weißen Birken hingegen greifen sie die pergamentartige Textur der Rinde auf und ergeben ein völlig anderes, nicht minder schönes Bild.

L. rediviva bildet tiefer gehende, kleine Pfahlwurzeln ähnlich Löwenzahn. Sie ist auch ebenso ausdauernd, wenn sie einmal etabliert ist, verträgt gut Trockenheit und versamt sich, sodass sie in zarteren Staudenpflanzungen lästig werden könnte. Mit den an beiden Seiten spitz zulaufenden, pfirsichblättrigen Samenschoten sind diese nachtduftenden Mondviolen jedoch so wertvoll, dass man auf sie nicht mehr verzichten möchte.

SEDUM ist ein Klassiker unter den winterschönen Samenständen. Bei all den vielen modernen Sorten der Fetthenne, die oft herrliche Laubfärbungen aufweisen: die alte *Sedum* 'Herbstfreude' und die etwas kompaktere, sehr früh schon ab August leuchtend pink blühende 'Carl' sind für trockene Samenstände immer noch ganz vorne unter den besten Sorten. Letztere macht mit einer extrem ebenmäßigen, halbrunden Hügelform im Beet besonderen Eindruck.

Doch es gibt noch viele weitere Stauden, bei denen es sich lohnt, die Samenstände über den Winter stehenzulassen. In der nachfolgenden Auswahl sind nicht alle Gattungen berücksichtigt. Die Einteilung dient nur der groben Orientierung – einige Samenstände lassen sich nicht exakt einordnen.

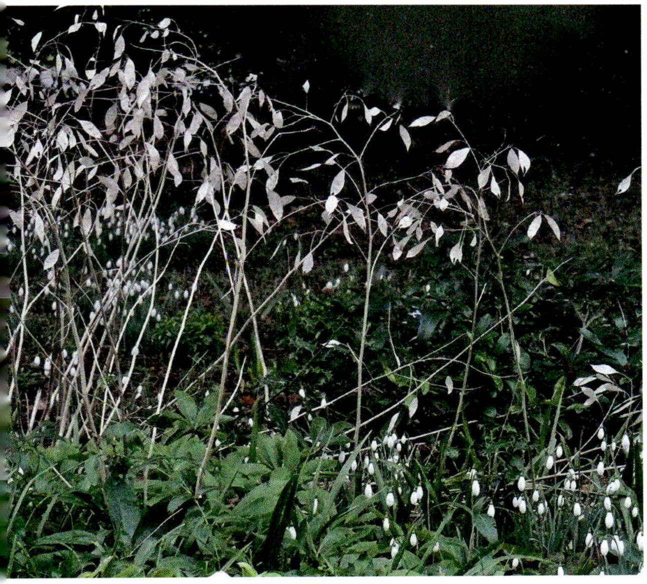

Elegant ausgezogene, perlmuttartige Samenstände des staudigen Judassilberlings (*Lunaria rediviva*).

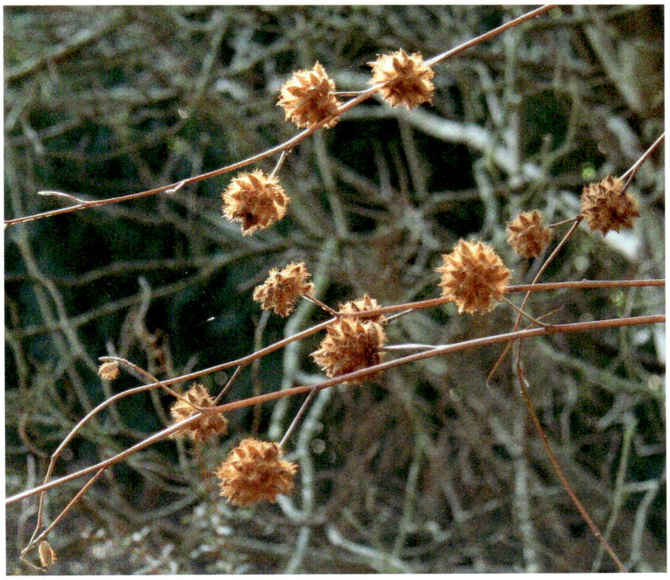

Die winterlich rostroten Samenstände von *Glycyrrhiza yunnanensis* gehören zu den imposantesten – vor allem im Gegenlicht.

Trockene Samenstände unterschiedlicher Höhen in Ocker, Braun, Grau und Silbertönen bekommen viele Arten der Gattungen:

- **Kerzenartig bis konische Kolben**:
  - *Acanthus* (Achtung: Er „schleudert" seine Samen weit aus und man wird ihn schwer wieder los, wenn man die Sämlinge nicht bald entfernt.)
  - *Agastache*
  - *Astilbe*
  - *Betonica (Stachys) officinalis*, z. B. 'Hummelo'
  - *Digitalis*
  - *Liatris*
  - *Lythrum*
  - *Rodgersia* (etwas luftiger)
  - *Stachys*
  - *Verbascum*
- **Kerzenartig verzweigt** (Kandelaber):
  - *Aquilegia* (versamt sich intensiv)
  - *Cardiocrinum giganteum*
  - diverse *Lilium* (*L. martagon* und ihre Verwandte)
  - *Veratrum*
  - *Verbena hastata*
  - *Veronicastrum* (klassischer Kandelaber)
  - *Yucca*
- **Tellerartig** (fast alle Umbelliferen bekommen haltbare, trockene Samenstände):
  - *Achillea* (vor allem die mit großen Blütentellern wie *Achillea filipendulina* 'Goldplate')
  - *Anethum*
  - *Angelica*
  - *Anthriscus*
  - *Eupatorium*
  - *Foeniculum*
  - *Myrrhis odorata*
- **Rundlich bis oval**:
  - *Allium* (z. B. *A. christophii*; Samenstände früh blühender Zierlauche sind häufig nicht so lange haltend)
  - *Catananche* (mit pergamentartiger Erscheinung)
  - *Cephalaria* (z. B. *C. litvinovii*)
  - *Coreopsis tripteris*
  - *Dipsacus*
  - *Echinops*
  - *Eryngium* (z. B. *Eryngium* 'Physic Purple' und *Eryngium giganteum* 'Silver Ghost')
  - *Glycyrrhiza* („igelig", vor allem zu Winterbeginn oft mit braunrotem Schimmer)
  - *Helianthus microcephalus*
  - *Knautia macedonica*

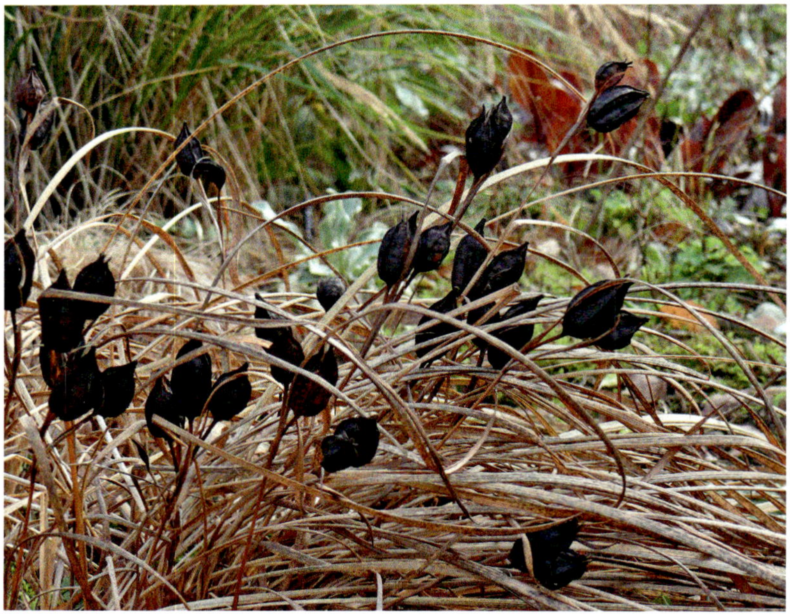

Samenstände der Pflaumeniris (*Iris graminea*) Ende Dezember im Garten der Autorin.

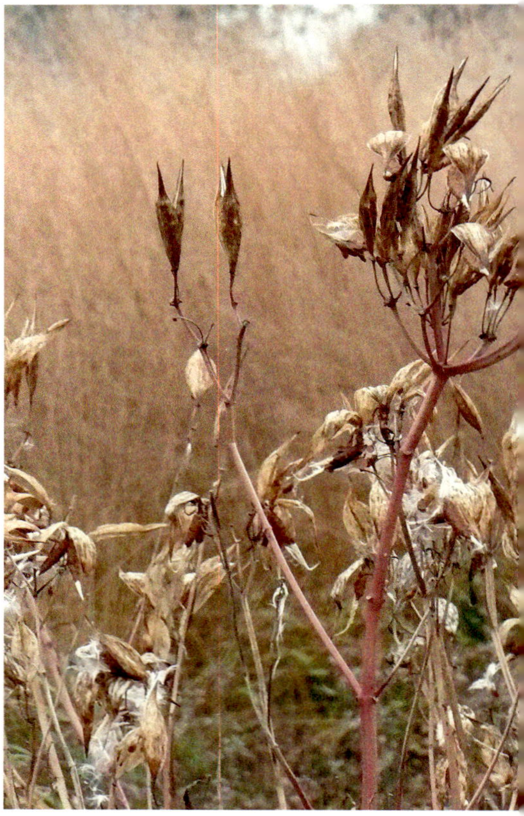

Samenstände von *Asclepias incarnata* Anfang November in Sussex Prairie Gardens, England.

- *Ligularia* (z. B. 'Britt Marie Crawford')
- *Monarda* (in Etagen!)
- *Nigella damascena* (einjährig)
- *Papaver somniferum* (einjährig)
- *Phlomis* (Etagen mit Kugeln; sehr gut vor allem *P. russeliana* und *P. tuberosa*)
- *Pulsatilla* (seidig)
- *Pycnanthemum* (auch füllig, üppig)
- *Rudbeckia*
- *Sanguisorba*
- *Scabiosa*
- *Telekia (speciosa)* und *Inula (magnifica)* sind beide abgeflacht rund, silbrig und man wird sie schwer wieder los, wenn sie sich versamt haben.

» **Füllig, üppig, fein**:
- *Aster/Symphyotrichum*
- *Anaphalis* (z. B. *triplinervis*)
- *Gypsophila (paniculata)*
- *Limonium*
- *Vernonia*

» **Grazil, delikat**:
- *Boehmeria*
- *Campanula* (z. B. *C. latifolia* var. *macrantha*; *C. lactiflora*)
- *Fallopia* (Die invasive *F. japonica* meiden. Es gibt eine panaschierte Sorte 'Variegata', die nicht ganz so wüchsig sein soll, die aber unbedingt kritisch beobachtet werden sollte.)
- *Physalis*
- *Sanguisorba tenuifolia*
- *Verbena bonariensis*

» **Andere Formen**:
- *Alcea*
- *Asclepias*
- *Baptisia*
- *Cynara*
- *Echinacea*
- *Helianthus annuus* (einjährig, wechselnde Form)
- *Hibiscus moscheutos* subsp. *palustris (H. palustris)*
- *Iris graminea*
- *Malva*

Farne können vor allem zur laubfreien Zeit durch imposante Sporenwedel (Sporophylle) auffällige Strukturen in naturnahe Pflanzungen bringen:

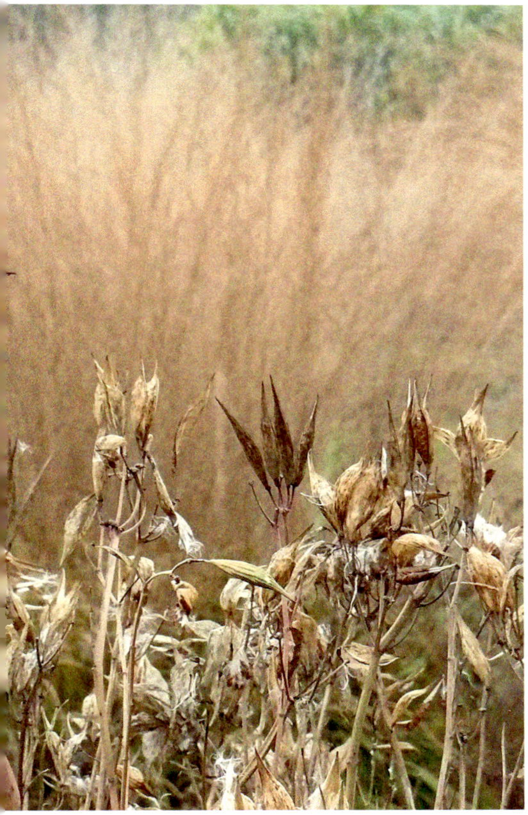

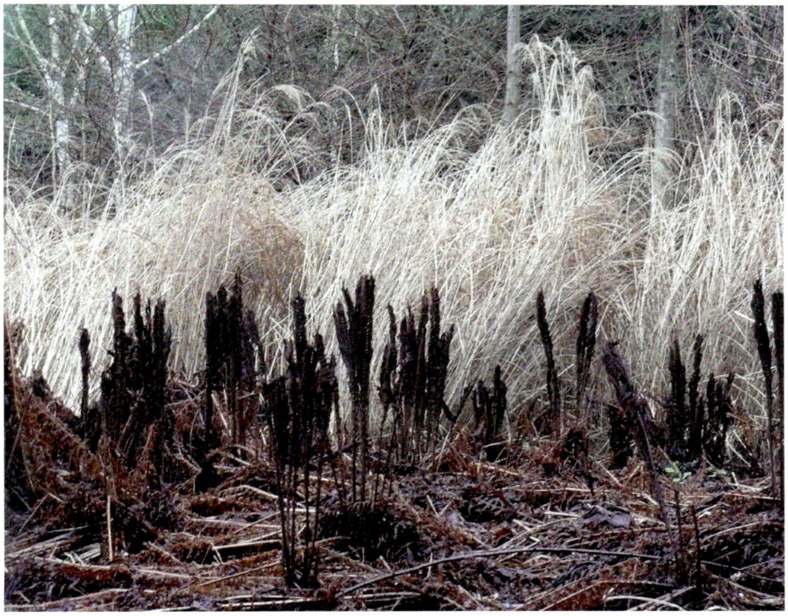

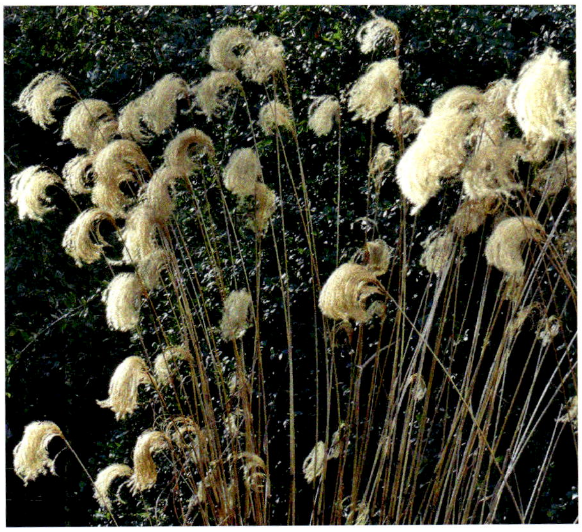

Oben: Samenstände des Straußenfarns (*Mattheucia strutiopteris*) in einer extensiven, natürlichen Pflanzung vor silbernem *Miscanthus*; Marks Hall, England.

Links: *Miscanthus nepalensis* im ausgehenden Winter, Mitte Februar.

- *Onoclea sensibilis*, der Perlfarn (Ausläufer!)
- *Osmunda*, z. B. *O. regalis* (Königsfarn) oder *O. cinnamomea* (Zimtfarn)
- *Blechnum*, z. B. *B. spicant* (Rippenfarn) oder *B. penna-marina* (Seefeder, nicht ganz winterhart; ab Zone 7)
- *Mattheucia strutiopteris*, der Straußenfarn (Ausläufer!)

Gräser wurden schon in den Kapiteln zu Texturen (siehe S. 18) sowie bei den unterschiedlichen Laubfärbungen beschrieben. Einige Gräser sind im winterlichen Garten besonders wertvoll, da ihre Samenstände lange halten und dabei ornamental bleiben. Bei einigen sind zwar im ausgehenden Winter die Samen schon ausgeflogen, doch besitzen oft auch die Stiele feine Härchen, die im Gegenlicht eine Aura bekommen.

Für einen schönen Winteraspekt wegen ihrer winterlichen Ähren sind u. a. folgende Gräser empfehlenswert:

- *Achnatherum calamagrostis*, z. B. 'Algäu' oder 'Lemperg'
- *Calamagrostis* × *acutiflora* 'Karl Foerster'
- *Calamagrostis brachytricha*
- *Cortaderia selloana*
- *Miscanthus*-Sorten, am besten solche, die sich nicht oder nur moderat versamen
- *Molinia caerulea* und *M. arundinacea*
- *Nasella tenuissima* (*Stipa tenuissima*)
- *Panicum virgatum*

WETTERBEDINGTE AKZENTE: LICHT, REGEN, SCHNEE UND WIND

Es gibt Dinge, die haben wir nicht in der Hand: Das Wetter gehört ganz sicher dazu. Dabei beschert es uns im Garten die ganz besonderen Augenblicke – eben gerade deshalb, weil man sie nicht planen kann, fühlt man sich bei „gutem" Wetter besonders beschenkt und erlebt den Garten umso intensiver.

Etwas können wir aber doch für das Wetter im winterlichen Garten planen und so den zerbrechlichen Reiz solch besonderer Augenblicke intensivieren.

LICHT

Bei Planungsarbeiten überlege ich mir immer, welche Standorte, Wege oder Fenster vom Haus besonders wichtig sind und welche Blicke daraus resultieren. Im nächsten Schritt überprüfe ich die Lichtsituation dieser wichtigen Blicke: Liegt z. B. der Weg oder das Fenster zur relevanten Tageszeit so, dass das daraus betrachtete Gartenstück von der Sonne beschienen wird – frontal, von der Seite oder überhaupt nicht? Natürlich muss vorher geklärt sein, wann man sich meistens in dem betreffenden Raum aufhält oder welchen Weg man zu welchem Zweck wann abläuft. Am wichtigsten ist für mich der Weg zwischen Straße und Haustür und umgekehrt. Ein schönes Gartenbild beim Heimkommen ist sehr wertvoll.

Die Blicke aus den Fenstern sind besonders im Winter von Bedeutung, weil man sich häufiger drinnen aufhält als im Sommer. Dann steht die Sonne tiefer und auch das

Privatgarten mit Raureif im Gegenlicht.

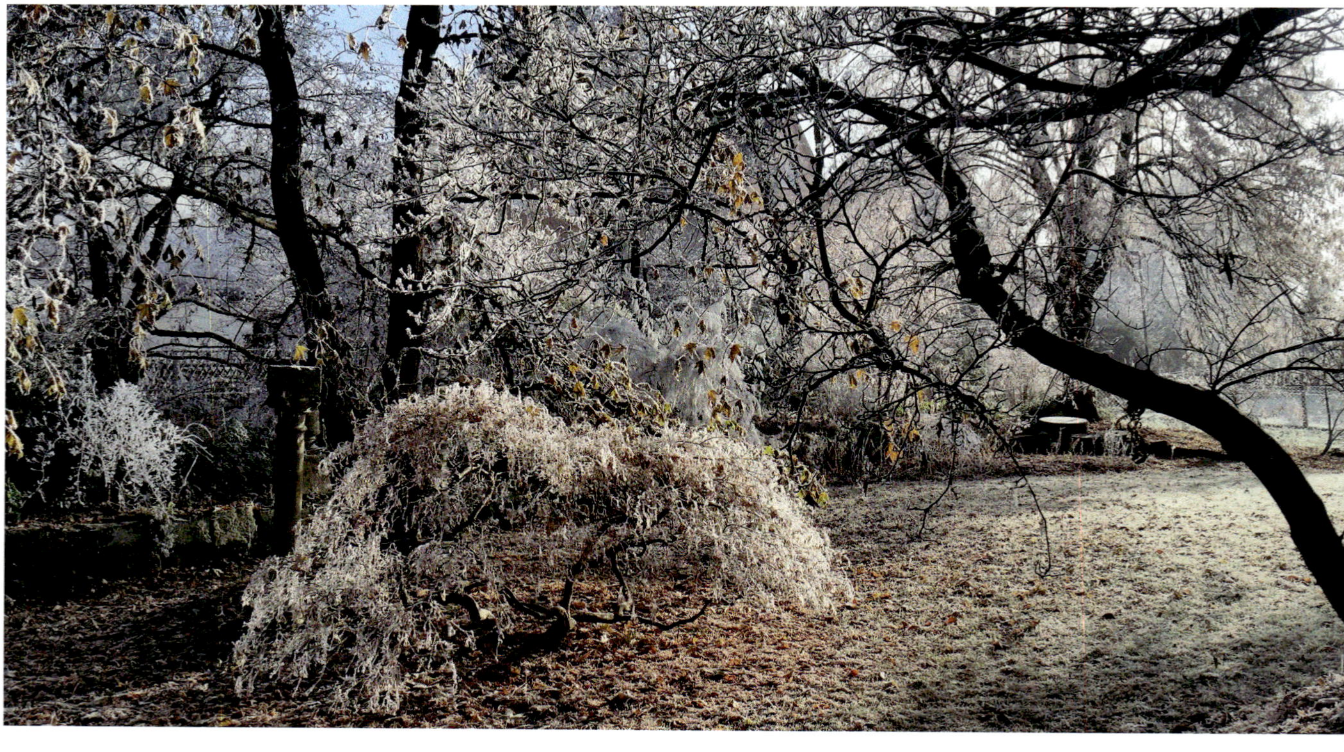

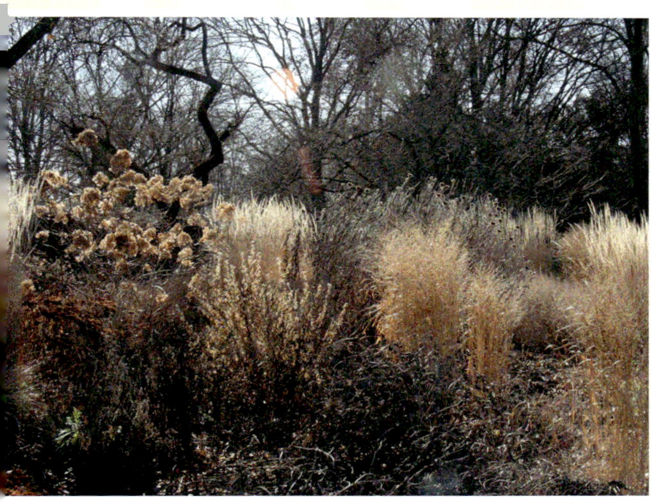

Gräser und Rispenhortensie im winterlichen Streiflicht.

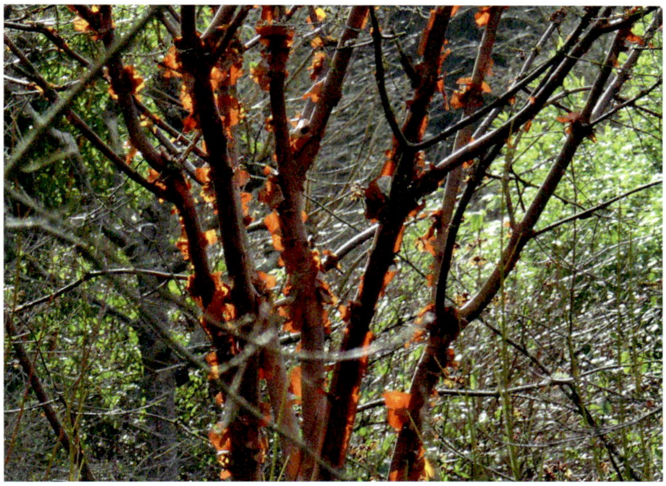

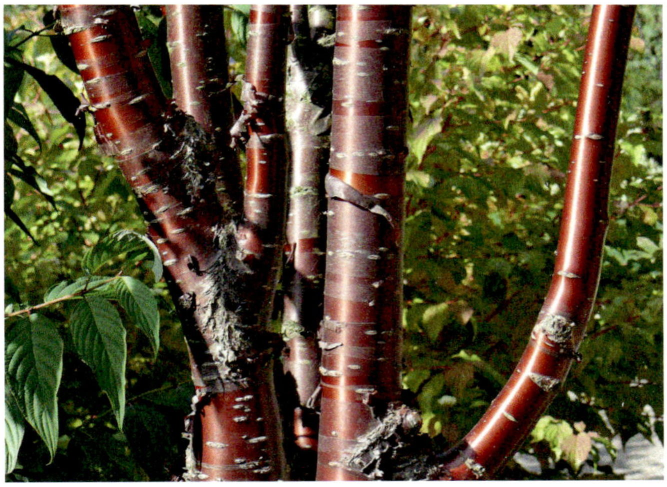

Oben: Eine gelungene Gegenlicht-Gartensituation könnte so aussehen: *Acer griseum* mit im Durchlicht glühenden Rindenfetzen.

Unten: Die Rinde von *Prunus serrula* scheint von innen zu schimmern; Anfang Oktober im RHS Garden Wisley, England.

sollte bei der Planung berücksichtigt werden. Es ist für uns ein Pluspunkt, denn es erhöht die Chance, bei Sonnenschein mehr warmes Streif- oder Durchlicht in die im Winter luftigere Bepflanzungen zu bekommen. Dieses Licht möchte ich gerne einfangen, denn davon kann man vor allem im Winter nie genug haben!

Lichtfänger sind vor allem kleinteilige Gegenstände mit großen Oberflächen von feiner, rauer Textur. An denen wird Licht so gestreut, dass eine Aura entsteht, die die Konturen des Gegenstandes sanft betont. Gräser mit feinen Härchen sind besonders für diese Aufgabe prädestiniert, zumal sie von einem Teil des Lichtes durchleuchtet und dadurch aufgehellt werden. Aber selbst lichtundurchlässige Kiefernnadeln – besonders die feineren, zu fünft in einem Bündel sitzenden – streuen Licht und fangen es so für das menschliche Auge ein.

Besonders dünne Gegenstände färben Licht, denn ein Teil wird durchgelassen und bringt diese Gegenstände in ihrer schönsten Farbe zum Glühen: z. B. die roten Blätter von *Bergenia, Epimedium, Nandina*, beigebraune Blütenblättchen trockener *Hydrangea*-Samenstände oder grünes Laub von *Fatsia japonica, Iris confusa* oder Farnen, dunkle Rindenfetzen von *Betula albosinensis, B. utilis* oder *Acer griseum*, Blüten von *Hamamelis* oder *Helleborus* in gedeckten Farben (die man sonst nur schwer im Beet erkennt), aber auch die hauchdünnen Silbermond-Samen von *Lunaria*.

Glatte Oberflächen reflektieren Licht, was oft harte Kontraste ergibt, Reflexe bringt, die von anderen Dingen ablenken, und auch anstrengend für die Augen sein können. In bestimmten Situationen kann das aber genau richtig sein. Schattige Lichtschächte oder dunkle Ecken werden durch reflektierende Oberflächen, z. B. großlaubiger Farne, Bergenien, *Viburnum davidii* oder *Fatsia japonica*, belebt und aufgehellt.

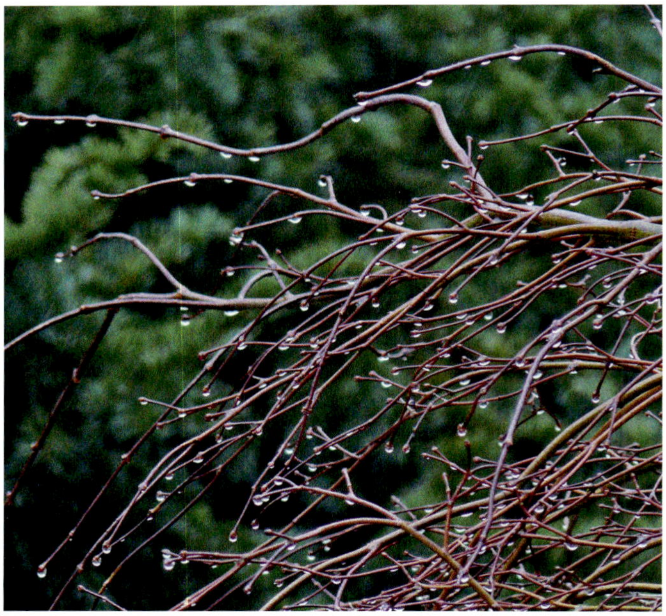

Acer palmatum var. *dissectuum* 'Inaba Shidare' mit Regentropfen.

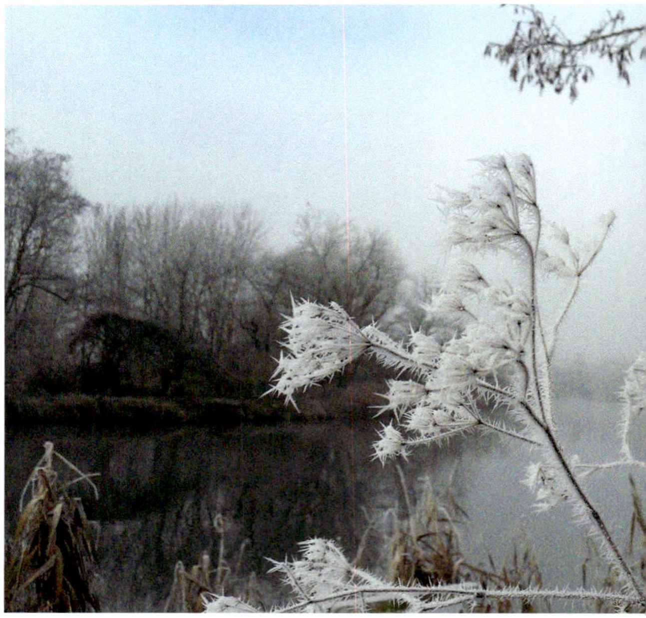

An den rauen Stängeln und kleinen Samen der Umbellifere kann die Luftfeuchtigkeit besser auskristallisieren als an glatten Oberflächen. Frostiger Dezembertag an der Werra bei Wommen.

Die glatten Samenstände von *Lunaria* und die Rindenfetzen speziell der Mahagonikirsche (*Prunus serrula*) werden im Durchlicht zwar herrlich hell, wirken für meinen Geschmack aber im Auflicht sogar noch besser, weil sie nicht nur reflektierend glänzen, sondern auch aufgrund ihrer Beschaffenheit seidig schimmern.

REGEN

Regen ist nicht nur für den Garten wichtig, sondern kann auch das Gartenbild über den Zeitraum seines Niederganges hinaus mitgestalten. Denn so wie es Pflanzen gibt, die Licht fangen, gibt es solche, die Regentropfen festhalten.

Das können alle mehr oder weniger waagerechten Zweige, z. B. Etagenhartriegel oder auch niedrigen Trauerformen, bei denen man den Kronenansatz noch im Gesichtsfeld hat, wie bei japanischen Schlitzahornen oder den großzügigen Bögen der Geisterbrombeeren, von denen bei *Rubus thibetanus* die Anhaftung der Regentropfen noch zusätzlich durch deren feine Stacheln unterstützt wird. Durch ihre dünnen, filzig behaarten Stacheln könnte auch *Rosa rugosa* die Tropfen länger an sich halten – trotz ihres aufrechten Wuchses. Doch klappt das in ihrem Fall noch besser mit Schnee.

RAUREIF UND SCHNEE

Es ist ein großer Unterschied, ob Schnee auf Ästen liegen bleiben kann oder abrutscht. Besonders hübsch ist es, wenn bei feindornigen Rosen, wie *Rosa rugosa*, der Schnee sogar die senkrechten Triebe an deren Wetterseite weiß nachzeichnet. Auch Raureif wird an vielen kleinen Stacheln, Härchen oder Blatträndern im besonderen Maße „eingefangen“, während er an glatten Oberflächen meistens erst gar nicht auskristallisiert.

Es gibt nur wenige bunte Kleckse, die ein leicht verschneiter Garten bieten kann. In der Regel werden rindenfärbende Hartriegel, Weiden und natürlich die Birken nicht völlig eingeschneit.

Blüten schließen sich bei kaltem Wetter, Regen oder Schnee meistens – selbst wenn sie noch nicht unter ihm begraben sind. *Cyclamen*, *Helleborus* und *Eranthis* können sogar dann noch eine leuchtende, farbenfrohe Figur machen, wenn ihre Blüten bei schlechtem Wetter geschlossen sind.

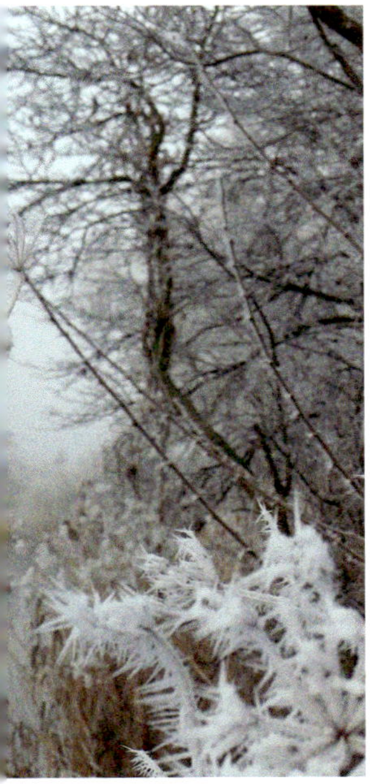

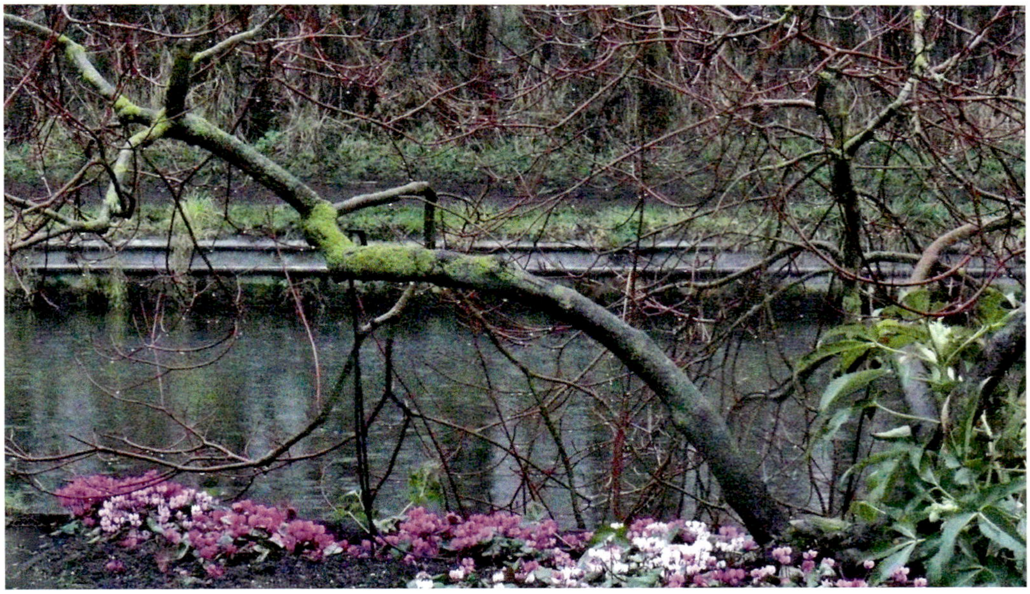

Oben: Regentropfen an waagerechten Zweigen des gelbgrünlaubigen *Cornus alba* 'Spaethii' und selbst bei Regenwetter leuchtende Alpenveilchen. Verregneter Februar-Tag im Privatgarten von John Massey, Ashwood Nurseries, England.

Mitte: Verschiedene Gräser im Wind, hauptsächlich *Miscanthus*, Sir Harold Hillier Gardens, England.

Unten: *Galanthus plicatus* 'Percy Picton' mit besonders langen Pedikeln. Im Hintergrund das steifere *Galanthus* 'Chedglow'.

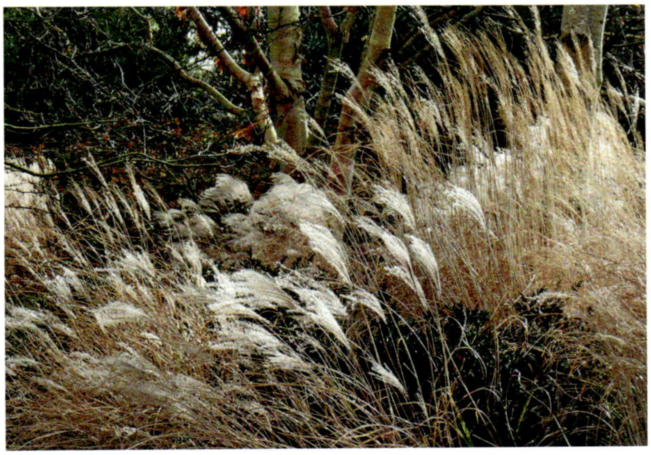

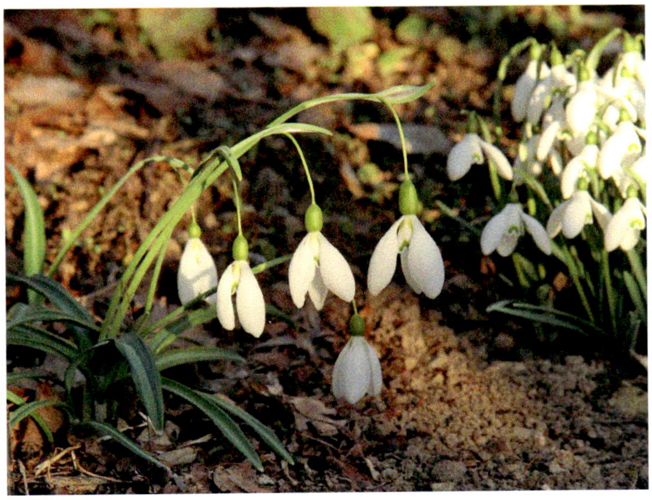

WIND

Wind sorgt schnell dafür, dass die Tropfen, Schnee und Kristalle von den Zweigen verschwinden. Auch er möchte also in der Gestaltung mitmischen und bringt **Bewegung** ins Geschehen. Er lässt Gräser tanzen oder peitschen, auch die lang herabhängenden Zweige von *Betula pendula*. Vorhin kämmten sie noch den Frost aus der Luft, jetzt stehen sie waagerecht im Wind. Was macht die Eiche dagegen? Sie bleibt über eine lange Zeit ungerührt.

Bei der Planung kann man also auch überlegen, wo man Veränderung, Bewegung, „Action" möchte und dementsprechend Pflanzen auswählen, die auch Wind einfangen und in Bewegung umsetzen. Man kann mit den Gegensätzen spielen, indem man mit geschnittenen, dichten Pflanzen oder Mauern kombiniert, die mit ihrer stoischen Beständigkeit einen Gegenpol zu den sensiblen Anemometern bilden. Aber selbst nah am Boden kann man über Schneeglöckchensorten mit besonders lang aufgehängten Glöckchen schon den leisesten Wind anzeigen, während die „Steifen" ungerührt daneben stehen. Ein Gestaltungskonzept mit Bewegung und Starre lässt sich also in allen Gartenebenen realisieren und sorgt für einen rundum lebendigen Garten im Winter.

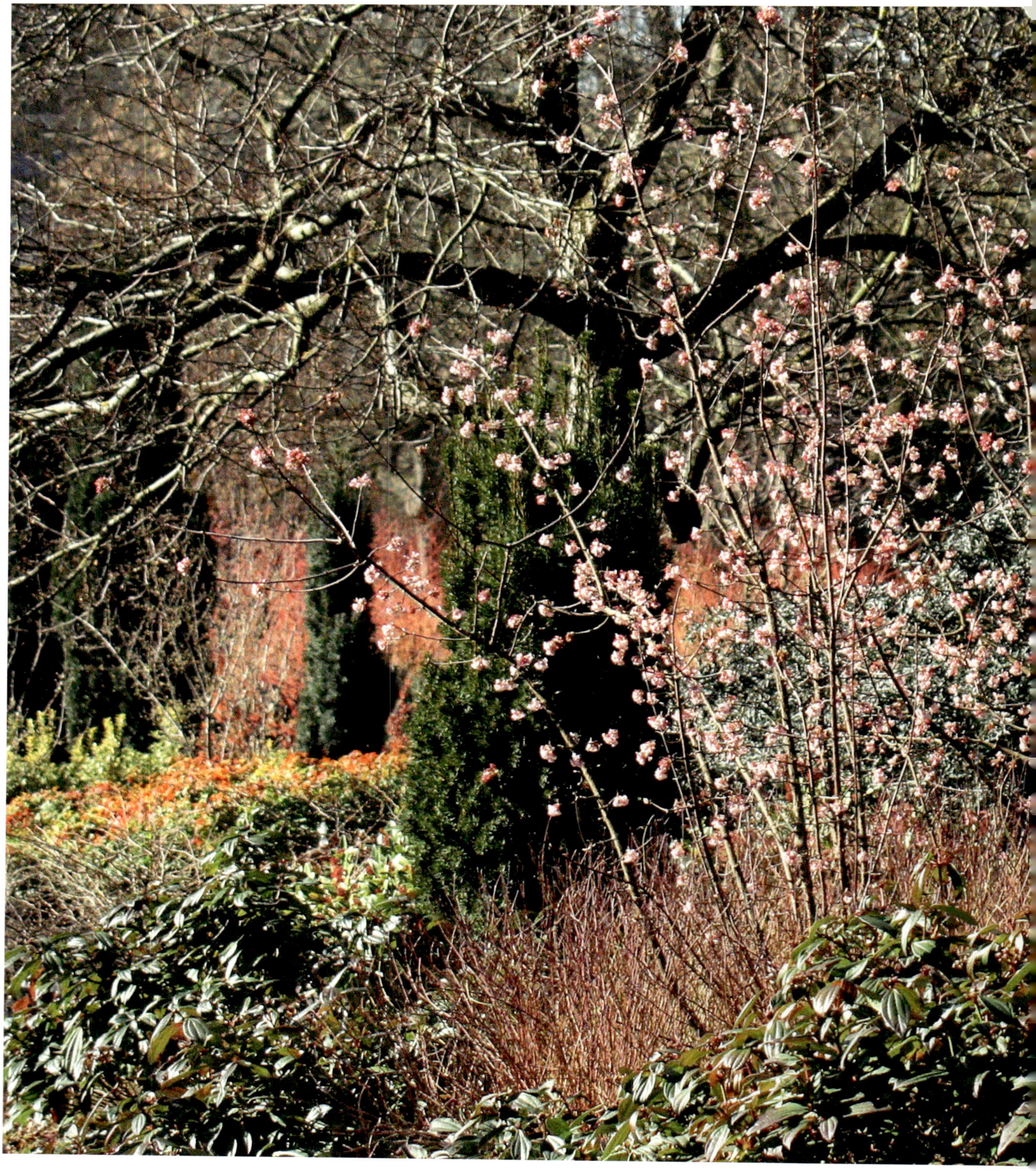

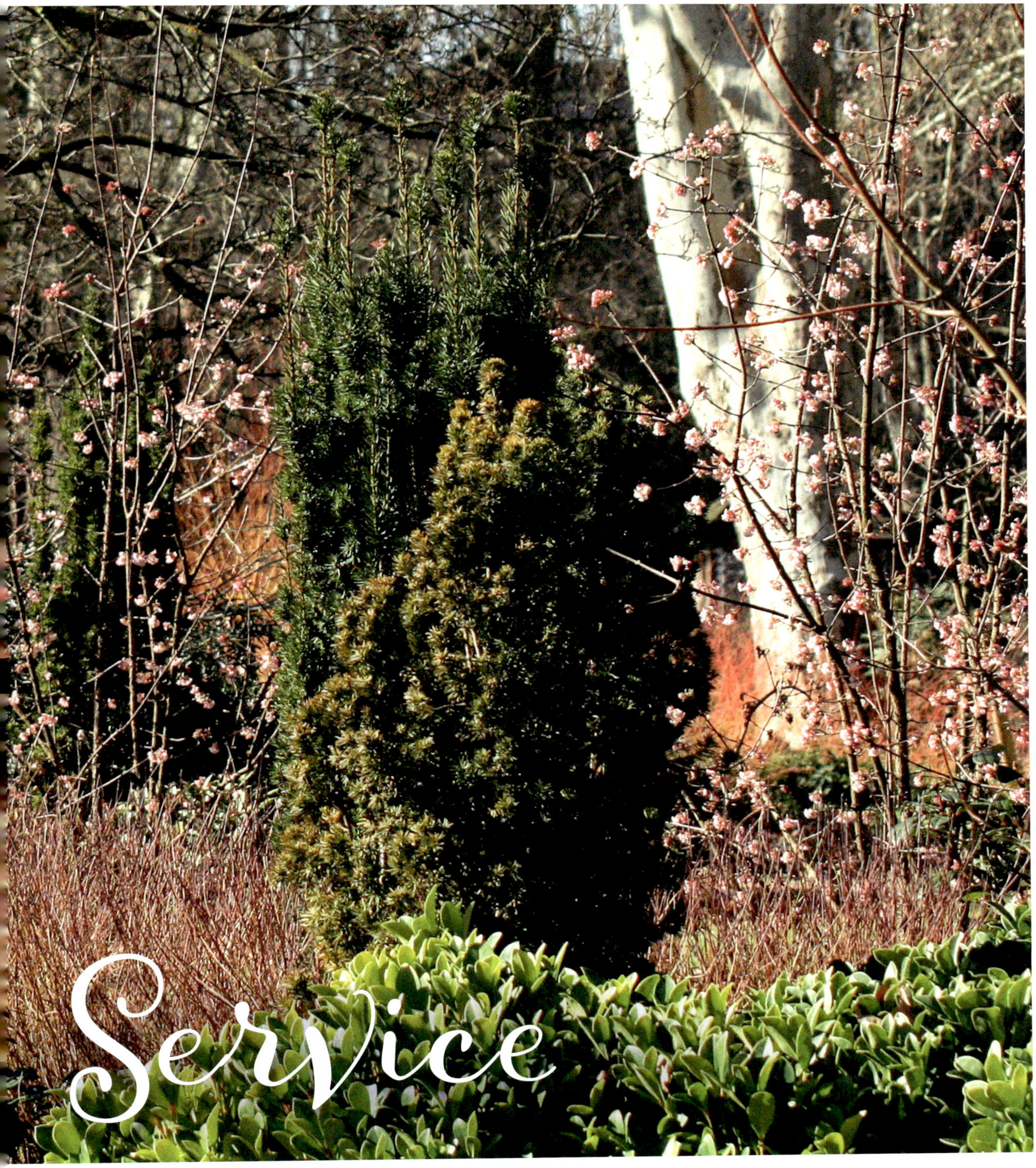

Service

Für einen individuellen und persönlichen Wintergarten ist eine gute Zusammenstellung verschiedener Pflanzentypen analog der vorangegangenen Kapiteleinteilungen, jedoch mit überlappenden Standortansprüchen besonders vielversprechend. In den nachfolgenden Tabellen möchte ich Sie mit der Aufzählung besonders winterschöner Pflanzen und möglicher Alternativen ermuntern, Ihren eigenen stilvollen Wintergarten anzulegen oder Ihren vorhandenen Garten mit passenden, wirkungsvollen Winterschönheiten zu bereichern.

TOP 12

WINTERSCHÖNER GARTENTEPPICH
(KLEINGEHÖLZE, STAUDEN, FARNE, ZWIEBELN UND KURZLEBIGE)

Besonderheit	Name	Deutscher Name	Alternativen
Laub	***Bergenia purpurascens*** 'Irish Crimson' oder 'Wintermärchen'	**Bergenie, Dickblatt (Elefantenohr)**	Andere *B. purpurascens*-Sorten; Verschiedene Winterfarben: *B. cordifolia* (Laub niederliegend), diverse *Epimedium* (z. B. *E. pinnatum* subsp. *colchicum* 'Black Sea')
Blüte	***Crocus tommasinianus***	**Elfenkrokus**	*C. vernus*, *C. versicolor* und andere
Blüte, Laub	***Cyclamen coum***	**Herzblättriges Alpenveilchen, Winter-Alpenveilchen**	Verschiedene Farben (Blüte & Laub); *C. hederifolium* (herbstblühend aber mit schönem Winterlaub) Ähnlich im Laub: *Asarum europaeum*
Blüte, Knospe	***Eranthis hiemalis*** und Sorten	**Winterling**	Andere Sorten von *E. hiemalis*; etwas später: *E. cilicica* (geringerer Ausbreitungsdrang); sich nicht versamend: *Eranthis x tubergenii*, z. B. 'Glory', 'Guinea Gold'. *Adonis amurensis* und Sorten (wenig später blühend)
Laub	***Euonymus fortunei*** GOLD SPLASH® 'Roemertwo'	**Buntlaubige Kriechspindel**	Andere *E. fortunei* Sorten; *Hedera colchica*
Blüte, Duft, Bewegung	***Galanthus plicatus*** 'Three Ships'	**Schneeglöckchen**	Sorten von *G. plicatus*, *G. nivalis*; an trockeneren Standorten *G. elwesii* und *G. gracilis*; *G. elw.* 'Barnes' blüht ähnlich früh
Bewegung, Laub, Licht	***Haconechloa macra***	**Japan-Waldgras, Japanisches Berggras, Japan-Zwergschilf**	*Pennisetum alopecuroides; Calamagrostis brachytricha* und *C. acutiflora* 'Karl Foerster', *Panicum virgatum*, *Miscanthus sinensis* (Sorten)
Blüte, Knospe, Laub	***Helleborus*** (verschiedene Arten und Sorten)	**Nieswurz; *H. x Hybridus*: Lenzrose; *H. niger*: Christ- oder Schneerose**	*H. x Hybridus*, *H. niger*, *H. foetidus*, *H. argutifolius* sowie Hybride – alle sind herrliche Wintergartenpflanzen
Laub	***Heuchera*** in Arten und Sorten	**Purpurglöckchen**	Purpurschwarz, höher: *Euphorbia amygdaloides* 'Purpurea' oder 'Blackbird'; kupferfarbenes Winterlaub: *Tiarella wherryi*
Früchte, Laub	***Iris foetidissima*** und Sorten	**Immergrüne Stink-Iris**	Mit Ausläufern: *Iris confusa* (Laub fächerförmig an Stielen), *I. japonica* (wuchern etwas); kurze Ausläufer: *Acorus gramineus*; farbähnliche Farne: *Asplenium scolopendrium*, *Polypodium cambricum* (Sommerruhe, kurze Ausläufer)
Samen	***Lunaria annua*** 'Alba Variegata'	**Mondviole, Silbertaler, Judassilberling**	L. annua und andere Sorten, z. B. 'Chedworth' mit purpurnem Laub; L. rediviva (Staude, die sich ebenfalls gerne versamt)
Laub	***Ophiopogon planiscapus*** 'Nigrescens'	**Schwarzer Schlangenbart**	Andere Laubform (sonniger Standort): *Ajuga reptans* BLACK SCALLOP® 'Binblasca', 'Chocolate Truffles', 'Atropurpurea', 'Mahogany' u. v. m.

Winteraspekt	Weitere Vorzüge	Hinweise
errlich purpurfarbenes Laub, steil auf-echt stehend, im Durchlicht intensiv ot leuchtend (nicht bei allen Alterna-ven)	Hübsche Blüten im Frühjahr; relativ anspruchslos; moderate Ausläuferbildung; Rückschnitt wird gut vertragen	Sonnig pflanzen, besonders gut im Durchlicht; Laubfärbung variiert nach Witterung (besonders bei *B. cordifolia* und *Epimedium*); in manchen Gärten etwas anfällig für Dickmaulrüssler
n zeitigen Vorfrühling zarte Blü-en(teppiche) in hellem Violett oder ortenabhängig rosa oder weiß	Versamt sich reich, wird wegen des zarten Laubes nicht lästig; auch in Rasen und Wiesen, die ab Mai gemäht werden oder im Gehölzschatten	Geschlossene Kelche silbrig und unauffällig; himmelblaue bis violette Flächen entstehen nur durch offene Blüten bei Sonnenschein.
liedrige, auffällige Blüten in leuchten-em Violett, Pink, Zartrosa oder Weiß; erzförmiges Laub, häufig mit silber-en Zeichnungen	Versamt sich in offenen Böden mit Hilfe von Ameisen; kann bis an den Stamm von laubabwerfenden Bäumen (Baumscheibe) und Hecken wachsen	Am besten in der Baumscheibe laubabwerfender Gehölze; zieht im Sommer ein; Knollen liegen nur knapp unter der Erde; vor Wintersonne bei Bodenfrost schützen
ut leuchtende Knospen und Blüten: rüngelb gefüllt: 'Lady Lamortagne', Noël Ayres'; hellgelb: 'Schwefelglanz', Zitronenfalter', 'Pauline'; warm oran-egelb: 'Orange Glow', 'Schlyters Orange'	Zieht im Sommer ein, Sorten versamen sich meistens sortenecht	Am besten unter laubabwerfenden Gehölzen, wo Platz ist und sie sich ausbreiten dürfen; Achtung: in Beeten mit konkurrenzschwachen Pflanzen die sich nicht versamenden Alternativen verwenden
Varm leuchtende Teppiche, Flächen der Ornamente	Hübsche gelbe Früchte mit orangenen Samen im Herbst (Nahrung für Tiere); robust mit breiter Standortamplitude	Ganzjährig panaschiert, Gelbfärbung intensiviert sich im Winter
Oft schon zu Weihnachten gute, glo-kige Blüte von typischer Schneeglöck-chenform	Einzelne Blüten halten sich in der Vase; einige Sorten duften gut; kann sich an passenden Standorten versamen; Laub zieht im Sommer ein	Frühblühende *Galanthus* geschützt (Wind, Wintersonne) pflanzen; Achtung: in Beeten mit zarten Pflanzen kleine, sterile Sorten nehmen; am besten unter laubabwerfenden Gehölzen
Warm ockerfarbene Flächen, an Böschungen wie „herabfließend"; keine Blütenähren (vgl. Alternativen!)	Langsame, kurze Ausläufer, die dichte Teppiche erzeugen; schattenverträglich; verträgt etwas Trockenheit und Wurzeldruck; versamt sich nicht	Am schönsten am Hang im Halbschatten unter Bäumen; nach Schnee oder Sturm können abgeknickte Halme vorzeitig verweht werden; Alternativen sind für Sonne und werden i.d.R. höher
Genannte Arten haben gutes, winter-grünes Laub und auffallend frühe Blü-ten (allen voran *H. niger*)	*H. x Hybridus*, *H. niger* gedeihen i.d.R. auch in Lehmböden, *H. argutifolius*, *H. foetidus* (und *H. niger*) in trockenen, sandigen Böden	Am besten mehrere Arten und Sorten pflanzen; bodennaher Rückschnitt des Winterlaubes kurz vor Blühbeginn (Pflanzenhygiene und Optik)
Farbige Laubrosetten oder Flächen n allen Tönen von Grün, Gelb, Orange, Bronze, Kupfer, Violett, Schwarz, Silber	Blütenstände in Weiß, Creme, Grün oder Rosa, oft in der Vase gut haltbar; leichte Vermehrung über Tochterrosetten	Muss öfter aufgenommen, geteilt und tiefer gepflanzt werden – so wird es auch vermehrt; in manchen Gärten anfällig für Dickmaulrüssler
Smaragdgrüne, glänzende Laub-Schwerter, leuchtend orangene (selten gelbe oder weiße) Samenstände (Alternativen ohne Fruchtschmuck!)	Verträgt trockenen Schatten, kann direkt an Baumstämmen von laubabwerfenden Gehölzen wachsen	Halbschattig bis schattig pflanzen; warm, geschützt vor Wintersonne bei Bodenfrost; Blüte unauffällig aber schön; manchmal keine Früchte
Perlmuttartige Samenstände mit mondenem Glanz; Sämlinge als kleine Rosette mit cremefarbenem Blattrand	Verträgt trockenen Schatten; versamt sich echt im Alleinstand; Sämlinge lassen sich gut ziehen (NICHT *L. rediviva!*)	Am besten unter Gehölzen - wächst selbst unter Fichten noch ganz gut; versamt sich und vagabundiert durch die Beete (zweijährig)
Niedriges, grasähnliches, schwarzes Laub, Sonnenlicht stark reflektierend; im Schatten Matten als dunkler Untergrund	Langsame, kurze Ausläufer, die dichte Teppiche erzeugen; Verträgt Schatten – ohne dort zu vergrünen	Keine Wintersonne bei gefrorenem Boden; bevorzugt feuchte, humose Böden im lichten Schatten oder Halbschatten

GEHÖLZE MIT FARBIGEM LAUB ODER NADELN

Laubfarbe	Name	Deutscher Name	Alternativen
Silberblau	***Abies koreana*** 'Kohout's Icebreaker'	**Eissilberne Zwerg-Lockentanne**	Äquivalente Nadel-Textur und Farbe: 'Silberlocke', 'Silberreif', 'Silver Star', 'Schillerlocke', 'Silver Show' Ähnliche Wuchsform: 'Brillant', 'Silberkugel', 'Blauer Eskimo', 'Dennis', 'Kohouts Hexe', 'Cis', 'Nadelkissen', 'Wellenseind' etc.
Gelbgrün Roter Fruchtschmuck	***Aucuba japonica*** (w) 'Crotonifolia'	**Aukube; Metzgerpalme**	*A. japonica* 'Golden Spangles' (w), 'Golden King' (m), 'Mr. Goldstrike' (m) und A. J. PEPPER POT 'Shilpot' (m+w); weiß panaschiert: *Aucuba japonica* 'Variegata', *Fatsia japonica* 'Variegata' (w) oder 'Spider Webb' (interessanteres Laub)
Gold Orangene Altersrinde	***Calocedrus decurrens*** 'Berrima Gold'	**Goldene Flusszeder / Weihrauchzeder**	Smaragdgrün, wüchsiger: *Calocedrus decurrens;* Goldkiefern mit orangener Rinde: *P. sylvestris* 'Gold Coin' und 'Gold Medal' (wächst doppelt so schnell)
Hellgewittergrau	***Cedrus deodara*** 'Eisregen'	**Himalaya-Zeder**	Gewittergrau: 'Karl Fuchs'; Blau und hängend: 'Feelin' Blue', *Tsuga mertensiana* 'Bump's Blue', 'Blue Star'
Purpur bis rotorange	***Nandina domestica***	**Himmelsbambus**	Niedriger, besser färbend: 'Gulfstream', 'Firepower' (blühen und fruchten nicht (Klima); *Leucothoe fontanesiana* SCARLETTA® 'Zeblid'; CARINELLA™ 'Zebekot' (dunkler); RED LIPS™ 'Lipsbolwi' (niedriger)
Gold	***Picea abies*** 'Gold Drift'	**Goldene Hängefichte**	*Abies nordmanniana* 'Golden Spreader'; schneller wachsend, höher: *Chamaecyparis lawsoniana* 'Filip's Golden Tears'; Blaue Nadeln: *Picea engelmannii* 'Bush's Lace'
Gold	***Pinus contorta*** 'Chief Joesph'	**Wintergoldene Dreh-Kiefer**	Buschig: *P. mugo* 'Carstens Wintergold', 'Zundert', 'Wintersonne', *P. contorta* 'Frisian Gold'
Gold-grün Orangene Altersrinde	***Pinus densiflora*** 'Oculus-draconis'	**Japanische Drachenaugen-Kiefer**	Goldener: 'Cesarini's Variegated' und 'Golden Ghost'; *P. parviflora* 'Oculus-draconis'; *P. thunbergiana* 'Oculus-draconis' und 'Shirome janome'; Höher: *P. wallichiana* 'Zebrina'
Blau Orangene Altersrinde	***Pinus sylvestris*** 'Watereri'	**Blaue Strauch-Waldkiefer**	'Chantry Blue'; grünnadelig: *P. densiflora* 'Umbraculifera'
(Silber-)blaugrün	***Tsuga canadensis*** 'Gentsch White'	**Weißtriebige Hemlocktanne**	*T. canadensis* 'Dwarf Whitetip' oder *T. canadensis* 'Moon Frost' (mit etwas Rosa-Anteil)

interaspekt	Weitere Vorzüge	Hinweise
ark gewelltes Laub (Textur!), dadurch rken die hellen Stomatalinien beson-ers intensiv, fast weiß; kugelige uchsform	Sehr langsam wachsend, kleine Hügel formierend, z. B. in Stein- oder Heidegärten. Auch als Hochstämmchen erhältlich.	Abwechslung durch verschieden schnell wachsende *A. koreana* unterschiedlicher Wuchsform; sonniger Standort; vorm Winter von Herbstlaub oder toten Zweigen anderer Gehölze befreien
änzend immergrünes Laub mit hlreichen hellgelben Flecken wirkt n Halbschatten unter Gehölzen, s würde Sonne durch die Zweige heinen	Sehr schnittverträglich und robust	Am besten im lichten Gehölzschatten; keine Sonne (Winter und Sommer), geschützter Standort
arm orangegelbes Nadelkleid, an esonnten Spitzen kräftiger gefärbt; tamm mit schön braunroter, abschil-ernder Rinde	Langsam wachsend; langlebig	Wächst zwar sehr langsam (vor allem in ihrer Jugend), erreicht aber im Laufe eines Menschenlebens eine beträchtliche Höhe
nmutig schlanker Solitär mit unge-öhnlich frostig-gewittriger Tönung er seidig texturierten Nadeln	Relativ langsamer, schlanker Wuchs; sehr schöne, seidige Nadeltextur	*C. deodara* 'Feelin' Blue' geschützt pflanzen, alle anderen sind winterhärter (Zone 6)
uchs ähnlich *Fargesia*; schmales Laub berflächlich purpurfarben überlaufen, ng haltende Dolden mit feuerroten eeren (nicht bei den Alternativen!)	Hübsche weiße Blütenrispen; schnittverträglich; bildet keine Ausläufer; *Leucothoe* macht kurze Ausläufer	In milden Gegenden Aussaat kontrollieren (in heißen Gebieten der USA invasive Versamung von *N. domestica*). Durch Klimaerwärmung ist verändertes Blüh- und Fruchtverhalten zu erwarten
oldenes Nadelkleid, geschlossen wie ine weiche Schleppe herabfallend	Sehr schlank wachsend (als gestäbte Hängeform), verträgt auch etwas Schatten (Farbe an sonnigem Standort am besten)	Ist (für mich) am schönsten, wenn sie auf die gewünschte Höhe gestäbt wird und ab da herabfallen kann. Ungestäbt wächst sie flach, bodendeckend, kann aber auch später noch einen Leittrieb entwickeln
arm altgoldfarbenes Nadelkleid, rela-v schlanker, aufrechter Wuchs, Alter-ativen (*P. mugo* und *P. contorta* 'Frisian old') kompakt rundlich.	Langsam wachsend, robust; schnittverträglich	Kann wie alle Kiefern durch jährlichen Schnitt in die „Triebkerzen" kompakt und klein-buschig gehalten werden. Offen wachsend toller Solitär. Alternativen schön als Wolkenhecken.
elbe Streifung der Nadeln sind wie onnenreflexe; schöner, kieferntypi-cher Wuchs; Hauptäste und Stämme n Alter mit rötlicher Rinde	Schnittverträglich	Die goldene Panaschierung prägt sich bei sonnigem Stand besser aus; geschützter, nicht zu trockener Standort bevorzugt
läuliches Nadelkleid; gleichmäßig undlicher Wuchs; Hauptäste und tämme im Alter schöne orangefar-ene Rinde	Langsam wachsend, robust; schnittverträglich	Wächst erst als kompakter Busch, bekommt im Alter durch Aufasten und Auslichten rundliche Krone aus mehreren Ästen
läuliches Nadelkleid, sehr langsam achsend	Hellweiß-silberner Neuaustrieb: bis in den Herbst ein schöner Kontrast; sehr schnittverträglich	Ungeschnitten schöner Kontrast junger, leicht abgespreitzter Zweige zum älteren, dunkleren Nadelwerk; geschnitten z. B. hell weißliche Hügel im Frühjahr

TOP 10

BLÜTEN- UND FRUCHTGEHÖLZE

Besonderheit	Name	Deutscher Name	Alternativen
Früchte	***Callicarpa bodinieri*** 'Profusion'	**Schönfrucht**	*Ilex verticillata* in Sorten für rote, orangene oder gelbe Beerenfrüchte
Blüte, Duft	***Daphne mezereum***	**Gemeiner Seidelbast**	Alle Sorten von *D. mezereum*; immergrün und viel höher: *D. bholua* und Sorten; gelbe oder orangerote Blütendolden: *Edgeworthia chrysantha* und Sorten
Blüte, Laub	***Erica carnea*** 'Foxhollow'	**Winterheide**	Verschiedene winterblühende Sorten, z. B. 'Golden Starlet' (weiße Blüten, grüngelbes Winterlaub), 'Antje' (rosa Blüten, bronzenes Winterlaub) sommerblühend (saure Böden): *Calluna vulgaris*; in wintermilden Regionen: *E. x darleyensis*
Blüte, Laub	***Garrya elliptica*** 'James Roof'	**Becherkätzchen**	*Garrya x issaquahensis*
Blüte, Duft	***Hamamelis***	**Zaubernuss**	Alle Sorten (nicht von *H. virginiana*); *Chimonanthus praecox* und Sorten
Blüte, Duft	***Lonicera*** x ***purpusii*** 'Winter Beauty'	**Winterblühende Heckenkirsche**	*Lonicera fragrantissima*, *L. standishii* (z. B. 'Budapest'), *L. elisae*
Blüte, Duft, Rinde, Textur	***Mahonia x media*** 'Winter Sun'	**Schmuck-Mahonie**	*Mahonia x media* Sorten; *M. bealei*; M. lomariifolia (nicht so winterhart)
Früchte	***Malus*** 'Red Sentinel'	**Zierapfel**	M. 'Red Jewel', 'Red Jade' Früchte orange: EVERESTE®
Blüte	***Prunus subhirtella*** 'Autumnalis'	**Winterblühende Zierkirsche**	*Prunus subhirtella* 'Autumnalis Rosea'; in kleinen Gärten: *Prunus mume* 'White Christmas', *P. incisa* 'Praecox', 'February Pink'; strauchig, stark duftend: *Viburnum x bodnantense* 'Charles Lamont' oder 'Dawn'
Blüte, Duft, Früchte (w), Knospen, Laub	***Skimmia***	**männliche Blütenskimmien und weibliche Fruchtskimmien**	Statt Fruchtskimmien: weibliche *Ilex aquifolium*, z. B. 'Alaska', *I. alterclarensis*, z. B. 'Golden King' oder *I. meserveae*, z. B. 'Heckenfee' oder 'Blue Princess'; statt Blütenskimmien: *Pieris japonica* (duftlos) oder div. *Sarcococca*-Arten (anderer Wuchs, evtl. Ausläufer)

Winteraspekt	Weitere Vorzüge	Hinweise
e nach Witterung bis weit in den Winter auffällig violettblaue Beeren, quirlförmig um nackte Zweige	Leuchtende Herbstfärbung in Purpurrot mit Orange; im Sommer kleine, violette Doldenblüten; Insektenweide!	Bevorzugt saure, gut drainierte Böden; geschützte Lagen
m ausgehenden Winter/Vorfrühling zahlreiche trichterartige Blüten, quirlförmig um die nackten Zweige; weit wahrnehmbar intensivster Frühlingsduft	Langsam wachsend; verträgt Wurzeldruck und sommerlichen Schatten; hübsche rote (bei 'Alba' hellgelbe) Beeren im Sommer	Möglichst nicht schneiden oder umpflanzen; giftig
ilarosa Blüten über bronzerotem, bei kalter Witterung orangerotem Laub; andere Sorten langanhaltend weiß, rosa, violett oder purpurfarben blühende Matten (u. U. erst im Frühjahr); Laubfarbe sortenabhängig	Wichtige Bienen- und Hummelweide (vor allem winterblühende Sorten); schnittverträglich	Rückschnitt der Spitzen mindestens einmal pro Jahr erhält die Pflanzen kompakt und ansehnlich; vergreiste Pflanzen können durch Tieferpflanzen verjüngt werden
m ausgehenden Winter/Vorfrühling zahlreiche, lamettaartig herabhängende Blütenkätzchen zwischen kleinem, glänzend immergrünem Laub	Schnittverträglich; vertragen Schatten und eingewachsen auch Trockenheit; tolerieren alle gängigen Gartenböden	Kann gut als (Fächer-) Spalier gezogen werden, wo die langen Kätzchen besonders zur Geltung kommen; keine Wintersonne! Männliche Pflanzen (z. B. 'James Roof') haben längere Kätzchen
Über einen sehr langen Zeitraum zarte, fadenähnliche Blüten in Gelb, Orange, Rot oder Purpur; häufig gut duftend	Langsamwüchsig; herrliche Herbstfärbung (i. d. R. hellblühende Sorten gelb bis orange, dunkelblühende Sorten orange bis rot)	Wächst zwar langsam, wird im Alter aber oft zu breit für Privatgärten; wird nicht gern geschnitten (nur kleine Zweige schneiden) oder umgepflanzt
Viele unscheinbare, cremefarbene Blütentrichter; sehr starker Duft (süßlich und zitronig); halbimmergrün (witterungsabhängig)	Robust; schnittverträglich	In kühleren Gegenden sind die Blüten an nackten Zweigen auffälliger und hübsch; etwas sparriger Wuchs; kann als Spalier gezogen werden
Gut strukturiertes, festes, glänzendes, immergrünes Laub, symmetrisch um die Zweige angeordnet; im Winter duftende, gelbe Blütenrispen; im Alter korkige Rinde	Schnittverträglich; vertragen eingewachsen trockenen Schatten unter größeren Gehölzen	Geschützter Standort; bei lang anhaltendem Bodenfrost vor austrocknenden Winden und Wintersonne schützen
Zahlreiche kleine rote Äpfel an nackten, herabhängenden Zweigen	Schöne Apfel-Blüten (die auch Essäpfel bestäuben können); Insektenweide; leuchtend orangene Herbstfärbung	Kann wie Essäpfel gepflanzt werden, auch als Hecke oder Spalier; frei wachsend schöne Krone
An milden Wintertagen ab Herbst kleine zartrosa Blüten, bis zum Frühjahr; schön vasenförmiger bis ausladender, an den Spitzen überhängender Wuchs; hübsches, unspektakuläres Rindenbild	Leuchtend orangegoldene Herbstfärbung; verträgt stark alkalische Böden; für eine Zierkirsche relativ gesund	Vorsicht: nur die Sorten von *P. subhirtella*, die das Wort „Autumnalis" im Namen tragen, blühen schon im Winter. Außer den genannten gibt es meines Wissens keine weitere *P. subhirtella* 'Autumnalis'-Sorte (keine 'Pendula')
Männliche Skimmien mit auffälligen Knospen (oft farbig), im Vorfrühling mit stark süß duftenden Blütendolden; Weibliche Skimmien mit roten, je nach Sorte z. B. auch weißen Beeren, die den ganzen Winter über haften bleiben	Immergrün; schattenverträglich; bewurzelt leicht aus Stecklingen (z. B. aus der Vase)	Verträgt keine volle Sonne und keinen Kalk (am besten saurer Boden, sonst *Ilex* verwenden); geschützte Lage

TOP 10

GEHÖLZE MIT SCHÖNEN RINDEN

Rindenfarbe und Textur	Name	Deutscher Name	Alternativen
Stamm und Hauptäste zimtfarben; matt, abblätternd	***Acer griseum***	**Zimt-Ahorn**	*Betula dahurica* (z. B. 'Maurice Foster') und *B. nigra* (inkl. Kultivare); Immergrün: *Abies squamata* (z. B. 'Flaky'); Sträucher: *Hydrangea quercifolia*, *H. aspera*; *H. petiolaris* sowie *Zenobia pulverulenta*, z. B. 'Blue Sky'
Junge Zweige rot; glänzend	***Acer palmatum*** 'Sango Kaku'	**Korallenrinden-Ahorn**	Kleiner: 'Eddisbury'; Zweige gelblich-orange: 'Bi Hoo' ('Bihou') Schlangenhautahorne: *A. pensylvanicum* 'Erythrocladum', *Acer pectinatum* subsp. *forrestii*, *A. x conspicuum* 'Phoenix'; weißpanaschiert: *A. x c.* 'Silver Cardinal', 'Red Flamingo' (trauernd)
Rinde dunkles Kastanienbraunviolette, mit Orange; viele große Lentizellen; glänzend; abblätternd	***Betula ermanii*** 'Mt. Zao Purple'	**Kamtschatka-Birke, Goldbirke**	Rinde cremefarben bis apricot-rosé: *B. ermanii* und andere Sorten; Rinde dunkel, steiferer Wuchs: *B. utilis* subsp. *utilis*, z. B. 'Mount Luoji', 'Parkwood', 'Wakehurst Place Chocolate'
Stamm weiß; glänzend, abblätternd	***Betula utilis*** subsp. ***jacquemontii*** 'Doorenboos'	**Himalayabirke**	*B. utilis* subsp. *jacquemontii* und zahlreiche andere Sorten der Subspezies
Junge Zweige orangerot; glänzend	***Cornus sanguinea*** 'Anny'	**Orangerindiger Hartriegel**	Orange: 'Winter Beauty', 'Winter Flame', 'Midwinter-fire'; Rot, horstig: *C. alba* BATON ROUGE 'Minibat', 'Sibirica', 'Elegantissima'
Stamm und Hauptäste cremeweiß; abschilfernd	***Heptacodium miconioides***	**Sieben-Söhne-des-Himmels-Strauch**	Strauchig: div. *Deuzia* (*D. magnifica*; hell zimtfarbene Rinde: *D. pulchra*, *D. scabra*); *Kolkwitzia amabilis* (bogig überhängend)
Triebe grün; glänzend	***Kerria japonica*** 'Buttercup' oder 'Albiflora'	**Kerrie; Ranunkelstrauch**	Andere *Kerria japonica* Sorten; noch wüchsiger: *Cornus stolonifera* 'Budd's Yellow', 'Flaviramea'; etwas dunkler: *Jasminum nudiflorum*
Rinde mahagonirot; glatt, seidig glänzend; abblätternd; viele Lentizellen	***Prunus serrula***	**Mahagonikirsche**	*P. mackii*; *P. rufa*; *P. himalaica*; *Syringa reticulata* subsp. *pekinensis* (z. B. 'Morton')
Junge Zweige orange; glänzend	***Salix alba*** var. ***vitellina*** 'Brizensis'	**Orangezweigige Weide**	Andere *Salix alba* var. *vitellina*; *Tilia cordata* 'Winter Orange'; *Acer negundo* 'Winter Lightning'
Junge Zweige orangegelb; glänzend	***Styphnolobium japonicum*** 'Golden Standard'	**Orangezweigiger Japanischer Schnurbaum**	*Fraxinus excelsior* 'Jaspidea' oder 'Aurea'

·esamter Winteraspekt	Weitere Vorzüge	Hinweise
·tark abblätternde, zimtfarbene Rinde ·n Stamm und Hauptästen des Kleinaumes, der im Alter eine rundliche rone bekommt	Große Standortamplitude, robuster als *A. palmatum*; kleines, dreilappiges Laub; lang anhaltende, feuerrote Herbstfärbung	Besonders schön im Gegenlicht oder Streiflicht; Wuchs manchmal in jungen Jahren etwas steif; nicht einkürzen, nur ganze Triebe herausnehmen; Freistellen eines oder mehrerer Stämme/Hauptäste für bessere Rindenoptik; Rinde variiert bei unterschiedlichen Individuen
·chöner, vasenförmiger Habitus; junge weigpartien sind leuchtend korallrot, ·ur Baummitte hin verblassend	Hübsches, typisches *Acer-palmatum*-Laub; leuchtend orangene Herbstfärbung	Sollte – anders als *Cornus*, *Salix*, *Acer negundo* und *Fraxinus excelsior* – nicht stark eingekürzt, höchstens leicht ausgelichtet werden
reite, luftige Krone; mehrfarbige, latte, im Auflicht seidig schimmernde, tiefdunkle Rinde; Rindenetzen funkeln im Durchlicht; starke Virkung vieler beiger Lentizellen	Warm orangegelbe Herbstfärbung; auffällige, grünliche Blütenähren ähnlich Hasel; berauschendes Rascheln der Blätter im Wind (fast wie *B. pendula*)	Krone lichtet sich wie bei *B. pendula* durch Absterben beschatteter Zweige von selber aus; nicht einkürzen, nur ganze Zweige oder kleine Äste rechtzeitig herausnehmen
·förmige, dichte Krone; kreideweiße inde von Stamm und Hauptästen	Schnellwüchsig, doch kleiner bleibend als *B. pendula*; dichte Krone kann als Sichtschutz dienen	Himalayabirken haben keine so luftige Erscheinung wie unsere *B. pendula*, besitzen auch größeres Laub (raschelt nicht)
·euchtend rotorangefarbene Zweige, ·hnlich einem züngelnden Flammeneer	Bleibt etwas kleiner als viele andere, z. B. 'Midwinter Fire'; sehr starke Leuchtkraft der jungen Triebe	Am wirkungsvollsten in Gruppen; bildet Ausläufer; nicht zu stark zurückschneiden, sodass sich Seitenzweige bilden, die den Flammeneffekt verstärken
·elle, cremeweiße, in langen Streifen bschilfernde Rinde; vasenförmige Vuchsform mit schirmförmig ausladender, gleichmäßiger Krone; Großtrauch oder kleiner Baum	Zart duftende weiße Blüten im Herbst (insektenfreundlich), rötliche Kelchblätter imitieren eine zweite, lange Blüte; schnittverträglich (doch ungeschnitten am schönsten); robust	In warmen Gegenden sollen dekorative rote Früchte heranreifen
·uffallend grüne, eher dünne, dicht ·ehende Zweige mit starker Senkechtstruktur	Hübsche einfache „Hahnenfuß-Blüten" auf elegant gezahntem, konisch ausgezogenem Laub	Kann im Laufe der Jahre größere Flächen bedecken – eventuell Rhizomsperre verwenden; um die schöne Winteroptik zu erhalten Totholz entfernen; kann durch bodennahen Rückschnitt verjüngt werden
·latte mahagonifarbene, im Auflicht erlmuttartig schimmernde Rinde; ·bgeschälte Rinde funkelt wie Rubine ·n Durchlicht	Kleiner Baum mit gleichmäßiger, ovaler Krone	Seidiger Schimmer der Rinde besonders schön im Auflicht; nicht einkürzen, nur ganze Triebe herausnehmen; für optimale Rindenoptik besonders in jungen Jahren auf gute Ernährung achten und frühzeitig einen oder mehrere Stämme freistellen; bildet kaum Früchte aus
·euchtend braunorangene, warmönige junge Zweige	Extrem schnittverträglich; kann als Kopfform gezogen werden (auch die aufgeführten Alternativen)	Sehr gutes Regenerationsvermögen; verträgt staunasse Böden
·chöner Baum mit rundlicher Krone; ·ingere Zweige warm senfgelb (ähnlich *·alix alba*)	Hell gelbgrüner Austrieb; grüngelbes, gefiedertes Laub; im Spätsommer auffällige Büschel mit Lippenblüten (Insektenweide!); gelbe Herbstfarbe; stadtklimageeignet; verträgt Strahlungswärme	Kommt ungeschnitten vor einem dunklen Hintergrund am besten zur Geltung; Keine nassen, moorigen Böden (dann *Fraxinus* verwenden)

BEZUGSQUELLEN

Dass ich sicher zahlreiche gute Gärtnereien hier nicht aufführen kann, bereitet mir Bauchschmerzen. Bitte unterstützen Sie Baumschulen und Gärtnereien in Ihrer Nähe und beachten Sie, dass nicht alle nachfolgend genannten auf Besucherverkehr eingerichtet sind. Erkundigen Sie sich am besten vor einer Einkaufsfahrt.

GEHÖLZE

Baumschule G. D. Böhlje
Oldenburger Straße 9, 26655 Westerstede
Tel.: +49 4488 9986 0
info@boehlje.de
www.boehlje.de

Eggert Pflanzenhandel
Baumschulenweg 2, 25594 Vaale
Tel.: +49 4827 932627
verkauf@eggert-baumschulen.de
www.eggert-baumschulen.de

Baumschule H. Hachmann
Brunnenstraße 68, 25355 Barmstedt (Holstein)
Tel.: +49 4123 2055
info@hachmann.de
www.hachmann.de

Herrenkamper Gärten (Baumschule)
Herrenkamp 1, 27254 Siedenburg
Tel.: +49 4272 963163
info@herrenkampergaerten.de
www.herrenkampergaerten.de

Baumschule Horstmann GmbH & Co. KG
25560 Schenefeld (Mittelholstein),
Tel.: +49 4892 8993 400
info@baumschule-horstmann.de
www.baumschule-horstmann.de

Baumschule Lappen
Herrenpfad 18, 41334 Nettetal-Kaldenkirchen
Tel.: +49 2157 8180
info@lappen.de
www.baumschule-lappen.de

Magnolia-Marketing GmbH – Michael Gottschalk
Raiffeisenstr. 6, 65830 Kriftel
Tel.:+49 6195 72 52 888
info@lunaplant.de
www.lunaplant.de

Baumschule New Garden – Jörg Demes
Prozessionsweg 62, 46325 Borken
Tel.: +49 2862 700207
info@new-garden.de
www.baumschule-newgarden.de

Baumschule Nielsen
Wiedinger Weg 12, 29614 Soltau
Tel.: +49 5191 3450
info@baumschule-nielsen.de
www.baumschule-nielsen.de

STAUDEN, GRÄSER, FARNE, ZWIEBELPFLANZEN

Gärtnerei Blütenreich – Jana Bartel
Röderstraße 12, 01454 Leppersdorf
Tel.: +49 3528 4870732
info@gaertnerei-bluetenreich.de
www.gaertnerei-bluetenreich.de

Bäuerleins Grüne Stube
Gartenstraße 17, 93077 Peising
Tel.: +49 176 44436513
info@baeuerleins-gruene-stube.de
www.baeuerleins-gruene-stube.de

Pflanze und Co. – Renate Brinkers
Wietmarscher Str. 8, 49811 Lingen
Tel.: +49 5963 292 313
Brinkers@Pflanze-und-Co.de
www.pflanze-und-co.de

Michael Camphausen
Rolandstr. 6, 27211 Bassum
Tel.: +49 4249 8084
office@michaelcamphausen.de
www.michaelcamphausen.de

Staudengärtnerei Eidmann
Groß-Umstädter-Straße 20, 64823 Groß-Umstadt
Tel.: +49 6078 6148
staudengaertnerei.eidmann@t-online.de
www.staudengaertnerei-eidmann.de

Staudengärtnerei Annemarie Eskuche
Am Söhnholz 15, 29664 Ostenholz
Tel.: +49 5167 287
eskuche@stauden-eskuche.de
www.stauden-eskuche.de

Staudengärtnerei Dieter Gaißmayer
Jungviehweide 3, 89257 Illertissen
Tel.: +49 7303 7258
info@gaissmayer.de
www.gaissmayer.de

Mister Hepatica – Andreas Händel
Paretzer Weg 4a, 14669 Ketzin (Neu-Falkenrehde)
Tel.: +49 33233 21188
supernova@misterhepatica.de
www.misterhepatica.de

Staudengärtnerei Kirschenlohr
Im Lammsbauch 29 (Büro), In der Haingereuth 3 (Gärtnerei), 67346 Speyer
Tel.: +49 6232 77433
info@stauden-kirschenlohr.de
www.stauden-kirschenlohr.de

Staudengärtnerei Peters
Auf dem Flidd 20, 25436 Uetersen
Tel.: +49 4122 33 12
alpine.peters@t-online.de
www.alpine-peters.de

FlorAlpin – Frank Schmidt
Danziger Straße 10, 71111 Waldenbuch
Tel.: +49 7157 21235
f.schmidt@tesionmail.de
www.floralpin.de

Staudenkulturen Stade
Beckenstrang 24, 46325 Borken
Tel.: +49 2861 2604
info@stauden-stade.de
www.stauden-stade.de

Die Staudengärtnerei – Till Hofmann und Fine Molz GbR
Alte Iphöfer Straße 27, 97348 Rödelsee
Tel.: +49 9323 8752230
info@die-staudengaertnerei.de
www.die-staudengaertnerei.de

Uwe Stiebritz – Herald of Spring
Karl-Liebknecht-Str. 101, 07749 Jena
Tel.: +49 179 7163260
dealer@herald-of-spring.com
www.herald-of-spring.com

Sarastro-Stauden
Ort im Innkreis 131, A-4974 Ort im Innkreis, Österreich
office@sarastro-stauden.com
www.sarastro-stauden.com

SEHENSWERTE WINTERGÄRTEN

GROSSBRITANNIEN

ANGLESEY ABBEY (NT)
Quy Rd, Lode, Cambridge CB25 9EJ

BRESSINGHAM STEAM & GARDENS
Low Rd, Bressingham IP22 2AA
www.bressingham.co.uk

CAMBO ESTATE
Kingsbarns; St Andrews, Fife KY16 8QD, Scotland
www.camboestate.com

CAMBRIDGE UNIVERSITY BOTANIC GARDEN
1 Brookside, Cambridge CB2 1JE
www.botanic.cam.ac.uk

SIR HAROLD HILLIER GARDENS
Jermyns Ln, Ampfield,
Romsey SO51 0QA
www.hants.gov.uk/thingstodo/hilliergardens

MARKS HALL ARBORETUM
Coggeshall, Colchester CO6 1TG
www.markshall.org.uk

RHS GARDEN HARLOW CARR
Crag Ln, Harrogate HG3 1QB
www.rhs.org.uk/gardens/harlow-carr

RHS GARDEN ROSEMOOR
Torrington EX38 8PH
www.rhs.org.uk/gardens/rosemoor

RHS GARDEN WISLEY
Wisley Ln, Wisley, Woking GU23 6QB
www.rhs.org.uk/gardens/wisley

THE SAVILL GARDEN
Wick Ln, Englefield Green,
Egham TW20 0UJ
www.windsorgreatpark.co.uk/savillgarden

FRANKREICH

JARDIN DU BOIS MARQUIS
38150 Vernioz
www.lejardinduboismarqu s.com

JARDINS DE BELLEVUE
76850 Beaumont le Hareng
www.jardin-de-bellevue.e-monsite.com

LE VASTERIVAL
76119 Varengeville sur Mer
www.vasterival.fr

DEUTSCHLAND

LUISENPARK MANNHEIM
Theodor-Heuss-Anlage 2,
68165 Mannheim
www.luisenpark.de

ZUM WEITERLESEN

Ashburner, Kenneth & McAllister, Hugh: Betula (The Genus). The Royal Botanic Gardens, Kew, 2013. *Umfassendes, wissenschaftliches Werk zu Birken aller Art, mit einigen modernen Namenssorten (englisch).*

Bishop, Matt; Davis, Aaron; Grimshaw, John: Snowdrops: A Monograph of Cultivated Galanthus. The Griffin Press, 2001/2006. *Immer noch „die Bibel" für Schneeglöckchen, ohne die Flut der neuen Sorten (englisch).*

Bloom, Adrian: Gardening with Conifers. Firefly Books Ltd, 2017. *Empfehlenswertes Praxisbuch zu Koniferen und ihrer Kultivierung (englisch).*

Bloom, Adrian: Winter Garden Glory. HarperCollins Publishers, 1993. *Sehr gutes Praxisbuch zu winterschönen Gehölzen, etwas reduzierter auch Gräsern und Stauden und ihrer Kultivierung (englisch).*

Bourne, Val: The Winter Garden. Cassell Illustrated, 2006. *Schöne, systematische, praxis- und pflanzenbetonte Annäherung an das Thema „Wintergärten" (englisch).*

Buffin, Michael W.: Winter-flowering Shrubs. Timber Press, 2005. *Erster Teil überraschend allgemein zu winterschönen Gärten (nicht nur Blüten), Hauptteil mit detaillierten Pflanzenportraits zu winterblühenden Pflanzen mit zahlreichen, auch nicht winterharten Sorten (englisch).*

Gardner, Joann & Bussolini, Karen (Fotografin): Elegant Silver. Timber Press, 2005. *Portraitiert eine Auswahl silberlaubiger Pflanzen, die nicht alle in Deutschland winterhart sind (englisch).*

Gayraud, André: Cornus (Monografie). Giorgio Texi Editrice s.r.l. 2013/2017. *Umfassende Monografie zur Gattung Cornus mit rindenfärbenden Hartriegelsträuchern und baumförmigen Hartriegeln (französisch).*

Leeds, Rod: Early Bulbs (The Plantfinder's Guide to). Timber Press, 2000. *Sehr gutes Praxisbuch zu frühjahrsblühenden Zwiebelpflanzen für Gärtner (englisch).*

Lucas, Neil: Designing with Grasses. Timber Press, 2011. *Guter und praxisnaher Überblick über gartentaugliche Gräser und deren Verwendung (englisch).*

McAllister, Hugh: Sorbus (The Genus). The Royal Botanic Gardens, Kew, 2005/2010. *Umfassendes, wissenschaftliches Werk zu allen fiederblättrigen Ebereschen (englisch).*

Peters, Berndt: Polypodium (Tüpfelfarne: Arten, Sorten, Kultur; Schriftenreihe der Gesellschaft der Staudenfreunde e.V.). Kullmann Verlags GbR, 2015. *Schöne und günstige kleine Monografie zu Tüpfelfarnen.*

Peters, Jürgen: Hepatica (Leberblümchen: Arten, Sorten, Kultur; Schriftenreihe der Gesellschaft der Staudenfreunde e.V.). Kullmann Verlags GbR, 2014. *Schöne und günstige kleine Monografie zu Leberblümchen.*

Pollet, Cédric: Gärten im Winter. Verlag Eugen Ulmer 2017. *Der bisher schönste Bildband zu großen, winterschönen (Gehölz-)Gärten oder Parkanlagen, mit vielen interessanten Informationen zu guten Wintergartengehölzen; keine Stauden und Zwiebelpflanzen.*

Pollet, Cédric: Rinde. Verlag Eugen Ulmer, 2009/2016. *Herrlicher Bilderrausch für Rindenfans. Viele der abgelichteten Rinden stammen von bei uns nicht winterharten Bäumen.*

Price, Eluned und Nichols, Clive (Fotograf): Reader's Digest Der Garten im Winter. Christian Verlag, 1997. *Schöner allgemeiner Band über Gärten im Winter, der nicht zu sehr ins Detail geht und für das mildere Klima Englands geschrieben wurde.*

Rix, Martin & Phillips, Roger: The Bulb Book. Pan Books Ltd., 1981. *Sehr gute Übersicht zu über 800 Zwiebelpflanzen mit kurzen Beschreibungen, zahlreiche Bilder (englisch).*

Slade, Naomi: Snowdrops (The Plant Lover's Guide to). Timber Press, 2014. *Ein wunderbares Schneeglöckchenbuch, auch für Einsteiger. Abwechslungsreiche Aufmachung; mit zahlreichen Kulturhinweisen und Sortenbeschreibungen (englisch).*

Stearn, William T.: Epimedium (The Genus). The Royal Botanic Gardens, Kew, 2002. *Umfassendes, wissenschaftliches Werk zu Elfenblumen und nahen Verwandten, weniger zu modernen Sorten (englisch).*

Sterndale-Bennett, Jane: Der Winterliche Garten. Delius Klasing Verlag, 2008. *Guter Überblick über winterschöne Pflanzen: Gehölze, Stauden, Zwiebelpflanzen; zahlreiche Fotos.*

Verey, Rosemary: Der Garten im Winter. Ravensburger, 1989. *Allgemeiner Band über Gärten im Winter mit einem Schwerpunkt auf formalen Gärten der klassischen Gartengestaltung (Gartenzimmer, Topiary), der nicht so pflanzenbetont ist, wie das Buch von Jane Sterndale-Bennett. Ebenfalls für das mildere Klima Englands geschrieben.*

Westrich, Josh (Fotograf) & Heidger, Clemens: For Galanthophiles. Edition Art and Nature, 2011. *Ein sehr ästhetisches Fotobuch mit einer persönlichen Auswahl an Schneeglöckchen, von ihrer intimsten Seite fotografiert und mit Beschreibung. Keine Gartenbilder.*

REGISTER

A

D

E

F

G

H

I

J

Q

R

ÜBER DIE AUTORIN

In einem kleinen, artenreichen Reihenhausgarten am Waldrand aufgewachsen, war Iris Ney schon als Kind in Natur und Garten verwurzelt. Nach dem Studium der Lebensmittelchemie machte sie sich 2007 als Gärtnerin und Gartengestalterin selbstständig. Seit 2009 veranstaltet sie mit der besonderen „Schneeglöckchenreise" Galanthour regelmäßig winterliche Gartenreisen nach Großbritannien und erkundet mit Pflanzenliebhabern die schönsten Wintergärten. Die auf den Reisen gewonnene Inspiration fließt in planerische Arbeiten für Kunden und ihren eigenen Garten.

DANKSAGUNG

Ich möchte mich bei meinen Familien für die ausdauernde Unterstützung, immerwährende Sorge und Beistand bedanken und dafür, dass sie in der „heißen Phase" über eine sehr lange Durststrecke verständnisvoll und geduldig auf mich verzichtet haben. Dank sei besonders Rosemarie Berta und Gerhard Rappert, die mit dem Aufrechterhalten einer umfassenden kulinarischen Grundversorgung meiner Schafe und mir dafür gesorgt haben, dass ich mich voll in die Arbeit stürzen konnte.

Bei Anne Repnow möchte ich mich dafür bedanken, dass Sie mir den Mut gemacht hat, dieses Herzensprojekt möglichst bald anzugehen und die mich in jedem Schritt mit professionellem und freundschaftlichem Rat tatkräftig unterstützt hat – undenkbar, wie ich das ohne Dich, liebe Anne, bewältigt hätte!

Für den stets bereichernden freundschaftlichen und fachlichen Austausch danke ich Mariette Timmermann sowie allen Menschen, die mich ein Stück meines Weges in Freundschaft begleitet haben; meine treuen Kunden eingeschlossen, ohne die ich weder meine berufliche Existenz noch dieses Buch hätte auf die Beine stellen können.

Dank auch allen Gartenbesitzern, die mit mir ihre Gärten geteilt und mich mit Inspiration und Wissen bereichert haben.

Und zu guter Letzt möchte ich Joe Sharman dafür danken, dass er mich dazu brachte, winterliche Gartenreisen zu veranstalten. Durch seine erfrischend unkonventionelle Pädagogik sorgte er während zahlreicher Wochen in seiner Gärtnerei Monksilver Nursery dafür, dass ich nicht nur viel von ihm lernen, sondern auch begreifen durfte. Und das alles, ohne mir je das Gefühl zu geben, dass er mir explizit etwas hätte beibringen wollen – so etwas schafft nur ein Engländer!

Dieses Buch widme ich meinen Eltern in tiefer, immerwährender Dankbarkeit.

BILDQUELLEN

Alle in diesem Buch verwendeten Bilder stammen von der Autorin, mit Ausnahme von:

Timmermann, Annette: S. 29, 60 l., 64 o., 76 l., 97 o.
Repnow, Anne: S. 51 r.
Die Bilder auf S. 7, 32 l. und 68 l. stammen von Iris Ney mit freundlicher Genehmigung von National Trust Images.
Titelfoto: Flora Press/FocusOnGarden/Jürgen Becker

IMPRESSUM

Die in diesem Buch enthaltenen Empfehlungen und Angaben sind von der Autorin mit größter Sorgfalt zusammengestellt und geprüft worden. Eine Garantie für die Richtigkeit der Angaben kann aber nicht gegeben werden. Autorin und Verlag übernehmen keine Haftung für Schäden und Unfälle. Bitte setzen Sie bei der Anwendung der in diesem Buch enthaltenen Empfehlungen Ihr persönliches Urteilsvermögen ein. Der Verlag Eugen Ulmer ist nicht verantwortlich für die Inhalte der im Buch genannten Websites.

Bibliografische Information der Deutschen Nationalbibliothek
Die Deutsche Nationalbibliothek verzeichnet diese Publikation in der Deutschen Nationalbibliografie; detaillierte bibliografische Daten sind im Internet über http://dnb.d-nb.de abrufbar.

2019 Eugen Ulmer KG
Wollgrasweg 41, 70599 Stuttgart (Hohenheim)
E-Mail: info@ulmer.de
Internet: www.ulmer.de
Lektorat: Bettina Brinkmann, Alessandra Kreibaum
Herstellung: Verlag Eugen Ulmer
Umschlag-Gestaltung: red.sign, Stuttgart: Anette Vogt
Layout und Satz: red.sign, Stuttgart: Susanne Junker, Anette Vogt
Reproduktion: timeRay Visualisierungen, Jettingen
Druck und Bindung: Firmengruppe Appl, aprinta Druck, Wemding
Printed in Germany

ISBN 978-3-8186-0082-2